30
$27

AF854723

FLUJOS DE CAPITAL E INVERSIÓN PRODUCTIVA

LECCIONES PARA AMÉRICA LATINA

FLUJOS DE CAPITAL E INVERSIÓN PRODUCTIVA

LECCIONES PARA AMÉRICA LATINA

Ricardo Ffrench-Davis
Asesor Regional Principal de CEPAL
Profesor de Economía de la Universidad de Chile
Ex Director de Estudios del Banco Central de Chile

Helmut Reisen
Director Principal del Centro de Desarrollo de la OCDE
París

McGraw-Hill

SANTIAGO · BUENOS AIRES · CARACAS · GUATEMALA · LISBOA · MADRID
MÉXICO · NUEVA YORK · PANAMÁ · SAN JUAN · SANTAFÉ DE BOGOTÁ · SAO PAULO
AUCKLAND · HAMBURGO · LONDRES · MILÁN · MONTREAL · NUEVA DELHI · PARÍS
SAN FRANCISCO · SIDNEY · SINGAPUR · ST. LOUIS · TOKIO · TORONTO

ORGANIZACIÓN PARA LA COOPERACIÓN Y EL DESARROLLO ECONÓMICOS

En virtud del artículo 1º de la Convención firmada en París el 14 de diciembre de 1960, y que entró en vigor el 30 de septiembre de 1961, la Organización para la Cooperación y el Desarrollo Económicos (OCDE) tiene por objeto promover las políticas dirigidas a:

- lograr una expansión de la economía y del empleo lo más fuerte posible, y un avance progresivo del nivel de vida en los países miembros, manteniendo la estabilidad financiera y contribuyendo así al desarrollo de la economía mundial;
- contribuir a una sana expansión económica tanto en los países miembros como en los no miembros, con miras al desarrollo económico;
- contribuir a la expansión del comercio mundial sobre una base multilateral y no discriminatoria conforme a las obligaciones internacionales.

Los países miembros originarios de la OCDE son: Alemania, Austria, Bélgica, Canadá, Dinamarca, España, Estados Unidos, Francia, Grecia, Irlanda, Islandia, Italia, Luxemburgo, Noruega, Países Bajos, Portugal, Reino Unido, Suecia, Suiza y Turquía. Los países que siguen a continuación se hicieron posteriormente miembros por adhesión, en las siguientes fechas: Japón (28 de abril de 1964), Finlandia (28 de enero de 1969), Australia (7 de junio de 1971), Nueva Zelanda (29 de mayo de 1973), México (18 de mayo de 1994), República Checa (21 de diciembre de 1995), Hungría (7 de mayo de 1996), Polonia (22 de noviembre de 1996) y República de Corea (12 de diciembre de 1996). La Comisión de Comunidades Europeas participa en los trabajos de la OCDE (artículo 13 de la Convención de la OCDE).

El Centro de Desarrollo de la Organización para la Cooperación y el Desarrollo Económicos fue establecido por decisión del Consejo de la OCDE el 23 de octubre de 1962 e incluye veintitrés países miembros de la OCDE: Alemania, Austria, Bélgica, Canadá, Dinamarca, España, Finlandia, Francia, Grecia, Irlanda, Islandia, Italia, Japón, Luxemburgo, México, Noruega, Países Bajos, Polonia, Portugal, República Checa, República de Corea, Suecia y Suiza, así como Argentina y Brasil a partir de marzo de 1994. La Comisión de las Comunidades Europeas participa en el Comité Consultivo del Centro.

El propósito del Centro es reunir el conocimiento y la experiencia disponibles en los países miembros sobre el desarrollo y la formulación y ejecución de políticas económicas generales, adaptar tal conocimiento y experiencia a las necesidades actuales de los países o las regiones en vías de desarrollo y poner los resultados a disposición de los países por los medios apropiados.

El Centro tiene una posición especial y autónoma dentro de la OCDE que le permite gozar de independencia científica en la ejecución de su tarea. No obstante, el Centro puede aprovechar la experiencia y el conocimiento disponibles en la OCDE en el campo del desarrollo.

∴

© OECD, 1997

Las opiniones expresadas y los argumentos empleados en esta publicación son de la exclusiva responsabilidad de los autores y no necesariamente reflejan los de la CEPAL, la OCDE o sus países miembros.

Disponible, también, en inglés y francés. Las solicitudes de reproducción o traducción totales o parciales de esta publicación se deben dirigir a:

OECD Publications (Rights)
2, Rue André-Pascal, 75775 PARIS CEDEX 16, France

R.P.I.: 102818
ISBN 956-278-050-3
Segunda Edición
Impreso por: Centro Gráfico Prisma - F. 5565688
IMPRESO EN CHILE - PRINTED IN CHILE

FLUJOS DE CAPITAL E INVERSIÓN PRODUCTIVA:
LECCIONES PARA AMÉRICA LATINA
Ricardo Ffrench-Davis y Helmut Reisen, compiladores

Págs.

....

Prefacio

El repunte reciente de la afluencia de capitales privados a los países en desarrollo ha sustentado la marcha de su crecimiento y su compromiso con políticas compatibles con el mercado. Sin embargo, el nuevo entorno de flujos de capital mucho más cuantiosos y más volátiles ha creado también nuevos problemas: dificultan la gestión macroeconómica, siguen demasiado centrados en un conjunto de mercados emergentes, especialmente en aquellos con bajas remuneraciones como Asia y América Latina, y tienden a desplazar el ahorro privado en vez de complementarlo.

El presente libro pretende arrojar luces que ayuden a los diseñadores de la política económica a transformar el ahorro externo en inversión productiva y aumentar simultáneamente el ahorro interno. La obra da a conocer las conclusiones de un proyecto de investigación realizado conjuntamente por el Centro de Desarrollo de la Organización para la Cooperación y el Desarrollo Económicos (OCDE) y la Comisión Económica para América Latina y el Caribe (CEPAL). El proyecto se inició a principios de 1996 con la celebración de una conferencia en la sede de la CEPAL que reunió a un gran número de prominentes especialistas en el diseño de políticas económicas y académicos que se ocupan de las economías latinoamericanas.

Se pidió a prestigiosos economistas de América Latina que investigaran, analítica y empíricamente, cómo habían asignado sus respectivos países las enormes entradas de capital extranjero durante los años noventa. Aparte de ofrecer una síntesis preparada por los coordinadores del proyecto, Ricardo Ffrench-Davis y Helmut Reisen, y una ponencia sobre las interrelaciones entre el ahorro externo y el interno, los antecedentes que se suministran corresponden a seis países latinoamericanos que han recibido entradas especialmente cuantiosas: Argentina, Brasil y México (tres países miembros del Centro de Desarrollo de la OCDE), así como Chile, Colombia y Perú. Esta muestra ha proporcionado una rica variedad de políticas y de resultados, que incluye a reformadores tempranos y tardíos, países con tipos de cambio fijo y con regímenes cambiarios más flexibles, flujos de capital libres y regulados, y con diferentes cualidades en cuanto a regulación y supervisión bancaria.

Las lecciones de política macroeconómica que se derivan de esta investigación se refieren a la regulación cambiaria, el manejo del tipo de cambio y la demanda agregada, y la supervisión prudencial de la intermediación financiera nacional. Su importancia transciende la región de América Latina, según lo testimonia la crisis financiera asiática surgida a mediados de 1997. La estrecha relación que existe entre la investigación económica y el desempeño de las más altas responsabilidades en materia de políticas que ha caracterizado a gran parte de América Latina en los últimos años, se corrobora una vez más con el nombramiento de uno de los autores de las monografías nacionales —José Antonio Ocampo de Colombia— como Ministro de Hacienda de su país durante el curso de este proyecto.

Gert Rosenthal
Secretario Ejecutivo
de la CEPAL

Jean Bonvin
Presidente
Centro de Desarrollo de la OCDE

Agosto de 1997

I

Los flujos de capital y el desempeño de la inversión: una síntesis

*Ricardo Ffrench-Davis y Helmut Reisen**

Síntesis

El presente libro da a conocer las conclusiones de un proyecto de investigación realizado conjuntamente por el Centro de Desarrollo de la OCDE y la CEPAL. El objetivo del proyecto fue investigar, en forma analítica y empírica, de qué manera los países latinoamericanos han asignado al consumo y a la inversión la enorme afluencia de capitales extranjeros de los años noventa. Ello contribuye a determinar los requisitos macroeconómicos e institucionales previos necesarios para que el ahorro externo se convierta en inversión productiva de largo plazo, fortalecer la complementariedad del ahorro interno y externo y lograr un equilibrio macroeconómico sostenible.

Las investigaciones realizadas demuestran que los efectos de los flujos de capitales son moldeados significativamente por las políticas que se adoptan en el país receptor. Se ha demostrado que un set consistente de políticas influye sobre la composición de los flujos, sobre su volumen y distribución en el tiempo, y su asignación a la inversión productiva; al mismo tiempo, contribuye a moderar presiones revaluatorias sobre el tipo de cambio, *booms* crediticios y déficits en cuenta corriente resultan insostenibles. El caso de Chile, en especial, es ilustrativo del rol positivo que pueden jugar políticas activas.

Los artículos recolectados en este libro ofrecen valiosas lecciones de política económica,contribuyen a entender mejor eventos recientes y proveen antecedentes para elevar la calidad del diseño futuro de políticas públicas.

* Agradecemos los valiosos comentarios de Gunther Held, Andrés Velasco, Guillermo Larraín, Klaus Schmidt-Hebbel y de los participantes en este proyecto. Igualmente agradecemos la colaboración de Roberto Machado en la revisión de los textos finales y de Lenka Arriagada en la preparación del manuscrito para su publicación.

1. *La relevancia del desempeño de la inversión*

La estrecha correlación entre inversión en capital fijo y tasas de crecimiento es un hecho empírico bien establecido, y deriva de la interacción entre la acumulación de capital y el progreso técnico (Schmidt-Hebbel, Servén y Solimano, 1996). La década de 1990 ha sido un período de afluencia masiva de capitales hacia América Latina, sumándose así el ahorro externo al ahorro interno para financiar la inversión interna y el crecimiento futuro, siempre que no se consuma o invierta ineficientemente.

En las décadas de 1950 y 1960, y más aún a fines del siglo XIX, habría sido innecesario realizar un estudio sobre los vínculos directos entre los flujos de capital y la inversión productiva. Entonces, la afluencia de capitales a los países en desarrollo estaba vinculada en su mayor parte a inversiones y a usuarios específicos, para financiar activos reales, casi siempre mediante inversión directa y préstamos oficiales para proyectos. En las últimas décadas, en cambio, ha habido una desconexión entre los flujos de capital y la inversión real. Los préstamos de los bancos comerciales en la década de 1970 y especialmente las inversiones de cartera entre privados en los años noventa han hecho que el vínculo entre el ahorro externo y la inversión interna resulte bastante indirecto (Turner, 1996).

Tal desconexión entre los flujos de capital y la inversión real implica que es más probable que i) el ahorro externo pueda utilizarse más para aumentar el consumo y no la inversión,[1] ii) las entradas de fondos no mejoren necesariamente la capacidad productiva del país receptor para generar divisas mediante la expansión de la capacidad del sector de bienes comerciables, y iii) se facilita la reversibilidad de la inversión extranjera, ya que la adquisición de valores es en esencia un compromiso de corto plazo (Turner, 1996). En un estudio de 34 países en desarrollo deudores que habían elevado rápidamente el nivel de sus obligaciones externas en la década de 1970, Cohen (1993) observó que la acumulación de capital era en realidad menor que la de otros países en desarrollo. Esta evidencia no podía explicarse por factores endógenos -el producto per cápita y el stock de capital iniciales. Más bien, la acumulación de capital no era vigorosa porque gran parte de las entradas de recursos externos se habían desviado al consumo.

Según la hipótesis del ciclo de la deuda, rara vez validada en forma empírica, el ahorro externo eleva la inversión y el crecimiento internos, lo que a su vez estimula el ahorro que entonces contribuye a la eliminación de la deuda externa neta. Este enfoque no enfatiza que ese círculo virtuoso exige cumplir con cinco requisitos, que pocas veces se cumplen en la práctica (Devlin, Ffrench-Davis y Griffith-Jones, 1995):

Primero, los flujos externos de capital deben dirigirse de manera sostenida a aumentar la inversión en nueva capacidad de producción de bienes y servicios, y no desviarse hacia el consumo.

Segundo, la inversión debe ser eficiente.

[1] Los consumidores y los mercados de activos financieros tienden a reaccionar con mayor rapidez que los inversionistas productivos, ante alivio de restricciones de liquidez. Los inversionistas productivos suelen empezar a preparar proyectos con rezagos y luego el período de ejecución de los proyectos es largo. La construcción residencial y comercial tiende a reaccionar más rápido y a ser más propensa a los *boom*.

Tercero, el país tiene que invertir en la producción de comerciables (o en infraestructura relacionada con el comercio internacional) a fin de poder crear un superávit comercial ulterior que posibilite entonces las transferencias reales necesarias para servir la deuda.

Cuarto, se requiere un esfuerzo enérgico encaminado a elevar el ahorro interno, lo que requiere que la tasa marginal de ahorro sea mayor que la tasa media de ahorro nacional.

Quinto, el círculo virtuoso exige proveedores de capital dispuestos a suministrar flujos estables y predecibles, en condiciones acordes con la productividad de los factores del país receptor.

Es evidente que los beneficios de los flujos de capital no surgen exclusivamente de orientar el ahorro mundial a las oportunidades de inversión más productivas. Los países en desarrollo, que son más propensos a los shocks externos que los países desarrollados y donde los bajos niveles de consumo per cápita hacen que todo ajuste a la baja sea particularmente doloroso, son susceptibles de beneficiarse enormemente de un pool internacional de los distintos riesgo-país, lo que llevaría a la estabilización intertemporal de los niveles de consumo. Pero su mayor crecimiento y desarrollo -así como una mejor capacidad para servir sus obligaciones externas- sólo emanarán de la inversión productiva de las entradas de capitales, tal como se ha destacado en la literatura neoclásica y sobre crecimiento endógeno, así como en la hipótesis del ciclo de la deuda.

En el marco neoclásico del equilibrio general, los beneficios de las entradas de capital a los países pobres (escasos de capital) derivan sobre todo de las divergencias en la productividad marginal del capital. La mano de obra de los países adelantados está equipada con más y mejor capital que los trabajadores de los países en desarrollo. Así, el capital puede utilizarse en forma más productiva enviándolo al sur, hasta que la productividad marginal del país receptor haya descendido hasta el nivel de la tasa de interés mundial (más un margen por riesgo) a medida que se eleva la relación capital-trabajo. El nivel de ingreso del país receptor aumenta debido a la entrada de capitales -el producto marginal del capital multiplicado por el flujo de capital menos los pagos de intereses y dividendos al inversionista extranjero. Empero, para modificar en forma permanente la tasa de crecimiento del país receptor de fondos externos, la entrada no debe sólo impulsar la economía a elevar el equipamiento de bienes de capital, sino también tiene que modificar la función de producción de la economía.

En contraste con el marco neoclásico de crecimiento, la literatura sobre el crecimiento endógeno hace hincapié en la asociación de las tasas de crecimiento al estado de la tecnología en relación con el resto del mundo. Datos empíricos recientes indican que los flujos de inversión extranjera directa (IED) incorporan externalidades tecnológicas, siempre que el país receptor posea una masa umbral mínima de capital humano. Borensztein, De Gregorio y Lee (1995) encuentran que por cada punto porcentual de incremento de la relación IED/PIB, la tasa de crecimiento de la economía receptora aumenta en 0.8 puntos porcentuales. El aporte de la IED al crecimiento de largo plazo resulta de dos efectos. Primero, la IED se suma a la acumulación de capital, pues estimula la inversión interna en vez de desplazarla, mediante externalidades asociadas a la competencia en los mercados de productos o financieros nacionales. Segundo, la IED aporta transferencia de tecnología y acceso a los mercados externos, lo que estimula la eficiencia del país receptor y su nivel de competencia interna.

A fin de evitar que se revierta abruptamente la dirección de los flujos de capital privado, tanto al inversionista de la OCDE como al país en desarrollo receptor les conviene que dichos flujos se destinen a actividades productivas. Los flujos de capital privado tienden a revertirse, como en la crisis financiera mexicana de diciembre de 1994 y en la crisis monetaria tailandesa del verano boreal de 1997, cuando se percibe que parte de las entradas de capital se consumen o financian capacidad excedentaria en el sector de bienes raíces del país. Por tanto, para el país receptor, toda disminución de la entrada de capitales exigirá reducciones inmediatas de la absorción interna para restablecer el equilibrio externo. Con frecuencia esto va a provocar el quiebre de instituciones financieras nacionales al elevarse las tasas de interés internas y desplomarse los precios de los activos; asimismo, suele empeorar la distribución del ingreso por dos efectos. Por una parte, luego de un período de bonanza, con un ingreso excesivo de capitales, suele seguir un ajuste recesivo, con baja del empleo y de la utilización de la capacidad instalada, y una caída de la formación de capital. Por otra parte, el rescate público de los bancos falentes reduce los recursos fiscales que podrían haberse destinado al gasto en capital social o humano. Para el inversionista extranjero, las grandes devaluaciones cambiarias nominales que siguen a tipos de cambio atrasados y el violento deterioro de los niveles de ingreso y consumo del país receptor, también constituyen grandes pérdidas. Además, el riesgo de contagio de la crisis financiera de un país merma los beneficios de la diversificación global para el inversionista extranjero, a la vez que para los países receptores reduce los beneficios potenciales de la apertura financiera, ya que el contagio implica onerosas reversiones de los flujos de capital causadas por factores que escapan a su control (OCDE, 1997).

Tales inquietudes han impulsado a un Grupo de Trabajo sobre estabilidad financiera en las economías de mercado emergentes, compuesto por representantes de los países miembros del Grupo de los Diez y de economías de mercado emergentes, a elaborar una estrategia para promover la estabilidad financiera en los mercados emergentes. Una de las premisas fundamentales que ha orientado la labor del grupo de trabajo en la elaboración de dicha estrategia, es que "las políticas macroeconómicas y estructurales sanas son indispensables para que la estabilidad del sistema financiero impida o al menos limite la aparición de graves desequilibrios financieros, señales de precios equívocas y distorsiones en los incentivos" (Informe del Grupo de Trabajo del G10 sobre Estabilidad Financiera en las Economías de Mercado Emergentes, abril de 1997). Este proyecto conjunto del Centro de Desarrollo de la OCDE y la CEPAL persigue determinar con mayor detalle tales desequilibrios macroeconómicos y señales de precios distorsionadas.

2. Flujos de capital hacia América Latina

América Latina se ha visto seriamente afectada por las variaciones en los flujos de capital de los últimos 25 años. Durante los años setenta, hubo una gran oferta de fondos externos a la región; con posterioridad, durante los años ochenta, hubo una aguda escasez de divisas. Entre 1991 y 1994 , la región pasó nuevamente a ser receptora de fondos cuantiosos, sólo para experimentar otra violenta reducción de los flujos de capital privado (salvo los flujos de IED que permanecieron estables) a fines de 1994 y a principios de 1995, y un renovado acceso masivo a tales flujos en 1996-97.

La afluencia de capitales hacia América Latina durante los años setenta contribuyó a una década de crecimiento significativo del PIB y de la inversión. El PIB creció en promedio 5.6% anual y la inversión fija 7.3%. Durante el segundo lustro de los años setenta, la región alcanzó el coeficiente de inversión en capital fijo más alto de su historia. La IED llegó en cantidades limitadas, pero los préstamos bancarios predominantes fueron esencialmente de largo plazo hasta fines de ese decenio, y por ello más vinculables con proyectos de inversión; Brasil y Colombia constituyeron efectivamente casos de préstamos vinculados con la formación de capital (Ffrench-Davis, 1983). En cambio, en Argentina y Chile el endeudamiento externo fue mucho mayor como porcentaje del PIB, y se asignó principalmente a financiar la importación de bienes de consumo. Sin embargo, al margen de lo ocurrido a nivel de cada país, en toda la región la crisis de la deuda de los años ochenta se incubó durante el período de grandes afluencias de capital: un stock creciente de pasivos externos y déficit en cuenta corriente también creciente, constituyen una dupla muy propensa a culminar en una crisis. La crisis acarreó una brusca caída de la actividad económica y de la formación de capital, y el coeficiente de inversión disminuyó en un tercio (véase el cuadro 1).

Cuadro 1
AMÉRICA LATINA: INDICADORES MACROECONOMICOS, 1976-96[a]
(como porcentaje del PIB)

	1976-81	1983-90	1991-94	1995-96
1 Entradas netas de capitales	4.9	1.2	4.9	5.2[c]
2 Variación de las reservas	1.0	0.2	1.5	2.2
3 Déficit en cuenta corriente	3.9	1.0	3.4	3.0
4 Formación bruta de capital	24.0	16.7	17.9	18.3
5 Ahorro	20.1	15.7	14.5	15.3
6 Crecimiento real anual del PIB	5.5[b]	1.6	3.6	1.9

[a] Las cifras correspondientes a los 19 PALs están expresadas en dólares de 1980. Véase CEPAL (1995), cuadro XI.1.Para el bienio 1995-96 las cifras fueron calculadas con las tasas de variación en dólares de 1990.
[b] Crecimiento promedio en 1976-80. [c] Incluye financiamiento excepcional.

Durante los años noventa, la reanudación de la entrada de capitales sirvió nuevamente para mejorar la economía. Sin embargo, esta vez, más que contribuir al aumento de la capacidad productiva, las entradas sirvieron a la mayoría de los países latinoamericanos (PALs) principalmente para recuperarse de la profunda recesión que todavía imperaba a fines de los años ochenta. El crecimiento real anual del PIB subió de 1.6% en los años ochenta a 3.6% entre 1991 y 1994. Sin embargo, este crecimiento fue magro y estuvo acompañado de una recuperación modesta del coeficiente de inversión y de problemas de sostenibilidad. Durante el primer quinquenio de los años noventa la inversión creció mucho menos que la afluencia de capitales; la mayor parte de los flujos correspondieron a financiamiento de bonos de corto plazo, operaciones en el mercado accionario secundario y adquisición de empresas privatizadas. Sólo un 25% de los flujos netos consistió en IED y títulos de American Depository Receipts primarios del mercado estadounidense (ADRs) (CEPAL, 1995). Por ende, la mayoría de los flujos externos no estaban vinculados directamente con el proceso de inversión interna, y financiaban más bien el aumento del consumo privado, por consiguiente desplazando el ahorro interno (véase el cuadro 1).

La reanudación de las entradas de capital a principio de los años noventa puso término a la restricción externa dominante en los años ochenta. Ello permitió el aumento de la demanda agregada. Dadas las mejores expectativas que se generaron, ese incremento se expresó en una recuperación de la actividad económica. El entonces prevaleciente exceso de capacidad instalada implicaba que la oferta interna era capaz de responder a la mayor demanda de bienes no comerciables, en tanto que la de productos transables podía ser cubierta ahora por el aumento de las importaciones financiables con el ingreso neto de fondos externos. El proceso se vio realzado temporalmente por la apreciación progresiva del tipo de cambio, la que estimuló las importaciones y contribuyó a atenuar la inflación.

Gracias a una mayor tasa de utilización de la capacidad instalada, el aumento de la producción sobrepasó la expansión de la capacidad productiva en unos 70 mil millones de dólares en 1994 en comparación con 1990. Es decir, alrededor de un tercio de la tasa de crecimiento anual del PIB de 3.6% entre 1991 y 1994, correspondió a una mayor utilización de la capacidad instalada. El fenómeno fue particularmente acentuado en países como Argentina y Perú.

En suma, la mayor disponibilidad de financiamiento externo fue claramente beneficiosa durante esos años, dado que eliminó la restricción externa dominante que había sido en gran parte responsable de los bajos niveles de inversión y de la grave recesión económica de la región durante los años ochenta. Sin embargo, la reanudación del acceso al capital externo también planteó desafíos respecto a la estabilidad y sustentabilidad de los equilibrios macroeconómicos, y puso en peligro las posibilidades de alcanzar un desarrollo más sólido. En efecto, la afluencia de capitales tuvo un efecto adverso sobre la evolución de los tipos de cambio reales,[2] contribuyó al auge (*boom*) del crédito interno, y condujo a la acumulación de pasivos externos (muchos de los cuales tenían vencimientos de corto plazo); de este modo, hizo a la economía más vulnerable ante los shocks externos adversos, como lo muestra el caso de la crisis mexicana a fines de 1994.

Durante los años noventa, el déficit en cuenta corriente se elevó bruscamente, los tipos de cambio se apreciaron y el saldo de pasivos externos se elevó en forma sostenida, reflejando un desequilibrio macroeconómico creciente. Aquellos países receptores que experimentaron una apreciación particularmente acelerada del tipo de cambio y grandes déficit en cuenta corriente, pasaron a ser cada vez más vulnerables a eventuales cambios en las expectativas de los acreedores externos. La sensibilidad de los acreedores a las "malas" noticias se elevó en tándem con a) el nivel de exposición de sus activos en el exterior, en particular de corto plazo o volátiles y b) la dependencia de los países receptores de entradas adicionales para cubrir los déficit en cuenta corriente y refinanciar las obligaciones que vencían. Esto ocurrió sobre todo en el caso de México.

Las significativas consecuencias de la falta de sustentabilidad de las tendencias macroeconómicas se reflejaron en la recesión de México y de Argentina en 1995, con una violenta caída en la inversión fija interna. No obstante la rápida recuperación de la entrada de capitales y con ellos de la actividad económica, el bienio 1995-96 muestra un magro crecimiento del PIB de 1.9% para toda la región (cuadro 1). La tasa de inversión fija de América Latina se situó en 1996 casi un punto porcentual por debajo de la obtenida en 1994, siendo la caída aún muy significativa en Argentina y México.

Este resultado negativo es indicador de los costos de la inestabilidad macroeconómica, promovida por los flujos de capital volátil.

[2] Debe recordarse que varios PALs estaban aplicando fuertes programas de liberalización de importaciones en paralelo con apreciación cambiaria. Véase CEPAL (1995), cap. V.

3. Respuestas del ahorro y la inversión: algunos resultados y explicaciones

Varios programas audaces de reforma macroeconómica y estructural han visto casi de inmediato un repunte masivo de las entradas de capital, registrándose alzas espectaculares de los niveles de actividad económica y de las tasas de crecimiento del PIB. Sin embargo, tales éxitos han distorsionado a veces señales de precios claves y fomentado el consumo excesivo o la inversión en el sector servicios y, por ende, no han resultado sostenibles. Pero se había tornado crucial, sobre todo para Argentina, Brasil y Perú, dejar atrás la hiperinflación y un mal historial de política económica -y la reanudación de cualquier clase de flujo de capitales ayudó significativamente. Por ejemplo, Carneiro (en este volumen) destaca que en el caso de Brasil el inversionista productivo, que se caracteriza por ser de capital irreversible, tiene la opción de esperar hasta que se haya asentado firmemente la persistencia de un entorno de políticas estables. Por ende, las políticas inestables desalientan la inversión interna y pueden desestabilizar incluso la afluencia de IED. Según lo subrayado por Frenkel, Fanelli y Bonvecchi (en este volumen) en el caso de Argentina, y por Griffith-Jones en el de Perú, la privatización de empresas estatales y la superación de la hiperinflación pueden inducir la entrada de capitales externos, aliviar la restricción de financiamiento externo y permitir la estabilización anclada en el tipo de cambio. El ancla cambiaria, sustentada en el ingreso de capitales, provocó primero una baja de la inflación, la que a su vez redujo aún más la incertidumbre macroeconómica. La mayor certidumbre y la caída de los precios de los bienes de capital importados inducida por la apreciación, estimularon a su vez la inversión interna. Estos autores señalan, no obstante, que lo que más se estimuló en el período inicial de la reforma fue más bien la inversión en construcción y la reconstitución del capital de trabajo de las empresas y no tanto la inversión en maquinaria y equipo para la producción de exportables.

Argentina (desde 1991) y Perú (desde 1993) respondieron con un crecimiento del PIB impresionante en el período inicial de la reforma, gracias a que antes la capacidad de producción instalada estaba extensamente subutilizada. Ocampo y Tovar (en este volumen) recalcan también la importancia del acelerador de la inversión a medida que un PIB en ascenso estimula la inversión. Sin embargo, se llega a un cierto punto en que la capacidad ociosa se agota, como ya había ocurrido antes en Chile (Agosin, en este volumen). Cuando la capacidad excedentaria está a punto de agotarse, un nuevo incremento de la demanda agregada tiende a manifestarse en un alza de los precios de los bienes no comerciables. Ocampo y Tovar respecto a Colombia y Agosin respecto a Chile, brindan un relato pormenorizado de la compleja combinación de políticas seguida por las autoridades para evitar desequilibrios macroeconómicos crecientes. Perú (véase Griffith-Jones), después de la crisis mexicana, también moderó el aumento de la demanda agregada para reducir el déficit en cuenta corriente a niveles más manejables, pero aún elevados.

Estudios previos (como los realizados por Masson, Bayoumi y Samiei, 1995; y por Edwards, 1995) habían presentado evidencia comparada entre países de que el aumento del ahorro externo en un punto porcentual del PIB había sido compensado por una caída del ahorro interno de alrededor de 0.5; esto es, ambas fuentes de ahorro se han comportado como sustitutos en vez de complementos. Este proyecto de investigación (Uthoff y Titelman, en este volumen) confirma la existencia de un coeficiente de sustitución entre el ahorro externo y el ahorro interno en torno al mismo nivel (-0.47). El aumento del ahorro público en toda América Latina en los años noventa no logró mejorar ese coeficiente, ya que la caída del ahorro privado, desplazada por la entrada de flujos, fue más intensa.

En principio, en las economías abiertas el ahorro externo puede actuar como sustituto del ahorro interno ya que el endeudamiento externo puede utilizarse para estabilizar el consumo en el tiempo, en un marco de mayor ingreso permanente esperado o deterioro temporal de los términos del intercambio. Sin embargo, obsérvese que el hecho de compensar el mayor ahorro externo con un menor ahorro interno más bien desestabiliza el consumo per cápita intertemporal, si la caída del ahorro privado no está respaldada por mayores niveles de ingreso permanentes previstos correctamente o por términos del intercambio deteriorados sólo temporalmente (Reisen, 1996).

Uthoff y Titelman van más allá de los estudios previos sobre las compensaciones o sustituciones entre ahorros, ya que distinguen entre la tendencia y las desviaciones respecto de la tendencia del ahorro externo e interno. Esto les permite plantear la importante conclusión de que la compensación negativa entre el ahorro externo e interno es particularmente significativa y fuerte cuando los flujos de capital extranjero se sitúan por encima (o por debajo) de la tendencia. Los autores formulan la hipótesis de que la afluencia de capitales por encima de la tendencia provoca un rápido aumento de los precios de los activos internos lo que, junto con una apreciación real del tipo de cambio, produce un efecto riqueza positivo que estimula el consumo privado. Esta hipótesis la confirma Agosin (en este volumen) en una rigurosa especificación de la función de inversión de Chile para el período 1960-94, en que se subraya el impacto diferencial que genera la tendencia de los flujos de capitales versus la entrada excesiva de ellos, sobre la inversión en bienes comerciables y no comerciables.

En el modelo de inversión de Agosin, las entradas de capital poseen dos efectos positivos de largo plazo sobre la inversión. Primero, pueden aliviar las restricciones de divisas y de crédito interno, y segundo, mediante la apreciación del tipo de cambio, pueden reducir el costo de los bienes de capital importados. La apreciación del tipo de cambio real ejercerá, por otra parte, un impacto negativo sobre la rentabilidad de la inversión en bienes comerciables y, por ende, la reducirá. Agosin señala, tal como Uthoff y Titelman, que las entradas de capital excesivas provocarán una caída del ahorro interno. Incluso, una apreciación considerable del tipo de cambio real puede provocar una reducción de la inversión en bienes comerciables que supera el aumento de la inversión en bienes no comerciables. En cambio, si las restricciones de divisas y de crédito interno son dominantes (como fue el caso en la mayoría del período de posguerra de Chile), la afluencia de capitales estimulará también la inversión del país en bienes comerciables pues entonces el efecto de aliviar las restricciones financieras tiende a superar la pérdida de rentabilidad inducida por la apreciación.

Hacia fines de los años 80, Chile ya se había liberado de la restricción financiera que constreñía el uso de la capacidad productiva y la inversión. Entonces, ante el boom de financiamiento externo de los años noventa, la activa regulación por parte de Chile del tipo de cambio y de la demanda agregada, incluyendo la regulación de los flujos de capitales, fue determinante de un alza aguda del coeficiente de inversión, con volúmenes crecientes tanto de parte de los inversionistas nacionales (que cubren alrededor de un 80% de la inversión interna) como de la IED. Agosin observa que después que se elimina la brecha entre el uso potencial y efectivo, en el marco de perspectivas de una gestión macroeconómica activa que genera equilibrios sostenibles, el mercado prevé que la economía tenderá a mantenerse cercana al uso pleno de la capacidad. Eso aumenta la productividad efectiva y esperada de la inversión, fomenta una mayor reinversión de las utilidades e impulsa la formación de capital privado (Ffrench-Davis, 1996).

Desde las perspectivas del crecimiento y el ciclo de la deuda del país receptor, la observación de Agosin indica una clara superioridad de la IED comparada con otros tipos de entradas de capital.[3] Primero, su análisis autorregresivo muestra que la IED (y el endeudamiento de largo plazo) es más persistente, resultado que se refuerza al examinar los coeficientes de variación de diferentes partidas de la cuenta de capitales en torno a sus valores medios y tendenciales; a conclusión semejante llega Trigueros para México. Segundo, Agosin observa que la IED ejerce una gran atracción (o un efecto de *crowding-in*) sobre la inversión interna en bienes exportables así como sobre la inversión en maquinaria y equipo. Esto es importante, dadas las investigaciones efectuadas por De Long y Summers (1991), puesto que la inversión en maquinaria y equipo, a diferencia de la inversión en construcción, explica en gran medida el comportamiento del crecimiento a largo plazo y corresponde con mayor probabilidad a inversión en bienes comerciables necesaria para cubrir más tarde el servicio de la deuda.

Hasta 1994 México (Trigueros, en este volumen) en forma muy similar a Tailandia en vísperas de la crisis de 1997, es prueba fehaciente del gran poder de dos cauces desestabilizadores, combinados para canalizar las entradas externas hacia el consumo excesivo. Primero, una moneda vinculada al principio en forma creíble al dólar atrae al país capitales de corto plazo en busca de altas tasas de rentabilidad en depósitos bancarios, mercado bursátil y activos inmuebles. A su vez, dichas entradas llevan a la apreciación de la moneda, lo que ofrece a los inversionistas una lectura incorrecta de los precios relativos futuros (ya que en el futuro lo más probable es que el tipo de cambio se deprecie en términos reales para poder servir la entrada de capitales). Segundo, una deficiente supervisión prudencial con garantías implícitas a los propietarios de bancos, depositantes e incluso acreedores externos contra resultados adversos, los bancos y otros intermediarios financieros subcapitalizados y mal supervisados van a alimentar un boom insostenible del gasto. Bajo esas circunstancias, los bancos tienden a endeudarse masivamente en el exterior y a invertir en el plano interno, predominantemente en créditos de consumo e hipotecarios. El auge de los créditos bancarios conduce rápidamente al deterioro de la calidad de la cartera (Sachs, Tornell y Velasco, 1996), alimentado con el ingreso de capitales financieros.

Trigueros documenta la mala asignación de recursos financieros en el sistema bancario mexicano. Muestra que los bancos orientaron el crédito hacia los sectores donde los márgenes de intermediación eran elevados. Por ende, la proporción del saldo vigente de crédito a personas respecto del crédito total aumentó de 10% en 1989 a 27% en 1994. Durante dicho período, la proporción de préstamos en mora se disparó en México; sólo los vencimientos atrasados (no el valor total de los préstamos morosos) llegaron a un nivel cercano a 9% de las colocaciones totales de la banca. Con posterioridad, ha habido un rescate de los propietarios de bancos, depositantes y acreedores externos que ha gravado sobre manera las finanzas públicas de México.

Los dos países en que la mayoría de las entradas de capital se invertieron en vez de consumirse -Chile desde 1991 y Colombia desde 1994- utilizaron varios controles para desalentar su afluencia excesiva e influir en su estructura de plazos de vencimiento. Tanto Ocampo y Tovar (en este volumen) respecto de Colombia como Agosin (en este volumen) respecto de Chile, demuestran en forma convincente que estos controles a las entradas fueron eficaces para alcanzar los

[3] El análisis del texto se refiere a IED en efectivo en vez de financiada con papeles de la deuda externa (así alivia la restricción macroeconómica externa) y en creación de nueva capacidad productiva en vez de la compra de activos ya existentes (así expande la frontera productiva).

objetivos de política. Cabe destacar que la IED ha pasado a ser en ambos países la fuente de financiamiento externo más importante -y estable.

Aunque en Colombia ha habido una liberalización considerable de las transacciones de divisas durante los años noventa, sobre todo de la IED, subsisten controles importantes a las entradas de corto plazo, los que fueron reforzados en años más recientes. Cabe destacar, especialmente, un requisito de depósito que varía inversamente con el plazo de vencimiento de las entradas de capitales, que opera en forma similar a un impuesto Tobin (Ocampo y Tovar, en este volumen). Los autores señalan que el sistema de depósitos ha vuelto prohibitivos los costos de las entradas de corto plazo y ha aumentado los costos del endeudamiento de mediano plazo. Además, los autores consideran que los controles fueron eficaces tanto para reducir el monto de las entradas de capital como para afectar la estructura de plazos de la deuda externa privada.

Chile ha respondido a la afluencia de capitales, desde 1991 en adelante, con exigencias de encaje crecientes a créditos e inversiones financieras del exterior (que ahora ascienden a 30%), las que se extendieron gradualmente a todas las inversiones financieras que llegaban al país. Desde que en 1992 se elevó a un año el período durante el cual el depósito de 30% debía mantenerse en el Banco Central, independientemente del plazo de vencimiento del capital ingresado, los requisitos de encaje han gravado implícitamente con una tasa muy elevada las entradas de corto plazo (Agosin y Ffrench-Davis, 1996). Agosin (en este volumen) demuestra que esto sirvió para favorecer la afluencia de IED y desalentar las entradas transitorias.

Tanto Chile como Colombia han ampliado las bandas cambiarias existentes y han permitido la revaluación discreta del tipo de cambio central de paridad, para hacer frente a las grandes entradas de capital y acomodar la apreciación real basada en las mejoras netas de su productividad. En algunos casos, las autoridades intervinieron intramarginalmente para introducir "ruido" en el tipo de cambio nominal, si se percibía que la cotización era demasiado estable. El objetivo de aumentar el ancho de la banda en combinación con intervención intramarginal, era desalentar las entradas de capital especulativo, mediante la elevación del riesgo cambiario para los inversionistas que buscaban explotar los diferenciales entre las tasas de interés nominales. El régimen cambiario de Chile y Colombia, en contraste con Argentina y México donde la Ley de Convertibilidad o la intervención intramarginal masiva para estabilizar la paridad cambiaria fomentaron las entradas de corto plazo, ha operado en tándem con la regulación de los movimientos de capital a fin de influir en el volumen y la composición de la afluencia de capitales.

4. Conclusiones de política

¿Cómo pueden los países en desarrollo cosechar los beneficios de las entradas de capital extranjero sin incurrir en crisis innecesarias? Para contestar esta pregunta este libro recurre a los principios fundamentales: en último término, las entradas de capital tienen que invertirse en forma eficiente para apoyar el crecimiento futuro de largo plazo. Dado que las entradas de capital extranjero tienen que servirse, en definitiva, mediante exportaciones netas, deberían diseñarse políticas para inducir que éstas entradas se destinen a la producción de rubros exportables. Es evidente que estos principios se han materializado en Chile, y hasta cierto punto en Colombia, entre los países cubiertos por este proyecto. Sin embargo, mercados incompletos y sus distorsiones, han llevado en otros casos a que el ingreso de capitales desemboque en crisis financieras, sustitución del ahorro nacional, baja formación de capital o una demasiado intensa en construcción comercial o residencial, y en una insostenible apreciación cambiaria y expansión del déficit en cuenta corriente. Entonces, ingresos excesivos de capitales financieros, atraídos a países "exitosos", pueden desequilibrar una economía, deteriorando sus fundamentos (fundamentals). El diseño de las políticas económicas es determinante del resultado que se obtenga.

En las etapas iniciales de la reforma, Argentina, Brasil, México y Perú son testigos fehacientes de la gran recompensa que entraña derrotar la hiperinflación. La inflación tiene la capacidad de distorsionar una amplia variedad de transacciones económicas, por ejemplo, al interactuar con la tributación, al generar incertidumbre sobre los precios relativos y al distorsionar y desalentar la acumulación de capitales y las mejoras de productividad y el crecimiento. Como lo subraya Carneiro, los efectos de las políticas de estabilización pueden acelerarse con la ayuda del capital extranjero, a través de la reconstitución de las reservas internacionales que permiten anclar las expectativas inflacionarias mediante programas de estabilización del nivel de precios basados en el tipo de cambio. Asimismo, los programas de privatización sirven para desbloquear la inversión extranjera, ya que revierten la actitud de "estar a la expectativa" de los inversionistas extranjeros que tienen presente los costos de la inestabilidad de las políticas económicas precedentes.

Sin embargo, para mantener el éxito inicial se requiere un marco de política macroeconómica equilibrado, que haga hincapié tanto en la competitividad de las exportaciones como en la estabilidad de precios, y que muestre un compromiso decidido, visible y creíble con el crecimiento de largo plazo. La estabilización prolongada basada en el tipo de cambio y un ritmo demasiado rápido de desinflación han involucrado habitualmente tipos de cambio sobrevaluados, de lo cual resulta difícil liberarse. Ello entra en conflicto con la necesidad de evitar la apreciación real, para así minimizar los incentivos distorsionados que inducirían a destinar las entradas de fondos al consumo y a inversiones ineficientes.

Los estudios de caso respaldan claramente el criterio de que es decisivo desalentar la afluencia excesiva de capitales, si se quiere evitar que, la apreciación pronunciada (pero sólo temporal) o reversible del tipo de cambio y el alza de los precios de los activos financieros, fomente el consumo y la inversión en bienes no comerciables. Hay dos políticas, que se potencian entre sí, que contribuyen a lograrlo. Primero, mantener los tipos de cambio nominales suficientemente flexibles, e incluso introducir ruido mediante la intervención del Banco Central si muestran una tendencia a la apreciación demasiado estable. La flexibilidad dirigida aumenta el riesgo cambiario para los inversionistas de corto plazo que buscan las altas rentabilidades locales. Segundo, desalentar las entradas excesivas mediante un impuesto implícito que varíe inversamente con el plazo de vencimiento. Hay pruebas concluyentes de que las políticas económicas activas pueden influir en la composición fuertemente y también en la magnitud global de los flujos. Esto es importante, porque la reducción de la magnitud de los flujos va a contener la apreciación real y la declinación relativa de la rentabilidad de los bienes comerciables. El hecho de sesgar la composición de los flujos hacia la IED y contra los flujos puramente financieros, tiende a estimular la respuesta de la inversión y reducir la volatilidad.

Los sistemas financieros latinoamericanos del pasado podían caracterizarse como dominados por la banca, poco confiables y con tasas de ahorro escasas. Las reformas recientes, incluyendo el fortalecimiento de la supervsión prudencial, han elevado la confianza en el sistema financiero nacional, lo que se ha reflejado en un gran aumento del ahorro financiero colocado en América Latina. Sin embargo, pese a las teorías previas que predecían una respuesta positiva del ahorro nacional frente a las tasas de interés desreguladas (típicamente más elevadas) y la "profundización" financiera, la reforma financiera en América Latina ha derivado, tal como en muchos países de la OCDE, en una caída de las tasas de ahorro privado. Una proporción importante del ahorro financiero ha sido intermediado hacia el consumo y la inversión en activos existentes tales como bienes raíces y acciones. En paralelo, se ha rezagado la creación de canales para el financiamiento de largo plazo de nuevos proyectos productivos y de la pequeña y mediana empresa.

Entre tanto, hemos aprendido que una reforma financiera que fomente el ahorro tiene que evitar que el sistema bancario asuma riesgos excesivos, gradualizar la eliminación de restricciones a la liquidez, y reducir los costos de transacción para que los ahorristas de bajos ingresos accedan a instrumentos de ahorro rentables. Por lo tanto, el ritmo de la reforma financiera no debe exceder la capacidad del país para establecer instituciones apropiadas que supervisen el crédito y otros riesgos financieros, dentro de un nuevo marco de regulación prudencial (CEPAL, 1995, cap. XII). El seguimiento sistemático de los préstamos de consumo, líneas de crédito restringidas para ciertos préstamos hipotecarios, coeficientes de capitalización bancaria mayores, la eliminación creíble del seguro irrestricto de los depósitos bancarios y la ejecución de las demandas de quiebra contra los deudores morosos deberían servir para evitar la expansión excesiva del consumo, de los préstamos hipotecarios y de los empréstitos de alto riesgo a las empresas. A fin de inclinar más la balanza de la reforma financiera hacia el aumento de la tasa de ahorro nacional, debería considerarse seriamente el establecimiento de una amplia red de instituciones financieras accesibles, tales como los bancos de ahorro postal comunes en muchos países de Asia Oriental o las instituciones de ahorro público en Europa continental. Tales instituciones servirían para elevar la confianza de los ahorristas de bajos ingresos de que pueden esperar rentabilidades confiables y decentes de sus ahorros. En el otro lado de la ecuación, los esfuerzos deben orientarse a completar la oferta del mercado, fomentando la disponibilidad de financiamiento de largo plazo para la inversión productiva.

Para alcanzar un crecimiento económico dinámico se precisa tanto una tasa elevada de inversión como el mejoramiento de la productividad, pues estos dos factores se refuerzan recíprocamente. Durante los años ochenta y principios de los noventa la mayoría de los países de la región operaban muy por debajo de su frontera productiva. Esta subutilización de la capacidad reduce la productividad efectiva del capital, lo que desalentaba aquella inversión productiva que está más vinculada con el nivel de la demanda interna y su estabilidad.

El fortalecimiento del coeficiente de inversión requiere inversionistas que tengan expectativas favorables acerca de la estabilidad dinámica de la demanda agregada y de los precios macroeconómicos. Su proximidad a los niveles de equilibrio sustentables incrementaría la capacidad productiva y facilitaría el ingreso a un círculo virtuoso, conducente a la competitividad sistémica. Así, el evitar tasas de interés y tipos de cambio atípicos así como la afluencia masiva de recursos financieros externos, que desplazan el ahorro interno y desestabilizan la demanda agregada incrementándola hasta hacerla insostenible, puede contribuir a generar un entorno macroeconómico adecuado para mejorar el desempeño de la inversión en la región.

Al respecto, el desempeño de Chile en los años noventa resulta ilustrativo. Chile ha logrado mantener la demanda agregada cercana a su frontera productiva. Su tasa de formación bruta de capital se aceleró gradualmente y entre 1993 y 1997 ha sido significativamente mayor que en cualquier otro período. Este progreso notable, aparte de estar asociado a la capacidad del país para alcanzar acuerdos sociales y políticos, parece obedecer a un cambio sustancial en sus políticas macroeconómicas, que han pasado a ser deliberadamente activas en el ámbito de la política monetaria, la intervención esterilizadora, la supervisión prudencial, el manejo del tipo de cambio y la regulación de los movimientos de capital.

En suma, la conciliación de los niveles de demanda y oferta agregadas, el alcanzar una combinación adecuada de producción de comerciables y no comerciables, y el logro de precios relativos macroeconómicos (tales como tasas de interés y tipos de cambio) que no estén desalineados en exceso, son variables claves para concretar equilibrios macroeconómicos sostenibles. El dinamismo de la formación de capital y la productividad efectiva de dicho capital dependen en forma vital de la calidad de esos equilibrios.

Referencias bibliográficas

Agosin, M.y R. Ffrench-Davis (1996), "Managing capital inflows in Latin América", en M. Ul Haq, I. Kaul e I. Grunberg (comps.), *The Tobin tax: Coping with financial volatility,* Oxford University Press, Nueva York.

Borensztein, E., J. De Gregorio y J.W. Lee (1995), "How Does Foreign Investment Affect Economic Growth", *NBER Working Paper*, Nº 5057, National Bureau of Economic Research, Cambridge, Massachusetts.

Cohen, D. (1993), "Convergence in the closed and in the open economy", en A. Giovannini (comp.), *Finance and Development: Issues and Experience*, Cambridge University Press, Cambridge.

De Long, D. y L. Summers (1991), "Equipment investment and economic growth", *Quarterly Journal of Economics* , vol. 56, Nº 2.

Devlin, R., R. Ffrench- Davis y S. Griffith-Jones (1995), "Repunte de las corrientes de capital y el desarrollo: implicaciones para las políticas económicas", en R. Ffrench-Davis y S. Griffith-Jones (comps.), *Las nuevas corrientes financieras hacia la América Latina: fuentes, efectos y políticas*, Fondo de Cultura Económica, México, D.F.

CEPAL (1995), *América Latina y el Caribe: políticas para mejorar la inserción en la economía mundial* , Publicación de las Naciones Unidas. Segunda edición, actualizada, Fondo de cultura Económica, Santiago, 1998.

Edwards, S. (1995) "Why are Saving Rates So Different Across Countries?: An International Comparative Analysis", *NBER Working Paper*, Nº 5097, National Bureau of Economic Research, Cambridge, Massachusetts.

Ffrench-Davis, R. (1996) "Políticas macroeconómicas para el crecimiento", *Revista de la CEPAL*, Nº 60, Santiago, diciembre.

___ (1983), (com.), *Relaciones financieras externas y su efecto en la economía latinoamericana*, Fondo de Cultura Económica, México, D.F.

Masson, P., T. Bayoumi y H. Samiei (1995), "International Evidence on the Determinants of Private Savings", *IMF Working Paper*, Nº 95/91, Fondo Monetario Internacional (FMI), Washington, D.C.

OCDE (1997), *Towards a New Global Age: Challenges and Opportunities*, París.

Reisen, H. (1996), "The limits of foreign savings", en R. Hausmann y H. Reisen (comps), *Promoting Savings in Latin America*, Banco Interamericano de Desarrollo/Centro de Desarrollo de la OCDE, París.

Sachs, J., A. Tornell y A. Velasco (1996), "Financial crises in emerging markets: the lessons from 1995", *Working Paper Series*, Nº 5576, National Bureau of Economic Research, Cambridge, Massachusetts.

Schmidt-Hebbel, K., L. Servén y A. Solimano (1996), "Savings and Investment: Paradigms,Puzzles, Policies", *World Bank Research Observer*, vol. 11, Nº 1, Banco Mundial, Washington, D.C.

Turner, Ph. (1996), "Comments on Reisen", en R. Hausmann y H. Reisen (comps.), *Promoting Savings in Latin America*, Banco Interamericano de Desarrollo/Centro de Desarrollo de la OCDE, París.

II

La relación entre el ahorro externo y el ahorro nacional en contextos de liberalización financiera

Andras Uthoff
*Daniel Titelman**
CEPAL

Síntesis

En este trabajo se examinan los determinantes del ahorro nacional en un contexto de liberalización financiera. Las estimaciones econométricas muestran que el ahorro externo desplaza al ahorro nacional. Se argumenta que el grado de sustitución entre el ahorro externo y el nacional depende de la naturaleza de las entradas de capital. Las políticas deben tratar de evitar que la afluencia de capital genere valores atípicos o distorsiones en las variables macroeconómicas fundamentales, como las tasas de interés, los tipos de cambio reales, los precios de los activos físicos y financieros, y el nivel de endeudamiento. Por lo tanto, se debe prestar atención no sólo al nivel de la afluencia de capitales sino también a su composición desde el punto de vista de su madurez y relación con la inversión real. El manejo macroeconómico y el desarrollo financiero son importantes para la promoción del ahorro en el marco de una creciente movilidad del capital.

Además, los resultados empíricos muestran una limitada respuesta del ahorro nacional al aumento del ingreso. Ello implica que el crecimiento es una condición necesaria pero no suficiente para incrementar el ahorro. Cuando se incorpora la tasa de inversión en el modelo econométrico se obtiene un coeficiente positivo y significativo, lo que indica que el aumento de la inversión tendrá efectos positivos en las tasas de ahorro, ya sea directamente o a través de su efecto en el crecimiento.

* Los autores agradecen a Ricardo Ffrench-Davis, Klaus Schmidt-Hebbel, Helmut Reisen, y a los participantes del taller del 20-21 de marzo de 1996 por sus comentarios. Especiales agradecimientos a Rodrigo Morales por su excelente asistencia de investigación.

Introducción

Las recientes crisis en la región enseñan que las tasas de ahorro nacional deben ser motivo de preocupación de la política macroeconómica por lo menos por tres motivos. Primero, a pesar de que no es fácil determinar las relaciones de causalidad, existe una significativa relación entre la tasa de ahorro nacional y la sustentabilidad del crecimiento económico. Segundo, el grado de vulnerabilidad externa es función del nivel de ahorro nacional. Tercero, crecientes niveles de ahorro facilitan la tarea de la autoridad económica de compatibilizar objetivos de estabilización de precios y tipos de cambio competitivos.

Los trabajos de McKinnon (1973) y Shaw (1973) hacían prever que una vez que se implementaran los procesos de desregulación y liberalización financiera, los niveles de ahorro nacional aumentarían significativamente. Actualmente, la mayoría de los países de la región han realizado grandes avances en la liberalización financiera y en la desregulación y liberalización de la mayoría de los precios de sus economías. A pesar de las reformas realizadas - y con excepción de la economía chilena - el promedio regional de las tasas de ahorro se ha mantenido alrededor de su media histórica de 20% sin que se observen tendencias al incremento. Además, la evidencia señala que existe una tendencia hacia la sustitución entre el ahorro externo y el ahorro nacional.

Esto sugiere que, para efectos de incrementar las tasas de ahorro no basta con la profundización financiera acompañada de influjos de ahorro externo, sino que se requiere además de instrumentos y desarrollos institucionales que permitan por una parte, estimular la generación de ahorro nacional y por otra, fortalecer la complementación (no la sustitución) entre ahorro nacional y ahorro externo. La necesidad de este tipo de políticas se ve reforzada, como se vera más adelante, por el bajo impacto que tiene el crecimiento económico en la generación de ahorro nacional en los países de la región.

En la primera sección presentamos algunos hechos estilizados sobre las tendencias regionales en materia de ahorro nacional. En la segunda sección analizamos los factores que determinan el ahorro y en la tercera sección presentamos los resultados obtenidos de nuestras estimaciones econométricas. En seguida examinamos alternativas en materia de política para el reforzamiento de la generación de ahorro. Finalmente, se ofrece un resumen de las principales conclusiones alcanzadas y de las políticas analizadas.

1. Las tendencias en el ahorro nacional

Cuatro hechos caracterizan el comportamiento del ahorro nacional en los países de América Latina y el Caribe: (i) la participación del ahorro nacional, a precios corrientes, se ha estabilizado alrededor de una tasa de 20% del PIB; (ii) existe una tendencia a que los aumentos del ahorro externo desplacen el ahorro nacional; (iii) los esfuerzos por aumentar el ahorro público han sustituido, en cierta medida, al ahorro privado; (iv) la relación entre el esfuerzo de ahorro (medido por el coeficiente de ahorro nacional a precios corrientes), y el resultado de este esfuerzo (medido por el coeficiente de inversión a precios constantes) es función del precio relativo de la inversión, el que en economías con una importante demanda por bienes de capital importados es muy sensible a la evolución del tipo de cambio.

El ahorro nacional bruto como porcentaje del PIB se mantuvo relativamente estable en el período 1974-81, cuando la alta liquidez internacional permitió a las economías de la región acceso al financiamiento externo a través del endeudamiento bancario.[1] Disminuye abruptamente con ocasión de la crisis de la deuda externa, para luego volver a aumentar con la recuperación del nivel de ingreso disponible per cápita. Sin embargo, la tendencia al alza se quiebra cuando los países de la región acceden nuevamente a las corrientes de capital externo a comienzos de los noventa. A partir de este período, se observa que mientras el ahorro externo comienza a aumentar, el ahorro nacional muestra una tendencia a la baja.

En lo que se refiere al comportamiento del coeficiente de inversión a precios corrientes en la década de los noventa, este se ha mantenido prácticamente estable en 21 puntos del PIB. Medido a precios constantes de 1980 este coeficiente ha mostrado grandes variaciones. Últimamente se ha recuperado, pasando de 16.3% en el bienio 1990-91 a 18.2% en 1992-94 influido positivamente por la evolución del precio relativo de la inversión, producto de las importantes apreciaciones cambiarias que se han dado en la región. Sin embargo, aún no recuperaba su nivel promedio del período 1974-81 que era superior al 24 por ciento del PIB (cuadro 1).[2]

Cuadro 1
AMERICA LATINA Y EL CARIBE:
INDICADORES DE AHORRO Y DE FORMACION DE CAPITAL
(como porcentajes del PIB)

PERIODO	yº (dólares 1980)	S N B	SE	IIB	IIBº	DIIB / DPIB
1970-73	1385	18.8	2.1	20.9	18.0	1.16
1974-75	1647	20.9	3.2	24.1	24.9	0.97
1976-79	1809	20.4	3.5	23.9	24.0	1.00
1980-81	1967	20.7	4.3	24.9	24.5	1.02
1982	1821	17.8	4.9	22.6	20.8	1.09
1983-86	1757	18.7	0.3	19.0	16.7	1.14
1987-89	1808	22.4	0.5	22.8	17.4	1.31
1990-91	1786	20.0	0.9	20.8	16.3	1.28
1992-93	1793	18.5	2.7	21.1	18.1	1.17
1994	1762	18.4	2.7	21.1	18.5	1.14

Fuente:, CEPAL, en base a cifras oficiales para 15 países (Brasil, Colombia, Costa Rica, Chile, República Dominicana, Ecuador, El Salvador, Guatemala, Honduras, México, Panamá, Paraguay, Perú, Uruguay y Venezuela).

yº = (YNBº/N),
SNB = (YNB-C)
SE = (X-M-PNF+TN)
IIB = SNB+SE
IIBº = IIB/(DIIB/DPIB)
El signo º indica a precios constantes; yo = ingreso per cápita; SNB= ahorro nacional bruto; SE= ahorro externo; IIB= inversión interna bruta; DIIB= deflactor de la inversión interna bruta, DPIB= deflactor del PIB; N= población; YNBo= ingreso nacional bruto real, YNB= ingreso nacional bruto; M= importaciones; X=exportaciones; PNF= pagos netos de factores; TN= transferencias unilaterales netas, C= consumo.

[1] El ahorro externo se define como el saldo en la cuenta corriente con signo contrario. Esto es, entrada de capitales menos acumulación de reservas.

[2] Es importante resaltar que inestabilidades asociadas a los mercados financieros como las ocurridas en México a fines de 1994 (el llamado «efecto tequila»), redundan en importantes devaluaciones cambiarias y por tanto generan inestabilidad en el precio relativo de la inversión, y en el nivel de este coeficiente.

GRAFICO 1

HECHOS ESTILIZADOS SOBRE AHORRO NACIONAL Y AHORRO EXTERNO

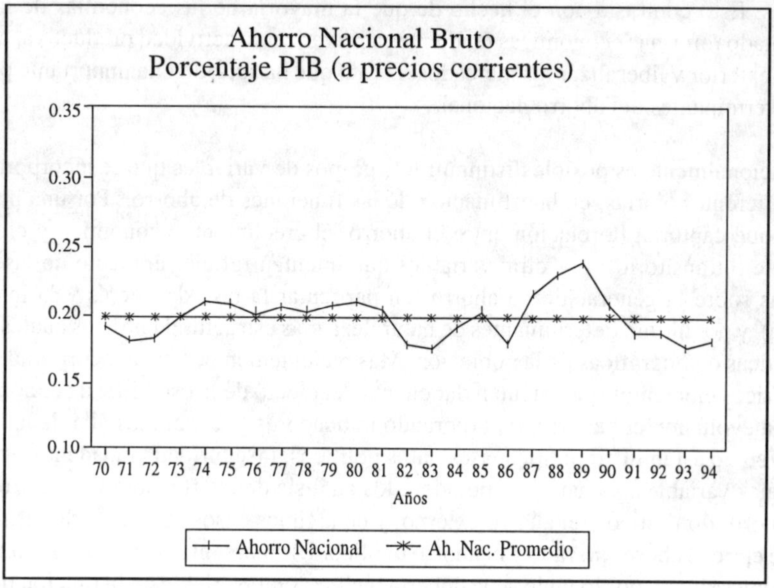

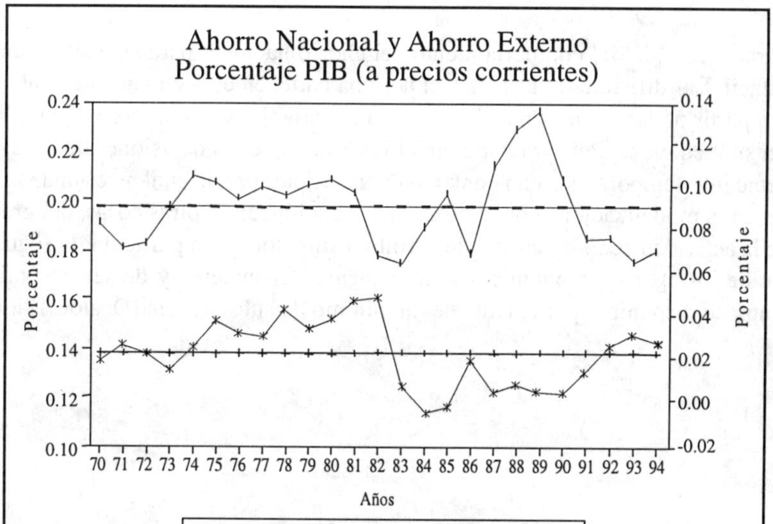

Fuente: CEPAL, sobre la base de estadísticas de cuentas nacionales ponderadas por la participación de cada país en el PIB regional. Muestra: Brasil, Colombia, Costa Rica, Chile, Ecuador, El Salvador, Guatemala, Honduras, México, Panamá, Paraguay, Perú, República Dominicana, Uruguay y Venezuela.

2. *Factores determinantes del ahorro*

Los resultados anteriores muestran que, a nivel de la región, aún no se ha logrado estimular el ahorro y la acumulación de capital a niveles compatibles con ritmos de crecimiento altos y sostenibles. Esto contrasta con el hecho de que la mayoría de las economías de la región han implementado reformas económicas tendientes a privatizar la actividad productiva, abrir sus economías al exterior y liberalizar los mercados. De ahí que ha surgido una importante preocupación por los determinantes del ahorro nacional.

Tradicionalmente es posible distinguir tres grupos de variables que se incorporan, de acuerdo a las diferentes teorías, en la estimación de las funciones de ahorro.[3] Por una parte están las variables que capturan la relación entre el ahorro, el crecimiento económico y el ingreso (sea permanente o transitorio); por otra, variables que intentan reflejar el efecto de las condiciones financieras sobre la generación de ahorro (en particular la tasa de interés y la intermediación financiera), y por último determinantes de naturaleza más estructural entre los cuales destacan las características demográficas de la población. Más recientemente, se han incorporado en los estudios empíricos elementos que intentan dar cuenta del efecto de la estabilidad económica y política sobre la evolución del ahorro, incorporando indicadores que van más allá de la tasa de inflación tales como estabilidad política, asesinatos políticos, inseguridad ciudadana, etc.[4] Junto con estas últimas variables, se han incorporado a los análisis de las funciones de ahorro la relación entre el ahorro doméstico y el ahorro externo, y en algunos casos se intenta discernir la relación que existe entre el ahorro privado y el ahorro público. Ultimamente, se ha sostenido que el ahorro sigue a la inversión, y por lo tanto se la debería incluir como variable en la función de ahorro. La evidencia reciente indica que los resultados para determinar causalidad no son concluyentes, y varían según los países considerados (Stiglitz y Uy, 1996).

La caracterización del comportamiento del ahorro nacional para su análisis empírico no es una tarea fácil. Las dificultades se originan por una parte, en el hecho de que el ahorro nacional, estimado a partir de las cuentas nacionales, es una variable obtenida por residuo, lo que genera "ruido" en su medición. Por otra parte, en el hecho de que las decisiones de ahorro son fundamentalmente intertemporales en un contexto de incertidumbre, la cual no es una variable fácil de incorporar en la modelización econométrica, y es función, entre otras cosas, del grado de inestabilidad de la actividad económica, del desarrollo institucional (en particular la seguridad social), del acceso de los agentes económicos a instrumentos financieros y de seguros privados, y del nivel de ingreso disponible por encima de un mínimo de subsistencia (Deaton 1989).

[3] Para una excelente revisión de la literatura ver Deaton (1989) y Gersovitz (1988).

[4] Trabajos empíricos que evalúan para el caso de países en desarrollo los determinantes del ahorro bajo diferentes hipótesis se encuentran en Fry, 1978; Edwards, 1994, 1995; Schmidt-Hebbel, Webb y Corsetti, 1992; Giovannini, 1983, 1985; Corbo y Schmidt-Hebbel, 1990; Liang, 1982; Gupta, 1987; Ocampo, Crane y Farne, 1989; Nam, 1989; Held y Uthoff, 1995.

Sin embargo, de la revisión de los estudios empíricos surgen algunos puntos de interés: (i) no hay consenso sobre la importancia relativa de variables como la tasa de interés, indicadores de intermediación y/o profundización financiera, en el proceso de formación de ahorro[5]; (ii) la relación de causalidad entre ingreso y ahorro no es fácil de determinar, aunque en general se observa un efecto positivo entre el coeficiente de ahorro y el nivel de ingresos[6]; (iii) las variables demográficas así como las que intentan medir grados de incertidumbre generalmente resultan significativas; (iv) la dirección de la correlación encontrada entre ahorro externo y el ahorro nacional para el caso de América Latina es negativa en la mayoría de los estudios; y (v) en general se aprecia una correlación negativa entre ahorro público y ahorro privado.[7]

En el contexto de las economías latinoamericanas este tipo de estudios es más complicado por cuanto tratan de medir y explicar el comportamiento del ahorro en contextos caracterizados por elevados niveles de pobreza, mercados financieros segmentados y poco profundos, y en condiciones macroeconómicas muy fluctuantes (períodos de fuerte reactivación económica seguidos por fuertes ajustes). En esas circunstancias, es muy probable que el ahorro nacional (que refleja, aunque de manera imperfecta, las decisiones de ahorro de los agentes) muestre un comportamiento que puede diferir de lo esperado por los modelos tradicionales de optimización intertemporal.[8]

Para efectos de estimar econométricamente la función de ahorro nacional se incorporan en la ecuación de regresión varias de las variables utilizadas en los estudios reseñados. En particular, se extiende el modelo estimado en Schmidt-Hebbel, Webb y Corsetti (1992). La extensión consiste en incluir variables que miden las desviaciones tanto del ingreso como de los flujos de ahorro externo respecto de su tendencia.

Los argumentos que se incluyen en la función estimada en este trabajo, si bien no se derivan de un programa de optimización explícito, son congruentes con los postulados por los diferentes enfoques relativos al comportamiento del ahorro. Se estimó una función lineal de la siguiente forma:

$$S/Y_{tk} = \mu_0 + \mu_1\, YT_{tk} + \mu_2\, DYT_{tk} + \mu_3\, CREC_{tk} + \mu_4\, INFL_{tk} + \mu_5\, RDD_{tk} + \mu_6\, SET_{tk} + \mu_7\, DSET_{tk} + \mu_8\, IR_{tk}$$

donde el subíndice k denota el país y t el período. S/Y representa el ahorro nacional como proporción del PIB, YT el ingreso per cápita de tendencia, DYT las desviaciones del ingreso per cápita con respecto a su tendencia, CREC la tasa de crecimiento del ingreso per cápita, INFL la tasa de inflación, RDD la relación de dependencia demográfica, SET el ahorro externo de tendencia, DSET las desviaciones del ahorro externo respecto de sus niveles de tendencia, e IR la tasa de interés real.

[5] Además, estas variables parecen tener efectos distintos en los países latinoamericanos y en los países asiáticos (Gupta, 1987).

[6] Este efecto se mantiene cuando se incluye la tasa de variación del ingreso o del producto, aunque el valor y grado de significancia del parámetro varía.

[7] Edwards (1995) estima un coeficiente de sustitución entre ambos de alrededor de 0.5.

[8] Para una discución de los modelos de ahorro (o consumo que es la otra cara de la misma moneda) en un contexto de maximización intemporal, véase Gerzovitz 1989; y Deaton 1992.

La mayoría de los trabajos encuentra evidencia de una relación positiva entre el ahorro y el nivel de ingreso per cápita. Esto es consistente con las predicciones de los modelos de inspiración keynesiana o post-keynesianas. El efecto sobre el ahorro de las desviaciones del ingreso respecto de su nivel de tendencia dependerá de la forma en que éstas sean internalizadas por los agentes económicos. Si son percibidas como temporales y no afectan el nivel del ingreso permanente, el ahorro deberá mostrar una correlación alta y positiva a variaciones transitorias del ingreso[9]

El impacto esperado de la tasa de crecimiento del ingreso sobre la tasa de ahorro es ambiguo. El enfoque tradicional implica una tasa de ahorro en aumento con ingresos en aumento. Sin embargo, según la teoría del ciclo de vida o de ingresos permanentes, podría haber un efecto negativo en el ahorro.

Con respecto a la tasa de inflación, su efecto sobre el ahorro es ambiguo. La inflación podría estimular la sustitución de activos monetarios por activos físicos, pero también, en la medida que refleje una mayor inestabilidad macroeconómica, induciría un mayor ahorro, en tanto incrementa la varianza del ingreso real esperado.

Según las proposiciones de la teoría del ciclo de vida, el signo esperado de la relación de dependencia debería ser negativo ya que poblaciones con mayores proporciones de miembros dependientes tienden a deprimir el ahorro en relación al ingreso disponible.

En lo que se refiere al ahorro externo, el impacto de este sobre el ahorro nacional puede conceptualizarse en términos de dos efectos: un efecto ingreso positivo, que responde al incremento de la actividad económica asociado a una mayor holgura externa; y un efecto sustitución negativo, que se origina principalmente en el efecto riqueza que viene asociado con la apreciación de activos (físicos y financieros), la caída en el precio de los bienes transables ligada a la apreciación cambiaria, y una mayor disponibilidad de liquidez y crédito interno. En los estudios de Fry (1978), Giovannini (1985), Edwards (1995), y Schmidt-Hebbel, Webb y Corsetti (1992) el efecto sustitución es el que prima, mientras que Gupta (1987), encuentra que el efecto ingreso es el dominante. Adicionalmente, si el ahorro externo se aleja de su tendencia (períodos de alta afluencia de capital internacional), el efecto negativo en el ahorro podría intensificarse a causa de la presión adicional hacia la apreciación cambiaria y al aumento del gasto.

[9] Este es el comportamiento esperado bajo la norma de supuestos tradicionales en los modelos de optimización intertemporal del consumo. En el caso extremo, el valor de este coeficiente debería ser igual a 1 si el ingreso permanente no se ve afectado.

3. Resultados

Las estimaciones se realizaron para 15 países de América Latina y el Caribe en el período 1972-93.[10]. Dado que se mezclan datos de corte transversal y de series de tiempo (con una muestra de 330 observaciones), se utilizan dos métodos alternativos de estimación: el de efectos fijos y el de efectos aleatorios. Para abordar el problema de la determinación simultánea de las variables, en cada caso se utilizan variables instrumentales.[11]

En una primera etapa se estimó un modelo que no distingue entre el ahorro externo de tendencia y las desviaciones del mismo. Los resultados se reportan en el cuadro 2.a.

El nivel de ingreso per cápita así como la tasa de crecimiento del mismo son estadísticamente significativos y tienen un efecto positivo en el ahorro nacional. El coeficiente de la tasa de crecimiento se sitúa entre 0,18 y 0,25, según el método usado. Aunque se halló una correlación positiva, el valor del coeficiente indica que el ahorro responde con lentitud al crecimiento. Por ejemplo, si entre los años 1993 y 2000 el aumento del ingreso real per cápita fuera de 2%, entonces la tasa de ahorro nacional subiría a 20% (en comparación con 18,5% para el período 1992-93).[12]

La variable que mide el efecto de las desviaciones cíclicas del ingreso en el ahorro fue significativa en todos los modelos estimados; el valor medio fue de 0,16, que es bastante lejano del coeficiente unitario sugerido por la teoría del ingreso permanente (este resultado es similar al alcanzado por Schmidt-Hebbel, Webb y Corsetti, 1992). Dos factores pueden explicar este comportamiento.

Primero, las economías de la región enfrentan frecuentemente situaciones de restricción de liquidez o de crédito. Bajo estas condiciones, el consumo responderá a fluctuaciones temporales del ingreso observándose una sensibilidad excesiva del consumo (Flavin, 1981; Hall y Mishkin, 1982). Segundo, la fuerte reacción del consumo a estas variaciones temporales en el ingreso puede responder a una situación de "consumo reprimido". Dados los bajos niveles de ingreso per cápita a nivel regional, sobre todo en los años ochenta, los incrementos en el ingreso se destinan principalmente a elevar los niveles de consumo.

El efecto de la tasa de inflación indica que esta es percibida como un indicador de inestabilidad que puede afectar la variabilidad del nivel de ingreso real esperado. Su efecto sobre el ahorro resulta significativo y con un signo positivo en todas las estimaciones, aunque el valor del coeficiente es pequeño.

---

[10] Los países incorporados son Brasil, Colombia, Costa Rica, Chile, Ecuador, El Salvador, Guatemala, Honduras, México, Panamá, Paraguay, Perú, República Dominicana, Uruguay y Venezuela.

[11] Las variables consideradas como determinadas en forma simultánea con los niveles de ahorro son las tasas de crecimiento. Los instrumentos utilizados son la relación de dependencia demográfica, el crecimiento rezagado, la liquidez (M1/PIB), el porcentaje del crédito al sector privado, el ahorro público, las variables de ahorro externo rezagadas, el nivel del ingreso per cápita, el consumo del gobierno, la inversión rezagada, la tasa de inflación, la tasa de crecimiento de las exportaciones, el crecimiento de la población y el porcentaje de la población urbana.

[12] En este ejercicio, se trabaja con los siguientes supuestos: una tasa media de inflación de un dígito, una tasa de ahorro externo equivalente a 2% del PIB, y un aumento del ingreso per cápita de 2%.

En relación al ahorro externo, las estimaciones confirman la relación negativa entre éste y el ahorro nacional. En los cuatro modelos estimados el coeficiente obtenido es de -0.47 con un alto grado de significancia.

Este resultado puede estar reflejando el hecho de que en el caso de los países latinoamericanos, el efecto sustitución prevalece por sobre el efecto ingreso. Esto es, en la medida que la entrada de capitales financieros no tenga una contrapartida similar en la creación de activos productivos, se tiende a producir un efecto riqueza como consecuencia de una rápida apreciación en el precio de los activos existentes. Por esta vía, las entradas de capital, unidas a importantes apreciaciones cambiarias se han manifestado en fuertes incrementos del consumo. Como una medida aproximada para evaluar los cambios en la riqueza, una mirada al índice de precios de los valores en los mercados de valores de los siete países principales de la región revela un aumento de cuatro veces en el precio (equivalente en dólares) de las acciones entre 1990 y octubre de 1994.

Cuadro 2
RESULTADOS ECONOMETRICOS
2.a) MODELO BASICO

	VARIABLES INDEPENDIENTES							
	CONST	INGRESO PER CAPITA		INFLACION	CRECIMIENTO	RELACION DE DEPENDENCIA	AHORRO EXTERNO	R^2
		Logaritmo de la tendencia	Logaritmo del desvío de la tendencia					
1) Efecto fijo	-	0,061 (2.3)	0.163 (9.7)	0.0010 (2.6)	0.20 (4.9)	0.02 (0.9)	-0.47 (-10.5)	0.70
2) Efecto aleatorio	0.21 (2.4)	0.046 (5.0)	0.173 (4.3)	0.0015 (3.6)	0.18 (3.3)	0.08 (2.6)	-0.47 (-7.9)	0.43
3) Efecto fijo con variables instrumentales	-	0.066 (2.4)	0.145 (8.5)	0.0014 (3.5)	0.25 (5.6)	0.03 (1.0)	-0.48 (10.5)	0.70
4) Efecto aleatorio con variables instrumentales	0.22 (2.5)	0.046 (6.1)	0.156 (3.9)	0.0018 (5.2)	0.22 (4.1)	0.08 (2.7)	-0.47 (-8.2)	0.44

2.b) MODELO BASICO MAS DIFERENCIAS EN AHORRO EXTERNO ENTRE TENDENCIA Y CICLO

	VARIABLES INDEPENDIENTES								
	CONST	INGRESO PER CAPITA		INFLACION	CRECIMIENTO	RELACION DE DEPENDENCIA	AHORRO EXTERNO		R^2
		Logaritmo de la tendencia	Logaritmo del desvío de la tendencia				Tasa de tendencia (% PIB)	Desvío de la tendencia	
1) Efecto fijo	-	0.063 (2.5)	0.142 (9.0)	0.0010 (2.4)	0.20 (4.8)	0.001 (0.4)	-0.31 (2.3)	-0.48 (7.2)	0.67
2) Efecto aleatorio	0.26 (3.2)	0.051 (5.8)	0.148 (3.8)	0.0015 (3.5)	0.17 (3.0)	0.10 (3.1)	-0.46 (4.6)	-0.49 (6.0)	0.40
3) Efecto fijo con variables instrumentales	-	0.064 (2.4)	0.145 (8.4)	0.0014 (3.5)	0.25 (5.6)	0.02 (0.51)	-0.33 (2.5)	-0.49 (10.1)	0.69
4) Efecto aleatorio con variables instrumentales	0.23 (2.7)	0.048 (5.4)	0.156 (3.8)	0.0019 (5.3)	0.22 (4.1)	0.08 (2.7)	-0.44 (4.4)	-0.48 (6.4)	0.43

Países: Brasil, Colombia, Costa Rica, Chile, Ecuador, El Salvador, Guatemala, Honduras, México, Panamá, Paraguay, Perú, República Dominicana, Uruguay y Venezuela.
Muestra: 1972-93 (330 Observaciones).

Para estimar los efectos que variaciones cíclicas del ahorro externo puedan tener sobre el ahorro nacional, se descompuso el ahorro externo (al igual que en el caso del ingreso per cápita) en un componente de tendencia y otro de desviaciones respecto a la tendencia. El objetivo de este ejercicio es evaluar si cuantiosas entradas de capital -que se materializan en elevados déficits en cuenta corriente- por encima de los que normalmente reciben los países (ciclos de alto ahorro externo) tienen efectos sobre el ahorro nacional distintos de los que surgen de la evolución tendencial del ahorro externo.

Los resultados de este ejercicio se reportan en el cuadro 2.b. En él se observa que tanto los coeficientes de la tasa de tendencia del ahorro externo como los del desvío de la tendencia son significativos y negativos, con un valor que fluctúa entre -0.31 y -0.46 el primero, y -0.48 y -0.49 el segundo. El hecho de que el coeficiente de las desviaciones de la tendencia sea altamente significativo (el estadígrafo t varía entre 6.0 y 10.1) sugiere que variaciones cíclicas del ahorro externo tienen efectos negativos sobre el ahorro nacional. Sin embargo, el estudio económetrico de los mecanismos que determinan este efecto sobrepasa el ámbito de este trabajo. Una hipótesis a investigar apunta en la dirección de que fuertes entradas de capital en períodos cortos de tiempo tienden a generar mediante su impacto en el tipo de cambio, y en los precios de los activos, un fortalecimiento del efecto sustitución lo que acentúa la relación negativa entre el ahorro externo y el ahorro nacional. En todo caso, la significancia del coeficiente amerita mayores investigaciones.

La sustitución entre el ahorro nacional y el ahorro externo es sensible al contexto macroeconómico. Como puede apreciarse en el cuadro 3, la disminución del ahorro nacional ha sido mayor en aquellos países que, en una situación de renovado acceso a los mercados internacionales de capital a comienzos del decenio de 1990, han permitido que los gastos se hayan excedido considerablemente (en relación con el ingreso nacional). En contraste, países como Costa Rica y Chile, que entre 1990 y 1994 aumentaron su ingreso nacional disponible con déficit en cuenta corriente relativamente moderados (incluso más bajos que los que tuvieron durante el período de ajuste frente a la crisis de la deuda), han mantenido niveles relativamente altos de ahorro nacional. En el otro extremo, hallamos países en los que ha habido apreciables aumentos del ahorro externo acompañados de una reducción del ahorro nacional (los casos de México, Perú y, en menor medida, Argentina).

Cuadro 3

AHORRO E INVERSION INTERNA BRUTA TOTAL

(% del PIB)

	1983-90	1992-94	Dif.
Argentina			
Ahorro nacional[a/]	15.2	15.0	-0.2
Ahorro externo[a/]	1.8	3.4	1.6
Inversión interna bruta[b/]	16.3	20.2	3.9
Brasil			
Ahorro nacional[a/]	21.0	20.5	-0.5
Ahorro externo[a/]	0.7	-0.4	-1.1
Inversión interna bruta[b/]	17.0	13.8	-3.2
Chile			
Ahorro nacional[a/]	14.7	23.8	9.1
Ahorro externo[a/]	5.3	2.7	-2.6
Inversión interna bruta[b/]	15.8	22.1	6.3
Colombia			
Ahorro nacional[a/]	19.4	18.7	-0.7
Ahorro externo[a/]	0.2	-0.1	-0.3
Inversión interna bruta[b/]	17.3	20.7	3.4
Costa Rica			
Ahorro nacional[a/]	17.7	22.1	4.4
Ahorro externo[a/]	7.8	6.8	-1.0
Inversión interna bruta[b/]	21.3	24.0	2.7
México			
Ahorro nacional[a/]	20.9	15.7	-5.2
Ahorro externo[a/]	-0.5	6.9	7.4
Inversión interna bruta[b/]	17.2	21.6	4.4
Perú			
Ahorro nacional[a/]	20.7	17.1	-3.6
Ahorro externo[a/]	1.8	5.0	3.2
Inversión interna bruta[b/]	19.1	23.5	4.4
América Latina (19 países)			
Ahorro nacional[a/]	19.5	17.7	-1.7
Ahorro externo[a/]	0.7	2.7	2.0
Inversión interna bruta[b/]	16.8	18.1	1.2

Fuente: CEPAL, con datos del FMI y de los países.

a/ A precios corrientes.

b/ A precios constantes.

Se investigaron dos modelos adicionales en relación al modelo estimado. Uno incluye la tasa de interés real y el otro la tasa de inversión real. Sin embargo, dado que el coeficiente estimado asociado a la tasa de interés no fue significativo, en el cuadro 4 sólo se presentan los resultados obtenidos cuando se incluye la tasa de inversión real en el modelo estimado.[13]

Cuadro 4

MODELO BASICO MAS TASA DE INVERSION

	VARIABLES INDEPENDIENTES								
	CONST	INGRESO PER CAPITA		INFLACION	CRECIMIENTO	RELACION DE DEPENDENCIA	AHORRO EXTERNO	TASA DE INVERSION REAL	R^2
		Logaritmo de la tendencia	Logaritmo desvío de la tendencia						
Efecto fijo	-	0.051 (2.2)	0.024 (1.26)	0.0008 (2.52)	0.099 (2.63)	0.014 (0.54)	-0.734 (16.02)	0.518 (10.67)	0.77
Efecto aleatorio	-0.21 (2.28)	0.034 (3.3)	-0.011 (0.29)	0.0010 (1.88)	0.040 (0.93)	0.041 (1.10)	-0.775 (15.07)	0.674 (10.54)	0.66
Efecto fijo con variables instrumentales	-	0.055 (2.4)	0.017 (0.90)	0.0011 (3.09)	0.131 (3.31)	0.015 (0.59)	-0.729 (15.98)	0.508 (10.50)	0.78
Efecto aleatorio con variables instrumentales	-0.22 (2.29)	0.035 (3.24)	-0.015 (0.40)	0.0012 (2.20)	0.067 (1.42)	0.042 (1.13)	-0.773 (14.94)	0.668 (9.88)	0.66

Muestra: Brasil, Colombia, Costa Rica, Chile, República Dominicana, Ecuador, El Salvador, Guatemala, Honduras, México, Panamá, Paraguay, Perú, Uruguay y Venezuela.

La correlación entre el ahorro nacional y la inversión puede abordarse mediante distintos enfoques. Por una parte, se argumenta que las imperfecciones que afectan a la movilidad internacional del capital -que producen diferenciales de tasas de interés entre países-, unidas a factores demográficos y tecnológicos, son los que explicarían por qué el ahorro nacional y la inversión interna deben tener una correlación positiva en el largo plazo. Por otra parte, hay quienes argumentan la relativa falta de intermediación financiera doméstica (que justifica el vínculo entre la inversión empresarial y las utilidades no distribuidas) como la explicación de la correlación entre ahorro-inversión.

El coeficiente de la inversión real es estadísticamente significativo y positivo (en todos los casos el estadígrafo t se ubica entre 9,9 y 10,7). No obstante, cuando se introduce esta variable, se debilita el efecto de la tasa de crecimiento sobre el ahorro, lo que obedece a la colinealidad entre estas variables, en tanto la tasa de inversión afecta la evolución de la tasa de crecimiento. Si bien no es fácil identificar causalidad entre estas variables, lo que sí se desprende de los resultados obtenidos es la necesidad de que el impacto positivo de estas variables sobre el ahorro nacional se refuerce mediante la creación de un entorno macroeconómico e institucional que promueva la asignación del ahorro financiero hacia la inversión real.

[13] Con el fin de incorporar la tasa de interés real en las regresiones, y debido a la poca información disponible, hubo que reducir la muestra a siete países (Brasil, Chile, Ecuador, El Salvador, México, Uruguay y Venezuela) y limitarla al período 1975-93. Las conclusiones no proporcionan una base que permita aseverar que la tasa de interés haya tenido un efecto importante en el ahorro nacional en la muestra de países analizada.

4. Implicancias en materia de política

a) El ahorro para un crecimiento sostenido

La lenta respuesta del ahorro nacional al aumento del ingreso nacional tiene importantes implicancias para la región. Ello resulta evidente del hecho que, a diferencia de los países de Asia Oriental que han logrado consolidar tasas de crecimiento de más de 7% basados en tasas de ahorro y de inversión de más de 30% del PIB, los países de América Latina no han sido capaces de consolidar un vigoroso círculo virtuoso de mayores ingresos, ahorro e inversión. Ello demuestra que para que el impacto del crecimiento sobre el ahorro sea importante, se deben aplicar políticas de promoción de ahorro, conjuntamente con el desarrollo financiero para aumentar la elasticidad del ahorro con respecto al ingreso. El desempeño observado debilita el argumento que sostiene que aumentos en la tasa de crecimiento del producto automáticamente se materializan en incrementos en las tasas de ahorro.[14]

Durante los años 80 y comienzos de los 90, el crecimiento en los países de la región fue menos de la mitad del que experimentaron los países exitosos del Asia y el Pacífico e inferior también al de los países menos exitosos de esas regiones (ver cuadro 5). Es importante resaltar que los países del Asia y el Pacífico con tasas de crecimiento mayores también presentan tasas de ahorro mayores. Ello indicaría que si bien es difícil establecer una causalidad entre la tasa de crecimiento y los niveles de ahorro, la experiencia de esa región ha demostrado que los dos fenómenos deben, y pueden, ir de la mano. Contrasta esto con la realidad de América Latina, donde la recuperación de las tasas de crecimiento no ha ido proporcionalmente acompañada de un aumento correspondiente del ahorro. A nivel macroeconómico, los países asiáticos han conseguido mantener un ambiente económico estable con precios macroeconómicos creíbles, sobre todo el tipo de cambio real, la tasa de interés real y el nivel de demanda agregada. En particular, esta última ha estado cercana a la capacidad productiva.

Además, a nivel mesoeconómico, estos países han creado las instituciones financieras necesarias para movilizar el ahorro y promover las inversiones. Cabe destacar que los países prósperos de Asia y el Pacífico tienen altas tasas de inversión interna, lo que en el caso del primer grupo de países en el cuadro 5 da un promedio de 37% del PIB en comparación con el 21% de los países de América Latina. Si bien se ha sostenido, más arriba, que la dirección de causalidad entre el ahorro, la inversión y el crecimiento es difícil de identificar y que más bien existe un alto grado de simultaneidad, el comovimiento observado entre estas variables sugiere la necesidad de crear y fortalecer un circulo virtuoso entre ellas.

[14] Por ejemplo, Gavin, Hausmann y Talvi (1996) sostienen que los responsables de las políticas solamente debieran preocuparse de lo que tenga relación con el crecimiento, pues el ahorro vendría en forma espontánea.

Cuadro 5
CRECIMIENTO DEL PIB, AHORRO E INVERSION EN REGIONES Y PAISES SELECCIONADOS
(Porcentajes del PIB)[a]

Países	Crecimiento del PIB			Tasa de ahorro nacional			Tasa de inversión interna		
	1980-84	1985-89	1990-94	1980-84	1985-89	1990-94	1980-84	1985-89	1990-94
Tailandia	5.5	9.0	8.8	22.8	27.6	34.4	29.0	29.9	41.2
Malasia	6.9	4.7	8.6	26.4	28.3	29.5	34.8	26.3	34.5
Singapur	8.5	6.0	8.3	39.3	41.8	48.2	47.4	38.3	40.6
República de Corea	6.6	9.5	7.5	23.9	34.1	35.3	29.9	30.6	36.7
Indonesia	6.2	5.3	6.8	27.3	27.9	28.3	27.3	30.9	30.4
Promedio (simple)	6.7	6.9	8.0	28.1	31.9	35.2	33.7	31.2	36.7
Papúa Nueva Guinea[b]	-0.4	2.8	8.2	2.9	5.9	11.6	28.2	22.1	23.9
Sri Lanka	5.3	3.1	5.4	16.3	14.3	17.8	29.1	22.7	23.8
Pakistán	6.8	6.4	5.1	20.1	23.2	19.4	18.7	18.6	19.8
Bangladesh	3.1	3.4	4.7	5.0	6.2	9.6	14.3	12.7	13.0
India	5.6	6.2	3.9	20.4	21.8	22.8	22.1	24.6	24.4
Fiji	1.5	2.2	2.5	17.2	14.8	12.3	26.3	16.4	14.3
Filipinas	1.3	2.7	1.8	22.4	18.3	19.8	27.2	17.8	23.0
Promedio (simple)	3.3	3.8	4.5	14.9	14.9	15.4	23.7	19.3	9.2
Brasil	1.7	4.4	1.0	17.5	22.7	19.6	21.4	23.0	19.6
Colombia	2.7	4.8	4.0	16.3	20.7	19.5	19.8	19.8	18.8
Costa Rica	0.3	3.8	4.6	13.4	18.8	21.8	25.4	25.9	27.8
Chile	0.8	6.1	6.2	7.1	16.5	23.2	16.6	21.3	25.3
Ecuador	2.2	2.2	3.3	17.1	13.4	18.0	21.9	20.8	20.2
El Salvador	-4.6	0.4	4.9	10.3	12.9	14.6	12.9	12.9	17.2
Guatemala	-0.2	2.2	3.8	9.7	8.5	11.1	13.9	12.6	15.8
Honduras	1.1	3.9	2.6	8.7	13.6	22.1	18.2	17.7	28.4
México	3.4	1.1	3.0	22.6	20.9	17.1	23.6	20.9	22.5
Panamá	4.7	0.6	5.4	15.5	11.5	13.0	25.4	13.5	22.4
Paraguay	3.9	4.2	2.8	19.5	20.0	13.5	25.5	24.1	23.4
Perú	0.4	-0.2	2.9	22.3	20.4	18.6	27.2	22.7	21.3
Rep. Dominicana	3.9	3.7	1.7	13.1	21.7	20.1	21.1	22.9	23.0
Uruguay	-1.7	3.9	3.9	10.4	12.5	13.3	14.7	12.3	13.4
Venezuela	-3.1	1.7	3.9	25.1	20.4	19.6	20.6	20.9	16.9
Promedio (simple)	1.0	2.9	3.6	15.2	17.0	17.7	20.5	19.4	21.1
Promedio (ponderado)	1.5	2.9	2.5	19.1	21.2	18.6	21.8	21.8	20.6

Fuente: Asia y Pacífico: International Monetary Fund, *International Financial Statistics*, vol. XLVIII, No. 7, Washington D.C., julio 1995; *World Tables 1995* (datos en diskette), World Bank; *Asian Development Outlook 1995-1996*, Asian Development Bank; América Latina: CEPAL, sobre la base de cifras oficiales.

[a] Las tasas de ahorro e inversión se definen a precios corrientes.

[b] Promedio ahorro e inversión 1990-94; se refiere a 1990-93.

b) La sustitución del ahorro

La relación de sustituibilidad encontrada entre el ahorro externo y el ahorro nacional es otro de los resultados que tienen importantes implicancias de política para la región. En la medida que una parte importante de la disponibilidad de financiamiento externo se utilice para financiar esta sustitución, se acrecienta la vulnerabilidad y volatilidad del proceso de acumulación y crecimiento.

La crisis sufrida por México a fines de 1994 es un ejemplo reciente de cómo sucede esto. En el caso mexicano, en los períodos 1983-90 y 1992-94, el ahorro externo aumentó en el equivalente a 7,4% del PIB, y la apreciación del tipo de cambio real incrementó el poder adquisitivo sobre bienes de capital en 2,2% del PIB. Como resultado de ello, la formación de capital debió haber subido en 9,6% del PIB, pero sólo aumentó en 4,4 puntos. Ello se debió al hecho de que el crecimiento del financiamiento externo, el consiguiente auge del crédito interno y la apreciación cambiaria se tradujeron en un incremento del consumo y una baja del ahorro nacional, que disminuyó en 5,2% del PIB (véanse los cuadros 3 y 6).

Cuadro 6

MEXICO: ORIGEN DEL TOTAL DE AHORROS, 1987-94

(como % del PIB)

	PUB (1)	PRIV (2)	NAC (3)	EXTERNO (4)
1987	7.0	15.3	22.3	-3.1
1988	1.4	18.3	19.7	1.4
1989	3.1	16.3	19.4	2.8
1990	6.6	13.2	19.8	3.0
1991	7.4	10.9	18.3	5.1
1992	6.6	10.4	17.0	7.4
1993	5.0	11.8	16.8	6.3
1994	3.7	12.1	15.8	7.7

***Fuente*:** Moreno Brid (1995).

(1) Ahorro público como porcentaje del PIB, a precios corrientes (Banco de México, INEGI, Secretaría de Hacienda y Crédito Público). Enfoque operacional.

(2) Ahorro privado como porcentaje del PIB, a precios corrientes (Banco de México, INEGI, Secretaría de Hacienda y Crédito Público). Enfoque operacional.

(3) Ahorro nacional como porcentaje del PIB, a precios corrientes = (1) + (2).

(4) Ahorro externo como porcentaje del PIB, a precios corrientes (Banco de México, INEGI, Secretaría de Hacienda y Crédito Público). Enfoque operacional. Es igual al déficit en cuenta corriente con signo opuesto.

Para América Latina en su conjunto, entre 1983-90 y 1992-94 el ahorro externo se incrementó en 2 puntos del PIB mientras que la inversión nominal solo creció en 0.3 puntos del PIB como resultado de la caída de 1.7 puntos del PIB sufrida por el ahorro nacional.

La experiencia de México, así como la de otros países de la región, ilustra la importancia que, en presencia de importantes influjos de capital, se le debe otorgar a la gestión macroeconómica con el objeto de reducir las tendencias a la sustitución entre ambas formas de ahorro. Esta gestión debe velar principalmente por mantener una relación equilibrada entre el crecimiento del gasto y el crecimiento del producto, así como en la composición del gasto entre consumo e inversión.

Para el logro de estos objetivos la política macroeconómica debe apoyarse en medidas cambiarias y monetarias que influyan sobre las condiciones de arbitraje de modo de hacerlas compatibles con el nivel y composición deseados de la demanda. Debe evitarse que sean las condiciones de arbitraje las que, a través de su efecto sobre los flujos de capitales internacionales, generen cambios no deseados en la demanda y de esta forma afecten negativamente el ahorro nacional.

5. Resumen y conclusiones

Los análisis empíricos del ahorro en América Latina responden a los siguientes hechos estilizados. Durante los últimos 25 años, la participación del ahorro nacional se ha estabilizado en 20% del PIB, observándose una tendencia a que el ahorro externo desplace al ahorro nacional. La relación entre el ahorro nacional y la inversión interna bruta ha sido mediatizada por la evolución de los precios relativos de la inversión, que están estrechamente vinculados al tipo de cambio, dada la alta proporción de bienes de capital importados.

El análisis econométrico de la relación entre el ahorro nacional, los niveles de ingreso, la tasa de crecimiento, el ahorro externo, la inflación, la inversión real, las tasas de interés real y las relaciones de dependencia demográfica arrojan luz sobre hechos que merecen atención. En primer lugar, aunque hay una relación positiva y estadísticamente significativa entre el ahorro nacional (medido como proporción del PIB) y la tasa de crecimiento del ingreso (per cápita), el coeficiente estimado de alrededor de 0,22 muestra un impacto pequeño sobre el ahorro. Ello indica que el crecimiento es una condición necesaria pero no suficiente para aumentar el ahorro a los niveles que se precisan para apoyar tasas de crecimiento semejantes a las de los países de Asia y el Pacífico; contrargumentando así la idea de depender exclusivamente del crecimiento para aumentar el ahorro.

Las opciones en materia de política que se sugieren para complementar el efecto positivo del crecimiento económico sobre el ahorro deberían incluir los siguientes: i) la consolidación de un marco macroeconómico e institucional estable; ii) la promoción de la inversión real; y iii) reformas tributarias encaminadas a estimular la reinversión de utilidades.

En segundo lugar, ha habido una relación negativa entre el ahorro externo y el nacional. El coeficiente estimado es significativo con un valor de -0,47, lo que indica el «*trade-off*» ocurrido entre estas dos fuentes de financiamiento de la inversión.

En tercer lugar, el hecho de que la tasa de inversión haya mostrado un coeficiente positivo y significativo sugiere que, independientemente de la causalidad, el aumento de la inversión tendrá efectos positivos sobre las tasa de ahorro, ya sea directamente o mediante su efecto sobre el crecimiento.

La experiencia de los países de la región indica que el grado de sustitución entre el ahorro externo y el ahorro nacional depende en gran medida de una afluencia de capital que produzca valores atípicos o distorsiones considerables de las variables macroeconómicas fundamentales, como las tasas de interés, los tipos de cambio reales, los precios de los activos físicos y financieros y el nivel de endeudamiento. La experiencia también indica que no sólo el nivel de la afluencia de capital es importante, sino además su composición desde el punto de vista de su madurez y relación con la inversión real. De ahí que tanto la gestión macroeconómica como el desarrollo financiero son importantes para la promoción del ahorro en contextos de una mayor movilidad internacional del capital.

Arrau, P. (1995), "Nota sobre el aumento del ahorro nacional en Chile", *Serie Financiamiento del Desarrollo*, Nº 39, CEPAL, octubre.

BID (1996), "National saving in Latin America and the Caribbean: Recent developments and policy issues", Oficina del Economista Principal, Washington, D.C.

Boskin, M. (1988), "Consumption, saving and fiscal policy", *American Economic Review*, vol. 78, Menasha, WI, American Economic Association, mayo.

CEPAL (1996), *Quince años de desempeño económico: América Latina y el Caribe 1980-1995*, Publicación de las Naciones Unidas, Santiago.

Corbo, V. y K. Schmidt-Hebbel (1990), "Public policies and saving in Latin America", documento presentado en el Segundo Seminario Regional de Política Fiscal, Estabilización y Ajuste, CEPAL, Santiago, agosto.

Deaton, A. (1989), "El ahorro en los países en desarrollo: teoría y análisis", en A. Villagómez Amezcua (comp.), *El financiamiento del desarrollo en América Latina: la movilización del ahorro interno; selección de textos*, Centro de Estudios Monetarios Latinoamericanos (CEMLA), México, D.F.

___ (1992), "Understanding consumption", Oxford University Press, Nueva York.

Edwards, S. (1994), "Fiscal policy, savings and growth: A view from Latin America", documento presentado al Séptimo Seminario Inter-Americano (IASE), México D.F., noviembre.

___ (1995), "Why are saving rates so different across countries?: An international comparative analysis", *NBER Working Paper*, Nº 5097, Cambridge, Massachusetts.

Flavin, M. (1981), "The adjustment of consumption to changing expectations about future income", *Journal of Political Economy*, vol. 89, University of Chicago Press, Chicago, I11.

Friend, I. (1986), "The policy options for stimulating national saving", en G. Adams y S. Watcher (comps.), *Saving and Capital Formation*, Heath, D.C., Lexington, Massachusetts.

Fry, M. (1978), "Money and capital or financial deepening in economic development", *Journal of Money, Credit and Banking*, vol. 10, Ohio State University Press, noviembre.

Gavin, M., R. Hausmann y E. Talvi (1996), "Saving behavior in Latin America: Overview and policy issues", Banco Interamericano de Desarrollo, Washington, D.C.

Gersovitz, M. (1988), "Saving and development", en H. Chenery y T.N. Srinivasan (comps.), *Handbook of Development Economics*, vol. 1, North Holland, Nueva York.

Giovannini, A. (1985), "Saving and the real interest rate in LDCs", *Journal of Development Economics*, vol. 18, Elssevier Science Publishers, B.V., North Holland, Nueva York.

(1983), "The interest elasticity of savings in developing countries: The existing evidence", *World Development*, vol. 11, Oxford.

Gupta, K. (1987), "Aggregate savings, financial intermediation, and interest rate", *The Review of Economics and Statistics*, vol. 69, North-Holland, Amsterdam.

Hall, R. y F. Mishkin (1982), "The sensitivity of consumption to transitory income: Estimates from panel data on household", *Econométrica*, vol. 50, Evanston, I11.

Held, G. (1994), "¿Liberalización o desarrollo financiero?", *Revista de la CEPAL*, N° 54, Santiago, diciembre.

Held, G. y A. Uthoff (1995), "Indicators and determinants of savings for Latin America and the Caribbean", *Working Paper*, N° 25, CEPAL, Santiago.

Liang, M-Y. (1982), "Savings in Taiwan: An empirical investigation", *Journal of Economic Development*, Economic Research Institute, Chung Ang University.

Makin, J. (1986), "Saving rates in Japan and United States: The roles of tax policy and other factors", en G. Adams y S. Watcher (comps.), *Savings and capital formation: the policy options*, Heath, D.C., Lexington, Massachusetts.

Mc Kinnon, R. (1973), "Money and capital in economic development", The Brookings Institution, Washington, D.C.

Nam, S-W. (1989), "What determines national saving?: A case study of Korea and the Philippines", *Working Paper Series*, N° 205, Banco Mundial, División de Ajuste Macroeconómico y Crecimiento, Washington, D.C., mayo.

Ocampo, J.A., C. Crane y S. Farne (1989), "Determinantes del ahorro en Colombia,1970-1987", CEPAL, inédito.

Reisen, H. (1997), "The limits of foreign savings", en R. Ffrench-Davis y H. Reisen (eds.), *Promoting savings in Latin America*, OECD, París.

Schmidt-Hebbel, K., L. Serven y A. Solimano (1996), "Saving and investment: paradigms, puzzles, policies" , *The World Bank Economic Review*, vol. 11., N° 2, Washington, D.C.

Schmidt-Hebbel, K., S. Webb y G. Corsetti (1992), "Household saving in developing countries: First cross-coutry evidence", *The World Bank Economic Review*, vol. 6,Washington, D.C.

Shaw, E. (1973), "Financial deepening in economic development", Oxford University Press, Nueva York.

Stiglitz, J. y M. Uy (1996), "Financial markets, public policy and the East Asian miracle", *The*

World Bank Research Observer, vol. 11, Nº 2, Washington, D.C.

Valdés-Prieto, S. (1994), "Distributive concerns when replacing a pay-as-you-go system with a fully funded system", *Policy Research Working Paper*, Nº 1366, Banco Mundial, Washington, D.C.

III

Movimientos de capitales y comportamiento de la inversión en Argentina

Roberto Frenkel
José María Fanelli
*Carlos Bonvecchi**
CEDES, Buenos Aires

Síntesis

El Plan de Convertibilidad, lanzado en abril de 1991 y todavía en vigencia, probó ser mucho más exitoso que los programas de estabilización de los años ochenta en su objetivo anti-inflacionario. El programa también fue exitoso en revertir la evolución de la inversión agregada: mientras la inversión mostró una tendencia declinante en los ochenta, tendió a crecer entre 1991 y 1994. Sin embargo, la crisis detonada por la devaluación mexicana de diciembre de 1994 mostró que algunos de los resultados del régimen de Convertibilidad, en términos de estabilidad macroeconómica e inversión, podrían no ser lo suficientemente robustos como para garantizar la sustentabilidad de largo plazo del proceso de crecimiento.

La discusión de la calidad de los resultados positivos observados luego de la aplicación del régimen de Convertibilidad ha estado íntimamente relacionada con la cuestión de los movimientos de capital. La relación entre flujos de capital e inversión real es crucial para evaluar la sustentabilidad del sendero de crecimiento de la economía porque la cantidad y calidad de la inversión financiada con los ingresos de capital determinará la capacidad de la economía de servir sus obligaciones externas en el futuro. El propósito de este trabajo es echar alguna luz sobre este tema. Consecuentemente, éste se enfoca sobre la evolución de la inversión real bajo el régimen de Convertibilidad, tratando de identificar los eslabonamientos entre los ingresos de capital y el gasto en inversión.

El análisis muestra que hubo una asociación clara y positiva entre la recuperación de los ingresos de capital a principios de los años noventa y la reversión de la tendencia declinante que la inversión había mostrado en los ochenta. También es claro que la retracción de los ingresos de capital que tuvo lugar después del shock del efecto tequila coincidió con una caída de la tasa de inversión. El trabajo presenta algunas hipótesis y hechos estilizados relativos a los mecanismos y comportamientos de los agentes que generan la asociación observada entre inversión y flujos de capital.

El primer punto es que en la experiencia argentina hubo un canal «indirecto» muy importante que conectó los ingresos de capital con la demanda de inversión. Este canal operó a través de los efectos de los flujos de capital sobre la evolución macroeconómica, relajando la restricción externa y viabilizando la estabilización de la economía. La disponibilidad de financiamiento externo permitió sostener el tipo de cambio nominal fijo, pese a la significativa apreciación real y al aumento del déficit comercial. Esto fue crucial para reducir la inflación. La mayor estabilidad de precios afectó positivamente la inversión de muchas maneras: por la reducción de la incertidumbre que alentó los *animal spirits*; induciendo un siginificativo aumento de la demanda de activos financieros domésticos que relajó la dura restricción de crédito a la que estuvieron sometidas las empresas en los años ochenta; y a través del crecimiento de la demanda que siguió a la estabilización de la economía.

El segundo punto es que también ha habido un canal directo conectando la inversión con la oferta de fondos externos. Adicionalmente al hecho obvio de que la inversión extranjera directa es parte de los ingresos de capital, ese canal directo operó porque los cambios en la oferta de financiamiento externo tuvieron un efecto directo sobre el severo racionamiento de crédito que habían enfrentado las empresas. En el caso de Argentina, ese efecto es acentuado por las reglas del régimen de Convertibilidad y la dolarización. Bajos estas circunstancias, la oferta de crédito a las empresas y consumidores es extremamente dependiente de los flujos de capital.

Un tercer hecho estilizado resaltado en el trabajo es que pese a las reformas estructurales (particularmente, la apertura de la cuenta de capital), la evolución de la demanda agregada es todavía un determinante crucial de la demanda de inversión.

El último punto se refiere a la sustentabilidad del sendero de crecimiento seguido por Argentina en los noventa. El comportamiento del ahorro interno en las fases expansivas y contractivas sugiere que la política macroeconómica aplicada en los noventa dio lugar a condiciones que generaron una reducida tasa de ahorro interno. Bajo estas circunstancias, la tasa de crecimiento y la tasa de inversión no pueden aumentar sin incrementar la dependencia del ahorro externo.

* Los autores agradecen los comentarios y sugerencias de Ricardo Ffrench-Davis y Helmut Reisen sobre una versión preliminar.

Introducción

La crisis de la deuda y la frustración de los intentos de estabilización a lo largo de los años ochenta condujeron a un progresivo deterioro del funcionamiento macroeconómico que culminó en los episodios hiperinflacionarios de 1989-90. En este contexto, en abril de 1991 el gobierno lanzó el llamado Plan de Convertibilidad, vigente hasta la actualidad. El programa probó ser muy efectivo como instrumento de estabilización. También tuvo éxito en revertir la tendencia de la inversión agregada, que se incrementó continuamente entre 1991 y 1994. Sin embargo, la crisis desatada por la devaluación mexicana de diciembre de 1994 mostró que los resultados del plan en materia de estabilidad macroeconómica e inversión podrían no ser suficientemente robustos para asegurar la sustentabilidad del proceso de crecimiento.

El debate alrededor de la robustez de los resultados observados bajo el Plan de Convertibilidad ha estado directamente relacionado con la cuestión del movimiento de capitales. Así ha ocurrido porque entre 1991 y 1994, en un contexto de acceso «fácil» al crédito internacional, la economía tendió a generar un creciente déficit en cuenta corriente. Frente a esta situación se plantearon dos cuestionamientos.

El primero estaba relacionado con la estabilidad macroeconómica: si la economía depende muy fuertemente de los ingresos de capitales (particularmente de fondos de corto plazo), una reversión brusca de los flujos puede generar una crisis de liquidez a nivel macroeconómico. El segundo cuestionamiento ponía en duda la solvencia financiera de la trayectoria de crecimiento seguida por la economía luego de la aplicación del plan.

La interrupción de los flujos de capitales provocada por la crisis mexicana, que causó una marcada caída del PIB y de la inversión, confirmó la relevancia de los cuestionamientos relativos a la liquidez y la solvencia del sistema financiero en un contexto de volatilidad del movimiento de capitales.

En relación a la sustentabilidad de la trayectoria del crecimiento de la economía en el largo plazo, resulta crucial analizar la relación entre los flujos de capitales y la inversión real. De la cantidad y calidad de la inversión financiada directa e indirectamente por los ingresos de capitales depende la capacidad de la economía para servir las obligaciones externas en el futuro. El objetivo de este trabajo es avanzar en el análisis de esta cuestión. Consecuentemente, el foco del trabajo es la evolución de la inversión bajo el régimen de convertibilidad y en él tratamos de identificar los eslabonamientos entre los flujos de capital y el gasto en formación de capital.

En la sección 1 describimos los hechos macroeconómicos más relevantes del período 1991-95 y analizamos los montos y características de los flujos de capital. Con esta información como base, en la sección 2 presentamos los principales resultados relativos a las tendencias de largo plazo del ahorro y de la inversión, así como también el análisis del comportamiento de la inversión agregada y de su asignación. En la sección 3 examinamos el rol de los factores financieros. El análisis de esta sección se enfoca en los cambios acaecidos en la generación y absorción de recursos financieros entre los grandes sectores agregados, y en los cambios en la estructura de los balances de las empresas. La última sección resume las principales conclusiones.

1. Estabilización, flujos de capital y dinámica macroeconómica

Sería muy difícil entender en el caso argentino la relación entre flujos de capitales e inversión en los años noventa sin tomar en cuenta los factores macroeconómicos. Resultan de particular importancia entre éstos los relacionados con la estabilización y con la aplicación de las reformas estructurales, tales como la apertura de la economía y la privatización de empresas públicas. Estos factores tuvieron gran influencia sobre los flujos de capital, el balance comercial y los precios relativos. A su vez, la evolución de estas variables determinó en gran medida el patrón específico que siguieron el ahorro y la inversión. Sólo los cambios en los mercados internacionales de capital, que hicieron posible la reversión de la fuga de capitales, son de una importancia comparable con los factores macroeconómicos en la determinación de la evolución de la economía argentina en los años noventa. Lo que hace el caso argentino particularmente interesante desde un punto de vista analítico es que la reversión de los flujos de capital coincidió con la aplicación de la política de estabilización e importantes reformas estructurales.

Dada la importancia de los factores macroeconómicos, dedicamos esta sección a analizar los hechos estilizados que caracterizan el comportamiento agregado de la economía en los años noventa. El foco se coloca sobre aquellos factores más directamente relacionados con el ahorro, la inversión y los flujos de capital. Para tener una perspectiva histórica y contar con un patrón de comparación de los cambios que siguieron a la estabilización y la revitalización de los flujos de capital, se formulan continuas referencias a los años ochenta. La primera parte de la sección examina la política de estabilización. La segunda parte analiza los flujos de capital. La tercera presenta los rasgos estilizados más relevantes de la dinámica macroeconómica en los años noventa, las características del ciclo de corto plazo, los cambios en la restricción externa de la economía y la evolución de los precios relativos.

a) *El régimen de convertibilidad y la estabilización*

El lanzamiento del Plan de Convertibilidad procuró reducir drásticamente la tasa de inflación y evitar un ataque especulativo sobre las reservas que podría haber generado un nuevo episodio de hiperinflación.[1] Sin embargo, la política no fue sólo un plan de ajuste. El programa combinó la política de estabilización con un conjunto amplio de medidas tendientes a reestructurar la economía en la línea del «Consenso de Washington». Las nuevas reglas de la política monetaria, la desregulación del sistema financiero y del mercado de capitales, la apertura financiera y comercial y las privatizaciones fueron los elementos más importantes del paquete de reformas.

El elemento más distintivo del Plan fue la fijación por ley del tipo de cambio peso/dólar norteamericano. La paridad está incluida en la Ley de Convertibilidad, que impone al Banco Central la obligación de respaldar con reservas internacionales el monto total de la base monetaria.[2] La política de estabilización incluyó una orientación contractiva en los frentes fiscal y monetario, y medidas dirigidas a desindexar la economía.

---

[1] Análisis detallados del Plan de Convertibilidad se presentan en Chisari, Fanelli y Frenkel (1996); y Fanelli y Frenkel (1996).

[2] La modificación del tipo de cambio debe ser aprobada por el Congreso. La disposición apuntaba a incrementar la credibilidad del compromiso gubernamental de renunciar a la devaluación como instrumento de política.

La Ley de Convertibilidad prácticamente transformó al Banco Central en una caja de conversión. Más adelante, en setiembre de 1992, un nuevo reglamento (Carta Orgánica) de la institución fue aprobado por el Congreso. Se dio plena autonomía al Banco Central, se prohibió el financiamiento monetario del déficit fiscal y se restringieron severamente las operaciones de redescuento.

En el frente fiscal el gobierno hizo importantes esfuerzos para reformar el sistema tributario y reducir la evasión, con el objetivo de incrementar los ingresos y eliminar gradualmente los impuestos distorsionadores. Hubo consecuentemente una considerable mejora en la recaudación. Además, el aumento en los ingresos fiscales fue impulsado por la reducción de la inflación (debido a la operación inversa del efecto Olivera-Tanzi) y el significativo aumento del nivel de actividad. Este último efecto se revirtió parcialmente después de la crisis mexicana, por la recesión y la caída de la demanda.

El Plan de Convertibilidad fue muy exitoso en la reducción de la tasa de inflación, que cayó de 1344% en 1990 a menos de 2% en 1995. El mayor grado de estabilidad macroeconómica y el nuevo régimen cambiario (que redujeron marcadamente el riesgo cambiario), mejoraron las percepciones de los inversionistas externos e incentivaron en forma importante los ingresos de capital en los años siguientes. Sin embargo, la tasa de inflación interna fue superior a la tasa internacional durante un período prolongado. Consecuentemente, aunque se produjo una marcada caída de la tasa de inflación, ésta no fue lo suficientemente rápida como para evitar una considerable apreciación del tipo de cambio real. La distorsión de precios relativos implicó un fuerte aumento del precio de los bienes no transables en relación a los transables y el incremento de los salarios medios y los costos unitarios de producción en relación al resto del mundo.

La interacción entre estos factores positivos y negativos dio lugar a dos fases bien diferenciadas en la evolución de la economía. La primera comprende el período que va desde la aplicación del Plan a la crisis mexicana de diciembre de 1994. La segunda fue abierta por ese episodio y se desarrolla hasta la actualidad. La primera fase fue muy exitosa en términos de crecimiento del PIB y profundización financiera. La segunda mostró un deterioro del escenario macroeconómico y una reversión parcial de los desarrollos financieros de la primera. El cuadro 1 muestra la evolución de los indicadores macroeconómicos más importantes bajo el régimen de convertibilidad.

Las años 1991-94 se caracterizaron por una expansión del PIB de 40%. El ascenso del nivel de actividad fue liderado por los sectores de servicios y de producción de bienes de consumo durables y automóviles. La caída de la inflación y el rápido crecimiento del crédito impulsaron la demanda, tanto de bienes de consumo como de bienes de capital.

Como contraparte del importante aumento de la demanda doméstica hubo un fuerte deterioro de las cuentas comercial y corriente del balance de pagos. En contraste con los superávit registrados en 1990 y 1991, la cuenta comercial mostró crecientes déficit en el trienio de 1992-94. Alimentado por este desequilibrio, el déficit en cuenta corriente creció sostenidamente y llegó a 5.2% del PIB en 1994. Un desequilibrio de esta magnitud solo podía sostenerse gracias a los masivos ingresos de capital experimentados en el período. Los ingresos de capitales fueron superiores a la demanda de fondos derivada del déficit en cuenta corriente, por lo que hubo una significativa acumulación de reservas.

Cuadro 1
PRINCIPALES INDICADORES MACROECONÓMICOS

	1990	1991	1992	1993	1994	1995[a]
PIB a precios corrientes [b]	67.4	179.7	229.2	259.0	287.4	280.1
Crecimiento del PIB (%)	-1.3	10.5	10.3	6.3	8.5	-4.6
Inflación anual (IPC)	1343.9	84.0	17.5	7.4	3.9	1.6
Inversión bruta interna fija a precios corrientes (% del PIB)	13.2	14.3	16.3	18.3	20.2	17.7
Ahorro nacional a precios corrientes (% del PIB)	15.2	18.8	18.4	14.0	15.0	15.1
Tipo de cambio real[c]	100.0	75.0	64.2	60.2	59.3	58.4
Tipo de cambio real efectivo de las exportaciones[d]	100.0	83.3	77.5	74.0	78.4	87.0
Cuenta corriente[be]	1.8	-2.8	-6.8	-8.6	-11.4	-5.5
Cuenta de capital[b]	1.0	4.7	9.9	13.1	11.9	5.4
Balance comercial[b]	8.2	3.7	-2.6	-3.7	-5.7	0.8
Exportaciones[b]	12.2	12.0	12.2	13.1	15.8	21.0
Importaciones[b]	4.0	8.3	14.9	16.8	21.6	20.1
Reservas[b]	5.8	7.9	11.2	15.3	16.1	16.0
M1/PIB (%)[g]	4.7	4.3	5.2	6.0	6.2	6.2
M3/PIB (%)[g]	8.7	7.1	9.0	11.3	11.5	10.6
M3*/PIB (%)[fg]	12.5	10.7	13.7	18.4	19.7	18.9
Deuda externa total[b]	62.2	65.4	67.6	70.0	77.0	87.0
Déficit sector público no financ. (% del PIB)	2.9	2.5	0.1	-0.8	0.5	1.4
Déficit primario (% del PIB)	-1.5	-1.7	-2.2	-3.4	-1.0	-0.5
Privatiz. en efectivo (% del PIB)	0.4	1.2	0.8	1.5	0.3	0.4
Déficit primario (excl. privatiz.) (% del PIB)	-1.1	-0.5	-1.4	-1.9	-0.7	0.1
Tasa de desempleo[h]	6.3	6.0	7.0	9.3	12.2	16.4

Fuente: Elaborado en base a datos del Banco Central y del Ministerio de Economía.

[a] Estimaciones preliminares.

[b] En miles de millones de dólares.

[c] Tipo de cambio nominal multiplicado por IPM USA/IPC Argentina.

[d] Corresponde al promedio de los índices del tipo de cambio real con respecto a las monedas de los principales países con que el país tiene intercambio comercial, ponderado por la importancia relativa de las exportaciones hacia esos países (Fuente: CEPAL).

[e] No incluye las estimaciones de los intereses ganados por residentes locales atribuidos a las tenencias de activos externos.

[f] M3 más depósitos en dólares en el sistema financiero local.

[g] En diciembre de cada año.

[h] En octubre de cada año.

Bajo el esquema de caja de conversión la acumulación de reservas generó un fuerte aumento de los agregados monetarios y el crédito. El incremento de los agregados monetarios domésticos fue acompañado por una profundización de la dolarización del sistema bancario local, que tomó fuerza porque la convertibilidad otorgó validez legal a contratos suscritos en cualquier moneda. La expansión monetaria indujo un significativo aumento de la demanda agregada. Dada la amplia brecha existente entre la capacidad productiva y el producto, éste respondió vigorosamente al aumento de la demanda, pero con un creciente déficit externo.

La devaluación mexicana de diciembre de 1994 mostró claramente que es muy peligroso depender excesivamente del ahorro externo para mantener la estabilidad y el crecimiento. Como consecuencia de la caída en la disponibilidad de fondos externos después de la crisis mexicana, el PIB cayó 4.6% en 1995 mientras el desempleo alcanzó a 18.6% en mayo de 1995. Al mismo tiempo hubo una fuerte contracción de la inversión.

El equilibrio fiscal alcanzado en 1993 se había deteriorado al tiempo de la crisis mexicana. Esto contribuyó a empeorar sus efectos. Pese al aumento nominal de 65% en los ingresos tributarios entre 1991 y 1994, el ahorro corriente del sector público permanecía bajo debido a un aumento similar en los gastos. Adicionalmente, la reforma del sistema de seguridad social a mediados de 1994 desvió hacia los fondos de jubilación privados contribuciones que venían financiando el sistema público. Se calcula que el déficit generado por tal reforma es de alrededor de un punto porcentual del PIB (2.800 millones de dólares). Así, por primera vez desde 1991, el resultado del sector público no financiero fue deficitario en el segundo semestre de 1994. Aunque ese déficit era insignificante en comparación a otros países, representó una importante dificultad para un gobierno que se había propuesto mantener en cero o menos la necesidad de financiamiento, particularmente en vista de las nuevas (más adversas) condiciones financieras internacionales.

La estabilidad del sistema financiero fue inmediatamente afectada por el abrupto cambio de expectativas provocado por la devaluación mexicana. Este desató una corrida sobre las reservas internacionales y los depósitos bancarios que provocó un hundimiento de los precios de los activos e importantes egresos de capital.[3] Entre diciembre de 1994 y mayo de 1995, cuando tocaron fondo los depósitos bancarios (en pesos y dólares), los fondos retirados representaron un 17.5% del total de depósitos. El crédito y el sobregiro resultaron severamente restringidos y las firmas se vieron imposibilitadas de endeudarse para mantener su capital de trabajo en un contexto de fuerte caída de las ventas. La proporción de cartera en mora creció fuertemente.

Las autoridades, sin embargo, consiguieron mantener la inestabilidad bajo control. Dos factores fueron cruciales para posibilitar este resultado. Primero, el Banco Central desarrolló políticas más activas que en el pasado reciente. En algunos casos esas políticas implicaron un fuerte desvío de la ortodoxia. En particular, el gobierno apoyó activamente a los bancos mediante redescuentos y reduciendo la proporción exigida de reservas. Segundo, un paquete de ayuda coordinado por el FMI fue crucial para mejorar las expectativas. El acuerdo con el FMI dio lugar a un paquete de ayuda de 8 mil millones de dólares, sin el cual el Programa de Convertibilidad podría haber colapsado.

[3] Las primeras instituciones que devinieron insolventes fueron las que habían invertido fuertemente en títulos públicos y acciones locales con alto apalancamiento.

b) El movimiento de capitales en los años noventa[4]

El cuadro 2 muestra la evolución de la cuenta de capital en los últimos quince años, desde el comienzo de la crisis de la deuda.

Cuadro 2
FUENTES Y USOS DE LOS FLUJOS DE CAPITALES, 1981-95
(en millones de dólares)

Período	Superávit balance comercial	Déficit cuenta corriente	Incremento de las reservas	Superávit cuenta capital[a]	Movimiento capital compensat.	Movim. capital autónom.[a]
1981-85	2 779	2 575	-87	2 488	2 832	-344
1986-90	4 025	1 634	1 907	3 542	2 348	1 194
1991-95	-1 501	7 018	1 991	9 009	-645	9 654
1990	8 275	-1 789	2 751	962	2 072	-1 110
1991	3 703	2 803	1 880	4 683	1 109	3 574
1992	-2 637	6 821	3 104	9 925	898	9 027
1993	-3 666	8 583	4 481	13 064	-7 542	20 606
1994	-5 751	11 386	561	11 947	810	11 137
1995	844	5 496	-69	5 427	1 500	3 927

Fuente: Elaborado en base a datos del Banco Central.
[a] Incluidos errores y omisiones.

Como puede verse, hay un gran contraste entre los años ochenta y noventa. En primer lugar, hubo un marcado aumento en el volumen de los flujos en la década presente en comparación con el período de la crisis de la deuda. El superávit medio anual de la cuenta de capitales en los noventa es aproximadamente tres veces mayor que el promedio de los ochenta: los flujos anuales crecieron de 3 mil millones, en 1981-90, a 9 mil millones en 1991-95. En segundo lugar, es diferente la composición de los flujos. Como muestran las dos últimas columnas del cuadro 2, en los años ochenta las principales fuentes de crédito eran compensatorias, mientras que en los noventa la mayor parte del crédito fue autónomo. El cambio en el escenario internacional es un factor importante para explicar este contraste. En los años ochenta Argentina enfrentaba un marcado racionamiento en los mercados internacionales. Consecuentemente, los fondos necesarios para financiar el desequilibrio de la cuenta corriente eran financiamiento involuntario (atrasos) o recursos obtenidos vía las agencias multilaterales. La mayor oferta de fondos que fluyó a los mercados emergentes y la reducción de la tasa de interés internacional hizo mucho más fácil el acceso de Argentina a los mercados internacionales de capital en los noventa. Las últimas dos columnas del cuadro 2 muestran la tendencia sistemática a la sustitución de financiamiento compensatorio por financiamiento de mercado entre 1991 y 1994. De hecho, en 1993, en el máximo de los ingresos de capital, el flujo de capitales compensatorios fue negativo, dado que el país estaba pagando deuda compensatoria existente.[5] Las fuentes más importantes de fondos voluntarios eran el crédito comercial, la inversión extranjera directa (privatizaciones) y la repatriación de capital.

---

4 Esta parte está basada parcialmente en Fanelli y Machinea (1995).

5 Sin embargo, debe tomarse en cuenta que la cifra correspondiente a los egresos de capital compensatorio en 1993 sobreestima la magnitud de los pagos. La cifra incluye 4.2 mil millones de dólares correspondientes a intercambio de bonos nuevos por viejos bajo el acuerdo Brady.

La mayor parte de los ingresos de capital se destinó a financiar el desequilibrio de la cuenta corriente. El déficit comercial es el principal factor explicativo del creciente déficit de cuenta corriente entre 1991 y 1994. Esto resultó del fuerte aumento de las importaciones, combinado con el relativo estancamiento de las exportaciones en los primeros cuatro años de la convertibilidad. La alta tasa de crecimiento de las importaciones obedeció al fuerte aumento de la demanda y el nivel de actividad, a la liberalización del comercio y a la apreciación del tipo de cambio real.

Las mencionadas características de la trayectoria de la economía en los primeros cuatro años de la convertibilidad cambiaron completamente después de la devaluación mexicana. Como puede verse en el cuadro 2, hubo una importante contracción del déficit en cuenta corriente. Su causa fue la desaparición del déficit comercial. En un año hubo una reversión del déficit comercial de aproximadamente seis mil millones de dólares, originada por el aumento de las exportaciones y por la reducción de las importaciones. Las principales causas del aumento de las exportaciones fueron la mejora de los términos del intercambio (aproximadamente 10%) y el aumento de las importaciones del Brasil. Las exportaciones a Brasil crecieron de 3.6 mil millones en 1994 a 5.5 mil millones en 1995. La caída de las importaciones fue inducida por la recesión.

También cambió la composición de los flujos de capitales después de la crisis mexicana. En contraste con lo que venía ocurriendo con la demanda de capitales compensatorios, en 1995 el gobierno debió recurrir a las agencias multilaterales para compensar la reducción de los flujos de capital voluntarios. También hubo un aumento de la demanda gubernamental de fondos en los mercados internacionales. Sin embargo, el aumento de los flujos destinados al financiamiento del sector público no compensó totalmente la contracción de los flujos correspondientes al sector privado. Como resultado, entre 1994 y 1995 el volumen de flujos de capitales voluntarios declinó en 7.2 mil millones de dólares mientras que el superávit de la cuenta de capital cayó en 6.6 mil millones de dólares (cuadro 2). Esta caída hizo necesario un fuerte ajuste de la economía.

La operación compensatoria del gobierno y el cambio en el portafolio del sector privado pueden verse claramente en el cuadro 3, que muestra la evolución trimestral de los movimientos de capital.

Cuadro 3

ASIGNACIÓN DE LOS FLUJOS DE CAPITALES, 1994-95

(en millones de dólares)

Trimestre	Sector público	Sector privado[a]	Superávit cuenta capital[a]	Movim. capital compensat.	Movim. capital autónom.[a]
1994 I	78	2 426	2 997	493	2 504
II	-243	2 657	2 369	-45	2 414
III	419	1 506	2 363	438	1 925
IV	2 413	1 881	4 218	-76	4 294
1995 I	-241	-3 088	-3 316	13	-3 329
II	1 319	-345	2 262	1 288	974
III	1 517	-436	1 264	183	1 081
IV	2 830	2 371	5 217	16	5 201

Fuente: Elaborado en base a datos del Banco Central.
[a] Incluidos errores y omisiones.

El cuadro muestra que las consecuencias más importantes de la crisis mexicana se presentaron en los primeros tres trimestres de 1995, particularmente en el primero, cuando la columna correspondiente al sector privado muestra un egreso de capitales de 3 mil millones de dólares. Por otro lado, la columna correspondiente al gobierno muestra el incremento de la demanda de financiamiento externo *pari passu* con la caída de los flujos de capital privados. Esta estrategia de las autoridades parece haber prevenido una crisis de balance de pagos. En el último trimestre de 1995 no sólo el gobierno sino también el sector privado mostraban un superávit significativo en la cuenta de capitales. Sin embargo, debe tomarse en cuenta que dos factores fueron fundamentales para hacer viable esa estrategia: primero, el apoyo del FMI; segundo, la evolución favorable de los mercados internacionales de capital después del «efecto tequila», en la trayectoria de la tasa de interés y la recomposición de los flujos hacia los mercados emergentes.

c) Las fluctuaciones de corto plazo, la brecha externa y los precios relativos

Las fluctuaciones agregadas de corto plazo en los años noventa muestran diferencias respecto de los años ochenta, pero también importantes similitudes. Ambas, similitudes y diferencias, son relevantes para entender la relación entre la inversión y los movimientos de capital.

Cuadro 4

TASAS ANUALES DE VARIACIÓN (%)

(precios constantes de 1986)

Período	PIB	C	I	DD
1981-85	-2.0	-1.7	-10.9	-3.7
1986-90	-0.2	-0.2	-4.3	-0.9
1991-95	6.0	6.6	15.7	8.1
1990	-1.3	-1.1	-15.2	-3.4
1991	10.5	14.3	31.5	16.8
1992	10.3	13.3	33.5	16.6
1993	6.3	5.7	16.0	7.6
1994	8.5	6.9	21.8	9.8
1991-94	8.9	10.0	25.5	12.6
1995	-4.6	-6.1	-16.3	-8.4

Fuente: Cuentas Nacionales.

El cuadro 4 muestra que la tendencia general de la actividad económica a lo largo de los ochenta fue negativa. Sin embargo, la demanda y el producto siguieron trayectorias cíclicas con fases de alrededor de dos años de duración. En los ochenta hubo dos período expansivos: 1983-84 y 1986-87. El primero fue una modesta recuperación que siguió a la fuerte recesión inducida por el ajuste inicial a la crisis de la deuda. La otra fase expansiva siguió a la aplicación del Plan Austral de estabilización en julio de 1985.

La dinámica macroeconómica espasmódica exhibida por la economía en los años ochenta está relacionada con la crisis de la deuda externa, pero no se inaugura con ella. De hecho, la trayectoria de la economía muestra un comportamiento similar desde mediados de los años setenta. Cuando se analiza en conjunto los quince años que van desde 1975 a 1990, resulta claro que las políticas jugaron un importante rol como determinantes de las fases del ciclo. Por un lado, los shocks de política indujeron generalmente las fases expansivas. La expansión de fines de los años setenta y la de mediados de los ochenta fueron generadas por programas de estabilización que incluyeron la instrumentación del tipo de cambio como ancla de las expectativas y las decisiones de precios y salarios (sostenida por los ingresos de capital en el caso de los años setenta). Por otro lado, las contracciones también fueron en todos los casos inducidas por paquetes de ajuste, que incluían típicamente la devaluación para re-equilibrar el sector externo.

Este patrón no cambió con el régimen de convertibilidad y la mayor disponibilidad de fondos de los años noventa: ha habido fuertes fluctuaciones y los factores de política continúan siendo importantes. La principal diferencia que revela la comparación del período 1991-94 con las fases expansivas precedentes es la mayor duración y las significativamente más altas tasas de crecimiento experimentadas en los noventa.

El cuadro 4 destaca las fuertes fluctuaciones experimentadas por las variables agregadas en el período de convertibilidad. Durante la fase expansiva de 1991-94 el producto creció a una tasa media anual de 8.9%, la demanda 12.6% al año, el consumo 10% al año y la inversión 25.5%. La expansión fue relativamente más intensa en los primeros dos años. Debe tomarse en cuenta, sin embargo, que en 1990 el producto era 10% inferior al de 1980, la demanda doméstica era 21% menor y la inversión se había contraído 55% durante la década de los ochenta. Por otro lado, la recesión de 1995 también fue abrupta: el producto cayó 4.6%, la demanda doméstica 8.4% y la inversión 16.3%.

La importancia de los factores de política en la determinación de la trayectoria de corto plazo de la economía puede ejemplificarse comparando el Plan de Convertibilidad con el Plan Austral. El shock de estabilización de mediados de los ochenta tuvo efectos impacto similares a los observados en el período 1991-94: en el período expansivo, aunque las tasas de crecimiento fueron inferiores a las observadas en los noventa, la utilización del tipo de cambio como ancla determinó tendencias semejantes en los precios relativos y en el patrón de expansión de la demanda. También se observó un patrón similar en la fase recesiva, particularmente en relación a la caída de la inversión. Esto resulta llamativo porque en contraste con los ochenta, la recesión de 1995 no fue inducida por un shock de política (una devaluación) sino por un cambio de expectativas que opero directamente sobre el gasto y vía la contracción monetaria inducida por la caída de reservas y la fuga de capitales. Como ya se mencionó en la sección precedente, en un contexto de cuenta de capital abierta los flujos privados de capital no contribuyeron a moderar las fluctuaciones macroeconómicas sino a acentuarlas, ya que siguieron un patrón procíclico.

Un último punto en relación con las características de las fluctuaciones de corto plazo es que la evidencia sugiere que, a pesar de las reformas estructurales, no parece haberse producido un cambio significativo en la dinámica de la inversión agregada. Como en los ochenta, en las fases expansivas (recesivas) el aumento (caída) de la inversión parece asociarse principalmente con la expansión (contracción) de la demanda interna y el producto. Analizaremos más formalmente esta hipótesis más adelante.

Otro de los cambios relevantes inducidos por la mayor disponibilidad de financiamiento externo fue, obviamente, el relajamiento de la restricción externa. Esto contribuyó en forma importante al cambio en la dinámica macroeconómica porque, como se mencionó arriba, generó la reversión del superávit comercial.

Un conjunto de hechos estilizados relevantes en relación a esa cuestión se destacan a través de la observación de la evolución del ahorro interno bruto. Esto es, la porción no consumida de los recursos generados en el territorio, disponible para ser asignada entre inversión y superávit comercial. Los cuadros 5 y 6 muestran la evolución de esta variable medida a precios corrientes y a precios constantes.

El cuadro 5 muestra que en los ochenta una significativa parte del ahorro interno bruto fue absorbida por el superávit comercial. Un gran superávit comercial era necesario para servir la deuda externa. Para una tasa dada de ahorro interno, eso tendía a desplazar la inversión. En contraste con los años ochenta, la cuenta comercial se tornó negativa en los noventa. Este cambio eliminó la necesidad de utilizar ahorro interno para financiar la transferencia externa y, consecuentemente, hizo posible el aumento de la inversión. Sin embargo, la tasa de inversión media de los noventa fue sólo ligeramente mayor que la del quinquenio precedente, como puede verse en el cuadro 5. Efectivamente, la reducción del superávit comercial permitió un incremento de casi 5 puntos porcentuales del PIB en la demanda doméstica (DD) entre los años noventa y el quinquenio precedente, pero prácticamente la totalidad de este incremento resultó del aumento de la tasa de consumo. Esta es la razón por la cual en los años noventa, aunque la reducción del superávit comercial liberó recursos que podrían haberse utilizado en la formación de capital, la tasa de inversión no aumentó. Los fondos fueron utilizados para financiar un incremento del consumo y, consecuentemente, la tasa de ahorro interno bruto cayó conjuntamente con el superávit comercial.

Cuadro 5
PROPORCIONES DEL PIB (%)
(precios corrientes)

Período	C	I	X	M	DD	X-M	AIB
1981-85	77.0	20.3	8.9	6.2	97.3	2.7	23.0
1986-90	80.2	16.3	10.0	6.5	96.5	3.5	19.8
1991-95	84.0	17.4	7.7	9.1	101.4	-1.4	16.0
1990	81.1	13.2	10.6	4.9	94.3	5.7	18.9
1991	84.4	14.3	8.0	6.7	98.7	1.3	15.6
1992	85.6	16.3	7.2	9.1	101.9	-1.9	14.4
1993	84.3	18.3	6.6	9.2	102.6	-2.6	15.7
1994	83.2	20.2	7.1	10.5	103.4	-3.4	16.8
1995	82.9	17.7	9.5	10.1	100.6	-0.6	17.1

Fuente: Elaborado en base a datos de las Cuentas Nacionales y del Ministerio de Economía.

Cuadro 6
PROPORCIONES DEL PIB (%)
(precios constantes de 1986)

Período	C	I	X	M	DD	X-M	AIB
1981-85	79.6	19.3	8.4	7.4	98.9	1.0	20.4
1986-90	80.0	16.7	9.8	6.4	96.7	3.4	20.0
1991-95	83.3	20.1	11.0	14.4	103.4	-3.4	16.7
1990	79.7	13.4	12.8	5.9	93.1	6.9	20.3
1991	82.5	15.9	11.0	9.4	98.4	1.6	17.5
1992	84.8	19.3	10.2	14.3	104.1	-4.1	15.2
1993	84.3	21.0	9.8	15.1	105.3	-5.3	15.7
1994	83.1	23.6	10.5	17.2	106.7	-6.7	16.9
1995	81.7	20.7	13.5	15.9	102.4	-2.4	18.3

Fuente: Cuentas Nacionales.

El argumento precedente, sin embargo, se refiere a los promedios quinquenales y oculta un hecho importante relativo a la evolución conjunta de la inversión y la cuenta comercial. Se destaca una asociación cuando se observa esa evolución año a año en los noventa. Esto resulta de la forma en que se produjo el aumento en la tasa de consumo. La propensión al consumo tuvo un salto en 1991 y tendió a permanecer estable en su nuevo nivel en los años siguientes. En consecuencia, fue la tasa de inversión la que se incrementó conjuntamente con el déficit comercial en la fase expansiva. En 1994, el máximo de la tasa de inversión coincidió con el máximo del déficit comercial. Después, en la fase recesiva, el ajuste recayó casi completamente sobre la tasa de inversión, mientras la tasa de consumo mostró una relativa inelasticidad a la baja. En 1995, el equilibrio de la cuenta comercial fue alcanzado con una tasa relativamente baja de inversión.

El último punto que merece resaltarse en relación a la dinámica macroeconómica se refiere a la evolución de los precios relativos. Las diferencias entre los indicadores presentados en los cuadros 5 y 6 muestran claramente que el régimen de convertibilidad y el aumento de la oferta de fondos indujeron importantes cambios en los precios relativos. Los cambios de precios relativos más significativos son los del comercio exterior y de los bienes de inversión. El precio relativo del consumo no tuvo cambios significativos. El cuadro 7 presenta la evolución de los precios relativos.

Cuadro 7
EVOLUCIÓN DE LOS PRECIOS RELATIVOS AL DEFLACTOR DEL PIB
(1986 = 100)

Período	Consumo	Inversión	Export.	Import.
1981-85	96.8	105.5	104.8	87.1
1986-90	100.2	98.6	102.5	102.1
1991-95	101.0	86.5	69.6	64.8
1990	101.7	98.8	83.0	83.6
1991	102.2	89.7	72.8	70.6
1992	101.0	84.7	70.2	63.9
1993	100.0	87.2	66.8	60.7
1994	100.2	85.5	68.0	61.4
1995	101.4	85.5	70.4	63.4

Fuente: Elaborado en base a datos de las Cuentas Nacionales y del Ministerio de Economía.

En los años noventa los precios relativos de las exportaciones y las importaciones se redujeron, respectivamente, 33% y 38% respecto al quinquenio precedente. La baja obedeció principalmente a la apreciación del tipo de cambio real. En este contexto, después de la liberalización comercial, el coeficiente de exportaciones se contrajo 2.3 puntos porcentuales del PIB y el coeficiente de importaciones aumentó 2.6 puntos porcentuales del PIB (a precios corrientes). Este rasgo resultó principalmente de la apreciación cambiaria, ya que el volumen y el valor en moneda internacional del comercio exterior aumentaron significativamente en el período. Medido a precios constantes de 1986, el grado de apertura exterior de 1995 casi duplica al de la segunda mitad de los ochenta. En la fase expansiva 1991-94, las importaciones medidas a precios constantes pasaron de una media de 6.4% del PIB, en la segunda mitad de los ochenta, a 17.2% del PIB en 1994. En esta fase el coeficiente de exportaciones permaneció estancado en una cifra semejante a la de la segunda mitad de los ochenta. En la recesión de 1995 el coeficiente de importaciones disminuyó y el coeficiente de exportaciones aumentó significativamente.

El precio relativo de los bienes de inversión se redujo 12% en los noventa respecto del quinquenio precedente, como muestra el cuadro 7. La reducción obedece a la baja del precio relativo de los bienes de capital importados y se explica por la apreciación cambiaria real y la disminución de aranceles y otras restricciones de las importaciones.

2. El ahorro y la inversión

La dinámica macroeconómica que comentamos en la sección precedente delineó la trayectoria temporal del ahorro y la inversión en los años noventa. En esta sección adoptamos una perspectiva más enfocada en el largo plazo para analizar las tasas de ahorro e inversión resultantes de esas trayectorias temporales. La última parte de la sección se concentra en los determinantes y la asignación de la inversión.

a) *La tasa de ahorro*

Durante el período de convertibilidad se produjeron importantes cambios en los roles del ahorro nacional y del ahorro externo en el financiamiento de la inversión. En el cuadro 8 se muestra el ahorro nacional y el ahorro externo como proporciones del PIB.[6] La comparación entre el quinquenio 1991-95 y la segunda mitad de los ochenta muestra que entre ambos períodos hubo un aumento de 2 puntos porcentuales del PIB en la utilización del ahorro externo, que financió un pequeño aumento de la tasa de inversión y una pequeña caída de la tasa de ahorro nacional.

Cuadro 8
TASAS DE AHORRO E INVERSIÓN A PRECIOS CORRIENTES
(% del PIB)

Período	Inversión	Ahorro nacional	Ahorro externo[a]
1981-85	20.3	18.1	2.2
1986-90	16.3	14.8	1.5
1991-95	17.4	13.9	3.5
1990	13.2	15.2	-2.0
1991	14.3	12.8	1.5
1992	16.3	12.4	3.9
1993	18.3	14.0	4.3
1994	20.2	15.0	5.2
1995	17.7	15.1	2.6

Fuente: Elaborado en base a datos de las Cuentas Nacionales y del Ministerio de Economía.
[a] Datos construídos con datos del balance comercial tomados de las cuentas nacionales.

[6] El ahorro nacional está estimado a partir de la identidad agregada ahorro-inversión como la diferencia entre la inversión bruta fija total y el ahorro externo. La diferencia entre el ahorro interno bruto - cuya *performance* fue discutida arriba - y el ahorro nacional corresponde al devengamiento de los pagos a factores del exterior, básicamente los intereses de la deuda externa.

La tasa de ahorro nacional se redujo sistemáticamente en los ochenta y alcanzó un mínimo de 14.1% del PIB en 1989. Esta tasa se redujo en los dos primeros años de la fase expansiva, tendió a aumentar hasta 1994 y se mantuvo constante en la recesión de 1995. La tasa de ahorro nacional de 1994, el año de mayor actividad y tasa de inversión del período, es similar a la de 1990. Así, el aumento de la tasa de inversión de 7 puntos porcentuales del PIB entre 1990 y 1994 se financió completamente con un incremento equivalente en el ahorro externo. En 1995, la caída de 2.5 puntos del PIB en la tasa de inversión respecto al año precedente tuvo como contraparte una reducción similar del ahorro externo.

Esta evolución de la tasa de ahorro señala claramente que la convertibilidad y las reformas estructurales no revirtieron uno de los rasgos más negativos de los años ochenta: la reducción de la tasa de ahorro nacional. Aunque el consumo agregado y el consumo per cápita se contrajeron a lo largo de los ochenta, la tasa de consumo mostró una tendencia sistemática al aumento. De hecho, esta tendencia no solo no se revirtió en los años noventa sino que se profundizó. Como se mencionó arriba, hubo un salto permanente en la propensión a consumir en 1991, en coincidencia con el programa de estabilización y el ingreso de capitales. Este salto en el consumo es lo que explica la caída de la tasa de ahorro interno bruto mostrada en el cuadro 5. En los años noventa, la tasa de ahorro interno bruto resultó casi 4 puntos porcentuales del PIB inferior a la del quinquenio precedente y 7 puntos inferior a la del primer quinquenio de los ochenta.

Cuadro 9
TASAS DE AHORRO E INVERSIÓN A PRECIOS CONSTANTES DE 1986
(% del PIB)[a]

Período	Inversión	Ahorro nacional	Ahorro externo
1981-85	19.3	16.7	2.6
1986-90	16.7	15.8	0.9
1991-95	20.1	15.4	4.7
1990	13.4	17.0	-3.6
1991	15.9	14.8	1.1
1992	19.3	13.6	5.7
1993	21.0	14.6	6.4
1994	23.6	16.1	7.5
1995	20.7	17.9	2.8

Fuente: Elaborado en base a datos de las Cuentas Nacionales y del Ministerio de Economía.
[a] Todas las variables deflacionadas con el precio implícito de la Formación Bruta de Capital.

Un punto que merece resaltarse es que la reducción del precio relativo de los bienes de capital aumentó significativamente el potencial del ahorro como fuente de financiamiento de la inversión, como se muestra en el cuadro 9 y se discute más adelante.

b) La tasa de inversión

A lo largo de los años ochenta, las sucesivas rondas de ajuste determinaron una progresiva y acentuada reducción de la tasa de inversión. La reversión de esta tendencia fue un resultado positivo de la estabilización y la reanudación de los ingresos de capital. Como ya se mencionó, la tasa de inversión mostró una tendencia a aumentar en la fase expansiva, desde un mínimo de

13.2% del PIB en 1990. Sin embargo, el cuadro 5 muestra que pese a ese comportamiento, la tasa de inversión fue sólo un punto porcentual del PIB mayor que la del quinquenio precedente. La tasa máxima del período, la del año 1994, es similar a la media de la primera mitad de los ochenta. Con la recesión de 1995 la tasa de inversión se contrajo nuevamente a un nivel semejante a la media de los noventa.

Debe tomarse en cuenta, sin embargo, que como resultado de la caída del precio relativo de los bienes de capital, la tasa de inversión a precios constantes es mayor que la tasa a precios corrientes. La tasa de inversión a precios constantes había alcanzado un mínimo de 13.4% del PIB en 1990. En la fase expansiva 1991-94 se incrementó 10 puntos porcentuales del PIB, alcanzando 23.6% en 1994. Dos tercios de este incremento resultaron del aumento de la tasa de inversión medida a precios corrientes y un tercio de la reducción del precio relativo de los bienes de inversión. Con la recesión de 1995, la tasa de inversión cayó a 20.7% del PIB. La tasa de 1995 es similar a la media del primer quinquenio de los años ochenta.

Del análisis de la evolución del ahorro y la inversión se sigue que la apreciación cambiaria real tuvo un efecto benéfico en la medida en que la reducción del precio relativo de los bienes de capital incrementó el potencial del ahorro de financiar la inversión. Sin embargo, debe resaltarse que la consistencia entre el aumento de la tasa de inversión a precios constantes, el comportamiento de la tasa de ahorro nacional y el uso de ahorro externo depende de la apreciación cambiaria.

La situación de 1994 es un buen ejemplo de los problemas que esa situación puede generar. En la cima de la fase expansiva, la tasa de inversión máxima a precios constantes máxima que se alcanzó fue de 23.6%. Aunque mayor que cualquier tasa de inversión de la década de los ochenta, resulta semejante a las previas a la crisis de la deuda. En este año, la tasa de ahorro nacional (a precios corrientes) era 15% del PIB -cifra similar a las más bajas tasas de ahorro nacional de los ochenta- y el ahorro externo alcanzó 5.2% del PIB. Esta situación probó no ser sostenible cuando los ingresos de capital se detuvieron después de la devaluación mexicana. Con el ajuste de 1995 la utilización de ahorro externo se redujo a 2.6% del PIB, la tasa de ahorro nacional se mantuvo en 15.1% y la tasa de inversión a precios constantes cayó a 20.7%. Esto ocurrió sin una devaluación que hubiera aumentado el precio relativo de los bienes de capital importados, como ha sucedido tradicionalmente en situaciones análogas en Argentina.

En resumen, si bien la apreciación cambiaria favoreció la capacidad de acumulación de capital físico de determinado flujo de ahorro, el contexto macroeconómico, del cual el tipo de cambio apreciado es un ingrediente esencial, parece haber inducido al mismo tiempo un comportamiento del ahorro nacional que restablece la disponibilidad de ahorro externo como restricción operativa sobre la tasa de inversión.

c) La asignación de la inversión

No se cuenta con información sobre el destino sectorial de la inversión que permita un análisis exhaustivo del tema. En su reemplazo, en este punto examinamos un conjunto de datos parciales con el propósito principal de encontrar evidencia empírica respecto a la orientación de la inversión entre actividades transables y no transables.

La hipótesis que guía el análisis es que la composición sectorial de la inversión debería haberse sesgado hacia las actividades no transables. Así lo sugieren tanto las tendencias de la demanda en la fase expansiva 1991-94, como el cambio de precios relativos que tuvo lugar en el período. Los datos de diferentes fuentes que mostramos a continuación tienden a avalar esta hipótesis.

i) La inversión de las empresas privatizadas

Las empresas que fueron privatizadas o dadas en concesión entre 1990 y 1993 estuvieron sometidas en los años ochenta a una restricción de financiamiento que limitaba sus posibilidades de inversión. La privatización y la desregulación en un contexto de financiamiento fluido generaron al mismo tiempo los incentivos y las condiciones para producir un fuerte aumento de la inversión en esas actividades. Además, los compromisos de inversión fueron parte de las cláusulas en la mayor parte de los contratos de privatización y concesión. Como puede verse en el cuadro 10, en 1994 el monto de inversión (en pesos corrientes) de esas empresas cuadruplicaba la inversión que las mismas realizaban en 1991. El crecimiento de la inversión en estas actividades superó largamente el aumento de la inversión total. Con la excepción de combustibles - sector en el cual el país exporta e importa cierta proporción de la producción y el consumo locales - se trata en todos los casos de actividades no transables y gran parte del aumento se concentra en comunicaciones.

Cuadro 10
INVERSIÓN DE LAS FIRMAS PRIVATIZADAS, 1991-94[a]
(en millones de pesos corrientes)

	1991	1992	1994
Petróleo	631.1	663.3	1754.2
Energía	183.8	98.2	400.4
Comunicaciones	299.9	556.4	2020.0
Transportes	46.8	30.7	190.4
Agua y cloacas	10.5	13.3	143.0
TOTAL	1172.1	1361.9	4508.0

Fuente: Proyecto de Presupuesto 1996.
[a] 1993 fue ignorado porque es el año de transición entre las administraciones pública y privada.

Sin embargo, si bien el fenómeno es importante, no proporciona una señal clara sobre el sesgo de la inversión total, porque la inversión de las empresas privatizadas es una proporción pequeña de la inversión bruta fija, que sumaba alrededor de 55 mil millones de pesos en 1994.

ii) El destino de la inversión extranjera directa

Contamos con un análisis según destino sectorial de proyectos de inversión extranjera directa recopilados por una agencia privada en los años 1994-95. Los datos agregan compras de empresas, *joint-ventures* y nuevos proyectos de inversión. Hemos clasificado las actividades en transables y no transables y hemos separado el sector automotriz, sujeto a un régimen especial de protección. Los datos se presentan en el cuadro 11.

El cuadro muestra que aproximadamente la mitad del monto total se destina a actividades no transables , un 30% a actividades transables y 20% al sector automotriz.

Cuadro 11
PROYECTOS DE INVERSIÓN EXTRANJERA DIRECTA, 1994-95
(en millones de dólares)

	Tipo de actividad	Tipo de proyecto			
		Compra de firmas	Nueva inversión	Joint ventures	Total
Telecomunicaciones	NT	1039.0	3501.0	170.0	4710.0
Automotriz	RE	206.5	3353.6	190.3	3750.4
Alim., bebidas y tabaco	T	984.3	1175.0	169.5	2328.8
Petróleo y gas	T	590.7	592.0	-	1182.7
Energía eléctrica	NT	872.7	533.3	-	1406.0
Papel y madera	T	61.5	379.0	-	440.5
Supermercados y Distribuc.	NT	6.5	322.9	47.0	376.4
Química y farmaceútica	NT	759.6	160.3	204.5	1124.4
Minería	T	-	1131.0		1131.0
Bancos y seguros	NT	447.4		51.0	498.4
Hoteles	NT	-	107.0	18.0	125.0
Electrodomésticos	T	-	45.0	60.0	105.0
Aluminio	T	87.0	95.0	-	182.0
Construc.y mat. construcción	NT	45.0	25.0	37.0	107.0
Textiles	NT	112.0	4.5	-	116.5
Salud	NT	55.0	4.0	-	59.0
Otros	NT	194.7	354.3	23.0	572.0
TOTAL		5461.9	11782.9	970.3	18215.1
Manufactura		2255.9	5237.4	661.3	8154.6
Minería		-	1131.0	-	1131.0
Resto		3206.0	5414.5	309.0	8929.5
Comerciables (T)		1723.5	3417.0	229.5	5370.0
No comerciables (NT)		3531.9	5012.3	550.5	9094.7
Régimen especial (RE)		206.5	3353.6	190.3	3750.4

Fuente: Elaborado en base a datos de la Fundación Invertir Argentina. Encuesta sobre anuncios de proyectos de inversión extranjera directa.

iii) El destino sectorial de las importaciones de bienes de capital

El cuadro 12 muestra la composición del gasto en inversión entre 1980 y 1994, desagregado en construcción y equipos. Medida a precios corrientes, la estructura no ha cambiado significativamente en los noventa respecto de los ochenta. En cambio, la composición de la inversión medida a precios constantes muestra un aumento significativo en la participación de equipos. Estos incluyen maquinarias y equipos de producción y también equipos auxiliares, tales como equipos de computación para oficinas y equipos de comunicaciones.

Como se comentó, no existe información disponible sobre la asignación sectorial de la inversión, pero sí contamos con información sobre la composición y destino sectorial de las importaciones de bienes de capital, cuyo aumento explica buena parte del incremento de la inversión en equipos. Mientras la inversión bruta fija a precios constantes se multiplicó por un factor de 2.2 entre 1990 y 1994, las importaciones de bienes de capital (incluyendo los mencionados equipos auxiliares) aumentaron 9.5 veces en el mismo período. Las importaciones de bienes de capital representaron 16% de la inversión bruta y aproximadamente 50% del gasto de inversión en equipos en 1994.

Cuadro 12
COMPOSICIÓN DE LA INVERSIÓN BRUTA INTERNA FIJA, 1980-95
(porcentajes)

	Construcción	Equipos
En precios corrientes		
1980-94	65.9	34.1
1980-83	68.5	31.5
1984-88	66.1	33.9
1989-90	65.4	34.6
1991-94	63.5	36.5
1995	66.0	34.0
En precios constantes 1986		
1980-94	62.4	37.6
1980-83	64.4	35.6
1984-88	65.7	34.3
1989-90	65.2	34.8
1991-94	54.3	45.7
1995	53.0	47.0

Fuente: Elaborado en base a datos oficiales.

Los cambios en la composición y destino sectorial de las importaciones de bienes de capital se perciben claramente en el cuadro 13, que compara la estructura del período 1991-94 con la del período 1987-90. Desagregamos los sectores de agricultura, minería e industria manufacturera -productores de bienes transables- y agrupamos el resto de actividades en «otros sectores» -productores de servicios básicamente no transables. Para la agrupación «otros sectores» no ha sido posible clasificar los bienes de capital importados entre maquinaria y equipo de producción, por un lado, y equipo auxiliar, por otro.

Cuadro 13
DESTINO SECTORIAL Y COMPOSICIÓN DE LOS BIENES DE CAPITAL IMPORTADOS, 1987-94
(en % del total de cada período)

	1987-90	1991-94
Agricultura	2.1	2.7
Maquinaria y equipo direct. producc.	1.2	1.6
Equipo auxiliar	0.9	1.1
Minería	0.6	0.4
Maquinaria y equipo direct. producc.	0.4	0.3
Equipo auxiliar	0.2	0.1
Manufactura	50.5	36.9
Maquinaria y equipo direct. producc.	36.4	25.7
Equipo auxiliar	14.1	11.2
Otros sectores (resto)	46.8	60.1
TOTAL	100.0	100.0

Fuente: Elaborado en base a datos del Ministerio de Economía.

Se destaca, en primer lugar, que la participación de «otros sectores» en el total de importaciones de bienes de capital pasó de 46.8%, en 1987-90, a 60.1% en 1991-94. Las proporciones correspondientes a agricultura y minería son pequeñas y sus cambios resultan, en consecuencia, poco significativos. El aumento de la proporción correspondiente a las actividades no transables se explica por la caída de la participación de la industria manufacturera, que se redujo de 50.5% a 36.9% entre ambos períodos. Mientras la tasa de crecimiento medio anual del total de importaciones de bienes de capital fue de 75.6%, las de los sectores transables resultan todas inferiores y la tasa correspondiente a la industria fue de 40.7%. Las importaciones de los sectores no transables crecieron a una tasa media anual de 88.9%.

iv) Alguna evidencia sobre la inversión en la industria manufacturera

Alguna evidencia sobre el destino de la inversión en la industria manufacturera en los noventa puede extraerse del Censo Económico de 1993. Hemos realizado un análisis econométrico de corte transversal en la industria manufacturera desagregada en 34 ramas. El análisis muestra un coeficiente de regresión significativo entre la inversión en equipos y el ratio exportaciones/producto. El coeficiente no es diferente de cero al 3% de significancia.

Para la interpretación de este resultado deben tenerse en cuenta las siguientes consideraciones. El monto de las exportaciones manufactureras en 1993 era todavía semejante al de 1990. El único cambio destacable que había tenido lugar entre esos años era el aumento de las exportaciones de la rama automotriz, sujeta desde 1991 a un régimen especial de comercio exterior compensado. En consecuencia, las exportaciones manufactureras de 1993 corresponden a las ramas que ya exportaban a fines de los ochenta -básicamente combustibles; *commodities* de origen agrícola, tales como aceites comestibles y cueros; y *commodities* industriales, tales como aluminio y acero- a las que se agregaron las exportaciones de la rama automotriz. Es importante observar también que esta última rama lideró el crecimiento de la producción industrial ocurrido entre 1991 y 1993.

La asociación observada indica que las mencionadas fueron las ramas que tendieron a concentrar el aumento de la inversión en la industria manufacturera. El caso de la rama automotriz es el de interpretación más nítida, porque no sólo exportaba una proporción de su producción -compensando el incremento de sus importaciones- sino que expandió fuertemente su oferta para atender al aumento de la demanda interna. En los otros casos, se trata principalmente de ramas que eran competitivas internacionalmente a fines de los ochenta, intensivas en capital y con plantas de tecnología relativamente avanzada.

d) El comportamiento de la inversión agregada

En este punto desarrollamos un análisis más riguroso de las hipótesis sobre el comportamiento de la inversión agregada sugeridas por las observaciones del punto 3.a). Estas sugieren que el comportamiento de la inversión agregada no parece haber cambiado significativamente en relación a la década de los ochenta, pese a los importantes cambios implicados por las reformas estructurales y la reducción de la inflación. Esta es la hipótesis que exploramos aquí.

El gráfico 1 muestra las series trimestrales a precios constantes del PIB, la demanda doméstica y la inversión bruta fija en el período 1980-95. Esta es la información utilizada en el análisis que sigue.

GRAFICO 1

Evolución del PIB, la demanda interna y la inversión bruta fija, 1980-95 (series trimestrales desestacionalizadas a precios constantes de 1986).

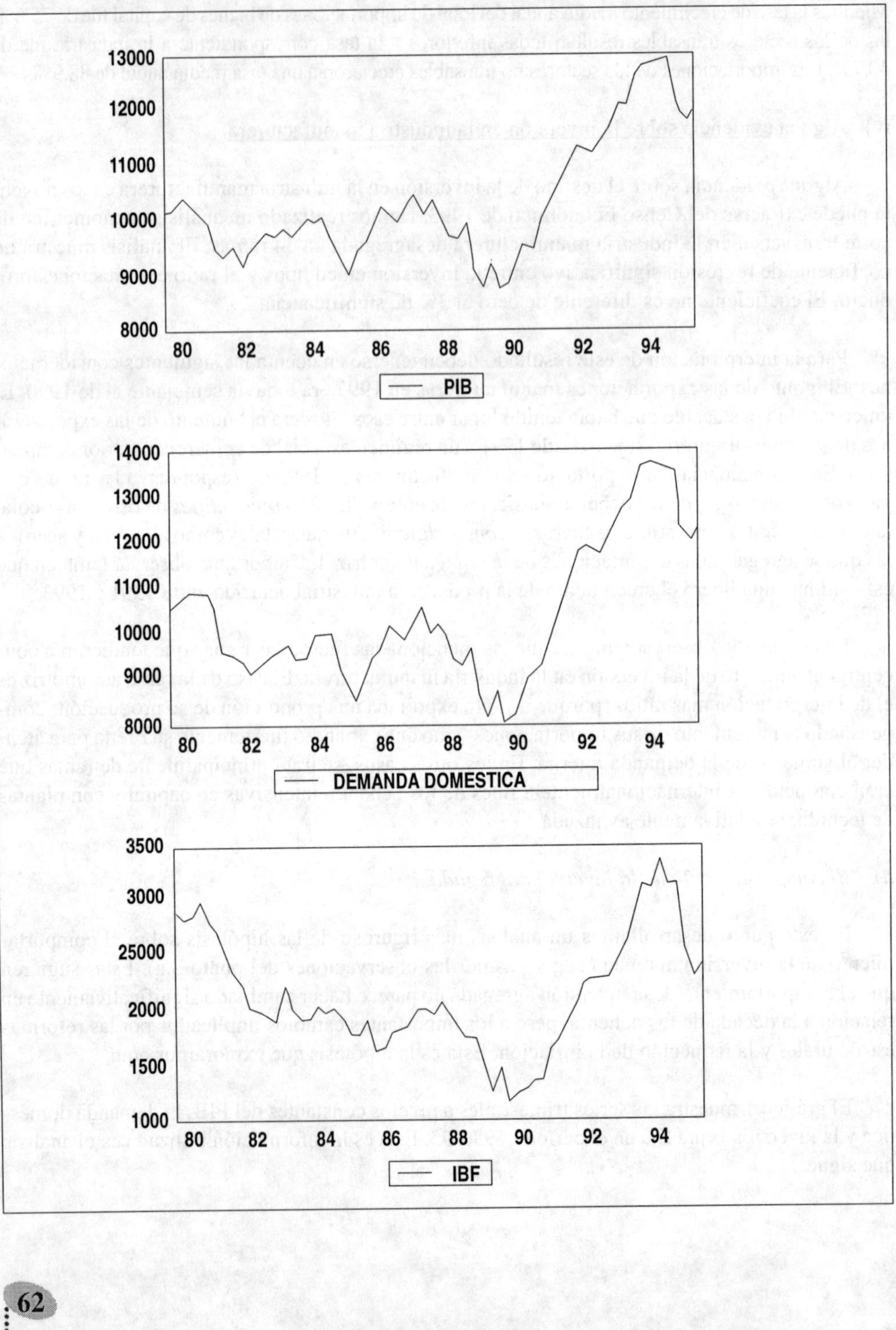

Para estilizar el comportamiento de la inversión agregada estimamos una función de inversión con el llamado modelo del acelerador flexible. La función estimada es:

$$I(t) = a1\ Y(t) + a2\ Y(t-1) + a3\ I(t-1) \qquad (1)$$

La ecuación (1) se deriva aplicando la transformación de Koyck (Koyck, 1954) a una ecuación de rezagos distribuidos deducida de un modelo con coeficientes capital-producto, de depreciación y de ajuste parcial del capital deseado constantes.[7]

La ecuación (1) puede escribirse:

$$I(t) = h\ k\ Y(t) - h\ k\ (1-d)\ Y(t-1) + (1-h)\ I(t-1),$$

donde los coeficientes tienen el significado explicado en la nota 7.

[7] La interpretación de los coeficientes es de fácil presentación si se supone, sólo para este propósito, que el capital existente y el capital deseado (esto es, la capacidad productiva existente y la deseada) son iguales en los períodos previos a t.

Haciendo $h = 1 - a3$, la función puede expresarse como

$$I(t) - I(t-1) = h\ [a1/h\ Y(t) + a2/h\ Y(t-1) - I(t-1)]$$

donde el primer término de la expresión entre corchetes representa la inversión deseada $I^*(t)$ en el período y h un coeficiente de ajuste parcial en el período:

$$I(t) - I(t-1) = h\ [I^*(t) - I(t-1)]$$

Denominando $k = a1/h$ y $d = a2/a1 - 1$, la inversión deseada puede expresarse como:

$$I^*(t) = k\ Y(t) - k\ (1-d)\ Y(t-1) = k\ [Y(t) - Y(t-1)] + d\ k\ Y(t-1)$$

donde k y d pueden interpretarse como los coeficientes constantes de capital-producto y depreciación, respectivamente. El primer término representa el efecto acelerador y el segundo término la reposición de la depreciación del capital en t-1

Con mayor generalidad, el modelo del acelerador flexible supone:

$$I(t) = h\ [K^*(t) - K(t-1)] + d\ K(t-1)$$

donde $Y(t) = K^*(t)/k$ es la capacidad de producción deseada y $K(t-1)(1-d)/k$ es la capacidad de producción instalada existente. La estimación de la forma reducida (1) hace posible estimar los parámetros del modelo sin utilizar directamente datos de capacidad instalada existente. De hecho, el procedimiento implica estimar una serie de capacidad instalada bajo las hipótesis de coeficientes constantes de ajuste parcial, depreciación y capital-producto.

Regresión 1 N.obs. = 63

$$I(t) = 0.372\ DD(t) - 0.320\ DD(t-1) + 0.892\ I(t-1) - 221.9$$
$$(13.883) \quad (-9.204) \quad (14.861) \quad (-1.676)$$

$R^2 = 0.943$ $\quad R^2$ ajust. $= 0.940$ $\quad F = 322.7$

Test de Chow

F = 2.079 Prob. = 0.096

Test de Chow de Proyección

F = 0.922 Prob. = 0.562

Estadísticos t entre paréntesis

Ensayamos estimaciones de la función alternativamente con el PIB y la demanda doméstica. Con ambas variables se obtienen buenos resultados pero ligeramente mejores con la demanda doméstica. En la regresión 1 mostramos los resultados de la estimación con Y = demanda doméstica. Como puede verse, los indicadores de ajuste son satisfactorios, los coeficientes tienen los signos esperados y son altamente significativos. La estimación de la constante no es distinta de cero al 5% de significancia. Como la función incluye variables rezagadas realizamos un test LM que rechazó la existencia de autocorrelación de los residuos.

El modelo describe bien el comportamiento de la inversión agregada sobre todo el período. Una interpretación de estos resultados sería que la inversión agregada depende exclusivamente de la demanda actual y del comportamiento pasado de la demanda y la inversión.[8] Alternativamente, la ecuación (1) puede interpretarse como resultado de un modelo macroeconómico que determina simultáneamente la demanda doméstica y la inversión. Como se comentó antes, los ciclos experimentados a lo largo de todo el período -incluyendo el de los años noventa- parecen haber respondido a un patrón común. Esta es precisamente la hipótesis que queremos verificar en

[8] Este es el resultado que se obtiene habitualmente en estudios empíricos del comportamiento de la inversión en países en desarrollo. En una amplia recopilación de estudios teóricos y empíricos sobre inversión, Servén y Solimano (1992) concluyen que «los estudios empíricos sobre la inversión en países en desarrollo muestran que las variaciones del producto son la determinante más importante de la inversión privada». Un resultado análogo fue obtenido por un análisis econométrico sobre una muestra de países realizado por esos mismos autores (Servén y Solimano, 1993). El nivel de actividad también resulta la principal variable explicativa de la inversión privada en un análisis econométrico del comportamiento de la inversión realizado recientemente por un equipo del FMI (Goldsbrough et al, 1996). Estos autores observan que «las estimaciones subrayan generalmente el importante rol de efectos de tipo acelerador (excepto para Bangladesh), indicadores de política financiera y estabilidad macroeconómica en la explicación del patrón de comportamiento observado de la inversión». El producto aparece como el principal determinante de la inversión privada en Argentina en un estudio econométrico previo realizado para el período 1978-90 (Sánchez, 1995).

relación al comportamiento de la inversión. La estabilidad de la ecuación sugeriría que los factores que afectan simultáneamente la demanda doméstica y la inversión operaron de la misma forma a lo largo de todo el período. Más específicamente, estamos interesados en determinar si el comportamiento en los noventa difiere del comportamiento de los años ochenta.

Con el fin de analizar la estabilidad del modelo entre los ochenta y los noventa realizamos dos tests de Chow cuyos resultados se presentan bajo la regresión 1.

El primero es el test de Chow de estabilidad del modelo entre los ochenta y los noventa, con punto de quiebre en el trimestre 1991:2, período en que se inicia la aplicación del Plan de Convertibilidad. La hipótesis nula de estabilidad del modelo no es rechazada al 10% de significación.

El segundo test de estabilidad que realizamos es el test de proyección de Chow (*forecast test*) para la proyección del subperíodo 1991:2 - 1995:4, con la ecuación estimada con los datos del subperíodo precedente. La hipótesis nula del test es que los errores de predicción tienen media cero, esto es, que el modelo es estable. La hipótesis nula no es rechazada a todo nivel de significación inferior a 56%.

De los coeficientes estimados en la Regresión 1 obtenemos los parámetros del modelo:

$$k = 3.41 \;;\; h = 0.11 \;;\; d = 0.11$$

Como conclusión general de los resultados econométricos presentados es posible afirmar la robustez de las dos hipótesis que lo motivaron. Primero, la dinámica de la inversión agregada está estrechamente asociada con las variaciones de la demanda doméstica, en la forma estilizada por el modelo del acelerador que estimamos. Segundo, esa asociación no ha experimentado cambios de significación en los años noventa.

Hay una característica de la experiencia de 1995 que puede mencionarse en favor de la hipótesis de una fuerte relación entre la inversión y la demanda doméstica. En 1995 la contracción de la inversión se dio conjuntamente con un fuerte salto en las exportaciones que, ceteris paribus, hubiera implicado un crecimiento de 3% del PIB. En consecuencia, si abstraemos los efectos cruzados para simplificar el argumento, la dinámica macroeconómica de 1995 puede estilizarse como el resultado de dos shocks de signo opuesto: el efecto tequila - causante de una contracción en la demanda doméstica de 8.4% - y el shock positivo sobre las exportaciones equivalente a 3 puntos porcentuales del PIB. Como el resultado en 1995 fue una profunda contracción de la inversión, esto sugiere que los factores relacionadas con la demanda doméstica tienden a ser más importantes y dominar la influencias positivas derivadas del aumento de las exportaciones.

3. Los cambios en la generación y asignación de recursos financieros

El aumento de los flujos de capital bajo el régimen de convertibilidad produjo cambios cuantitativos y cualitativos en la oferta y la demanda de recursos financieros que incentivaron el desarrollo de las relaciones financieras. A pesar de ello, subsistieron varias debilidades importantes en el proceso de intermediación entre el ahorro y la inversión observadas en los ochenta. Específicamente, los mercados de capital argentinos todavía muestran un alto grado de segmentación que actúa en contra de las empresas pequeñas y de las innovadoras; existe una marcada escasez de crédito de largo plazo para financiar la inversión privada; la capitalización global del mercado de valores es baja y es difícil diversificar totalmente el riesgo no-sistémico debido a que las firmas cotizantes se concentran en una reducida gama de actividades; el grado de fragilidad financiera en el sistema es aún elevado y por lo tanto las tasas de interés son muy altas debido a la influencia del riesgo sistémico. Estos factores son sumamente importantes para explicar por qué la economía argentina fue una de las más afectadas por la crisis mexicana y, particularmente, por qué hubo una fuerte caída en la tasa de inversión global.

La existencia de las fallas de mercado mencionadas en el proceso de intermediación financiera, hacen que las firmas individuales no puedan tomar decisiones de inversión y ahorro teniendo en cuenta solamente factores «reales». En un ambiente caracterizado por la existencia de imperfecciones de mercado, ni el teorema de Modigliani-Miller ni el teorema de separación de Fisher se cumplen y, consecuentemente, lo financiero importa para las decisiones de inversión. Las firmas deben tomar en cuenta si un proyecto es financiado con fondos internos o externos a ella y, por lo tanto, también tomarán en consideración los efectos sobre los niveles de apalancamiento de llevar adelante el proyecto . En función de esto, la evaluación de la conducta de inversión bajo el régimen de convertibilidad no estaría completa si no analizamos los cambios de mayor relevancia ocurridos en el campo financiero.

Centraremos el análisis en tres puntos de relevancia para la inversión. El primero muestra que los cambios en las decisiones de ahorro/inversión de los sectores público y privado tuvieron como contrapartida cambios en el patrón de generación de recursos financieros a nivel agregado. El segundo analiza cómo, en un contexto de mayor estabilidad, el sector bancario estuvo en condiciones de incrementar la oferta de crédito de forma tal de generar un ciclo expansivo liderado por el gasto en el período 1991-95. El último punto se refiere a las modificaciones en las decisiones de portafolio de las firmas a un nivel más «micro».

a) La estructura de déficit y superávit sectoriales

Los cambios en la conducta agregada de los agentes en relación al ahorro y la inversión cambió significativamente la propensión de cada sector a generar/ absorber recursos financieros. En particular, bajo el régimen de convertibilidad, hubo una presión mucho menor de las necesidades fiscales de financiamiento sobre el mercado doméstico debido tanto a la renovada posibilidad de financiar el déficit en el mercado internacional, como al ajuste estructural del sector público. Este hecho no sólo afectó el tamaño de la oferta y la demanda de activos financieros, sino también las características y la composición de los instrumentos financieros emitidos por los agentes.

Una forma simple de ver cómo se crearon recursos financieros y cómo fueron absorbidos es examinar la evolución de los superávit y déficit generados por cada sector agregado. El cuadro 14 muestra el ahorro y la inversión del sector privado, el sector gobierno y el resto del mundo en los últimos quince años.

Cuadro 14
TASAS SECTORIALES DE AHORRO E INVERSIÓN, 1981-95
(% del PIB a precios corrientes)

Período	Privado		Gobierno		Total nacional		Resto del mundo
	Ahorro	Inv.	Ahorro	Inv.	Ahorro	Inv.	
1981-85	24.8	14.9	-6.7	5.4	18.1	20.3	2.2
1986-90	18.6	11.7	-3.8	4.6	14.8	16.3	1.5
1991-95	14.0	15.6	-0.1	1.8	13.9	17.4	3.5
1990	17.8	10.1	-2.6	3.1	15.2	13.2	-2.0
1991	14.5	12.2	-1.7	2.1	12.8	14.3	1.5
1992	12.4	14.5	0.0	1.8	12.4	16.3	3.9
1993	12.8	16.3	1.2	2.0	14.0	18.3	4.3
1994	14.8	18.5	0.2	1.7	15.0	20.2	5.2
1995	15.1	16.3	0.0	1.4	15.1	17.7	2.6

Fuente: Elaborado en base a datos del Ministerio de Economía y de Cuentas Nacionales.

El primer hecho de relevancia es que hubo una marcada caída en los requerimientos de fondos del gobierno. Como consecuencia del ajuste público, el déficit fue mucho más bajo en los noventa que en los ochenta. El déficit fiscal promedio cayó de 8.4 % del PIB en el período 1986-90 a 1.9 % en el período posterior a la implementación de la convertibilidad. Esta evolución del déficit fiscal fue el resultado de dos factores principales: la recomposición del ahorro del gobierno y la pronunciada caída de la inversión pública. El cuadro 14 muestra esto claramente. Entre 1986-90 y 1991-95 hubo una caída en el déficit fiscal de 6.5 puntos porcentuales del producto y, de tal caída, 3.7 puntos son debidos al aumento del ahorro gubernamental y los restantes 2.8 puntos se explican por la reducción en la tasa de inversión pública.

La recomposición de la tasa de ahorro del gobierno entre el fin de los ochenta y los noventa fue, en primer lugar, una consecuencia del incremento en la recaudación que, a su vez, resultó de la elevación de la presión tributaria y la eliminación de los subsidios (especialmente los asociados a programas de promoción). El gasto de consumo no jugó un rol importante en el aumento del ahorro. De hecho, el consumo del gobierno subió en más de un punto porcentual del producto luego de la implementación de la convertibilidad.

El aumento en el consumo, no obstante, fue menor que la recuperación en la recaudación y, en consecuencia, el déficit fiscal disminuyó. Esta caída por sí sola, sin embargo, no era suficientemente importante para adaptar a la economía al régimen de convertibilidad. Debido a ello, el gobierno se vio obligado a reprimir los gastos en bienes de capital. Como puede verse en el cuadro 14, la tasa de inversión pública es mucho menor en los noventa de lo que fue en los altamente inestables años ochenta.

A pesar de la importante reducción en el déficit fiscal, el superávit del resto del mundo no sólo no cayó sino que aumentó. Esto, obviamente, implica que la creciente demanda de ahorro externo durante el Plan de Convertibilidad se debió a la ampliación del déficit del sector privado. Entre 1986-90 y 1991-95 el sector privado incrementó su demanda neta de recursos financieros del resto del sistema en 8.5 puntos porcentuales del PIB. Este aumento en la necesidad de financiamiento fue satisfecha por un aumento del déficit de cuenta corriente de 2% del PIB y una reducción del déficit fiscal de 6.5 puntos porcentuales. En otras palabras, hubo un destacable proceso de *crowding in* financiero a favor del sector privado.

¿Por qué el sector privado aumentó de manera tan significativa sus necesidades de financiamiento? Como el cuadro 14 muestra, el aumento se explica por dos motivos: la caída en la tasa de ahorro y la recuperación de la tasa de inversión. Entre 1986-90 y 1991-95 se produce una reducción de 4.6 puntos en la tasa de ahorro del sector privado al tiempo que la tasa de inversión experimenta un crecimiento de 3.9 puntos. Es importante tener en cuenta, no obstante, que la comparación de promedios de un lustro esconde algunos hechos de relevancia que caracterizaron la caída de la tasa de ahorro privado. El deterioro de la tasa promedio de ahorro durante el período de convertibilidad se explica por la fuerte declinación en la propensión a ahorrar que ocurre apenas comenzado el programa de estabilización. El efecto impacto de la estabilización parece haber sido bastante negativo en términos de los incentivos a ahorrar. Hay una diferencia de 5.4 puntos porcentuales del producto en la tasa de ahorro entre 1990 y 1992. Luego de este primer impacto, no obstante, la tasa de ahorro privado muestra una suave tendencia ascendente desde 1993 en adelante.

Hay una serie de factores que, en principio, son relevantes para entender la caída en la tasa de ahorro privado. El primero, es que al comienzo del programa hubo una caída en el ratio ingreso disponible/PIB debido al aumento de la presión tributaria y la reducción de los subsidios. Este hecho puede haber afectado negativamente el ahorro privado. En segundo lugar, hubo un aumento en la tasa de consumo luego de iniciado el programa y son varias las variables que parecen relevantes para ello: la recomposición del crédito de consumo *pari passu* con la remonetización de la economía; la realización de consumos pospuestos durante el período de hiperinflación junto con los efectos de la apertura de la economía que aumentaron la gama disponible de bienes de consumo y junto con la apreciación cambiaria, redujo significativamente el precio relativo de los bienes durables. Uno podría también hacer la hipótesis de que debe haber actuado un efecto de «equivalencia ricardiana» debido a la reducción del déficit fiscal. Sin embargo, dadas las generalizadas fallas en los mercados de capital, tal hipótesis no parece plausible.

Se puede concluir, entonces, que la ampliación del déficit en cuenta corriente se debió básicamente a la expansión en el nivel de gasto del sector privado. Esta es la razón por la cual uno de los efectos más relevantes de la crisis mexicana fue una fuerte reducción en los gastos de este sector. El mecanismo que indujo tal ajuste operó básicamente a través del mercado de capitales. Luego de la crisis, en 1995, el sector privado enfrentó un súbito racionamiento en los mercados de crédito. En tal contexto, no resulta sorprendente que el ajuste del gasto privado fuera más fuerte en aquellos componentes más relacionados con la disponibilidad de crédito: bienes de consumo durables y bienes de capital. Entre 1994 y 1995 hubo una declinación en el superávit del resto del mundo de 2.6 puntos porcentuales del PIB. De ellos 2.5 se explican por la reducción en las necesidades de financiamiento del sector privado. Resulta entonces conveniente, para echar luz sobre este punto, analizar la evolución del sistema financiero y las decisiones financieras de las firmas.

b) Flujos de capital, profundización financiera y riesgo sistémico

Los recursos financieros liberados tanto por la caída en los requerimientos financieros del sector público como por la renovada corriente de influjos de capital cambiaron decisivamente el escenario para las decisiones financieras. Vía la remonetización de la economía, el sistema bancario nacional fue uno de los más importantes canales para la reasignación de recursos hacia el sector privado. En un mundo diferente al de Modigliani-Miller con la existencia de racionamiento del crédito, la mayor disponibilidad de fondos alivió la restricción de crédito que sufrían las firmas y los consumidores y, de esta forma, incentivó la demanda de inversión y de bienes de consumo durable.

En los ochenta, la demanda por activos financieros emitidos dentro del sistema financiero interno se había desplomado. La demanda de dinero cayó debido a la persistencia de la alta inflación y la demanda por activos financieros nacionales de mayor período de maduración declinó debido a la incertidumbre generada por la crisis de la deuda. Junto con este declinante nivel de profundización financiera apareció el fenómeno de la fuga de capitales. Es natural, por lo tanto, que la abrupta reducción de la tasa de inflación y de la incertidumbre inducidas por el Plan de Convertibilidad hayan revertido tanto la fuga de capitales como la desmonetización. El cuadro 15 muestra la fuerte recuperación en el grado de monetización de la economía desde 1991.

Cuadro 15
AGREGADOS MONETARIOS
(en % del PIB)

Fin de		Préstamos totales del sistema bancario	M1	M3	M3*	Proporción de depósitos en dólares (%)
1990		12.9	2.5	5.5	7.0	—
1991		14.7	3.8	6.3	9.5	44.7
1992		17.2	4.7	8.3	12.7	44.1
1993		18.9	5.7	10.8	17.5	47.5
1994		20.6	6.4	11.9	20.3	51.0
1995	marzo	19.6	5.8	9.9	17.5	54.1
	junio	19.1	5.8	9.9	17.1	51.0
	sept.	18.9	5.9	10.0	17.9	53.0
	dic.	20.9	6.5	10.8	19.2	54.0

Fuente: Elaborado en base a datos del Banco Central de la República Argentina (BCRA).
M3* : M3 más depósitos totales en dólares.

Como contrapartida de la recuperación de la demanda de dinero se produjo un significativo incremento en la oferta de crédito del sistema. El cuadro 15 muestra el marcado movimiento ascendente de la oferta de crédito que se produce con posterioridad a la implementación de la convertibilidad. Dado que el sector público no demandó fondos internamente, el aumento en la disponibilidad de crédito favoreció al sector privado.

Este proceso de ascendente profundización financiera, sin embargo, mostraba varias deficiencias. En primer lugar, los coeficiente de dinero/PIB y de crédito/PIB son aún muy bajos; mucho más bajos que los observados en países de similar nivel de desarrollo. Un segundo rasgo negativo es que el incremento en la demanda de activos financieros muestra un sesgo en favor de instrumentos denominados en dólares. El mismo sesgo se observa en el crédito generado en el sistema. A pesar de que no existe una regulación específica del Banco Central, los bancos han tratado de aumentar los activos y pasivos denominados en dólares en forma paralela con el objeto de evitar una exposición excesiva al riesgo cambiario.

El aumento en la proporción de instrumentos financieros denominados en dólares podría exacerbar la fragilidad financiera del sistema, como la crisis que siguió a la devaluación mexicana de hecho demostró. La razón de ello es que no es posible diversificar totalmente el riesgo cambiario para el sistema en su conjunto. Si los depositantes y los bancos tratan de evitar el riesgo cambiario dolarizando sus portafolios, es el agente que toma prestado de los bancos el que debe soportar todo ese riesgo. Este riesgo puede ser muy alto para aquellos deudores que demandan crédito para financiar la producción de bienes no transables. Dado que el deudor puede quebrar, la dolarización del crédito y los depósitos no puede asegurar completamente a los bancos en contra de un cambio no anticipado en el tipo de cambio. Una devaluación podría dar lugar a una crisis de pagos generalizada y la conducta de los bancos de variar en paralelo activos y pasivos en dólares podría no ser útil como seguro en contra del riesgo de insolvencia.

Esta relación estrecha entre la fragilidad financiera y el riesgo cambiario implica que en un sistema dolarizado la evolución del déficit en cuenta corriente y la disponibilidad de financiamiento externo afectarán directamente la estabilidad del sistema bancario.

Estas cuestiones pueden ilustrarse usando el cuadro 16 que presenta la evolución del riesgo sistémico medido en base al «riesgo país». Luego del inicio de la convertibilidad se pueden distinguir dos etapas. La primera comprende el período que va desde el lanzamiento del Plan de Convertibilidad hasta la crisis de México a fines de 1994. Al comienzo de esta etapa, el éxito de la estabilización indujo una reducción permanente y favorable en el nivel de riesgo sistémico. A pesar del creciente déficit en cuenta corriente, las autoridades no enfrentaron problemas de credibilidad en relación a la fijación de la paridad cambiaria debido a la fluidez de la oferta de fondos externos. Nótese, sin embargo, que el nivel de fragilidad financiera que subsistió luego de la caída "por una sola vez" ocurrida en 1991, produjo dos efectos negativos: hubo amplias fluctuaciones en el riesgo país y el nivel promedio del mismo ha sido bastante alto.

Cuadro 16
TASAS DE INTERÉS, RIESGO PAÍS Y EXPECTATIVAS DE DEVALUACIÓN
(en % en términos anuales)

		Tasa de interés interna (1)	TIR Bonex 89 (2)	Libor (3)	Riesgo país (4)	Expectativas de devaluación (5)
1991	marzo	207.7	19.6	6.5	12.3	157.3
1991	diciem.	19.8	10.1	4.4	5.6	8.8
1992	diciem.	25.3	12.7	3.6	8.7	11.2
1993	diciem.	8.7	6.3	3.5	2.7	2.2
1994	diciem.	9.6	9.7	7.0	2.3	-1.1
1995	enero	10.7	11.1	6.6	4.2	-0.4
	febrero	11.6	14.9	6.4	7.9	-2.9
	marzo	19.4	13.8	6.4	6.9	4.9
	abril	19.1	12.5	6.3	5.8	5.8
	mayo	15.5	9.9	6.1	3.6	5.1
	junio	10.8	9.9	5.9	3.8	0.8
	julio	10.2	10.1	5.9	4.0	1.1
	diciem.	9.0	9.1	5.6	3.4	-0.0

Fuente: Elaborado en base a datos del Banco Central de la República Argentina (BCRA) y Carta Económica.
(1) Tasa de interés de depósitos a 30 días.
(2) Tasa interna de retorno del Bonex 89.
(3) Tasa Libor en dólares a 180 días.
(4) = { [1+(2)] / [1+(3)] } -1
(5) = { [1+(1)] / [1+(2)] } -1

La crisis mexicana abre una segunda etapa. Inmediatamente después de la crisis, se produce un reflujo en las entradas de capital y una importante caída en la demanda de depósitos en el sistema bancario (ver cuadros 3 y 15). Esto fue suficiente para poner en peligro la estabilidad del sistema financiero. El déficit del sector privado, que era la fuente del desbalance en la cuenta corriente, no podía financiarse por más tiempo. Los agentes, racionalmente, corrigieron hacia arriba su evaluación de la probabilidad de un abandono del régimen de convertibilidad y el riesgo país percibido aumentó significativamente. El apoyo del FMI, actuando como prestamista de última instancia del país, junto con una reducción severa en el déficit en cuenta corriente, no obstante, produjeron una reversión en la tendencia ascendente del riesgo país en el segundo trimestre de 1995. La fuerte restricción del crédito de fuentes tanto internas como internacionales que sufrió el sector privado luego de la crisis, provocó la reversión de la fase ascendente del ciclo que había comenzado con el régimen de convertibilidad, y deprimió severamente la inversión.

c) *Las decisiones financieras de las firmas*[9]

Los flujos de capital y el aumento en la profundización financiera produjeron cambios notables en la estructura de capital de las empresas.[10] La mayor disponibilidad de crédito que siguió a la liberalización permitió que las firmas prácticamente duplicaran sus niveles de apalancamiento entre 1990 y 1995. Aunque la tasa de crecimiento difiere entre los grupos de firmas, el nivel de apalancamiento en 1995 no era muy diferente entre ellas y el nivel promedio de apalancamiento (67.5%) es similar al observado en otras economías grandes de la región (82% en Brasil y 62% en México; (López Larroy, et al., 1995).

Como puede verse en el gráfico 2, el apalancamiento promedio en 1995 era próximo al alcanzado por la economía en el período previo a la crisis de la deuda al comienzo de los ochenta. Aparentemente, el prolongado período de racionamiento de crédito externo que siguió a la crisis de la deuda forzó a las firmas a trabajar con ratios de apalancamiento que eran mucho menores que los óptimos o deseados. Una vez que los canales de crédito comenzaron a normalizarse, las firmas mostraron una fuerte preferencia por más altos niveles de endeudamiento.

Uno de los factores que afectó más adversamente a la inversión en los ochenta fue la incertidumbre generada por la situación macroeconómica que indujo un acortamiento en la duración de los contratos financieros. Como puede verse en el gráfico 2, a pesar de la recuperación de los flujos de capital y la mayor disponibilidad de fondos en los noventa, la caída en el crédito de largo plazo no se revierte. La incapacidad del sistema para generar crédito de largo plazo persiste luego de 1991. El ratio entre el pasivo de corto plazo y el de largo plazo para el conjunto de la muestra fluctuó alrededor de 67% entre la finalización de la hiperinflación y el comienzo de 1995.

---

9 Esta sección se basa en Fanelli et al. (1996).

10 Los indicadores utilizados en el análisis fueron elaborados sobre la base de datos de las hojas de balance de una muestra de firmas que cotizan en la Bolsa de Buenos Aires. El valor de mercado de las compañías de la muestra es equivalente al 99% de la capitalización total del mercado.

Para el análisis, la muestra fue organizada en cuatro grupos de firmas. El primer grupo comprende treinta y ocho compañías cuya actividad principal es la producción y venta de transables. El segundo, consiste en diecinueve firmas que producen no transables. El tercer grupo incluye cuatro compañías de grupos, que, debido a la diversidad de sus actividades, no pueden ser clasificados nítidamente como productores de transables o no transabales. El último grupo lo constituyen siete firmas recientemente privatizadas.

GRAFICO 2

Evolución del apalancamiento y de la relación entre deuda de corto y largo plazo de las firmas que cotizan en la Bolsa de Comercio de Buenos Aires, 1980 III- 1996 I

(a precios constantes de marzo de 1996)

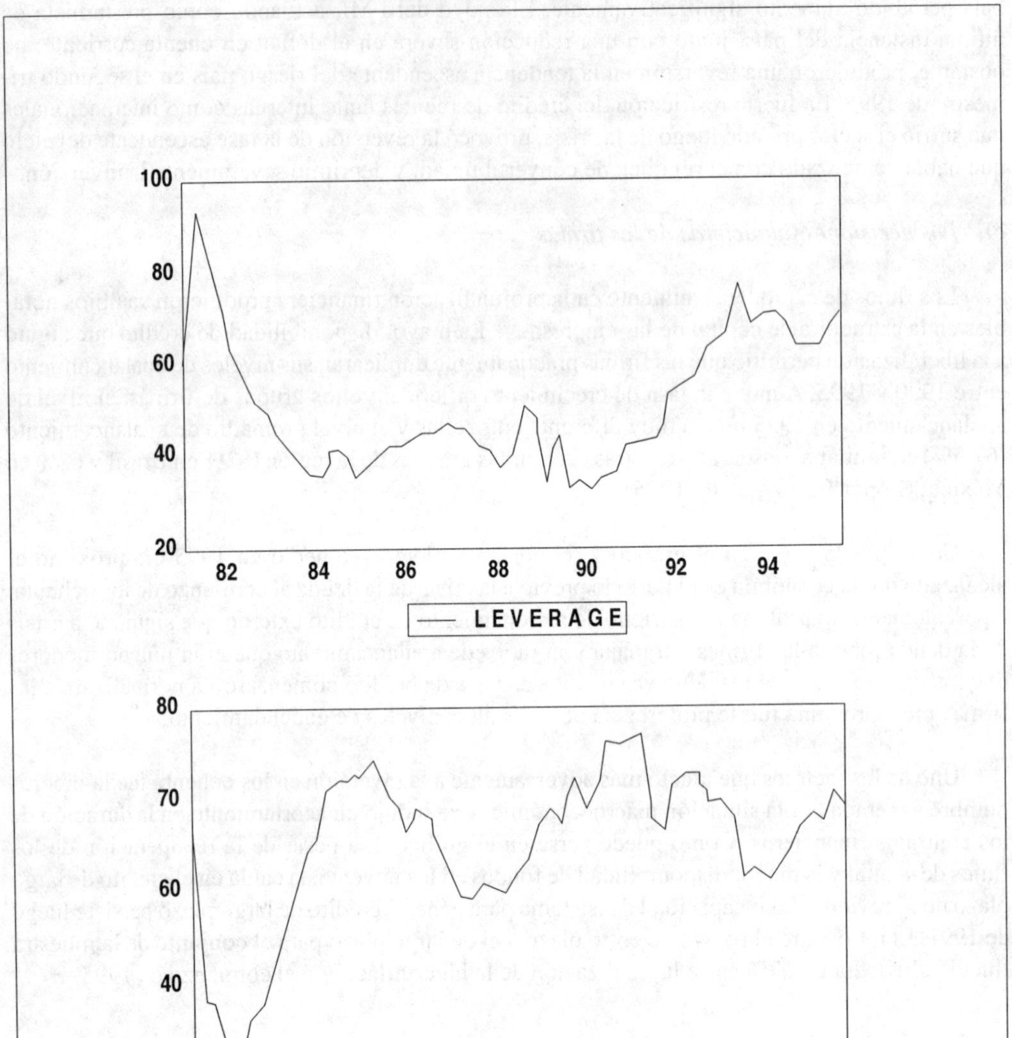

Es necesario tomar en cuenta, no obstante, que en la economía Argentina hay mercados segmentados. Hay una marcada diferencia entre las empresas más grandes (las privatizadas y los grupos de nuestra muestra) y el resto: mientras el nivel de apalancamiento es más o menos similar, las empresas más grandes son mucho menos dependientes del financiamiento de corto plazo y no se observa una tendencia a la desaparición de este rasgo del sistema.

Una de las segmentaciones más importantes es la que existe entre los mercados internacionales y los internos. Sólo las firmas argentinas más importantes están en condiciones de acceder con cierta facilidad a los mercados internacionales y no necesitan apoyarse sólo en el sistema bancario interno para cubrir sus necesidades de crédito. Dos indicadores son relevantes en relación a esto. El primero es que, durante el período de convertibilidad, la deuda bancaria representó 26.4% de los pasivos totales en el caso de las firmas grandes y 43% en el caso de las firmas medianas (López Larroy et al., 1995). El segundo es que, bajo la convertibilidad, los grupos y la empresas recientemente privatizadas muestran un aumento en la proporción de deuda denominada en dólares mientras que lo opuesto ocurre con el resto de la muestra, constituida por empresas de menor tamaño (cuadro 17). En el caso de las empresas grandes, el financiamiento externo tiende a ser de un período de maduración mayor.

¿Cómo afectaron estos cambios a la inversión real? El análisis de las hojas de balance de las firmas sugiere que las mismas privilegiaron la reconstitución del «capital de trabajo» antes que la inversión real. En efecto, el cuadro 18 muestra que los rubros que crecieron más en los noventa son «crédito comercial» y «caja». Este hecho está estrechamente relacionado con la recuperación de la intermediación financiera luego de la hiperinflación. El aumento del rubro caja refleja la recomposición de la liquidez mientras que el de crédito comercial se debe a la necesidad de reconstruir las relaciones de crédito inter-firmas. El crédito entre firmas se genera endógenamente por las relaciones entre clientes y proveedores de la firma y constituye el núcleo del sistema de crédito informal en la Argentina. En gran medida, las relaciones de crédito entre firmas fueron destruidas por la hiperinflación y ello tuvo consecuencias distorsionadoras sobre la eficiencia de las firmas. Como en el caso del ratio de apalancamiento, parece razonable suponer que la inestabilidad macroeconómica y el racionamiento del crédito en los ochenta llevó a las empresas a operar con una cantidad subóptima de capital de trabajo. La rápida recuperación del crédito entre firmas *pari passu* con el incremento en la disponibilidad de crédito en el sistema formal sugiere que existe una importante correlación entre los cambios en la oferta de préstamos del mercado formal y el informal.

Cuadro 17

DEUDA EN DÓLARES/DEUDA TOTAL DE LAS FIRMAS QUE COTIZAN EN LA BOLSA DE BUENOS AIRES

(porcentajes)

	Total	Transables	No transables	Privatizadas	*Holdings*
1990	46.1	50.9	35.7	ND.	23.4
1991	50.8	55.8	42.8	41.1	29.2
1992	33.6	34.8	23.3	33.6	38.4
1993	23.8	19.9	12.8	32.9	49.5
1994	24.4	24.1	17.3	32.5	32.4
(II) 1995[a]	22.5	19.5	11.1	66.3	43.0

Fuente: Calculado en base a datos de la Bolsa de Valores de Buenos Aires.
[a] Sólo cubre hasta el segundo trimestre.

Cuadro 18

VARIACIÓN EN LOS BALANCES DE LAS FIRMAS QUE COTIZAN EN LA BOLSA DE BUENOS AIRES, 1991 II y 1995 II

Item	Total		No transables		Transables		*Holdings*	
	(1)	(2)	(1)	(2)	(1)	(2)	(1)	(2)
Activos	100.0	45.7	100.0	67.3	100.0	31.9	100.0	92.4
Bienes de cambio	18.0	83.1	9.5	35.6	30.9	103.2	2.2	59.0
Otros activos reales	22.7	21.9	27.7	39.8	14.4	8.7	33.7	110.5
Crédito comercial	29.9	135.2	24.5	182.5	47.9	144.1	3.0	31.6
Inversiones financ.	20.2	29.3	26.9	73.9	-6.4	-7.4	60.8	95.2
Caja	1.8	134.5	0.9	59.0	3.0	159.4	0.2	175.6
Otros	3.0	1096.6	1.0	100.4	5.7	4812.0	0.0	
Obligaciones	64.1	98.5	47.6	98.0	75.6	77.9	57.0	250.0
Deuda a corto plazo	42.5	93.2	27.6	71.9	60.6	87.6	22.5	214.7
Deuda a largo plazo	21.6	111.0	20.0	196.6	14.9	53.7	34.4	280.1
Patrimonio neto	35.8	23.3	52.5	52.4	24.4	11.3	43.0	50.4

Fuente: Calculado en base a datos de la Bolsa de Valores de Buenos Aires.
(1) Como porcentajes de la variación en el total de activos.
(2) Variación porcentual entre períodos.

4. Conclusiones

Hay una conclusión que se destaca en nuestro análisis de la experiencia argentina en lo que hace a la relación entre flujos de capital e inversión en los noventa: hubo una clara y positiva asociación entre la recuperación de las entradas de capital al comienzo de los noventa y la reversión de la tendencia descendente en la tasa de inversión que la economía arrastraba desde los ochenta. Es también claro que la reversión en las entradas de capital que se produce luego del Efecto Tequila, coincidió con una caída en la tasa de inversión. Aunque no podemos presentar un análisis acabado de los canales y de las conductas económicas de los agentes que generaron esta asociación entre inversión y movimientos de capital, sí podemos adelantar algunas hipótesis y hechos estilizados que pueden ser útiles para investigaciones futuras.

El primer punto es que en la experiencia argentina hubo un canal «indirecto» muy importante que conectó los flujos de capital con la inversión real. Tal canal operó vía los efectos de los movimientos de capital sobre la evolución macroeconómica. La mayor disponibilidad de fondos en los noventa suavizó el racionamiento de crédito que la Argentina sufrió luego de la crisis de la deuda. El relajamiento de la restricción externa, a su vez, hizo posible la estabilización de la economía. En particular, la disponibilidad de financiamiento externo permitió mantener el tipo de cambio nominal a pesar de la apreciación real de la moneda y el aumento del déficit comercial. El mantenimiento de la paridad cambiaria resultó crucial para desinflacionar la economía a través del uso del tipo de cambio como ancla nominal. La consolidación de la estabilización afectó positivamente a la inversión de varias maneras: vía la reducción en la incertidumbre macroeconómica que incentivó a los *animal spirits*; a través del aumento de la demanda de activos financieros domésticos que relajó la extrema restricción de crédito que las firmas experimentaron en los ochenta; y vía la recuperación de la demanda agregada puesta en marcha por la estabilización de la economía.

El segundo punto que nos gustaría remarcar es que también existe un canal directo que conecta la inversión y la oferta de fondos externos. Además del hecho obvio de que la inversión extranjera directa es parte de los flujos de capital, el canal directo opera debido a que en un mundo donde el teorema de Modigliani-Miller no se cumple, la restricción de crédito importa para la inversión. En tal situación, los cambios en la oferta de financiamiento externo tienen una influencia directa sobre el grado de severidad del racionamiento de crédito que la firma enfrenta. En el caso de la Argentina, este efecto es más pronunciado debido a dos factores: la existencia de un déficit permanente en la cuenta corriente y la existencia de un régimen de convertibilidad y dolarización. Bajo tales circunstancias, la oferta de crédito a las firmas y a los consumidores es sumamente dependiente de los flujos de capital. En un contexto de convertibilidad y dolarización, el mecanismo más importante de expansión de la oferta de crédito en el sistema bancario opera vía los incrementos, ya sea en las reservas internacionales o en la demanda por «argendólares». De esta forma, el financiamiento de la inversión deviene en dependiente de los flujos de capital. Una debilidad de este esquema es que, *ceteris paribus*, cuanto mayor la volatilidad de la demanda de activos generados internamente (esto es, la demanda de M3 más los depósitos totales en dólares), mayor será la volatilidad de la inversión. En realidad, en la primera sección del trabajo enfatizamos que las fluctuaciones macroeconómicas de los noventa fueron marcadas debido a que queríamos llamar la atención sobre la estrecha relación existente entre las fluctuaciones en los agregados macroeconómicos (y particularmente en la demanda de inversión) y la inestabilidad en la demanda por activos domésticos.

Entre otras cosas, el grado de volatilidad de la demanda por activos nacionales (sean denominados en pesos o en dólares) *vis-a-vis* los activos externos depende del tipo de flujos de capital y del período de maduración de los instrumentos existentes en el mercado nacional de capitales. *Ceteris paribus*, cuanto más alta sea la proporción de fondos de corto plazo en los movimientos de capital, y menor sea el plazo de maduración de los activos financieros locales, mayor será la volatilidad de la demanda por activos en el mercado interno. En el caso argentino, ambos factores -capitales de corto plazo significativos y cortos períodos de maduración- fueron importantes en la generación de la situación de fragilidad financiera que se produjo luego de la crisis mexicana de fines de 1994.

Un tercer hecho estilizado de los noventa que se enfatiza en el trabajo es que, a pesar de la reforma estructural (y, particularmente, la apertura de la cuenta capital), la evolución de la demanda agregada es aún un determinante crucial de la demanda de inversión. A primera vista podría parecer inconsistente afirmar al mismo tiempo que la recuperación en los flujos de capital favoreció la inversión pero que, a nivel agregado, la inversión fue determinada por la evolución de la demanda agregada. Estos hechos, no obstante, no son inconsistentes. Es bien conocido que la demanda agregada está altamente correlacionada con la evolución del flujo de caja de las firmas. En un mundo con imperfecciones en los mercados de capital, las firmas tienden a seguir un *pecking order* al buscar fondos para financiar la inversión: en primer lugar prefieren las utilidades retenidas para financiar la inversión y sólo en segundo lugar eligen el crédito bancario (o de mercado). La mayor disponibilidad de crédito de fuentes internacionales y del sistema doméstico generada por la recuperación en los flujos de capital abrió una nueva oportunidad para las firmas argentinas: recurrir al crédito para financiar la inversión. Esto sin duda tuvo un efecto positivo sobre la formación de capital. No obstante, en la Argentina el tamaño de los mercados financieros y de capital es muy reducido y existe un alto grado de segmentación de los mismos. Como se mostró al analizar las hojas de balance de las firmas cotizantes en la Bolsa de Buenos Aires, sólo un reducido grupo de grandes firmas mejoraron realmente su posición financiera en los noventa. En consecuencia, en el caso argentino parece ser una hipótesis razonable la de que la demanda -que está íntimamente relacionada con la evolución del flujo de caja- es aún el principal determinante de la inversión para la mayor parte de los agentes que toman decisiones relativas a la formación de capital. Obviamente, esto no debería ser interpretado como una recomendación de política para incentivar la inversión. La sustentabilidad de la tendencia de la inversión depende de la sustentabilidad del crecimiento del producto y, consecuentemente, de la composición de la demanda y de la asignación de la inversión.

Precisamente, nuestro último punto tiene que ver con la sustentabilidad de largo plazo del sendero de crecimiento seguido por la Argentina en los noventa. La evolución del ahorro interno en las fases expansiva y contractiva sugiere que la política macroeconómica seguida en los noventa generó un conjunto de precios relativos que inducen a una baja tasa de ahorro interno. Bajo esas circunstancias, las tasas de crecimiento y de inversión no pueden aumentar sin producir una tendencia al aumento de la dependencia de la economía respecto del ahorro externo. El Efecto Tequila mostró que este proceso puede devenir inestable.

Referencias bibliográficas

Bekerman, M. y P. Sirlin (1995), *Efectos del proceso de apertura y de integracion sobre el patrón de especialización de la economía argentina*, Centro de Estudios de la Estructura Económica, Universidad de Buenos Aires, Buenos Aires.

Canavese, A. y P. Gerchunoff, (1996), "Reformas estructurales, productividad y tipo de cambio", *Desarrollo Económico*, Número Especial, Vol. 36, Buenos Aires, Verano.

Chisari, O., J.M. Fanelli y R. Frenkel (1996), "Argentina: growth resumption, sustainability and environment", *World Development*, Vol. 24, Nº. 2. Great Britain.

Chuvnosky, D., F. Porta, A. López y M. Chidiak (1996), *Los límites de la apertura: liberalización, reestructuración productiva y medio ambiente*, CENIT/Alianza Editorial, Buenos Aires.

Fanelli, J.M. y R. Frenkel (1996), "Reanudación del crecimiento y sostenibilidad. La economía argentina en la década de los años noventa", en M. Cárdenas (coord.), *El crecimiento económico en América Latina. Teoría y práctica*, TM Editores-Fedesarollo, Bogotá.

Fanelli, J.M., G. Rozenwurcel y L. Simpson (1996), "Financial liberalization in developing countries: The Argentine experience in the nineties", Mimeo, Cedes.

Fanelli, J.M. y J.L. Machinea (1995), "Movimientos de capitales en Argentina", en R. Ffrench-Davis y S. Griffith-Jones (comps.), *Las nuevas corrientes financieras hacia la América Latina. Fuentes, efectos y políticas*, Cap.4. CEPAL-Fondo de Cultura Económica, *El Trimestre Económico* Nº.81, Santiago-México, D.F.

Gerchunoff, P. y J.L. Machinea, (1995), "Un ensayo sobre la política económica después de la estabilización", Instituto Torcuato Di Tella, mimeo, Buenos Aires.

Goldsbrough, D. et al (1996), "Reinvigorating growth in developing countries. Lessons from adjustment policies in eight countries", *Ocassional Paper* 139, International Monetary Fund, Washington D.C., julio.

Heyman, D. (1994), "Sobre la interpretación de la cuenta corriente", *Desarrollo Económico*, Nº135, Vol. 34, Buenos Aires.

Koyck, Leendert M. (1954), *Distributed lags and investment analysis*, North-Holland, Amsterdam.

López Larroy, D., M. Anido, M. Adrogué y M. Rodríguez (1995), "Endeudamiento empresario en Argentina", *Cuaderno de Investigación*, IAMC, Buenos Aires.

Sánchez, M. (1995), "Econometric modelling of private investment in Argentina. 1978-1990", Universidad de San Andrés, Ciclo de Seminarios, Buenos Aires.

Servén, L. y A. Solimano (1993), “Economic adjustment and investment performance in developing countries: The experience of the 1980s”, en L. Servén y A. Solimano (eds.), *Striving for growth after adjustment. The role of capital formation*, The World Bank, Washington D.C.

___ (1992), “Private investment and macroeconomic adjustment: A survey”, *The World Bank Research Observer*, Vol.7, Nº. 1, enero.

IV

Flujos de capital y desempeño económico del Brasil

*Dionísio Dias Carneiro**
Departamento de Economía, PUC-Rio

Síntesis

En los años noventa, los flujos de capital extranjero retornaron al Brasil, como parte de un proceso general de resurgimiento del capital extranjero hacia países en desarrollo, mucho antes que la inflación sea controlada. Brasil es uno de los últimos en sumarse a un número creciente de países pobres que, después de décadas de desajustes macroeconómicos, promovieron la estabilización, liberalizaron el comercio exterior, eliminaron los controles sobre el sector privado y se beneficiaron de la reprogramación de la deuda externa bajo las reglas del Plan Brady. La privatización y las reformas comerciales comenzaron en 1990, mas la estabilización anti-inflacionaria exitosa recién fue iniciada en 1994. Este artículo examina el rol jugado por los flujos de capital en el desempeño reciente de la economía brasileña y la interrelación entre la incertidumbre en relación a la política económica interna y la volatilidad de estos flujos, así como la abundancia de diferentes formas de flujo de capitales en los años de 1990. Las tres conclusiones principales derivadas de la experiencia brasileña son: que el elevado nivel de reservas internacionales amplió las chances de la estabilización, que en ambientes de incertidumbre extrema no existen diferencias significativas entre las volatilidades de la inversión directa y de flujos puramente financieros, y que los impuestos a los flujos excesivos parecen haber sido suficientes para regular las oscilaciones en los flujos de capital externo derivadas de la Crisis de México de 1994-95. En la medida en que la incertidumbre sobre las políticas nacionales disminuye y que los resultados de la estabilización parecen estar consolidados, la proporción de la inversión directa en el financiamiento de la cuenta corriente aumenta, pero esto no debe ser visto como un pretexto para postergar las reformas fiscales o para admitir la permanente sobrevaluación del tipo de cambio.

* El autor agradece las sugerencias y comentarios de los participantes del proyecto a una versión preliminar de este informe, las observaciones y sugerencias de los coordinadores del proyecto y la asistencia de Marcos Rangel, Gustavo Andrade y Rodrigo Guimarães en la preparación de los cuadros estadísticos y gráficos. Las discusiones y la asistencia de Patricia Pierotti fueron esenciales para el desarrollo y culminación del proyecto.

Introducción

En los años noventa se evidenció un incremento significativo de la entrada de capitales al Brasil, transformando un déficit en la cuenta capital de 1.6% del PIB, observado entre 1983 y 1989, en un superávit de 2.5% del PIB, durante el período 1990-95. ¿Los inversionistas estaban atraídos por la posibilidad de obtención de ganancias rápidas, debido a que los diferenciales de tasas de interés eran muy superiores a las percepciones de riesgo-país o, acaso existían señales de que el nuevo volumen de entradas de capital podría constituirse en una fuente adicional de ahorro que contribuiría a mejorar las perspectivas de crecimiento del país?. Una respuesta convincente a esta pregunta depende de las consideraciones acerca de los factores que están detrás de estos movimientos y que actúan en los lados de oferta y demanda de esos flujos recientes, así como en relación a los efectos que estos pueden tener sobre las restricciones del crecimiento: la inversión, el ahorro, y las restricciones en la disponibilidad de divisas que pueden limitar el crecimiento económico brasileño en los próximos años.

Este artículo examina algunas características de los recientes ingresos de capital, contrastándolas con las derivadas de la experiencia anterior, focalizando el análisis en los elementos asociados a la incertidumbre sobre la política interna -siempre presente en la experiencia brasileña- que en los últimos años disputa con la volatilidad del capital asociada a factores externos, erguirse como la principal razón que está detrás de las grandes oscilaciones en el nivel de actividad económica.

Una característica central detrás del pobre desempeño económico del país en los años ochenta fue la caída de la tasa de inversión (medida a precios de 1980), de un máximo de 25.8% en 1975, a una media menor a 15% en la primera mitad de la década de 1990 (véase Carneiro y Werneck, 1993 y la sección 2 más adelante) Desde 1992, la recuperación de la tasa de inversión ha sido lenta, de 14% a 16.6% en 1995 y estimada en 17% en 1996. Por ello, no es razonable esperar un impacto agregado importante de estos flujos recientes sobre la inversión. Por otro lado, en la interpretación de la naturaleza y de las consecuencias de largo plazo de los influjos recientes, dos hechos llaman la atención: primero, debido a la demora con la que el Brasil reprogramó su deuda externa (el acuerdo Brady fue recién completado en 1994) y alcanzó la estabilización de su economía (el primer intento exitoso recién cumple dos años y medio), no ha habido tiempo suficiente para un cambio estructural notorio en la calidad de los flujos de capital. En segundo lugar, la evidencia de un cambio significativo en el monto de la inversión extranjera directa (US$ 9.5 mil millones de influjo neto en 1996 comparado con US$ 3.6 mil millones en 1995 y US$ 1.7 mil millones en 1994) es todavía muy reciente como para permitir una evaluación convincente de sus efectos sobre la inversión y el ahorro agregado.

La sección 1 describe, en el contexto de la experiencia histórica, las fuentes y la composición de los flujos de capital en el período 1990-95. La sección 2 examina los determinantes y la composición de los ingresos; se argumenta que, a pesar de la naturaleza predominantemente de corto plazo de los flujos de capital en los primeros años -evidenciado por el dominio de bonos y papeles emitidos por instituciones financieras- el balance entre pros y contras tiende a ser favorable, ya que la acumulación de reservas internacionales fue esencial para la formación de un "colchón cambiario" que ha sido de gran utilidad para la política de estabilización brasileña. Las autoridades económicas provocaron una contracción crediticia a través de requerimientos de reserva extremadamente altos y el establecimiento de límites de crédito para el sistema bancario, administrados para combatir las turbulencias que siguieron a la devaluación mexicana de diciembre de 1994. La pérdida de reservas fue revertida después de abril de 1995. Desde entonces, esta victoria sobre las expectativas pesimistas sobre el colapso del intento de estabilización, abrió espacio para un cambio significativo en el patrón de los flujos de capital, con un desplazamiento en favor de la inversión extranjera directa. En principio, se espera que este cambio sea favorable en la medida en que se espera que los flujos de inversión directa sean menos volátiles que los flujos puramente financieros. La sección 3 examina las volatilidades de las distintas modalidades de flujos de capital que arribaron a la economía brasileña durante el periodo, y evalúa las diferencias que existen entre las distintas formas de inversión (cartera versus inversión directa e inversión total versus préstamos). Los datos sugieren que las volatilidades de las diferentes clases de flujos, medida por el coeficiente de variación de cambios mensuales, no se han comportado de manera muy diferente en la turbulencia de inicios de 1995. El gobierno brasileño optó por no imponer otras restricciones, a no ser un impuesto sobre los capitales de corto plazo, que estaban dirigidos esencialmente a la compra de títulos de renta fija, y que se beneficiaban de las tasas de interés extremadamente altas resultantes de la contracción del crédito. Los cambios en la tasa de ese impuesto se constituyeron en el instrumento más importante para discriminar el capital de corto plazo (*hot money*) y favorecer los flujos de mejor calidad. La sección 4 describe la utilización y efectos de los flujos recientes en las diferentes fases del actual esfuerzo de estabilización: acumulación de reservas del gobierno, expansión del crédito e inversión, altas tasas de interés y apreciación del tipo de cambio, una secuencia derivada de la interrelación entre los eventos en la economía internacional y los incentivos derivados de las políticas gubernamentales. En la sección 5 se intenta extraer lecciones de la experiencia brasileña, tomando en cuenta la incertidumbre en relación a la política de sobrevaluación del tipo de cambio, el pequeño progreso en la reducción del déficit del sector público consolidado, y la baja inversión agregada que prevalecieron en los dos años y medio posteriores a la reforma monetaria y desindexación exitosas.

1. Capital extranjero y desempeño económico

Desde que el primer shock del petróleo trajo consigo la interrupción del crecimiento económico de inicios de los años setenta, la disponibilidad de financiamiento externo ha jugado un rol principal tanto en el desempeño global como en las opciones de política económica a disposición en la economía brasileña. El cuadro 1 muestra que la reducción de la tasa de crecimiento del PIB de una media anual de 5.9% entre 1975-79 a otra de 2.9% en el período 1980-89, coincidió con un incremento de las remuneraciones netas a factores al exterior de 1.9% a 4.5% del PIB, respectivamente. Así, a finales de la década de 1980, las desfavorables relaciones económicas con el exterior habían provocado una reducción de la participación del consumo, del ahorro interno y de la formación bruta de capital fijo en el PIB a precios corrientes.

Las consecuencias económicas del fracaso de los dos planes de estabilización en la gestión Collor (marzo de 1990 y febrero de 1991) configuraron el escenario de la crisis de 1990-93. El país experimentó una inflación anual de cuatro dígitos -con excepción del corto periodo entre la explosión de precios que siguió al congelamiento general de precios y los intentos de desindexación- así como una pérdida acumulada de 4.7% en el PIB real en el trienio 1990-92.[1] De este modo, el

[1] Debido a la caída de la inversión en la década anterior y al crecimiento del producto muy por debajo de la tendencia exhibida en los cuarenta años anteriores, las estimaciones de la brecha del PIB difieren bastante de acuerdo a las hipótesis sobre lo sucedido en relación a la productividad de la inversión. Sin embargo, el producto estuvo bien por debajo de la capacidad productiva, aún antes de la caída del PIB registrada en la crisis del período 1990-93. Ver Abreu, Carneiro y Werneck (1996) para una discusión extensa sobre las restricciones al crecimiento económico en el Brasil.

Cuadro 1

BRASIL: CUENTAS NACIONALES, 1975-95

(promedios anuales, en % del PIB a precios corrientes)

	1975-79	1980-82	1983-89	1990-95	1990	1991	1992	1993	1994	1995
PIB (tasa de crecimiento a precios constantes)	5,9	1,7	3,4	1,6	(4,2)	0,3	(0,8)	4,2	6,0	4,2
Ingreso neto de factores/pagos al exterior	1,9	4,2	4,6	2,4	2,8	2,8	2,5	2,8	1,9	1,7
Transferencias unilaterales netas	0,0	0,0	0,0	0,4	0,2	0,4	0,6	0,4	0,5	0,6
Ingreso nacional disponible bruto	98,1	95,8	95,4	98,0	97,4	97,6	98,1	97,6	98,6	98,9
Consumo interno	78,6	78,5	75,8	78,9	76,6	79,2	77,6	78,5	79,2	82,1
Ahorro interno	19,5	17,4	19,6	19,1	20,7	18,4	20,5	19,1	19,3	16,8
Formación bruta de capital fijo	22,5	23,5	21,6	20,6	22,9	19,6	19,6	20,4	20,8	20,4
Déficit en Cuenta Corriente	3,9	5,3	0,6	0,4	0,8	0,4	(1,6)	0,2	0,3	2,5

Fuentes: Banco Central do Brasil, IBGE y Carneiro & Werneck (1993).

Cuadro 2

BRASIL: CUENTAS NACIONALES, 1975-96

(promedios anuales en miles de millones de US$)

	1975-79	1980-82	1983-89	1990-96	1990	1991	1992	1993	1994	1995	1996 [c]
Balanza comercial	(1,9)	(0,3)	12,4	7,4	10,8	10,6	15,2	13,3	10,5	(3,4)	(5,5)
Servicios financieros [a]	(2,5)	(8,9)	(9,6)	(8,3)	(9,7)	(8,6)	(7,3)	(8,3)	(6,3)	(8,2)	(9,8)
Servicios (otros)	(2,5)	(4,5)	(4,1)	(7,5)	(5,6)	(5,0)	(4,1)	(7,3)	(8,4)	(10,4)	(11,9)
Cuenta corriente	(6,9)	(13,6)	(1,2)	(6,2)	(3,8)	(1,4)	6,1	(0,6)	(1,7)	(18,0)	(24,3)
Cuenta de capital	7,5	10,1	(5,1)	14,7	(4,7)	(4,1)	25,3	10,1	14,3	29,4	32,4
Errores y omisiones	(0,2)	(0,4)	(0,4)	0,2	(0,3)	0,9	(1,4)	(1,1)	0,3	2,1	1,0
Reservas (variación) [b]	0,4	(3,9)	(6,7)	8,6	(8,8)	(4,6)	30,0	8,4	12,9	13,5	9,0
Cuenta de capital (% del PIB nominal)	4,5	4,6	(1,3)	2,6	(1,1)	(1,1)	6,8	2,4	2,5	4,1	4,3

Fuente: Banco Central do Brasil - actualizado a partir del Boletín do Banco Central de marzo de 1997.

[a] Intereses pagados y estimación de atrasos; excluye utilidades, las que se contabilizan en servicios.

[b] Cuenta corriente + Cuenta de capital + Errores y omisiones.

[c] Preliminar.

nivel del producto real de 1989 fue recuperado solamente en el primer trimestre de 1994, causando una caída aún más dramática del consumo interno debido a que la inflación promovió transferencias de ingresos de carácter regresivo, necesarias para promover superávits comerciales lo suficientemente elevados como para reducir el desequilibrio de la balanza de pagos y recuperar el nivel de reservas (Carneiro y García, 1995).

En el cuadro 2 se presenta la evolución de la balanza de pagos brasileña en el período 1975-95. Entre la crisis provocada por la moratoria mexicana de 1982 y el final de los años ochenta, los déficits en cuenta corriente fueron reducidos de una media anual de US$ 9.4 mil millones en 1975-82, a una media de US$ 1.2 mil millones durante el período 1983-89. Asimismo, entre 1983 y 1989 se generó un superávit comercial anual medio de US$ 12.4 mil millones ante la necesidad de ajustar la economía doméstica a la restricción externa global.

De los años setenta a los ochenta también se observó un cambio dramático en el patrón de inversión de la economía brasileña. El cuadro 3 muestra los datos de la formación bruta de capital fijo a precios corrientes y constantes. La inversión bruta fija a precios corrientes exhibe una caída de un promedio de 22.5% del PIB, en los últimos cinco años de la década de 1970 a 18.9% del PIB en 1984. A partir de ese año, los datos muestran una tendencia creciente hasta alcanzar un máximo de 26.9% en 1989, resultado sorpresivo dado el elevado grado de incertidumbre generado por la alta inflación y por los fracasos de tres intentos de estabilización a partir del Plan Cruzado.

Cuadro 3
BRASIL: FORMACION BRUTA DE CAPITAL FIJO (FBKF), 1975-95

	FBKF Precios Corr. (% PIB)	FBKF Precios Const. (1990=100)	FBKF Precios Const. (1990=100)	Importación de Bienes de Capital (1990=100)
1975	23,3	25,8	103,4	66,3
1976	22,4	25,0	110,6	61,0
1978	22,3	23,5	114,5	59,9
1979	23,4	22,9	119,0	63,6
1980	23,6	23,6	129,9	73,9
1981	24,0	21,6	114,1	67,8
1982	23,0	20,0	106,3	55,2
1983	19,9	17,2	89,0	42,2
1984	18,9	16,3	88,8	36,3
1985	18,0	16,4	96,6	41,8
1986	20,0	18,8	118,4	58,4
1987	23,2	17,9	116,8	66,7
1988	24,3	17,0	111,0	70,7
1989	26,9	16,7	112,3	82,1
1990	22,9	15,5	100,0	100,0
1991	19,2	14,6	94,2	100,7
1992	19,5	13,6	87,7	107,7
1993	20,0	14,0	90,3	145,5
1994	20,8	15,0	96,7	212,9
1995	21,6	15,4	99,3	298,1

Fuentes: IBGE - Departamento de Cuentas Nacionales, Banco Central do Brasil, IPEA y Carneiro y Werneck (1993).

Sin embargo, el análisis de la evolución de la tasa de inversión a precios constantes revela que esta recuperación fue sólo aparente. En efecto, detrás de la discrepancia entre estas dos series está el fuerte incremento del precio relativo de los bienes de capital y de construcción. La elevada incertidumbre en relación al valor legal de los contratos indexados que siguieron a los experimentos de los dos Planes Cruzado y el incremento en los precios relativos de los bienes de capital importados, dan cuenta de esta elevación. Lo último refleja no solamente los efectos de las devaluaciones cambiarias, sino también la escasez de crédito, tanto de las fuentes privadas como de las fuentes oficiales y multilaterales, que proveían tradicionalmente soporte financiero para proyectos de inversión de largo plazo.

Por el lado del ahorro, el panorama no es más alentador, principalmente porque el ahorro público no se había recuperado de su fuerte caída de los años ochenta, como consecuencia de la falta de ajuste fiscal. El déficit fue reducido gracias a cortes severos de la inversión pública. Así, el ahorro público, que había alcanzado una media anual de 7.6% del PIB en la década de 1970, cayó durante los ochenta hasta -1.3% en 1989. En contraste a lo ocurrido en los años 70, cuando el abundante financiamiento externo había financiado el crecimiento de la inversión interna, tanto pública como privada, en los años 80, la contribución de los flujos externos fue muy reducida y hasta llegó a ser negativa a finales de esta década. Como el ahorro externo había caído durante la década de 1980, la inversión tuvo que ser financiada por el sector privado, debido a la falta de disponibilidad de capital externo durante el prolongado periodo de crisis de la deuda externa y alta inflación.

A finales de la década de 1980 e inicios de los años noventa, el déficit en la cuenta de capital creaba la necesidad de generar superávits en la cuenta corriente. En consecuencia, la aplicación de políticas de demanda restrictivas destinadas a controlar la absorción doméstica, provocaron la reducción del crecimiento económico. La inversión fue limitada por el menor nivel de ahorro y por las transferencias externas negativas, fruto de la imposibilidad de obtención de nuevo financiamiento para la balanza de pagos. Debido a la suspensión de los pagos asociados a la deuda externa bajo la moratoria declarada a inicios de 1987, las transferencias de recursos financieros y reales se tornaron negativas. Durante este periodo, caracterizado por la virtual inexistencia de reservas internacionales, los pagos de intereses a acreedores privados fueron posibles gracias a la generación de superávits comerciales. En 1988, una recuperación pasajera de la inversión extranjera directa produjo un superávit en la cuenta capital, esencialmente debido a la conversión de deuda externa de casi US$ 3 mil millones. En realidad, la remesa de utilidades -que exhibió un nivel récord en los años de la moratoria- debió incentivar la inversión directa.

El cuadro 4 presenta la desagregación de la cuenta capital de la balanza de pagos desde 1989. De 1989 a 1991, la inversión externa neta (incluyendo reinversión) alcanzó una media de menos de US$500 millones por año. Solo después del decreto de regulación del 31 mayo de 1991 -conocido como el Anexo IV de la resolución 1289/87- que permite que inversionistas extranjeros puedan adquirir activos de renta fija (abriendo así un amplio espacio para la inversión de cartera), la inversión extranjera mostró el primer incremento significativo en casi diez años (Carneiro y García, 1995). Las altas tasas de interés promovieron la recuperación de las reservas internacionales después de la devaluación real de septiembre de 1991, que fue seguida por un fuerte incremento en las tasas de interés domésticas. Desde agosto de 1993 (Res. 2013), el dinero que ingresa al país como inversión de cartera puede comprar acciones y bonos, *Depositary Receipts* o ser destinado a Fondos de Renta Fija y Fondos de Privatización, que son fondos especiales constituidos por deuda pública que puede ser utilizada para la liquidación de compras de empresas estatales en subastas de privatización.

Cuadro 4

BRASIL: BALANZA DE PAGOS - CUENTA DE CAPITAL, 1989-96

(millones de US$)

	1989	1990	1991	1992	1993	1994	1995	1996
Cuenta Capital	(3.648)	(4.715)	(4.148)	25.271	10.115	14.294	29.359	32.391
Inversión (neta)	125	-	170	2.972	6.170	8.131	4.663	15.558
Reinversión	531	273	365	175	100	83	384	447
Financiamiento	3.640	3.424	2.026	13.258	2.380	1.939	2.834	4.302
Extranjeros	3.788	3.474	2.125	13.191	2.625	2.389	3.513	4.405
Nuevos influjos	2.257	2.662	2.125	1.608	1.435	2.389	3.513	4.405
Refinanciamiento	1.531	812	-	11.583	1.190	-	-	-
Brasileños	(148)	(540)	(99)	67	(245)	(450)	(679)	(103)
Amortizaciones	(33.985)	(8.665)	(7.830)	(8.572)	(9.978)	(50.411)	(11.023)	(14.423)
Pagadas	(5.889)	(8.053)	(7.830)	(7.147)	(9.268)	(11.00)	(11.023)	(14.423)
Refinanciadas	(28.096)	(612)	-	(1.425)	(710)	(39.410)	-	-
Préstamos en moneda	25.972	(297)	964	17.577	11.659	53.802	33.570	26.797
Corto plazo	(1.664)	(1.208)	(3.033)	2.602	869	909	18.834	3.995
Largo plazo	27.636	911	3.997	14.975	10.790	52.893	14.736	22.802
Bancos brasileños	1.465	-	-	294	-	5.752	-	-
Nuevos influjos	-	-	-	294	-	-	-	-
Refinanciamiento	1.465	-	-	-	-	5.752	-	-
Bancos comerciales extranjeros	26.065	-	-	7.703	834	38.758	1.737	811
Nuevos influjos	600	-	-	603	834	2.034	1.426	562
Refinanciamiento	25.465	-	-	7.100	-	36.724	311	249
Entre compañías	106	258	308	871	1.064	632	1.133	1.578
Otros [a]	-	653	3.689	6.107	8.892	7.751	11.866	20.413
Otros capitales	69	550	157	(139)	(216)	750	(1.068)	(290)

Fuente: Datos actualizados del Boletín del Banco Central do Brasil de marzo de 1997.

[a] Incluye bonos «papeles comerciales» y «notas de tasas fijas y flotantes».

Inicialmente, la inversión extranjera se recuperó por intermedio de inversión de cartera, impulsada por el decreto incluido en el Anexo IV. Este anexo permite sólo a inversionistas institucionales invertir en fondos: instituciones financieras, compañías de seguros y fondos de inversión extranjeros. A través de estas instituciones, los inversionistas pueden adquirir acciones y activos derivados. En febrero de 1996, los extranjeros fueron prohibidos de comprar títulos de privatización directamente a través de operaciones del Anexo IV, pero esos títulos aún pueden ser comprados a través de los fondos de privatización, pagando a partir de ese año un impuesto de 5%.[2]

Después de un periodo inicial, cuando los ingresos de capital fueron funcionales a la recuperación de las reservas internacionales en 1991 y 1992, en la segunda mitad de 1993, el Banco Central impuso restricciones a las entradas de capital. Al principio se aplicaron impuestos sólo a las inversiones en renta fija. Desde agosto de 1996, el impuesto subió de 5% a 7% y los préstamos no relacionados al comercio pagan una tasa de 5% (aún no están afectas a impuesto las inversiones en la bolsa de valores). Sin embargo, con un mercado de activos derivados dinámico, es difícil impedir que inversionistas extranjeros inunden el país con el objetivo de obtener ganancias rápidas resultantes de las altas tasas de interés internas. Para evitar los impuestos sobre los activos de renta fija, una de las operaciones más comúnmente usadas para transformar una inversión en acciones en una de renta fija es la llamada caja de operación en el mercado de opciones, que consiste en la negociación simultánea de cuatro opciones - *"two calls and two puts"* - que produce un retorno conocido con anticipación al igual que un bono. Por un argumento de arbitraje, ese retorno debe igualar a la tasa de interés. Después de agosto de 1995, el capital extranjero fue excluido de la caja de operaciones, debido a que el Anexo IV prohibe a los fondos operar en mercados de futuros.

El rol y la composición de los préstamos en moneda extranjera también han mostrado un cambio significativo en los últimos años. Los bonos y notas (tanto de tasas fijas como flotantes) correspondieron a 2/3 de los influjos en 1995, mostrando un fuerte contraste con el inicio de los años noventa, cuando el dominio de papeles comerciales y préstamos intercompañías implicaba que los préstamos externos estaban restringidos a compañías extranjeras, debido a los problemas pendientes asociados a las negociaciones del plan Brady. El gráfico 3 muestra el comportamiento de los influjos de acuerdo con esas categorías y otras compatibles con los informes del Banco Central. Los préstamos intermediados por los bancos comerciales (operaciones bajo la Resolución 63) -que fueron la fuente principal del ciclo de endeudamiento anterior, perdieron su importancia. Más recientemente, los seguros a la exportación, las operaciones de financiamiento de actividades agrícolas (Resolución 2148, que tiene un plazo mínimo de maduración de 180 días) y los fondos para financiar proyectos de vivienda y otros en el área de la construcción, adquirieron un peso mayor a partir de la recuperación de la economía. Así, a fines de 1996 estos fondos correspondían a cerca de 17.3% del total de influjos.

[2] Estos títulos tienen plazos de maduración largos en comparación con los bonos ordinarios del Banco Central o con las Notas del Tesoro que son comprados con descuentos altos (y volátiles), y ofrecen excelentes posibilidades de retorno para inversionistas que quieren mantenerlos o que estén interesados en las subastas de privatización. Las restricciones aplicadas a estos en tiempo de abundancia de oferta de fondos son un ejemplo de las dificultades del gobierno para tratar con la fungibilidad de los flujos externos cuando se trata de discriminar entre capital de corto y largo plazo.

En relación a los intermediarios de los flujos, las carteras del Anexo IV son administradas por brasileños o por subsidiarias locales de bancos extranjeros, tales como el Citibank (US$ .6.7 mil millones) y el Chase Mannhattan (US$4.3 mil millones), de acuerdo a informaciones de diciembre de 1996. A fines de 1995, un total de 518 carteras fueron registradas, 45% administradas por instituciones bancarias brasileñas. Intermediarios no bancarios, corredores y administradoras de fondos especiales son responsables por 21%, mientras que los fondos de pensiones cubren solo el 1% del total.

2. Determinantes, timing y composición de los influjos de capital

La nueva composición de los flujos de capital al Brasil reflejó el cambio drástico del entorno macroeconómico que caracterizó a la economía brasileña en los años noventa.

Es difícil ignorar las consecuencias de la baja credibilidad de la política económica derivada del fracaso de los intentos de estabilización durante el gobierno de Collor. Después del segundo congelamiento de precios en menos de un año, el equipo económico del gobierno tuvo que cumplir tres tareas difíciles para restablecer la confianza en la política económica: liberalizar los precios, descongelar los activos que habían sido confiscados al público y recuperar la credibilidad externa. Para enfrentar la amenaza de la hiperinflación -que se temía se desataría dado el aumento de la liquidez- la política macroeconómica promovió la elevación de las tasas de interés y la devaluación del tipo de cambio. La respuesta de los inversionistas extranjeros y brasileños con activos externos fue altamente positiva en la medida en que las reservas se recuperaron devolviendo así la capacidad de manejo de la economía.

Esto sugiere que tanto la cantidad como la calidad del financiamiento externo respondieron a las expectativas en relación a una mejor conducción de la política macroeconómica mucho antes de que los resultados de esta mejora pudieran ser percibidos.[3] Más aún, el aumento de la inversión en cartera abrió el camino para la mayor participación de la inversión directa en el total de influjos.

Es difícil separar el efecto positivo de los cambios en la imagen interna de las obvias mejoras en la oferta de fondos. Desde finales de la década de 1970, se había observado una gran movilidad del capital internacional. La participación de Brasil había disminuido significativamente en los años ochenta, en la medida en que los fracasos en la reprogramación de la deuda externa impidieron que el país se beneficiase del aumento de flujos hacia los países en desarrollo, observado en la segunda mitad de la década de 1980 y principios de la actual década. A finales de los años ochenta, Brasil recibió menos de 0,6% de la inversión extranjera directa en el mundo (14.6% de los flujos tuvieron como destino América Latina), comparado con 6.2% en los últimos años de la década de 1970 (30.5% para América Latina) (Jaspersen, 1995).

Siguiendo una pronunciada pero seria reversión en la tendencia registrada durante el período de la crisis internacional de la deuda, la primera mitad de los años noventa presenció un crecimiento sustancial en los influjos de capital, en la medida en que se percibía cada vez más que los

[3] García y Barcinski (1996) encontraron que los coeficientes estadísticamente significativos de los diferenciales de tasa de interés son razones suficientes para atribuir a estos diferenciales la explicación principal de los ingresos netos.

riesgos dominantes eran específicos a determinados países y no de carácter sistémico. Tres razones adicionales pueden ayudar a explicar el mayor volumen de capital migrante: la reducción en los costos de los movimientos de cartera, la habilidad de los administradores de fondos para persuadir a los inversionistas sobre sus expectativas de ganancias y riesgos, y a la tendencia generalizada hacia la liberalización de los mercados cambiarios.

Como resultado, los flujos se hicieron más grandes y volátiles, creando problemas para las autoridades monetarias no sólo en el Brasil, sino también en otros países, dadas las disparidades existentes entre el volumen de reservas internacionales en poder de los Bancos Centrales y el volumen potencial de capital disponible para entrar en los mercados cambiarios. A su vez, una buena proporción de la ola de liberalización puede ser atribuida al reconocimiento, por parte de las autoridades locales, de los límites que tienen para combatir corridas masivas sobre sus reservas internacionales. Políticas cambiarias más liberales implican usualmente una mayor confianza en tipos de cambio determinados por el mercado y por lo tanto, un mayor espacio para la política monetaria. Sin embargo, en este contexto, movimientos del tipo de cambio pueden absorber una gran dosis de energía a fin de prevenir el crecimiento de burbujas de corto plazo generadas por expectativas auto-realizadas, bastante comunes en los mercados cambiarios. Sin embargo, en el Brasil, a pesar de la existencia de un mercado de divisas dual, el diferencial entre la tasa fluctuante de mercado y la tasa comercial (aplicada a prácticamente todas las transacciones a excepción del mercado del oro) ha sido virtualmente nula durante un período de tiempo prolongado. Los reducidos controles cambiarios han hecho al país más atractivo para el capital extranjero y al mismo tiempo, hay un creciente convencimiento en el gobierno de que la hospitalidad y el mantenimiento de las reglas de juego generan confianza. Esto ha contribuido a la expansión de los flujos de capital. No obstante, la existencia de un mercado dual implica que, en el caso de una corrida masiva contra el Real, las autoridades brasileñas aún preservan la posibilidad de permitir el crecimiento del margen entre ambas tasas, creando, de esta manera, un impuesto sobre la fuga de capitales, cuya tasa es determinada por el mercado.

La recuperación de las proyecciones de crecimiento es esencial para mejorar la rentabilidad esperada de los nuevos proyectos. A su vez, una inflación elevada significa inestabilidad permanente en relación a las reglas básicas y expectativas de tipos de cambio al margen de reglas de indexación (ejemplos: a pesar de la indexación diaria del tipo de cambio, el tipo de cambio real ha sido usualmente sobrevaluado debido a los rebrotes inflacionarios). El *timing* y la propensión de los inversionistas extranjeros a esperar y observar parece ser esencial en el caso de la experiencia brasileña -la proporción de la inversión extranjera directa en los flujos de capital después de 1991 tiende a corroborar esta opinión.

Finalmente, el atraso en promover la estabilización en comparación a Chile, Argentina y México, ha provocado que otras reformas sean postergadas. Un buen ejemplo ha sido la postergación del proceso de privatización que siguió al fracaso del intento de estabilización de Collor en 1990. Sin embargo, la idea de que inmediatamente después que se superara la amenaza hiperinflacionaria y una vez realizada la reforma de Estado, el Brasil experimentaría una nueva fase de crecimiento, estaba bastante difundida. Un razonamiento básico era que la elevada incertidumbre generada por la inestabilidad macroeconómica y la amenaza hiperinflacionaria creaban un alto premio por riesgo sobre las decisiones de inversión, especialmente en proyectos de larga maduración.

a) Incertidumbre y costo de espera

Enfoques recientes de la teoría de la inversión (Pindyck, 1994) enfatizan el papel del costo de espera de una mejor oportunidad como factor determinante del gasto en inversión. Esto puede traer alguna luz sobre los determinantes de los flujos relacionados a la inversión extranjera directa, comparados con otras formas de movimientos de capital. La idea básica es hacer uso del enfoque de precio de opciones (*option pricing*): si el inversionista potencial pospone su tiempo de entrada, entonces debe pagar, ya que aún conserva la opción de entrar más tarde. El tiempo de espera le permite hacer una evaluación menos incierta sobre las posibilidades de éxito de las políticas macroeconómicas.

En esta sección hacemos uso de un modelo simple utilizado previamente por Dornbusch (1990) para explicar el premio por riesgo para la economía mexicana posterior a las reformas de estabilización. La idea básica es proponer un modelo simple de la interrelación entre las percepciones de los inversionistas acerca de la evolución futura de las tasas de retorno en una economía riesgosa y el premio que exigen para invertir inmediatamente, en vez de esperar para adquirir mayor información.

Las percepciones de los inversionistas pueden ser representadas a través de la distribución de probabilidades que describe eventos futuros en un ambiente de incertidumbre. Usualmente esta es una característica no observable, por lo que es necesario hacer uso de supuestos simplificadores que permitan un cálculo explícito de la relación entre esas percepciones y el premio por riesgo.

El primer supuesto limita el rango de posibilidades para la evolución de las tasas de retorno durante el periodo de maduración de la inversión. En este caso, es suficiente asumir que existen dos escenarios alternativos: (i) uno optimista, en el que las políticas de reforma son exitosamente implementadas y la tasa de retorno esperada es alta (denominada por r_g) y (ii) otro pesimista, en el que las reformas fracasan y la tasa de retorno esperada es baja (denominada por r_b).

El inversionista puede decidir esperar e invertir su riqueza en el exterior obteniendo una tasa de retorno **r** (conocida), o realizar una inversión directa (irreversible) en aquel ambiente incierto con los dos escenarios probables. En el momento de la decisión, aquellos que son lo suficientemente arriesgados para entrar al país en las primeras fases, lo hacen porque ellos creen que van a obtener retornos elevados inmediatamente ya que el buen escenario optimista está «a la vuelta de la esquina».

Para determinar las posibles trayectorias de las tasas de retorno, se asume que la evaluación de los escenarios por parte de los inversionistas sigue un proceso de Markov. En el escenario pesimista, la probabilidad de persistencia es **q** y la de un cambio hacia el escenario favorable es **(1-q)**. De esta forma, **q** puede ser interpretada como la probabilidad de «malas noticias» y **(1-q)** como la probabilidad de implementación exitosa de políticas macroeconómicas y cambio en las proyecciones de la economía. Otra simplificación guarda relación con que una vez que se alcance el escenario favorable, se espera que éste permanezca para siempre. [4]

[4] Un supuesto más complicado, necesario para la presente interpretación, es que este proceso se reproduce en cada momento de decisión. Se entiende que cada inversionista tiene sus propias creencias acerca de la evolución futura de las tasas de retorno, las diferencias entre los agentes reflejan diferencias en sus fuentes de información e ideas particulares en relación al ambiente, y sus decisiones son tomadas separadamente. Finalmente, se asume que los inversionistas son neutrales al riesgo, por lo tanto, ellos difieren solamente en su percepción acerca del momento más adecuado para entrar.

La interrelación entre el premio requerido y la percepción de los inversionistas comienza con la definición de ese premio[5]. Comenzando en el escenario pesimista, el premio requerido por un inversionista que cree en la persistencia de este estado (q), para materializar su inversión en vez de adoptar una posición de "espera y observación", manteniendo la opción de entrar una vez que el buen estado sea verificado está dado por:

$$Ø = [q / (1+r-q)] (r-r_b)$$

Este resultado confirma el denominado "Principio de Malas Noticias de Bernanke", que establece que el valor de la opción de espera depende solamente de la tasa de retorno en el escenario pesimista y no de las buenas noticias. El tamaño del premio requerido depende, entonces, de la diferencia entre la tasa externa conocida con certeza (r) y la baja tasa de retorno correspondiente al probable escenario desfavorable de la economía, y no depende de la diferencia entre la tasa externa conocida y la tasa de retorno elevada. La razón es que los inversionistas siempre pueden beneficiarse del escenario optimista si ellos esperan por éste para invertir.

Asimismo, de acuerdo a la ecuación anterior, el tamaño del premio requerido para un "compromiso inmediato", crece con la probabilidad de persistencia del mal estado.

b) Estabilización diferida y diferencial cubierto de tasas de interés

El gráfico 1 muestra una estimación del diferencial cubierto de tasas de interés (DCI) y de sus componentes para el período febrero 1991-diciembre 1996. Esta estimación fue obtenida usando la tasa de interés de los papeles del tesoro norteamericano, una tasa de interés *overnight* mensual de bajo riesgo aplicada a los bonos federales brasileños y la tasa esperada de devaluación, medida en el primer día de cada mes en la Bolsa de Mercaderías y Futuros (BM&F). El DCI es calculado como {(1+RN)/[(1+E)(1+TB)] -1}, donde RN es la tasa de interés doméstica, E es la devaluación esperada en el mercado de futuros y TB es la tasa de interés externa, y puede ser considerado como un premio (puro) por riesgo, dependiente de la probabilidad de los diferentes escenarios de la economía.

---

[5] El premio requerido es definido como la diferencia en el retorno del valor presente esperado de dos oportunidades posibles de inversión (espera versus compromiso). Un supuesto simplificador detrás de las probabilidades implícitas es la invariabilidad temporal de r_b. Por lo tanto, el juego es repetido con los mismos *payoffs*, lo que es claramente inadecuado para un periodo prolongado de tiempo, cuando ya se han perdido algunas oportunidades .

Gráfico 1
DIFERENCIAL CUBIERTO DE TASAS DE INTERES (DCI), 1991-96

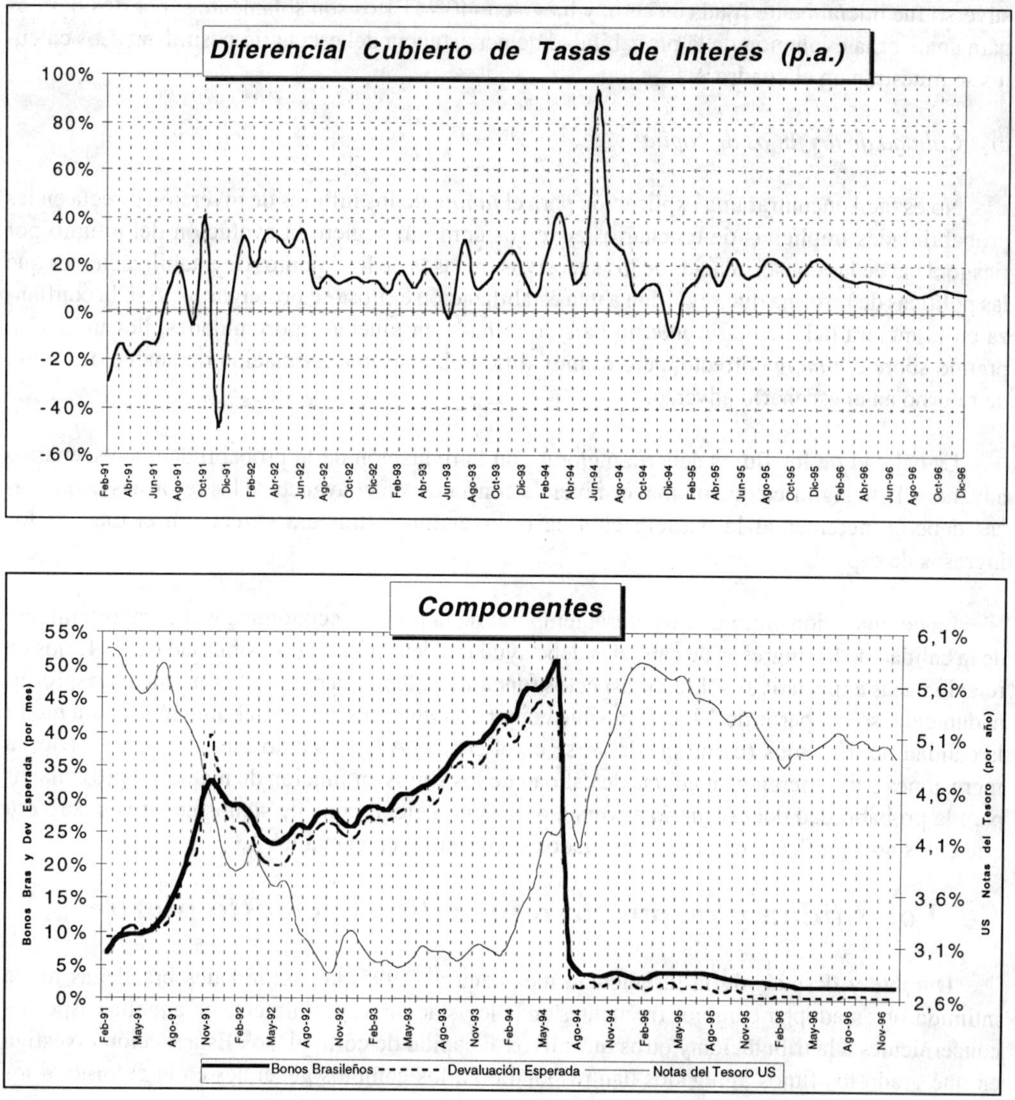

Fuente: Banco Central do Brasil, Bolsa do Mercadorias y Futuros y FED (St. Louis).

Juntando los datos del premio por riesgo y fijando r_g, r_b y r, es posible utilizar el modelo propuesto para estimar el grado implícito de percepción acerca de la evolución futura de las tasas de retorno. Esta percepción refleja esencialmente el comportamiento agregado, el resultado de decisiones independientes. En un ejercicio preliminar, la tasa de retorno conocida que se escogió fue la tasa de interés de los papeles del tesoro norteamericano y la tasa de retorno en el escenario adverso fue inicialmente fijada en cero, y luego en -40%. Estos son solamente supuestos básicos para analizar la evolución de la probabilidad de persistencia del escenario pesimista. Los cálculos se muestran en el cuadro A 1.

c) Calidad de los flujos de capital

No es fácil encontrar una explicación para el *timing* de los influjos de inversión directa en las probabilidades implícitas de escenarios adversos como lo sugiere la evolución del premio por riesgo. Una de las consecuencias de los sucesivos fracasos de los intentos de estabilización es que las políticas de reforma que seguirían a una estabilización exitosa se postergaron. Así, la confianza en la mejora del escenario interno ha sido minada en muchas oportunidades, llevando a un premio sobre el *timing* correcto, pero es muy difícil obtener una estimación razonable de la tasa de retorno en el escenario adverso.

La calidad de los flujos debería mejorar con la reducción de la probabilidad de escenarios adversos. Esto significa que un mayor nivel de confianza en el avance de las reformas económicas debería incrementar la participación de la Inversión Extranjera Directa en el total de los ingresos de capital.

La comparación entre la trayectoria temporal de la política económica y el comportamiento de la calidad de los ingresos de capitales debe ayudar a determinar la sensibilidad de los flujos en relación a las expectativas sobre los aspectos fundamentales de la política económica. Desafortunadamente, sólo a partir de 1992 es posible contar con una serie mensual homogénea para medir la calidad de los flujos (como puede verse en el cuadro A2). Usando esos datos, se corrieron regresiones para diferentes medidas de calidad de los flujos en función de medidas aproximadas para la probabilidad del escenario adverso, obteniendo efectivamente signos negativos pero coeficientes no significativos. Estos resultados se muestran en el cuadro A3.

3. Volatilidad y respuesta a incentivos de corto plazo

Durante y después de la turbulencia mexicana de 1995, las autoridades brasileñas no se intimidaron en adoptar cambios frecuentes en la legislación, especialmente en aquellos aspectos concernientes a la tributación y otros incentivos al capital de corto plazo[6]. Esta sección investiga en qué grado los flujos agregados han respondido a los cambios generales en el entorno, a los incentivos de corto plazo y al cambio de las reglas de juego.

En julio de 1994 fue implementada la reforma monetaria. La caída repentina de la inflación esperada aumentó la demanda por crédito. Frente a ello, el gobierno anunció una política monetaria muy restrictiva. La estrategia se basó en el establecimiento de altas tasas de interés primarias y elevados requerimientos de reservas bancarias con el propósito de impedir un incremento exce-

[6] Ver García y Barcinski (1996) para una descripción actualizada de la legislación.

sivamente rápido de la oferta de dinero, y de la inflación esperada. En octubre de 1994, dos meses antes de que se dejara flotar el peso mexicano, el gobierno brasileño tomó algunas medidas para controlar el exceso de influjos de capital atraídos por el aumento de las tasas de interés domésticas. Se produjo un *boom* de importaciones y se contó con abundantes recursos externos para financiarlo, pero las reservas internacionales del Banco Central permanecieron prácticamente constantes entre junio y noviembre, a pesar del aumento de las tasas de interés domésticas, gracias a las restricciones sobre el capital externo. El impuesto sobre las operaciones financieras aplicado a préstamos en moneda fue incrementado de 3% a 7% y el plazo mínimo de maduración de préstamos externos se elevó de 90 a 540 días, y, por primera vez, se estableció un impuesto de 1% sobre la inversión de cartera. Asimismo, se estableció un requerimiento de reserva de 15% sobre el crédito a las exportaciones, y de 30% sobre el crédito a las importaciones.

Siguiendo la crisis provocada por la devaluación del peso mexicano del 19 de diciembre, la salida de capitales externos se hizo predominante en todas las categorías con el consecuente deterioro de las reservas internacionales. El gobierno brasileño decidió revertir la tendencia a la sobrevaluación del Real, la cual había sido usada como instrumento de desindexación en la segunda mitad de 1994. Al mismo tiempo y frente al nuevo contexto internacional, varias de las restricciones que se habían impuesto sobre el capital externo fueron eliminadas. El impuesto sobre la inversión de cartera fue eliminado, al igual que el impuesto sobre los préstamos en moneda extranjera. Simultáneamente, los plazos mínimos de maduración aplicados a los préstamos fue reducido a 36 meses para los nuevos créditos y a 6 meses para los renovados.

En el primer trimestre de 1995, estas medidas se juntaron con otro conjunto de políticas de restricción del crédito doméstico, basadas en requerimientos de reservas bancarias más elevados aplicados a los depósitos a la vista y a plazo, e incluso a los préstamos bancarios (Carneiro y García, 1995; Carneiro, 1995), provocando la elevación de las tasas de interés y un aumento de las reservas internacionales, de cerca de US$ 30 mil millones en abril a más de US$ 46 mil millones a fines de 1995. A partir de agosto, el impuesto sobre las inversiones en renta fija fue restablecido a 7%, y se estableció un impuesto a los préstamos de 5%, con una escala decreciente de acuerdo al plazo de maduración, llegando a cero para préstamos de más de 6 años. A partir de febrero de 1996, todos los otros instrumentos financieros utilizados en la intermediación de los flujos de capital fueron sujetos a un impuesto de entrada de 5%.

Esta experiencia de uso de diferentes incentivos domésticos destinados al control de los flujos de capital es bastante reveladora. Con el propósito de determinar lo ocurrido con la volatilidad de los diferentes tipos de flujos de capital, el gráfico 2 contiene cinco paneles. El primer panel sintetiza el comportamiento de la inversión extranjera neta en el Brasil durante el periodo 1987-96, tanto en términos netos como de manera separada en flujos de entrada y de salida. Los cuatro paneles inferiores muestran la descomposición de la inversión extranjera en inversión extranjera directa (incluyendo flujos de mercaderías y conversión de deuda externa, las cuales no requieren transacciones cambiarias), inversión de cartera, operaciones de financiamiento y préstamos en moneda, respectivamente. Estos cuatro componentes son presentados tanto en términos netos como también de forma separada en entradas y salidas para el mismo periodo.

Gráfico 2
INVERSIÓN EXTRANJERA NETA, 1987-96

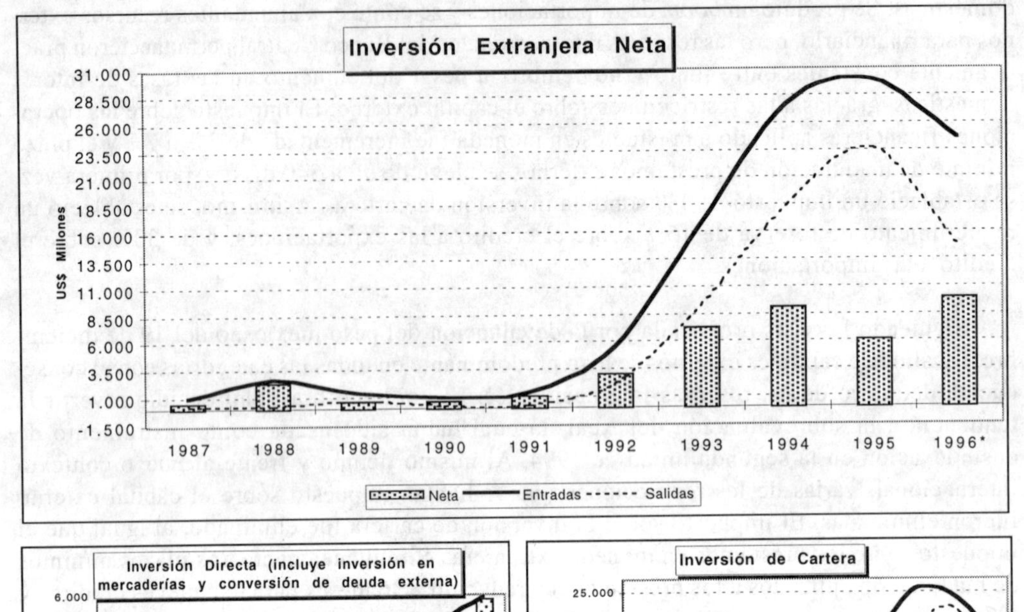

Fuente: Banco Central do Brasil.
* Sólo cubre hasta septiembre.

El gráfico 2 muestra que, en base a datos anuales, el resurgimiento del capital externo en la primera mitad de los años noventa fue dominado por grandes movimientos de inversión de cartera después de la desregulación. En segundo lugar, que la inversión extranjera directa se incrementó después de 1993 siguiendo un patrón similar. Finalmente, que las operaciones de financiamiento han sido en gran medida dominadas por la deuda externa asociada a amortizaciones en el periodo, mientras que los préstamos en moneda se han revitalizado después de 1991, claramente como respuesta a las altas tasas de interés domésticas.

La descomposición de los préstamos en moneda entre préstamos bancarios, préstamos entre compañías, en papeles comerciales, bonos y notas (con tasas fijas y flotantes), y aseguramiento (*securitization*) de las operaciones de financiamiento de las exportaciones son exhibidas en el gráfico 3. La parte superior del gráfico muestra la descomposición de los desembolsos y la parte inferior la descomposición de las amortizaciones. Los préstamos en moneda intermediados por bancos, predominantes en el anterior ciclo de la deuda, han sido reemplazados por operaciones de títulos autorizados en los años noventa, con un rol creciente de notas y bonos con tasas fijas, mientras que el patrón de amortizaciones muestra claramente las marcas del ciclo anterior.

Gráfico 3
COMPOSICIÓN DE LOS DESEMBOLSOS Y AMORTIZACIONES DE LOS PRÉSTAMOS EN MONEDA, 1987-96

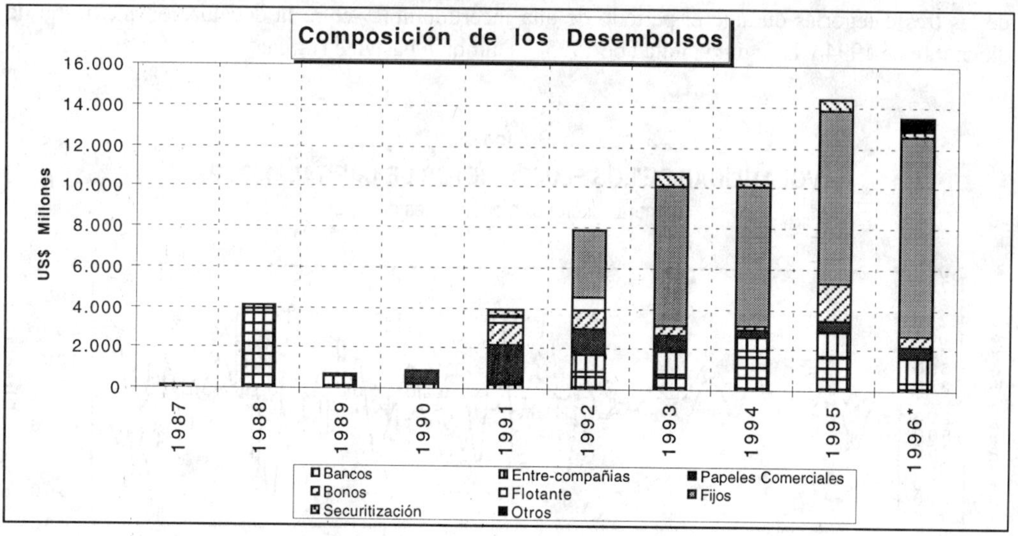

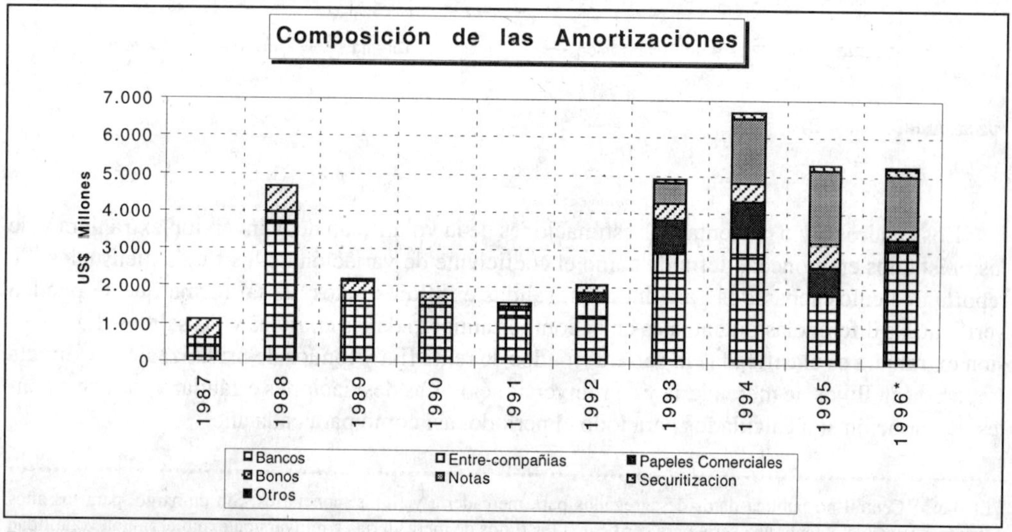

Fuente: Banco Central do Brasil.
* Sólo cubre hasta septiembre.

Para investigar la volatilidad en el corto plazo, en el gráfico 4 se presentan los datos que describen el comportamiento de las variaciones mensuales en los flujos netos para el período comprendido entre febrero de 1992 y diciembre de 1995. La información se divide en tres tipos de flujos netos: inversión directa, inversión de cartera y fondos de renta fija y de privatización. Una simple inspección del gráfico sugiere que la volatilidad de las tres categorías se incrementó durante el periodo de alta incertidumbre relacionada tanto a los cambios de la política doméstica como también a los cambios en el contexto internacional. En el primer caso, a fines de 1993, cuando la inversión de cartera reaccionó significativamente a cambios esperados en las reglas de juego, y a inicios de 1994, cuando los flujos de inversión extranjera directa exhibieron un comportamiento similar debido a la incertidumbre asociada al programa de estabilización por etapas, implementado por el gobierno brasileño. Los fondos de renta fija se incluyen como una categoría separada ya que, después de 1994, la mayor parte de la inversión de cartera se había concentrado en estos fondos, como se explicó anteriormente. El comportamiento de las tres categorías durante el periodo de alta incertidumbre -entre la devaluación mexicana de diciembre de 1994 y la segunda mitad de 1995- es también bastante similar.

Gráfico 4

VOLATILIDAD DE LOS FLUJOS NETOS DE CAPITAL, 1992-95

(primeras diferencias en millones de US$)

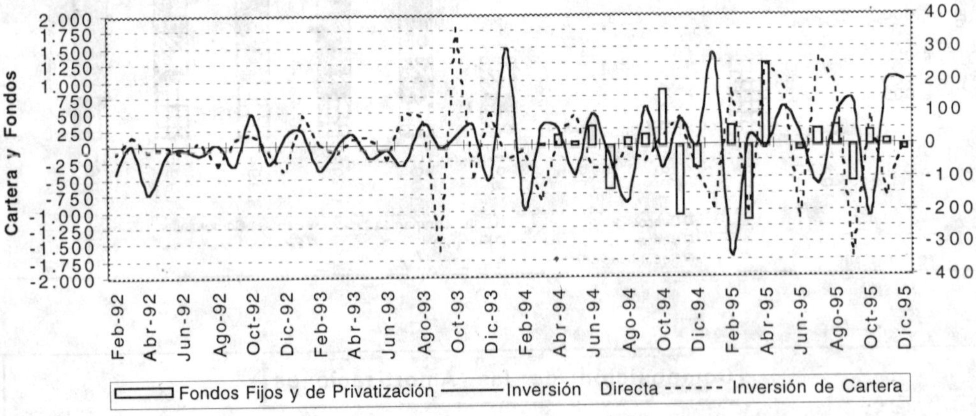

Fuente: ANBID.

Los cuadros 5 y 6 presentan las estimaciones de la volatilidad de la inversión extranjera y de los préstamos en moneda, definida como el coeficiente de variación de los flujos mensuales. Se reportan cálculos separados para entradas, salidas e influjos netos, de tal forma que se pueden verificar las diferencias potenciales en el comportamiento de las entradas y las salidas. La inversión extranjera es clasificada en: cartera (fondos de renta fija y fondos de privatización) y directa (separada en flujos de mercadería y de reinversiones).[7] Las desviaciones estándar y los coeficientes de variación son calculados para todo el período, así como para cada año.

[7] El Banco Central no publica datos desagregados para mercadería y flujos monetarios. Sin embargo, para los años noventa, es posible obtener una serie para verificar si los flujos de mercaderías y reinversión exhibieron una volatilidad distinta, ya que la mayoría de las restricciones destinadas a disminuir la volatilidad de los flujos de capital se aplican únicamente a flujos financieros.

Cuadro 5

BRASIL: VOLATIDAD DE LA INVERSIÓN EXTRANJERA, 1990-96[a]

(coeficiente de variación de los flujos mensuales)

	Cartera			Directa			Mercaderías	
	Entradas	Salidas	Entradas netas	Entradas	Salidas	Entradas netas	entradas	Reinversión
1990	0,88	1,68	2,25	0,98	1,52	2,60	0,40	0,81
1991	0,71	1,42	0,62	0,66	0,87	0,93	0,41	0,92
1992	0,33	0,65	1,13	0,88	1,07	1,07	0,63	1,28
1993	0,58	0,64	1,06	0,60	1,20	1,19	1,79	0,59
1994	0,28	0,43	0,89	0,39	0,69	0,52	1,14	0,97
1995	0,40	0,38	6,02	0,50	0,69	0,52	0,82	1,32
1996[b]	0,23	0,17	1,22	0,70	0,75	0,72	0,85	1,47
1990-96	0,97	1,09	2,18	1,34	1,26	1,60	1,05	1,46

Fuente: Banco Central do Brasil.

[a] Incluye transacciones que no fueron realizadas a través de mercados cambiarios.

[b] Sólo cubre hasta junio.

Cuadro 6

BRASIL: VOLATILIDAD DE LOS PRÉSTAMOS EN MONEDA, 1992-96

(coeficientes de variación de los flujos mensuales)

	Total	Com Firce # 10	RES #30	Fin Rural Res 2148	Fin Inmobil Res 2170	Papeles Comerciales	Bonos y Notas	Securitiz.	Renov.
1992	0,366	0,350	1,027	-	-	0,801	0,589	2,486	1,257
1993	0,506	0,425	1,200	-	-	0,706	0,649	1,282	0,851
1994	0,549	0,840	1,698	-	-	0,540	0,710	1,257	0,678
1995	0,682	0,675	1,057	1,467	-	1,234	0,979	1,741	0,858
1992-96	0,629	0,806	1,219	2,567	7,211	1,216	0,809	1,758	1,008

Fuente: Banco Central do Brasil

Cuando se examinan los influjos mensuales para cada año, las principales conclusiones son que, para el período completo, los influjos de cartera presentan el menor coeficiente de variación (0,97%) entre las varias modalidades de flujos de inversión extranjera. Cuando se consideran los flujos netos, la inversión directa se constituye en la menos volátil.

Si se considera la variabilidad de las variaciones de los flujos mensuales (no reportadas en los cuadros), la volatilidad de los ingresos netos de inversión directa es la menor durante todo el periodo (12.7%), comparada con la inversión en cartera (270.6%), y esto también se verifica para casi todos los años. Asimismo, es sorprendente la elevada volatilidad de los ingresos de mercaderías y de reinversión, dos formas de inversión directa que no implican flujos en efectivo, y por lo tanto no tienen un impacto directo sobre el mercado cambiario.

Sin embargo, cuando se considera la información para los ingresos correspondientes a préstamos -exhibidos en el cuadro 6- se observa un coeficiente de variación de 0,63% para el período completo, lo que indica una volatilidad menor que la observada para la inversión directa.

Otra característica interesante es la relativamente alta volatilidad de los títulos relacionados a las exportaciones, así como la moderada elevación en la volatilidad de los bonos y notas lo que implica que, a pesar de todo, las diferencias en la regulación y las tasas de impuesto aplicadas a los distintos tipos de influjo de capital parecen haber contribuido a suavizar las diferencias en la volatilidad.

La comparación de datos sobre la volatilidad de los diferentes flujos sugieren que las diferencias en el comportamiento (y sus eventuales efectos macroeconómicos) entre la inversión "puramente financiera" y la inversión directa -más comprometida con las determinantes de largo plazo- es, al menos en el caso de la economía brasileña durante los años noventa, menos pronunciada y más sutil de lo que se podría esperar *a priori*.

4. Consecuencias: efectos de corto y largo plazo

El argumento tradicional sobre la deseabilidad de la inversión extranjera se relaciona con su capacidad de promover el crecimiento sin que sea necesaria la elevación del ahorro interno. Dos características importantes de la reciente experiencia del aumento de los influjos de capital hacia los países del Tercer Mundo son: en primer término, su determinación por el lado de la oferta (Calvo et al., 1996) como resultado de las bajas tasas de interés observadas en los países industrializados y, en segundo lugar, que las consideraciones financieras dominaron el panorama por el lado de la demanda. De esta forma, sería interesante investigar si en el caso brasileño, la menor importancia de la inversión directa en relación a los ingresos monetarios, es una razón suficiente para concluir que sus impactos no deseados en relación a la expansión monetaria y la apreciación cambiaria oscurecieron su impacto esperado sobre la inversión real.

En la experiencia brasileña existen elementos que sugieren en primer lugar, que las condiciones domésticas jugaron un papel importante en el nivel y la composición de los flujos de capital. En segundo lugar, que sin el beneficio de la acumulación previa de reservas internacionales, el programa de estabilización hubiera tenido poca probabilidad de superar el *shock* provocado por la crisis cambiaria mexicana. Finalmente, que puede detectarse cierto grado de semejanza en el comportamiento de los dos tipos de flujos a partir de la evidencia que presenta la evolución temporal de éstos.

En el cuadro 7 se presenta la inversión directa y otras formas de capital externo (clasificada en corto y largo plazo de acuerdo a los criterios de la balanza de pagos brasileña) como proporción del PIB para el período 1989-96, y las medias anuales correspondientes a 1964-70, 1971-80, 1981-91 y 1992-96. Desde una perspectiva de largo plazo, ambos períodos de gran turbulencia — mediados de los años sesenta y la década de 1980- han sido también períodos de influjos de capital reducidos. Entre 1964 y 1970, el capital de corto plazo fue sólo 0.2% del PIB, mientras que las otras modalidades de capital de largo plazo correspondieron a 2% del PIB. Estas mismas cifras se incrementaron a 0,6% y 5.4% en los años setenta y cayeron a -0.1% y 2.7% en los años ochenta, respectivamente. En el período 1992-96, las dos categorías presentan valores de 0.8% y 4.2% del PIB, respectivamente, con la inversión extranjera directa alcanzando un promedio muy elevado en términos históricos. Los datos anuales tienden a confirmar estas observaciones cuando el mejoramiento de las expectativas abrió el camino para el aumento de los flujos de capital externo en los últimos años (véase la sección 2).

Cuadro 7

BRASIL: INVERSIÓN EXTRANJERA, 1989-96

(% del PIB)

	Inversión Directa	Capital de corto plazo	Capital de largo plazo [a]
1989	0.0	0.2	0.5
1990	0.0	-0.4	1.1
1991	0.1	-0.8	1.0
1992	0.3	0.7	4.0
1993	0.1	0.2	2.5
1994	0.3	0.2	9.4
1995	0.5	2.6	2.1
1996	1.2	0.5	3.0
Media 1964-70	0.3	0.2	2.0
Media 1971-80	0.7	0.6	5.4
Media 1981-91	0.5	-0.1	2.7
Media 1992-96	0.5	0.8	4.2

Fuente: Banco Central do Brasil

[a] El capital de largo plazo incluye inversiones en el mercado de valores.

a) Capital de largo plazo y tipo de cambio real

Dos de los efectos no deseados del influjo excesivo de capitales son la expansión monetaria derivada de la acumulación de reservas internacionales y la presión hacia la sobrevaluación del tipo de cambio. Los efectos monetarios de los flujos de capital recientes han sido extensamente descritos por el autor en trabajos anteriores, con dos conclusiones principales. La primera, en relación a las ventajas del efecto "seguridad" de las reservas del Banco Central. La segunda, relacionada al hecho de que en el caso brasileño, prácticamente no había "limpieza" de base monetaria excesiva a través de operaciones de esterilización tradicional. En el régimen monetario con indexación diaria -que caracterizó a la alta inflación brasileña- el capital externo extra cuenta corriente necesitaba entrar al país para beneficiarse de las altas tasas de interés pagadas por los títulos del gobierno, mientras que, en un primer momento, las tasas de interés nominales domésticas fueron determinadas por la necesidad de ofrecer a los inversionistas una alternativa atrayente frente a los activos externos, con el propósito de limitar la sustitución de moneda (Carneiro y García, 1995). Después de la reforma monetaria, estas tasas fueron utilizadas para castigar la especulación contra la nueva moneda.

El segundo aspecto tiene que ver con las presiones hacia la sobrevaluación, que pueden haber sido muy importantes en episodios de corta duración. La estimación de la sobrevaluación posterior a la reforma monetaria, basadas en medidas de "pico a pico" (Índice General de Precios en relación al Indice de Precios al Consumidor de los Estados Unidos) alcanzó a 24% en los primeros seis meses del programa, induciendo a prominentes analistas a predecir que sería inevitable un colapso del tipo de cambio en la primera mitad de 1995. Para el mismo período, debido a las grandes fluctuaciones de precios relativos que siguieron a la estabilización, la sobrevaluación medida a través de precios mayoristas de productos no agrícolas fue prácticamente nula. Sin embargo, la mayor parte de los cálculos tienden a ignorar el hecho de que bajo alta inflación, pequeños rezagos en la indexación diaria pueden producir grandes diferencias entre el tipo de cambio real al final del mes y su valor promedio mensual. Esto conduce a la sobrestimación del tipo de cambio real anterior al programa, y por lo tanto a la sobrestimación de la sobrevaluación.

Sin embargo, cuando se observan series más largas se constata un aspecto diferente en la medida en que algún grado de apreciación está asociado a un mayor influjo de capital de largo plazo, ambos siendo tal vez una señal de "buenos tiempos". En el cuadro 8 se presenta una serie para el tipo de cambio real de la economía brasileña junto con datos de capital de largo plazo, definido de acuerdo a las estadísticas de la balanza de pagos y expresado como porcentaje del PIB. La representación gráfica de estos datos está en el gráfico 5. La relación de largo plazo entre el nivel del tipo de cambio real y el volumen de capital de largo plazo mostrada en el gráfico, favorecería más a una hipótesis de determinación conjunta de ambas variables que a otra de causalidad entre las mismas.[8] En el cuadro 9 se muestran los resultados de una investigación reciente en la que se estimó una relación de cointegración para el tipo de cambio real con tres deflactores diferentes, encontrándose un signo negativo para los efectos de los flujos de capital de largo plazo sobre el tipo de cambio real. Sin embargo, es necesario aclarar que esta conclusión no implica que la sobrevaluación provocada por el excesivo influjo de capital de corto plazo deba ser descuidada; sino más bien, enfatiza la importancia del análisis de la calidad de los flujos al evaluar la conveniencia de restringir los ingresos de capital.

[8] En realidad, se encontró que ambas series eran I(1); tests de causalidad de Granger aplicados a las dos variables no permiten rechazar la ausencia de causalidad en el sentido de Granger.

Cuadro 8

BRASIL: TIPO DE CAMBIO REAL Y CAPITAL EXTRANJERO DE LARGO PLAZO, 1964-96

	Tipo de Cambio Real R$/US$ [a]		Capital Extranjero
	Indice de Precios Mayorista (IPA -DI)	Indice General de Precios (IGP - DI)	de Largo Plazo (% del PIB)[b]
1964	1,870	2,102	1,1
1965	1,843	2,027	1,6
1966	1,579	1,763	1,8
1967	1,486	1,635	1,7
1968	1,578	1,720	1,7
1969	1,659	1,792	2,8
1970	1,622	1,752	3,4
1971	1,588	1,730	4,2
1972	1,580	1,728	7,4
1973	1,600	1,756	5,4
1974	1,633	1,798	6,3
1975	1,671	1,839	4,6
1976	1,637	1,791	5,1
1977	1,634	1,763	4,8
1978	1,625	1,754	6,9
1979	1,741	1,896	5,1
1980	1,913	2,177	4,5
1981	1,680	1,943	6.0
1982	1,705	1,958	4,6
1983	2,094	2,487	3,5
1984	2,060	2,562	5,5
1985	2,122	2,630	3,4
1986	1,899	2,309	1,2
1987	1,812	2,120	1,4
1988	1,607	1,905	0,9
1989	1,385	1,615	0,5
1990	1,090	1,279	1,1
1991	1,308	1,503	1.0
1992	1,400	1,582	4.0
1993	1,289	1,436	2,5
1994	1,119	1,194	9,4
1995	1,000	1,000	2,1
1996	1,054	1,008	3.0

Fuente: Banco Central do Brasil, FGV y FED St. Louis

[a] Precios de Estados Unidos deflactados por el IPP (1995=1).

[b] El capital de largo plazo incluye inversiones en el mercado de valores.

Cuadro 9

REGRESIONES DE COINTEGRACIÓN DEL TIPO DE CAMBIO REAL[a]

	Precios al por mayor	Precios generales	Precios al consumidor
Constante	6,63	6,78	8,09
	(1,23)	(1,85)	(2,23)
Gasto del Gobierno (% PIB)	-0,80	-0,88	-0,77
	(0,18)	(0,30)	(0,33)
Capital Extranjero de Largo Plazo (% PIB)	-0,02	-0,04	-0,05
	(0,01)	(0,01)	(0,02)
Grado de Apertura	0,23	0,33	0,34
	(0,16)	(0,24)	(0,30)
Términos de Intercambio	-0,06	-0,07	-0,43
	(0,09)	(0,13)	(0,17)
R^2 Ajustado	0,75	0,62	0,59
Durbin-Watson	1,85	1,78	1,72
Lyung-Box Q	6,53	3,00	6,85
ADF sobre residuos [b]	-4,11	-4,38	-4,09

Fuente: Baumgarten (1996).

[a] Estimaciones con datos anuales para el período 1964-95. Desviaciones estándar entre paréntesis.

[b] Corresponde al estadístico de Dickey-Fuller aumentado. Los valores críticos de MacKinnon son -4.46 y -4.08 para niveles de confianza de 5% y 10%, respectivamente.

Gráfico 5

Tipo de Cambio Real y Capital Extranjero de Largo Plazo, 1964-95

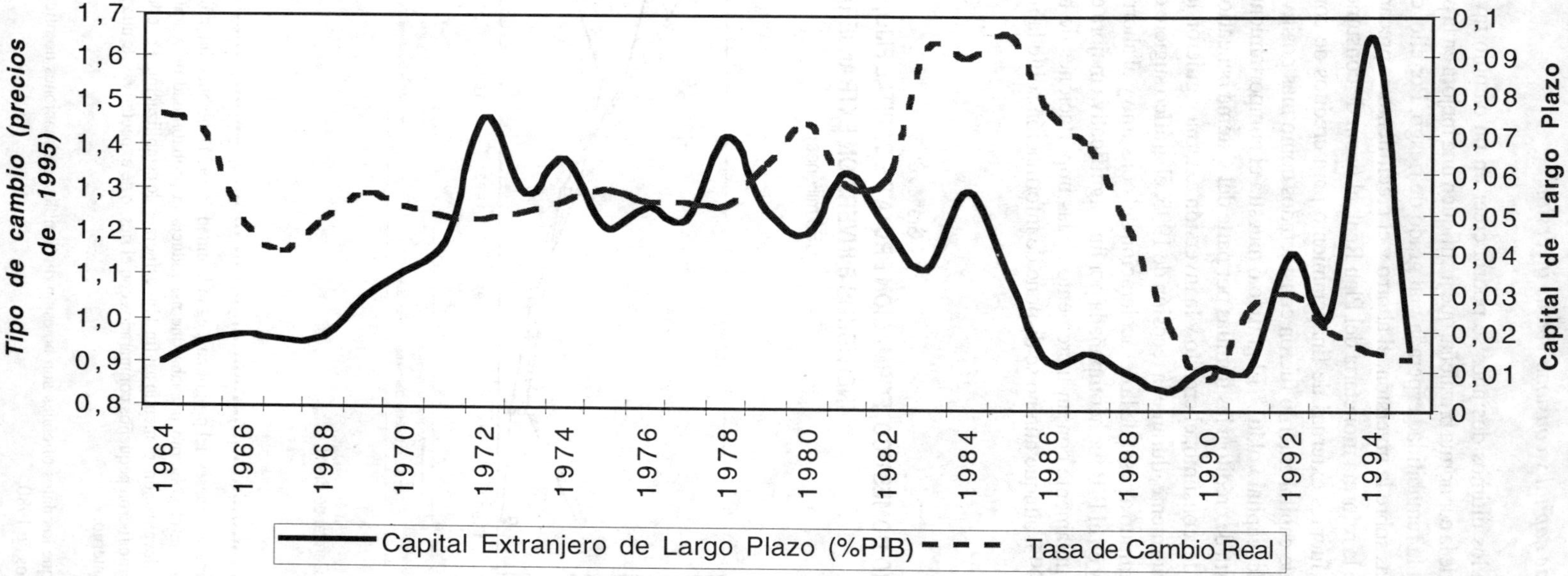

Fuente: Banco Central do Brasil.

b) *Flujos de capital y consumo versus inversión*

Sólo en los últimos dos años se podría creer en un cambio favorable en las perspectivas de crecimiento de la economía brasileña, que justifiquen una mejora en la percepción de los inversionistas en relación a la rentabilidad esperada y al grado de riesgo. Por ello, cualquier afirmación sobre las consecuencias sobre la inversión, el ahorro y el crecimiento es precaria y prematura. En los primeros meses de la reforma monetaria del Plan Real, el *boom* de consumo fue alimentado por la disponibilidad de fuentes externas de financiamiento para créditos de consumo, pero los efectos de la abundancia de capital externo fueron considerados como más positivos que los efectos de un posible retorno del capital volátil.[9] El gráfico 6 muestra el comportamiento del ahorro interno, la inversión y la oferta de crédito a las familias por parte del sistema bancario. El primer resultado es que el crecimiento del consumo, el crédito y la inversión externa siguieron la misma trayectoria de 1990 a 1994. Posteriormente, durante la recesión de 1995, el gráfico sugiere que el aumento en la inversión agregada continuó a pesar de la desaceleración del consumo y el ahorro. La recuperación de 1996 en el consumo y en el PIB fue acompañada por una significativa mejora en la calidad de los ingresos de capital, conjuntamente con un incremento en las importaciones de bienes de capital de 12.1% en relación a 1995, aunque aún no se dispone de información sobre la inversión total.[10]

Gráfico 6

AHORRO DOMÉSTICO, FORMACIÓN BRUTA DE CAPITAL FIJO, CRÉDITO DOMÉSTICO A INDIVIDUOS E INVERSIÓN EXTRANJERA

(US$ millones)

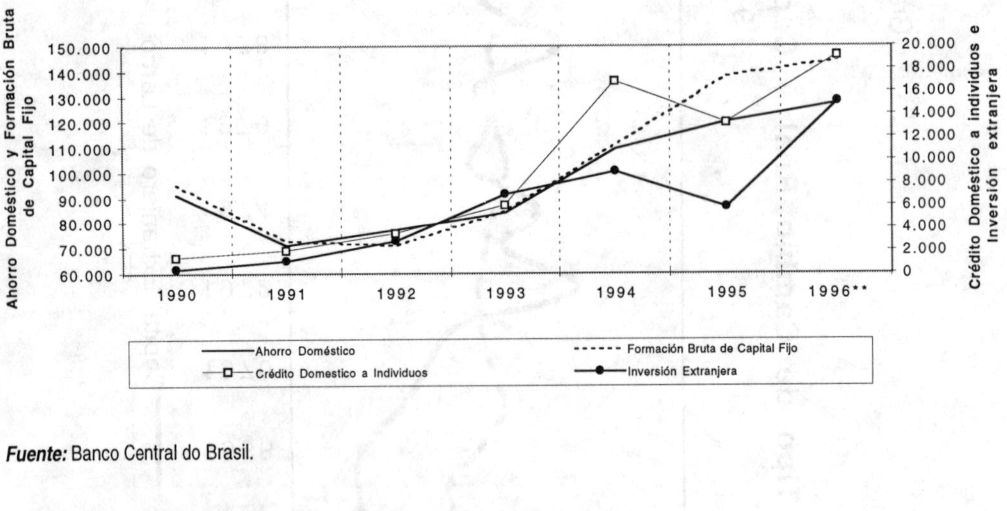

Fuente: Banco Central do Brasil.

[9] En los primeros seis meses del programa (segunda mitad de 1994), no hubo intentos de evitar la sobrevaluación del tipo de cambio, ya que el gobierno pensaba que así reducía la probabilidad de ataques especulativos contra el Real que llevarían a una devaluación, poniendo así fin a los esfuerzos de estabilización. Por ello, los costos asociados a la sobredosis de capital externo fueron pequeños comparados con el riesgo de expectativas de una fuerte devaluación y con la explosión del consumo interno.

[10] A pesar de que los datos oficiales aún no están disponibles, estimaciones no oficiales calculan la tasa de inversión en 17.1% a precios de 1980.

c) *Destino sectorial*

Una breve mirada al destino sectorial agregado de la IED muestra que la participación de la industria manufacturera ha caído desde finales de la década de los ochenta (71%) hasta mediados de los noventa (55.4%). Los servicios parecen haber atraído una proporción creciente del capital extranjero, reflejando un conjunto de fenómenos. Primero, es la internacionalización de un sector tradicionalmente no-transable a través de la amplia difusión de operaciones de licencia. En segundo lugar, la celebración de contratos de construcción, consultoría técnica, informática y más recientemente, seguros, sectores tradicionalmente protegidos hasta el final de los años ochenta. Finalmente, los efectos ulteriores de la privatización y los cambios estructurales al interior de los subsectores de la industria manufacturera, reflejando tanto las consecuencias de políticas comerciales más liberales (fin de las prohibiciones, disminución de las tarifas de importación) y cambios profundos en las políticas industriales (tales como el fin de los requerimientos de nacionalización en el valor agregado y la discriminación general contra las firmas extranjeras que recién fue eliminada de la constitución brasileña en 1995). En el resurgimiento de la inversión directa de los tres últimos años ha habido un notable aumento en equipos de transporte y una disminución en tabaco. Sin embargo, en la medida en que el programa de privatización incluye los sectores de generación de energía eléctrica, telecomunicaciones y bancos estatales, se espera una nueva onda de capital extranjero para el periodo 1997-98. No obstante, debe recordarse que incluso después del resurgimiento actual, los flujos de la IED representaron en 1996 sólo 1.2% del PIB y alrededor de un quinceavo de la formación bruta de capital.

5. Conclusiones y problemas de política

La experiencia brasileña es rica y variada. En el pasado, fueron predominantes el nacionalismo, el control del capital volátil y una política dirigista. De alguna forma, la postura actual se sitúa entre la liberalización mexicana de la cuenta capital combinada con la incertidumbre derivada del tipo de cambio flexible y el tipo de cambio fijo con completa convertibilidad de la Argentina. En ambos casos, y Brasil no es la excepción, la disciplina fiscal parece ser esencial para configurar escenarios más optimistas, aunque este es el resultado más difícil de alcanzar.

¿Se deben extraer lecciones de política sobre cómo evitar que el capital inunde al país en buenos tiempos y migre en momentos malos? Hasta 1986, la volatilidad del capital fue baja, aún en los peores momentos de inicios de los años ochenta, pero fue mucho más moderada en 1995 que en 1982, a pesar del alto grado de liquidez de la inversión más reciente. Durante la primera crisis mexicana la deuda externa era pública, y el capital extranjero estaba comprometido en proyectos de inversión de largo plazo. Sin embargo, esto no significa que las políticas industriales hacen más estables a los flujos, como lo evidencia el comportamiento de los diferentes tipos de flujos analizados en la sección 4. A finales de los años ochenta, la moratoria de la deuda conjuntamente con la incertidumbre doméstica asociada a la alta inflación incrementaron la volatilidad del capital. Los intentos de estabilización frustrados y el atraso en la reestructuración de la deuda son las razones principales que están detrás de los radicales cambios en las actitudes de los agentes de inicios de los años noventa. La apertura financiera de los países vecinos hizo la diferencia, como también lo hicieron la abundancia y composición de la oferta de fondos. En el máximo punto de incertidumbre, después de la confiscación de los activos financieros domésticos durante el gobierno de Collor, la liberalización de las reglas de juego junto con las altas tasas de interés fueron los elementos esenciales para el restablecimiento de la credibilidad de la política económica y de la estabilización. Sin embargo, la abundante liquidez externa marcó una gran diferencia.

Por ello, la existencia de capital privado atento para responder a políticas macroeconómicas inconsistentes no debe ser considerada como un aspecto negativo.

En la actualidad, otra dificultad enfrentada por los reguladores deriva de la interrelación existente entre los determinantes de la oferta y la disponibilidad de innovaciones financieras. En presencia de las facilidades actuales para movilizar dinero a economías vecinas abiertas financieramente (Paraguay y Uruguay), es clara la ineficiencia de los controles del pasado. El problema de qué tipo de controles deben adoptarse va a estar inevitablemente afectado por objetivos contradictorios, tales como «controlar la volatilidad y el mismo tiempo minimizar los obstáculos a la movilidad del capital», dado que estos obstáculos pueden tener efectos negativos sobre los flujos de largo plazo.

En lo referente a los efectos de la sobrevaluación, después de la crisis mexicana de 1994-95, el gobierno brasileño adoptó una política cambiaria más pragmática, tomando en cuenta la necesidad de desincentivar al capital volátil de corto plazo y las proyecciones de la balanza de pagos. Al comienzo, la adopción de una política cambiaria más flexible alimentó temores en relación a escenarios catastróficos (que no se materializaron) para la estabilización. Bajo el régimen actual, el Banco Central adopta una banda fluctuante que ha sido ajustada para arriba en dos oportunidades en los últimos años[11], e interviene frecuentemente para mantener el tipo de cambio dentro de una informal banda reptante (*crawling band*) cada vez más reducida y que ha sido deslizada levemente a una tasa que implica una devaluación real moderada pero continua. Se considera que este mecanismo ha controlado los temores de una maxi-devaluación y al mismo tiempo ha prevenido una apreciación sistemática. Así, esta política cambiaria ha sido percibida como sensata por parte de los inversionistas de largo plazo, a pesar que las exportaciones han estado creciendo a un ritmo lento. Que esta medida haya sido adoptada a partir de la crisis mexicana, sugiere la existencia de algunas ventajas en la demora en la estabilización. La mejora permanente en la calidad de los flujos parece requerir no sólo políticas macroeconómicas adecuadas, sino también una postura más permanente y consistente en relación al rol del sector privado en la inversión como un todo.

Debido al dilema entre la aplicación de impuestos sobre los movimientos de capital altamente volátiles versus la prohibición de ellos, la experiencia brasileña parece ser interesante. En años recientes ha habido una clara preferencia por la tributación, tal como fue descrito anteriormente. En la medida en que las altas tasas de interés son la razón principal para el exceso de influjos, los impuestos sobre las ganancias extraordinarias pueden ser suficientes para controlar las entradas excesivas, tal como ocurrió, por ejemplo, en la segunda mitad de 1995 y la primera mitad de 1996. No existe evidencia de que tales políticas resultaron en un nivel de reservas insuficiente en poder del Banco Central.

Es difícil juzgar el desempeño de la inversión desde el inicio de la recuperación. La inversión agregada responde, en el largo plazo, al capital extranjero. Sin embargo, ambos han sido afectados en gran medida por los incentivos económicos generales en las cuatro décadas anteriores. Existen signos de que la recuperación de la inversión ha sido afectada perversamente por la incertidumbre de 1995 y, estimaciones preliminares indican una lenta recuperación de la tasa de

[11] Hacia febrero de 1997, la tasa fluctuante administrada estaba entre un mínimo de 1.05 y un techo de 1.14 reales por dólar.

inversión en 1996. Por lo tanto, el incremento de los flujos de capital difícilmente puede ser asociado a la recuperación de la inversión, pero puede haber contribuido a mantener un elevado nivel de consumo y un déficit fiscal mayor al que sería sostenible en un escenario de baja inflación. En las circunstancias actuales, el elevado nivel del déficit -cerca de 6% del PIB- no provee un ambiente adecuado para operaciones de esterilización, recomendables en otras circunstancias.[12] Finalmente, las discusiones de política en relación al grado de intervención que debe imprimir el gobierno para promover ingresos de capital en sectores prioritarios son cada vez más frecuentes, en la medida en que se espera un deterioro de la cuenta corriente en los próximos años, mientras la calidad de los flujos ha ido mejorando. El recurrir a políticas más restrictivas en relación a los influjos de capital, aparte de no ser sustitutas de políticas fiscales austeras, puede abrir el camino para el restablecimiento de la desafortunada respetabilidad de los controles de capital. El retorno de los controles de capital frecuentemente ha envuelto argumentos asociados a la discriminación entre controles "por tipo" de capital, o "por destino sectorial", aumentando las presiones por una política industrial oficial que ciertamente aparecerá con un ropaje más respetable cada vez que surjan dificultades en la balanza de pagos.

[12] Véase Reisen (1995) para una descripción de las operaciones de esterilización, que incluye una forma generalizada de esterilización a través del uso del ahorro público excesivo. En el caso brasileño, el gobierno ha administrado el uso de tenencia obligatoria de bonos públicos por parte de fondos de pensión oficiales e impuso requerimientos severos sobre los fondos de inversión con efectos similares. Sin embargo, obviamente esto no es posible cuando las crecientes necesidades de financiamiento del Tesoro presionan al Banco Central, limitando el espacio para operaciones de esterilización a través del uso de ahorro de largo plazo.

Cuadro A.1
Diferencial Cubierto de Tasas de Interés (DCI) y Probabilidad de Persistencia del Escenario Adverso

	Notas del Tesoro US[a]	Bonos Bras[b]	Devaluación[c]	DCI	Q(0)[d]	Q(-40%)[d]
Ene-92	0,31	29,06	25,72	31,94	92,69	43,76
Feb-92	0,31	28,76	26.50	19,15	86.50	31,57
Mar-92	0,33	26,86	23,49	32,81	92,62	44,42
Abr-92	0,31	23,92	20,75	31,51	92,61	43,43
May-92	0.30	22,99	20,17	27,44	91,46	40.00
Jun-92	0.30	24,28	20,87	34,61	93,68	45,83
Jul-92	0,27	26,22	24.80	10,88	79,36	20,75
Ago-92	0,26	25,64	23,83	15,39	85,66	27,12
Sep-92	0,24	27,66	26,18	11,69	82,11	22,02
Oct-92	0,23	28,17	26,41	14,76	86,25	26,35
Nov-92	0,26	26.40	24,84	12.50	82,44	23,18
Dic-92	0,27	25,91	24,27	13.40	83,09	24,42
Ene-93	0,25	28,51	27,34	8,26	75,19	16,58
Feb-93	0,24	28,91	26,83	18,11	88,53	30,54
Mar-93	0,24	28,36	27,01	10,29	79,91	19.90
Abr-93	0,24	30,54	28,38	18,76	89,16	31,31
May-93	0,24	30.90	29,31	12,45	83,18	23,13
Jun-93	0,25	31,91	31,81	-2,13	-226,73	-5,36
Jul-93	0,25	32,73	29,44	31,12	93,85	43,24
Ago-93	0,25	34,64	33,18	10,63	80,07	20.40
Sep-93	0,24	37,23	35,49	13,23	84,14	24,24
Oct-93	0,25	38.40	35,87	21,06	90,04	33,86
Nov-93	0,26	38,38	35,36	26,39	92,22	39,15
Dic-93	0,25	40,41	38,49	14,44	84,96	25,88
Ene-94	0,25	42,76	41,57	7,35	73,01	15,03
Feb-94	0,26	41,99	38,82	27,05	92,26	39,74
Mar-94	0,29	46,43	41,74	42,74	95,64	51,29
Abr-94	0,31	46.50	44.60	12,73	80,18	23,38
May-94	0,34	47,94	44,93	22,82	88,03	35,48
Jun-94	0,34	50.60	42.00	94,41	99,76	70,97
Jul-94	0,36	6,88	3,98	33,28	92,22	44,73
Ago-94	0,33	4,16	1.80	26,46	90,24	39,05
Sep-94	0,38	3,81	2.70	8.70	68,23	17,06
Oct-94	0.40	3,61	2,25	11,67	73,65	21,62
Nov-94	0,43	4,06	2,72	11,06	71,37	20,67
Dic-94	0,46	3,78	4.20	-9,78	100.00	-28,81
Ene-95	0,47	3,36	2,21	8,04	61,44	15,81
Feb-95	0,47	3,25	1,69	13,49	73,99	24,08
Mar-95	0,47	4,25	2,14	20.90	82,98	33,16
Abr-95	0,46	4,25	2,79	12,04	71,84	22,05
May-95	0,46	4,24	1,95	23,54	85.10	35,94
Jun-95	0,45	4,04	2,33	15,71	78,14	27,07
Jul-95	0,44	4,02	2,18	17,44	80,29	29,24
Ago-95	0,44	3,83	1,57	23,55	85,72	36.00
Sep-95	0,43	3,31	1,28	20,48	83,75	32,79
Oct-95	0,43	3,08	1,59	13,11	74,98	23,63
Nov-95	0,44	2,87	0,92	19,47	82,64	31,64
Dic-95	0,42	2,77	0,54	23,72	86,37	36,21
Ene-96	0,41	2,57	0,67	19,23	83,26	31,43
Feb-96	0,39	2,34	0,78	14,68	78,69	25,87
Mar-96	0.40	2,22	0,73	13,64	76,67	24,43
Abr-96	0.40	2,03	0,52	13,91	77,41	24,81
May-96	0,41	2.00	0,57	12,81	75,45	23,26
Jun-96	0,41	1,94	0,64	11,06	71,96	20,69
Jul-96	0,42	1,91	0,62	10,76	71,11	20,23
Ago-96	0,41	1,95	0,89	7,93	64,19	15,73
Sep-96	0,41	1,88	0,76	8,64	66,14	16.90
Oct-96	0,41	1,86	0,58	10.90	72,02	20,48
Nov-96	0,41	1,79	0,65	9,02	67,42	17,52
Dic-96	0.40	1,79	0.70	8.40	66,22	16,54

Fuente: Banco Central do Brasil, Bolsa do Mercadorias & Futuros y FED (St. Louis).

[a] Tasas de interés mensuales.

[b] Tasas de interés mensuales de corto plazo («overnight»).

[c] Tasa esperada, medida el primer día del mes.

[d] Q (r) es la probabilidad implícita de persistencia del escenario adverso dada una baja tasa de retorno r.

Cuadro A.2
Inversión Extranjera Neta
(millones de US$)

	Inversión de Cartera	Inversión Directa	Fondos Fijos y de Privatización
Ene-92	266	309	-
Feb-92	162	229	-
Mar-92	326	234	-
Abr-92	235	90	-
May-92	245	57	-
Jun-92	134	53	-
Jul-92	203	27	-
Ago-92	-80	34	-
Sep-92	36	-26	-
Oct-92	241	73	-
Nov-92	167	21	-
Dic-92	-232	55	-
Ene-93	237	101	-
Feb-93	262	27	-
Mar-93	137	23	-
Abr-93	252	59	-
May-93	394	20	-
Jun-93	192	11	-
Jul-93	702	-49	-
Ago-93	1168	18	-
Sep-93	-439	14	-
Oct-93	1373	48	-
Nov-93	899	112	-
Dic-93	1417	13	80
Ene-94	1191	313	82
Feb-94	1124	119	78
Mar-94	269	176	106
Abr-94	396	229	256
May-94	887	138	300
Jun-94	535	235	586
Jul-94	185	189	-70
Ago-94	122	16	46
Sep-94	-123	134	208
Oct-94	15	67	1072
Nov-94	436	148	10
Dic-94	42	148	-343
Ene-95	-924	424	-334
Feb-95	-34	90	-46
Mar-95	-1094	119	-1185
Abr-95	161	106	59
May-95	1138	226	56
Jun-95	-18	265	-37
Jul-95	1339	142	194
Ago-95	2255	227	478
Sep-95	539	362	-86
Oct-95	982	141	120
Nov-95	170	336	189
Dic-95	239	532	111
Ene-96	1084	455	329
Feb-96	607	235	74
Mar-96	-43	479	-19
Abr-96	574	478	1
May-96	723	1623	-73
Jun-96	-218	1103	-2
Jul-96	-68	585	9
Ago-96	727	429	-40
Sep-96	631	348	1
Oct-96	701	824	14
Nov-96	718	899	-106
Dic-96	682	1737	-18

Fuente: BACEN.

Cuadro A.3

Calidad de la Inversión Extranjera y Probabilidad de Escenarios Adversos

(Algunos resultados de regresiones)

Var. Depend.	Constante	Q	Ln(Q)	AR(1)	MA(1)	R^2	Durbin-Watson
Periodo	Estadístico t	Estadístico t	Estadístico t	Estadístico t	Estadístico t	R^2 Ajustado	Estadístico-F
DITIE[a]	0,16	-0,01				0,00	0,48
92.01 - 96.12	3,93	-0,07				-0,02	0,01
DITIE	0,15	-0,02		0,70		0,54	2,12
92.01 - 96.12	3,78	-0,28		8,01		0,52	32,33
DITIE	0,15	-0,04		0,75	-0,17	0,54	1,91
92.01 - 96.12	3,71	-0,44		7,89	-0,97	0,52	21,86
DITIE	0,14			0,75	-0,15	0,54	1,90
92.01 - 96.12	4,17			7,87	-0,91	0,53	33,18
Ln(DITIE)	-2,44		-0,24			0,01	0,75
92.01 - 96.12	-6,18		-0,81			-0,01	0,65
Ln(DITIE)	-2,36		-0,12	0,61		0,37	2,29
92.01 - 96.12	-5,89		-0,46	5,49		0,35	15,46
DITIN[b]	0,53	-0,21				0,0	2,21
93.01 - 96.12	1,10	-0,13				-0,02	0,02
DITIN	0,38	-0,10		0,31	-0,37	0,00	1,97
92.01 - 96.12	0,89	-0,07		0,17	-0,21	-0,05	0,07
DITIN	0,86	-0,91		0,83	-1,09	0,22	2,18
93.01 - 96.12	3,56	-0,76		8,52	-8,44	0,17	0,01
Ln(DITIN)	-2,39		-0,72			0,04	1,10
93.01 - 96.12	-3,03		-1,27			0,01	1,61
Ln(DITIN)	-2,34		-0,72	0,19		0,09	2,15
93.01 - 96.12	-3,20		-1,35	1,13		0,04	1,72

Fuente: Banco Central do Brasil, Bolsa do Mercadorias & Futuros, FED (St. Louis) y ANBID.

[a] DITIE = Inversión Extranjera Directa (entrada) / Inversión Extranjera Total (entrada).

[b] DITIN = Inversión Extranjera Directa (entrada neta) / Inversión Extranjera Total (entrada neta).

Referencias bibliográficas

Abreu, M., D. Carneiro y R. Werneck (1996), "Brazil: widening the scope for balanced growth", *World Development*, vol.24, No.2.

Baumgarten, M. (1996), "Modelos de taxa de câmbio real de equilíbrio: Uma aplicação para o Brasil", tesis de Maestría presentada al Departamento de Economía de la Pontificia Universidad Católica de Río de Janeiro, agosto.

Calvo, G; L. Leiderman y C. Reinhardt (1996), "Inflows of capital to developing countries in the 1990's", *Journal of Economic Perspectives*, vol. 10, Nº 2.

Carneiro, D. (1995), "Política monetária e a remonetização pós-real", Texto para Discusión, No.351, Departamento de Economía, PUC-Rio.

Carneiro, D. y M. García (1995), "Private capital flows to Brazil", *Serie Financiamento del Desarrollo*, Nº.33, CEPAL, Santiago.

Carneiro, D. y R. Werneck (1993), "Obstacles to investment resumption in Brazil", en E.Bacha (ed.), *Savings and investments requirements for growth resumption in Latin America*, PUC-BID, Washington, D.C.

Dornbusch, R. (1994), "Policies to move from stabilization to growth", *CEPR Discussion Paper*, Nº 456.

García, M. y A. Barcinski (1996), "Capital flows to Brazil in the nineties: macroeconomic aspects and the effectiveness of capital controls", Texto para Discusión, No.357, Departamento de Economía, PUC-Rio.

Jaspersen, F.Z. et al. (1995), "Trends in private investment in developing countries", *IFC Discussion Paper*, Nº 28.

Pindyck, R. y A. Dixit (1994), *Investment under uncertainty*, Princeton University Press.

Reisen, H. (1996), "The management of capital flows: lessons from Latin America and Asia". en R. Hausmann y H. Reisen (ed.), *Securing stability and growth in Latin America. Policy issues and prospects for shock-prone economies*, OECD, París.

V

Entrada de capitales y desempeño de la inversión: Chile en los años noventa

Manuel R. Agosin *
Departamento de Economía,
Universidad de Chile

Síntesis

Este trabajo examina la relación entre afluencia de capitales e inversión durante la reciente oleada de capital externo a la economía chilena. Si bien la entrada de capitales ha sido considerable desde fines de los años ochenta, la significación de la misma respecto del PIB es apenas superior a la observada en la década de los sesenta y se ubica muy por debajo de la que se registrara en el quinquenio 1977-81. Por supuesto, la composición de estos flujos se modifica en forma sustancial. La inversión extranjera directa (IED) se ha transformado en el componente básico, desplazando de este sitial al crédito bancario, que fue el predominante a fines de los setenta y comienzos de los ochenta, y los flujos de origen público, que fueron los de mayor gravitación en la década de los setenta.

Con el objeto de encarar los complejos problemas de política económica que plantea la afluencia de capitales, las autoridades han desplegado un paquete de instrumentos, los cuales incluyen desestímulos a los flujos de corto plazo, intervenciones esterilizadas en los mercados de divisas y uso vigoroso de una flexibilidad administrada del tipo de cambio. Se han desalentado así las modalidades más volátiles de entrada de capitales, al tiempo que el tipo de cambio se ha apreciado de una manera administrada, manteniéndose en niveles moderados el déficit en cuenta corriente.

Los efectos de la afluencia de capitales sobre la inversión se analizan aquí dentro de un marco que pone el acento en los impactos diferenciales sobre bienes transables y no transables. En términos empíricos, para el período 1960-94 en su conjunto se detecta una relación positiva entre afluencia de capitales e inversión, debido tal vez a que durante el grueso de ese lapso la economía chilena estuvo constreñida por la disponibilidad de divisas. Detectamos también que los efectos de la inversión extranjera directa sobre la inversión son más favorables que otros tipos de flujos, los cuales se comportan como una variable transitoria.

En los años noventa la restricción de divisas desaparece, debido a la abundancia de capital externo, por lo que el impacto de la entrada de capitales sobre la inversión queda en lo fundamental supeditado al comportamiento del tipo de cambio. La apreciación regulada que se observa en los últimos años fue propicia para la inversión: abarató los precios relativos de los bienes de capital, aunque sin desalentar en forma excesiva la inversión en bienes transables, lo que habría conducido a un ciclo de inversión más corto que el que exhibe la economía durante la década en curso. Adicionalmente se perciben otras condiciones favorables a la inversión. Mientras el uso de la capacidad instalada se ubica en un rango cercano al 100%, las tasas de interés permanecen en niveles razonables.

* El autor desea expresar su reconocimiento por las valiosas sugerencias de su colega Gustavo Crespi. Manifiesta, asimismo, su gratitud por los extensos comentarios que Ricardo Ffrench-Davis y Helmut Reisen le hicieron llegar a sucesivos borradores, observaciones que ayudaron a mejorar el documento. Agradece, además, los comentarios de Felipe Larraín, Joaquín Vial, Guillermo Le Fort, Andras Uthoff, Joseph Ramos, Roberto Alvarez, Rodrigo Fuentes y otros participantes en diversos talleres de la Cepal y la Universidad de Chile. Deja constancia de la valiosa ayuda de investigación que le prestó Julio Cáceres. Por cierto, los errores y vacíos de este trabajo son atribuibles sólo al autor.

Introducción

Junto con otros países latinoamericanos, desde fines de los ochenta Chile ha sido un importante receptor de capitales externos. De hecho, estimulado por un programa de capitalización de la deuda externa, el cual consideraba en forma implícita un fuerte subsidio cambiario para la inversión extranjera directa (IED) en proyectos específicos, la reanudación de los flujos de capital externo tuvo lugar en el caso de Chile más tempranamente que en otros países de la región. La peculiaridad de esta experiencia dentro de América Latina reside en que este país ya había realizado profundas reformas en favor de la asignación de recursos por parte del mercado mucho antes que otros países de la región. Por la época en que los nuevos capitales comenzaron a afluir, las reformas -liberalización del comercio, privatización de numerosas empresas, levantamiento de regulaciones de los mercados financieros, atenuación de los controles sobre los flujos de entrada y salida de capitales, modificaciones en las leyes laborales- llevaban casi una década de vigencia.[1] El éxito de la liberalización comercial es atribuible en gran medida a si ella va o no acompañada de una depreciación del tipo de cambio real. Esta última puede verse amenazada si la liberalización de la cuenta de capitales redunda en una entrada masiva de capital externo. Ello puede explicar las dificultades con que tropezaron países como Perú, Argentina y Brasil, que sólo en el último tiempo han abordado la liberalización comercial. En los años noventa, las autoridades chilenas no tuvieron que lidiar con los complejos problemas de acometer reformas y encarar en forma simultánea los efectos de la entrada de capitales.

Por otro lado, la política respecto de la entrada de capitales se vio fuertemente influida por las lecciones que había dejado la experiencia de fines de los setenta y comienzo de los ochenta. A la sazón, el uso de un tipo de cambio nominal como ancla con el objeto de abatir rápidamente la inflación, junto con una liberalización irrestricta de la cuenta de capital, había conducido a un ciclo de excesivo aumento del gasto seguido de una profunda depresión de la actividad económica. Tras las cuantiosas entradas de capital, en la forma, principalmente, de préstamos de bancos privados internacionales, y una enorme apreciación del tipo de cambio (quinquenio 1977-81), a principios de 1982 sobrevino el agotamiento de los flujos de capital privado y, con posterioridad, una depreciación cambiaria todavía más intensa. Durante ese episodio, la entrada de capitales, en lugar de fortalecer la inversión, condujo a una violenta caída del ahorro y a un fuerte incremento del consumo, las importaciones y la construcción de viviendas de lujo. Las autoridades querían evitar la repetición de tales situaciones, proteger el crecimiento sustentado en las exportaciones y mantener el curso ascendente de la inversión. De allí entonces que para conjurar una apreciación desmesurada del tipo de cambio optaran por un enfoque antinflacionario gradualista y por desalentar las manifestaciones más volátiles de la entrada de capitales.

La afluencia de estos recursos ha resultado una bendición no exenta de problemas, debido principalmente a que para todos los países latinoamericanos la ampliación exógena de la oferta ha sido muy considerable, excediendo en numerosos casos la capacidad de los receptores para absorber tales flujos como inversiones en los sectores transables de la economía. Si bien estas colocaciones alivian la restricción de divisas y resultan propicias para la inversión, su carácter

1 Con la excepción de la segunda ronda de privatizaciones, que comenzó en 1985.

masivo ha suscitado arduos dilemas para los responsables de las políticas económicas. Asegurar que el capital foráneo sirva para sustentar una mayor tasa de inversión y crecimiento, en lugar de hacer posible una explosión del consumo, insostenible en el mediano plazo, no ha sido tarea fácil. El tema está estrechamente relacionado con los impactos macroeconómicos de las entradas de capitales, las cuales a su turno han sido afectadas de manera determinante por la política destinada a encararlos.

En ausencia de intervención en los mercados cambiarios y de políticas activas respecto de la cuenta de capital, la entrada de recursos externos provoca la apreciación del tipo de cambio real más allá de los incrementos netos de productividad, lo que puede ser indeseable desde el punto de vista de otros importantes objetivos de política: estímulo al crecimiento y diversificación de las exportaciones, logro de tasas de inversión más elevadas, o cumplimiento de metas de déficit en cuenta corriente con el objeto de que él sea consistente con entradas sustentables de capital. Por otra parte, la intervención en los mercados de divisas tiende a expandir la oferta monetaria interna y agudiza las dificultades para controlar la inflación.

La intervención esterilizada no está exenta de dificultades. El Banco Central termina acumulando cuantiosas reservas de divisas, cuyos retornos son inferiores a los de la deuda del Banco Central, la cual debe ser emitida en el mercado interno para materializar las operaciones esterilizadas requeridas. Por otra parte, estas intervenciones tienden a mantener altas las tasas de interés domésticas, estimulando una mayor afluencia de capitales externos.

Una fracción considerable de estos flujos a los países latinoamericanos asume la forma de capital de corto plazo. Claramente revisten esta naturaleza dos componentes que alcanzan gran prominencia durante la primera mitad de la década de los noventa: colocaciones de valores en cartera y créditos o depósitos de corto plazo. Los primeros no son habitualmente visualizados como capital de corto plazo, pero en la práctica poseen estas características. Típicamente, los inversionistas en capital de cartera operan con información imperfecta, buscan la valorización de corto plazo en sus activos, y son proclives a la conducta de manada, ya sea en la toma de posiciones o en la liquidación de las mismas.

También los créditos bancarios de corto plazo son muy volátiles, ya que responden a diferenciales en las tasas de interés, ajustadas por las expectativas cambiarias y por una prima por concepto de riesgo país. Formalmente, si ha de haber arbitraje de intereses para la entrada de capitales, es preciso que se satisfaga la siguiente condición, que subyace nuestro análisis de las modificaciones recientes en los incentivos a los movimientos de capital:

$$(1 + i) > (1 + i^*) * [1 + E(\hat{e})] * (1 + c)$$

donde i = tasa de interés nominal doméstica; i^* = tasa de interés externa; $E(\hat{e})$ = tasa esperada de depreciación de la divisa nacional; y c = prima por riesgo país. Para que se produzcan entradas de capital, la tasa de interés doméstica debe exceder a la internacional por un margen que sea más que suficiente para compensar las depreciaciones esperadas del tipo de cambio del país receptor y la prima por concepto de riesgo país.

Estas condiciones han imperado en Chile desde fines de los ochenta. Por un lado, las tasas de interés domésticas permanecieron elevadas, debido a la considerable inflación y a la vigencia de políticas monetarias restrictivas. Por otro, en 1992 y 1993 las tasas de interés en dólares anotaron un bajo nivel, y si bien han repuntado desde entonces, siguen muy debajo del nivel que mostraban en la década de los ochenta. Los otros dos términos en la condición de arbitraje de tasas de interés han mostrado también una trayectoria favorable a la entrada de capitales. Cuando Chile comenzó a emerger de la crisis de la deuda, las expectativas acerca del tipo de cambio real pasaron desde una depreciación real a una apreciación. El mejoramiento de los términos de intercambio contribuyó asimismo a un vuelco en las expectativas. Adicionalmente, las proyecciones acerca de la apreciación del tipo de cambio, originadas en la propia entrada de capitales y en un fortalecimiento de la posición de la cuenta corriente, condujo a que las operaciones de corto plazo aparecieran como muy ventajosas. También, lo mismo que en otros países de la región, hubo una declinación de la prima por concepto riesgo país. La manía por los "mercados emergentes" que prevalece en los últimos años en los mercados bursátiles internacionales puede ser interpretada como una dramática reducción en la percepción de riesgo país. El mercado bursátil relativamente desarrollado que tiene Chile, sumado al creciente uso de *American Depositary Receipts* (ADR) para colocar acciones en los mercados de valores de los Estados Unidos, transformaron los títulos chilenos en candidatos privilegiados para inversionistas en búsqueda de nuevos y más exóticos instrumentos financieros.

Hasta mediados de los setenta Chile tenía una tradición de controles de capital. A partir de entonces las autoridades mantienen una cuenta de capital bastante abierta. Las políticas de los últimos años, antes que una reversión, representan un avance hacia un mayor pragmatismo. En pocas palabras, la respuesta de política durante la reciente oleada de entrada de capital externo aparece como un intento por desalentar la afluencia de capitales de corto plazo, mientras se mantienen políticas liberales en favor de los flujos de horizontes más amplios. Las autoridades han recurrido asimismo a la intervención esterilizada con el objeto de atenuar la apreciación del tipo de cambio real y proteger así una estrategia de desarrollo cuyo principal elemento consiste en el crecimiento y la diversificación de las exportaciones.

Este trabajo se propone estudiar el impacto que la entrada de capitales ha provocado sobre la inversión y el crecimiento de la economía chilena. Postulamos que los efectos han sido, en lo fundamental, bastante favorables y que cabe atribuir principalmente los beneficios a la postura de política de las autoridades, que han adoptado medidas para proteger la economía de los vaivenes de corto plazo de flujos que son esencialmente reversibles, al mismo tiempo preservando el libre acceso a la economía nacional por parte de recursos de capital de más largo plazo.

La primera sección describe la naturaleza de la entrada reciente de capitales, en la perspectiva de sus tendencias de largo plazo. Concluimos que, cuando se lo expresa en dólares de 1980 y como porcentaje del PIB, las entradas de capital extranjero recientes resultan ser algo superiores a las anotadas en los años sesenta, semejantes a las observada durante la crisis de la deuda, y muy inferiores respecto de sus niveles anotados durante la liberalización de la cuenta de capitales hacia fines de los años setenta. La composición de los flujos recientes es novedosa, con un predominio de la IED y la desaparición en la práctica de los flujos de origen público y del crédito de largo plazo provisto por los bancos, que fueron los componentes gravitantes en el pasado.

Asignamos mucha importancia a la respuesta de política, la cual es examinada en la segunda sección, en la determinación de la naturaleza de los efectos de la reciente entrada de capitales. Según se ha señalado antes, las autoridades desalentaron los flujos de carácter especulativo y mantuvieron en niveles moderados los déficit en cuenta corriente, en especial en relación a la oferta de financiamiento para la economía chilena. Ello evitó una apreciación aún más abrupta del tipo de cambio real, que se habría producido en ausencia de intervenciones de política económica, y contribuyó a conjurar el estallido de una crisis al estilo de la que se precipitó en México.

La tercera sección se abre con un análisis del desempeño de largo plazo de la inversión en la economía chilena. Aunque las tasas de inversión exhiben un sustancial incremento desde los mínimos a los que cayeron con la crisis de la deuda a mediados de la década de los ochenta, recién a partir de 1992 ellas superan los niveles de 1960. La entrada de capitales ha sido ciertamente un factor positivo para sustentar el incremento de la inversión que tiene lugar en el transcurso de la década de los noventa. Con un modelo teórico se muestra que formalmente el impacto de la entrada de capitales sobre la inversión es mayor cuando la disponibilidad de divisas escasea que cuando ella abunda. En este último caso, la incidencia neta de las entradas de capital sobre la inversión agregada dependerá de los efectos cambiarios de los flujos de capitales. Si estos última resultan "excesivos", es posible que la apreciación cambiaria conduzca a un deterioro en la inversión en bienes transables, retroceso cuya magnitud sea superior al incremento de la inversión en no transables.

La estimación econométrica de la ecuación de inversión de equilibrio que fluye del modelo teórico comprueba que en el caso de Chile existe una relación positiva y altamente significativa en el largo plazo entre inversión y entrada de capitales. Se demuestra asimismo que la asociación positiva es atribuible principalmente a la IED, antes que a otros flujos. Un modelo de corrección de errores muestra que la IED ha jugado asimismo, más que otros flujos, un papel positivo en el ajuste de corto plazo a desequilibrios en la inversión agregada. Durante el reciente episodio de una masiva entrada de capitales, las autoridades mantuvieron a raya los flujos sólo remotamente vinculados a la inversión productiva, mientras perseveraban en una política de apertura respecto de la inversión extranjera directa, la cual se traduce en términos de casi uno a uno en mayor inversión real (y que por añadidura se dirige principalmente al sector de bienes exportables). Ello emerge como una importante razón del buen desempeño que exhibe la inversión en los últimos años.

1. *La reciente entrada de capitales*

Desde 1983 se dispone de antecedentes detallados y (casi) consistentes sobre la balanza de pagos de Chile. Esta información, como porcentaje del PIB corriente, aparece consignada en el cuadro 1. A mediados de los ochenta y pese a la crisis de la deuda, las entradas de capital eran relativamente considerables en relación al producto.[2] La desaparición del crédito bancario voluntario fue parcialmente compensada por un sustancial apoyo por parte de instituciones financieras multilaterales. De esta forma, los flujos de origen público se transformaron en la principal modalidad de recursos financieros internacionales disponible para la economía chilena durante los años ochenta.

[2] Esto refleja parcialmente los efectos de la propia crisis de la deuda, que condujo a dramáticas devaluaciones reales en el período 1982-1985, con la consiguiente caída del producto interno de Chile, expresado en dólares.

Cuadro 1

CHILE: ENTRADAS NETAS DE CAPITAL EXTERNO, 1983 - 95

(como % del PIB a precios corrientes)

	1983	1984	1985	1986	1987	1988	1989	1990	1991	1992	1993	1994	1995
Flujos totales netos	2.9	11.1	8.0	5.4	4.1	3.7	4.1	9.6	3.4	6.4	6.6	7.5	-1.4
IED	0.8	0.4	0.8	2.2	5.5	5.9	6.5	5.7	2.6	1.1	2.7	3.9	3.7
Entradas[a]	0.9	0.4	9.3	1.1	2.1	2.3	2.6	4.6	3.1	2.1	3.7	5.9	5.1
Conversión de deuda	0.0	0.0	0.2	1.1	3.4	3.7	3.9	1.1	-0.1	-0.1	-0.1	-0.2	-0.3
Salidas	--	-0.1	--	--	--	-0.1	--	--	-0.4	-0.9	-0.9	-1.8	-1.0
Entradas netas cartera	--		--	--	--	--	0.3	1.2	0.7	1.1	2.3	2.0	—
Créditos privados de mediano y largo plazo	2.8	-1.9	-2.2	-4.4	-5.3	-4.6	0.2	0.4	--	0.5	0.5	1.0	0.5
Créditos privados de corto plazo[b]	-2.4	3.3	1.0	2.7	-1.1	-1.0	1.1	2.9	2.1	3.5	1.9	0.9	--
Capitales públicos	1.6	9.3	8.4	4.9	5.1	3.3	-4.0	-0.7	-2.0	0.3	-0.9	-0.3	-5.7

Fuente: Cálculo del autor en base a información del Banco Central de Chile

[a] Incluye créditos asociados a la IED

[b] Incluye errores y omisiones

El tema del retorno de los flujos de capital ha sido examinado con anterioridad en forma exhaustiva (Agosin, 1995; Agosin, Fuentes y Letelier, 1994; Ffrench-Davis, Agosin y Uthoff, 1995; Agosin y Ffrench-Davis, 1997), de manera que bastará con una breve síntesis. La reanudación de los flujos financieros privados a Chile tuvo lugar en 1986, mucho antes de que ellos se reiniciarán para América Latina en su conjunto. El impulso inicial estuvo asociado casi exclusivamente al programa de capitalización de la deuda instaurado en la segunda mitad de 1985. Recién en 1989 cobran relevancia otros flujos privados. En parte debido al considerable subsidio cambiario implícito en el esquema de conversión de deuda (Capítulo XIX del Compendio de Normas de Cambios Internacionales del Banco Central), él tuvo éxito en atraer volúmenes apreciables de IED (Ffrench-Davis, 1990). Sin embargo, aquella no asociada a este intercambio continuó creciendo a ritmo acelerado. El programa de conversión fue abandonado por los inversionistas extranjeros en 1991, debido a que el precio internacional de la deuda chilena había subido en una medida tal que había dejado de ser atractivo operar a través de este programa. De esta forma, la IED representa una fracción considerable de la entrada de capitales que arriba a Chile en el transcurso de la última década. Cerca del 60% de dicha inversión a través de canales regulares (el Decreto Ley 600, que ofrece garantías al inversionista directo) ha ido al sector de minería del cobre; el saldo se concentra en servicios. El grueso de las inversiones materializadas vía capitalización de la deuda se destinó al procesamiento de recursos naturales, en especial silvicultura, celulosa y papel, y al sector servicios (Riveros, Vatter y Agosin, 1996).

Los créditos privados de corto plazo se transformaron en el principal ítem en la cuenta de capitales en 1990. En una coyuntura en que las tasas de interés nacionales seguían siendo elevadas, aquellas expresadas en dólares acusaban una tendencia declinante. Los inversionistas internacionales comenzaban a esperar que el peso se apreciara y la prima por concepto riesgo país bajó substancialmente. Esos flujos fueron muy importantes hasta 1993, cuando empezaron a disminuir a consecuencia de las medidas adoptadas para morigerarlos (véase más adelante). En términos netos han prácticamente desaparecido.

Las entradas de capital de cartera, toda una novedad en la economía chilena, comenzaron en 1989. Han asumido ellas dos modalidades: inversiones a través de fondos mutuos organizados en los principales mercados internacionales de capital (los llamados FICE, o fondos de inversión de capital extranjero) y emisión de ADR por un puñado de grandes corporaciones chilenas. El ADR es un mecanismo en virtud del cual las corporaciones extranjeras pueden emitir nuevas acciones en los mercados bursátiles de los Estados Unidos. Tales flujos fueron bastante considerables entre 1990 y 1994. Con posterioridad, el efecto combinado de la crisis mexicana y de la imposición de una normativa más rigurosa sobre tales operaciones (véase la próxima sección) hicieron que ellos declinaran de manera abrupta. En 1996 y 1997 han vuelto a aumentar.

La emisión original («primaria») de ADR representa una atractiva oportunidad de expandir el capital de las empresas, dado que en los mercados internacionales los costos del capital tienden a ser inferiores a lo que se registran en Chile. Sin embargo, existe también lo que se llama emisión "secundaria" de ADR, a través de la compra en el mercado chileno por extranjeros de acciones de una empresa que ha emitido ADRs y su posterior conversión a ADRs.[3] La operación no constituye un incremento del capital de la compañía emisora, sino tan sólo un traspaso de la propiedad desde nacionales a extranjeros. Si bien no hay nada intrínsecamente negativo en estas operacio-

[3] Para una discusión a fondo sobre el tema, véase French Davis, Agosin y Uthoff (1995).

nes, en una coyuntura en que el capital foráneo es muy abundante y hay significativas presiones a la baja en el tipo de cambio,[4] puede que sea necesario desalentarlas. Por otro lado, estas modificaciones en la estructura de propiedad exponen a la economía a un grado adicional de incertidumbre y volatilidad, dado que cuando el ánimo de los inversionistas foráneos se altera, ellos pueden fácilmente revertir la operación y convertir sus ADRs en la acción subyacente en moneda nacional para la venta en el mercado bursátil interno.[5]

A medida que los flujos privados han ido en aumento, los de carácter público han disminuido, transformándose incluso en salidas netas. Durante el trienio 1989-91, estos egresos netos correspondieron principalmente a operaciones de contrapartida de la deuda pública involucradas en el esquema de capitalización de deuda. En el último tiempo, corresponden básicamente a repagos de la deuda externa. Estos últimos fueron especialmente voluminosos en 1995, cuando más que compensaron las cuantiosas entradas netas de capital privado extranjero.

A partir de 1991 varias corporaciones chilenas de gran tamaño materializan inversiones directas en el exterior. Tales flujos son ahora considerables y conforman alrededor del 2% del PIB. Los anfitriones son principalmente vecinos de Chile. Las inversiones de mayor envergadura se han concentrado en la generación y distribución eléctrica, principalmente en las compañías privatizadas en Argentina, pero también están representados sectores como la industria ligera y el comercio al detalle.

Es importante situar la reciente entrada de capitales en una perspectiva histórica. Es lo que se hace en el cuadro 2 y en el gráfico 1, que muestra la entrada total de capitales en el período 1960-95 como proporción del PIB, tanto a precios corrientes como a los de 1986.[6] En el cuadro 2 usamos una periodización— que conservamos más adelante, al examinar los datos de inversión. Utilizamos el período previo a 1971 como una especie de «estado estacionario» para la evolución de la economía chilena en el largo plazo, antes de los profundos cambios de política que siguieron. El trienio 1971-73 corresponde al experimento socialista. El período entre 1974 y 1981 representa el primer ciclo económico completo del gobierno militar, durante el cual las autoridades introducen el grueso de las reformas en favor del libre mercado a las que Chile aparece asociado. Comienza con la profunda recesión de 1974-75 y termina con la cúspide del auge de fines de los setenta y comienzos de los ochenta. El período 1982-89 coincide con la crisis de la deuda y también con la irrupción de una mayor dosis de pragmatismo en la política económica. Los primeros tres años están marcados por las condiciones deprimidas de la economía, a los que sigue una acelerada recuperación en 1985-89. Este último año representa también un máximo cíclico. Por último, el período a partir de 1990 corresponde a la vuelta a la democracia y coincide en términos aproximados con el episodio más

---

4 Este documento se ciñe a la convención latinoamericana de definir el tipo de cambio como las unidades de moneda nacional por unidad de moneda extranjera. En consecuencia, una apreciación es un movimiento a la baja.

5 Se ha señalado (por ejemplo, Williamson, 1996b) que los extranjeros que adopten un enfoque pesimista respecto del país venderán sus ADRs en el mercado bursátil de Estados Unidos. En consecuencia, no habría impacto en los mercados accionarios ni cambiarios dentro del país. Sin embargo, este argumento ignora el hecho de que la emisión de ADRs implica que los precios de las acciones en los mercados doméstico y estadounidense deben tender a la igualdad vía el arbitraje. Por consiguiente, cuando los precios de los ADRs en el mercado norteamericano caen, hay un incentivo para que los propietarios de ADRs vendan en el mercado chileno y retiren divisas del país.

6 La transformación de los datos a una serie de dólares constantes fue emprendida debido a que la tasa cambiaria real exhibe fluctuaciones muy intensas que distorsionan el significado del coeficiente en dólares corrientes. Las series de precios constantes fueron derivadas deflactando las series de flujos en dólares por un índice de los precios externos enfrentados por la economía chilena. En lo tocante al denominador, el PIB a precios constantes de 1986 fue transformado a dólares de 1986 usando el tipo de cambio peso dólar de ese año.

reciente de abundancia de capital extranjero. Durante todo este período, la economía se expande vigorosamente, situándose en el umbral de la utilización plena de la capacidad instalada.[7]

Cuadro 2
ENTRADAS NETAS DE CAPITAL, COMO PORCENTAJE DEL PIB

	Precios corrientes	Precios de 1986
1960-70	2.6	4.3
1971-73	1.2	2.1
1974-81	9.0	12.4
1982-89	5.3	6.3
1990-95	4.7	5.2

Fuente: Cálculos del autor, en base a información del Banco Central de Chile.

Gráfico 1

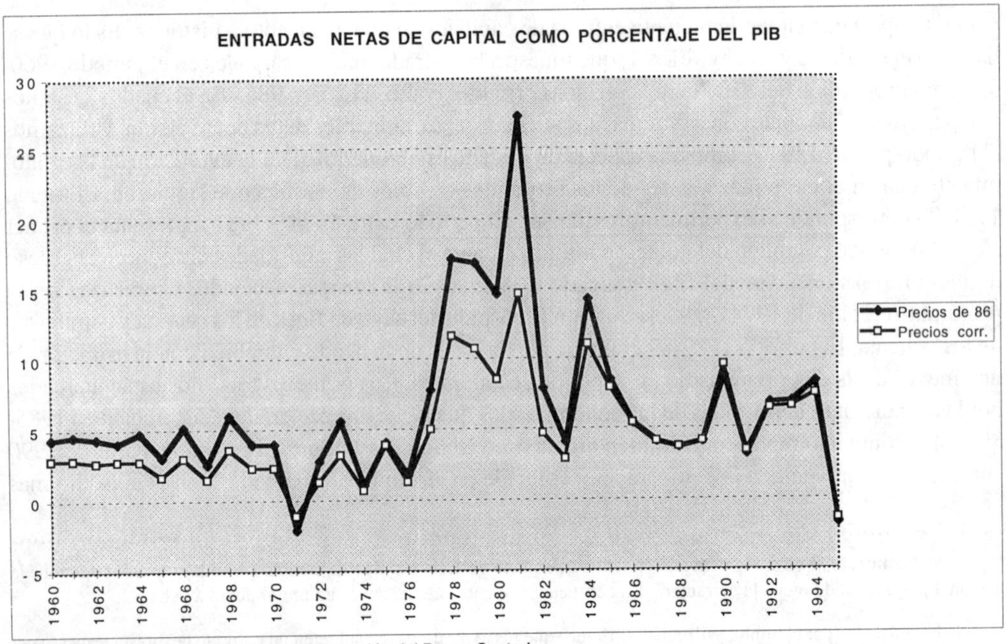

***Fuente*:** Cálculos del autor, en base a información del Banco Central.

[7] En 1990 la política gubernamental indujo un enfriamiento de la economía, dado que el ritmo de expansión se había sobrecalentado por razones electorales durante el último año del régimen militar (1989). Por consiguiente, es preciso distinguir un miniciclo con una cumbre en 1989, un piso en 1990 y un repunte posterior en 1992, año de excepcional crecimiento económico.

La razón entre la entrada de capitales y el PIB acusa en esencia la misma trayectoria, sea que se la mida a precios corrientes o a precios constantes, aunque la serie expresada en esta última unidad se revela sustancialmente más volátil. A la luz de los referentes históricos, la entrada de capitales dista de ser exagerada en el período más reciente. De hecho, en 1989-95 su significación respecto del PIB es sólo ligeramente mayor que en la década de los setenta y, aunque resulte sorprendente, algo inferior a la anotada en la década de los ochenta.[8] Esta ausencia de un notorio aumento en la afluencia de capitales totales con respecto al PIB es atribuible al resultado de las políticas aplicadas, cuyo examen acometemos más adelante, las cuales desalentaron ciertos tipos de flujos. Así, los montos de capitales extranjeros que entraron a la economía han sido significativamente inferiores a los volúmenes ofertados. De hecho, los años de valores atípicos corresponden a los de completa liberalización de la cuenta de capitales (1977-81), cuando el coeficiente de entrada de capitales respecto del PIB a precios constantes se ve catapultado a más del 20%. Lo que es categóricamente distinto es el grado de volatilidad de los flujos, que se exacerba a partir de la liberalización de la cuenta de capitales, a mediados de los años setenta.

2. La respuesta de política

En los años noventa las autoridades chilenas adoptan una batería de políticas con el objeto de regular la oleada de capital extranjero. El Banco Central procura desalentar la afluencia de capitales de corto plazo y especulativos, manteniendo la apertura a favor de la inversión extranjera directa. Por otra parte, con el objeto de impedir que el exceso de oferta de divisas resulte en una exagerada apreciación del tipo de cambio, interviene en los mercados cambiarios y esteriliza en forma casi total los efectos monetarios derivados de la rápida acumulación de reservas internacionales, intentando así aislar, al menos parcialmente, la economía interna de los impactos provocados por estos flujos (véanse Ffrench-Davis, Agosin y Uthoff, 1995; Agosin y Ffrench-Davis, 1996).

El principal objetivo de la política cambiaria ha sido proteger el modelo de crecimiento, que se basa en la expansión y la diversificación de las ventas chilenas al exterior. La preservación del nivel y de la estabilidad del tipo de cambio son cruciales para que las exportaciones continúen siendo el motor de la economía chilena. Este objetivo pudo haberse visto en peligro si las entradas de capitales hubiesen causado una apreciación excesiva del tipo de cambio y una mayor volatilidad en el evento de revertirse la dirección de los flujos netos. Por otra parte, se consideró necesaria la intervención esterilizada del Banco Central, a fin de evitar el incumplimiento de las metas inflacionarias que éste había definido.

Las autoridades chilenas han intentado regular el mercado cambiario externo con el objeto de impedir desalineaciones mayúsculas del tipo de cambio respecto de su tendencia de largo plazo. La opción elegida fue hacer que los "fundamentales" de largo plazo prevalecieran sobre las perturbaciones de corto y mediano plazo que repercuten sobre el tipo de cambio. Frente a la incertidumbre, las autoridades han utilizado, en lugar de un precio único, una banda cambiaria, centrada en un precio de referencia. Este se encuentra vinculado a una canasta de tres monedas, en la cual el dólar, el marco alemán y el yen están representados con ponderaciones fijas, asociadas a su participación en el comercio chileno.[9]

[8] Por supuesto, la composición de estos flujos se ha visto dramáticamente alterada. Los de origen público predominaron en los sesenta y durante la crisis de la deuda, en tanto que los préstamos bancarios resultaron ser la modalidad predominante en los años setenta. Según se ha anotado ya, durante la reciente oleada de capitales extranjeros los flujos son básicamente privados, con un predominio de la IED.

[9] Para un análisis comparativo de las bandas en Chile, Israel y México, véase Helpman, Leiderman y Bufmann (1994). Para un análisis de Chile, Colombia y Israel, véase Williamson (1996a).

La política cambiaria acusa modificaciones sustanciales en el correr del tiempo. Desde el estallido de la crisis de la deuda hasta 1989, el régimen cambiario consistió en un estricto tipo de cambio reptante, acompañado de la vigencia de una banda de estrechos márgenes. Cuando en los noventa comienza a manifestarse la abundancia de divisas, se introduce un mayor grado de flexibilidad, con revaluaciones discretas, un paulatino ensanchamiento de la banda (hasta llegar a +12,5% respecto de la paridad central) y una flotación sucia dentro de ésta. Además, el tipo de cambio de referencia pasa del dólar a una canasta de monedas. Así, la política cambiaria evoluciona desde un esquema que otorgaba a los agentes involucrados en el arbitraje de las tasas de interés una elevada dosis de certidumbre respecto de la trayectoria del precio del dólar, a otro en el cual ellos pueden incurrir en sustanciales pérdidas cambiarias derivadas del arbitraje de tasas de interés.

Para desalentar la entrada de capitales no deseada de corto plazo se echó mano también a otras políticas. Ellas consisten en desestímulos directos al arbitraje de tasas de interés (y, en el último tiempo, al arbitraje de los precios de las acciones chilenas transadas en los mercados estadounidenses) en la forma de exigencias de encajes no remunerados. En julio de 1991 se impone un encaje del 20% sobre los créditos externos. Estos fondos debían depositarse en el Banco Central por un mínimo de 90 días y un máximo de 365, lo que significa que su impacto recayó principalmente sobre flujos de corto plazo. Al mismo tiempo, un gravamen de estampillas sobre el crédito interno, a una tasa anual del 1,2 % sobre operaciones de hasta un año plazo, fue modificado con el objeto de incluir a los créditos externos. En mayo de 1992 el encaje sobre créditos externos subió al 30%, siendo posteriormente extendido a los depósitos a plazo en divisas. En octubre, el período mínimo del encaje fue ampliado a un año para todos los préstamos, cualquiera fuese la duración de los mismos. Dada la persistencia de las presiones a la baja, el Banco Central extendió la obligación del encaje del 30% al total de las inversiones financieras foráneas que llegaran al país, incluidas compras de activos chilenos por parte de extranjeros, incluyendo las emisiones secundarias de ADRs.

Algunos observadores aseveran que las medidas para desalentar la entrada de capitales son eficaces sólo en un plazo muy corto, mientras los operadores del sector privado no ideen atajos para evadirlas (Valdés-Prieto y Soto, 1996). Si bien algún grado de evasión es inevitable, no existe evidencia categórica de que las medidas para desalentar la entrada neta de capitales de corto plazo hayan sido masivamente burladas. De hecho, según se muestra en el cuadro 1, la significación de los flujos de corto plazo respecto del PIB experimenta considerable retroceso. En ausencia de las medidas de política adoptadas, ellos podrían haber sido considerablemente mayores. Hay evidencia econométrica de que las medidas han funcionado bastante bien. Un reciente estudio indica que la combinación de desestímulos a los capitales de corto plazo y las reformas introducidas al régimen cambiario lograron abatir sustancialmente la entrada de fondos de corto plazo que buscaban aprovechar el arbitraje de tasas de interés (Agosin, 1995).

Otro trabajo reciente estima que las exigencias de encaje han impuesto un costo adicional significativo sobre el arbitraje de tasas de interés. En 1996, por ejemplo, en tanto que el promedio de la LIBOR fue 5,6%, el régimen de encaje elevó en un 4,1% adicional el costo de endeudarse en el exterior en el caso de préstamos a un año plazo; el recargo llegó a 6,7% en el caso de empréstitos a seis meses; y a 12,2% en el de los empréstitos a tres meses (Agosin y Ffrench-Davis, 1997, cuadro 3). Estos cálculos sugieren que la política en vigencia debe haber desalentado el endeudamiento de corto plazo, sin provocar efectos mayores sobre la contratación de empréstitos a largo plazo. El gravamen marginal implícito sobre los empréstitos a más de un año es efectivamente cero. En consecuencia, el equivalente anual del impuesto implícito declina con rapidez a medida que aumenta el plazo de las operaciones.[10]

Aunque fueron introducidas después de que se registraran cuantiosas entradas de capital al mercado bursátil, la imposición de encajes sobre los flujos de cartera fue también oportuna. Sólo en 1994 los flujos brutos de inversión de cartera representaron cerca del 3,5% del PIB. Así la extensión de la exigencia de encaje a estos flujos puede ser considerada un intento por abordar un problema incipiente que ya había causado dificultades al manejo de política y que podía incluso cobrar renovada importancia hacia el futuro. Aunque significativa respecto del caso de México, la internacionalización del mercado bursátil chileno recién comenzaba.

¿Es posible o deseable distinguir entre, de un lado, flujos de capital "permanentes", tales como la IED o los préstamos de largo plazos, y, del otro, flujos temporarios o de corto plazo, que son presumiblemente los más volátiles y perturbadores? En un artículo reciente, Claessens, Dooley y Warner (1995) sostienen que las categorías de balanzas de pago tienen poco que ver con la estabilidad de los flujos propiamente tales. Los de largo plazo pueden resultar tan inestables como los de corto plazo.[11]

Con el objeto de verificar la validez de su hipótesis para el caso de Chile, se corrieron una serie de pruebas. Ellas buscaron detectar el grado de persistencia de diferentes tipos de flujos de capitales privados. En primer lugar, después de establecer el rezago óptimo para cada tipo de flujo[12], acometimos un análisis autorregresivo de datos trimestrales para la IED, la inversión de cartera y el endeudamiento privado de corto plazo durante el período 1983-95. Los resultados (cuadro 3) comprueban fuera de toda duda que la IED y el endeudamiento de largo plazo exhiben la mayor persistencia, a la luz de la significación de sus propios rezagos. Para la IED, los rezagos trimestrales segundo y tercero son predictores muy significativos de sus niveles contemporáneos. En el caso del endeudamiento privado de largo plazo, lo son el primero y el tercer rezago. Por otra parte, en los flujos de cartera y el endeudamiento privado de corto plazo no hay persistencia en absoluto.

[10] Téngase en cuenta que una fracción apreciable de la IED es financiada con endeudamiento de largo plazo proveniente de los mercados financieros internacionales, el cual está sujeto a la exigencia de encaje. Para éste y otros tipos de endeudamiento de largo plazo, existe la opción del pago del costo financiero del encaje, en lugar de que los fondos queden empozados durante un año. El hecho de que cuando se trata de operaciones de largo plazo la tasa tributaria implícita sobre el endeudamiento externo caiga fuertemente mientras más largo sea el vencimiento y termine transformándose en desdeñable, como porcentaje del monto, sugiere que la política ha tenido efectos insignificantes sobre la IED. De hecho, está última ha seguido en alza.

[11] No es ésta la oportunidad de entablar un debate con Claessens, Dooley y Warner (1995). Sin embargo, parte de la explicación de la hipótesis que ellos postulan en el sentido de que la IED tiene tantas probabilidades de resultar volátil como los flujos de corto plazo es atribuible al hecho de que, para los países que ellos eligen, los flujos de IED representan un pequeño porcentaje del financiamiento foráneo total, al menos de acuerdo a lo que informan las estadísticas del Fondo Monetario Internacional (el cual, dicho sea de paso, a veces subestima considerablemente la IED). Las fluctuaciones de los pequeños números tienden a ser mayores que las de los grandes.

[12] El rezago mínimo que produce residuos de ruido blanco.

Cuadro 3
PERSISTENCIA DE LOS COMPONENTES DE LOS FLUJOS PRIVADOS, DATOS TRIMESTRALES, 1983-95
(Ecuaciones autorregresivas)

Rezagos (trimestres)	IED	Cartera	Endeudamiento privado Largo Plazo	Endeudamiento privado Corto Plazo
1	0.201 (1.34)	0.156 (0.74)	0.643 (4.57)[a]	-0.158 (-1.09)
2	0.495 (3.61)[a]	0.055 (0.26)	-0.226 (-1.36)	-0.064 (-0.42)
3	0.491 (3.56)[a]	0.153 (0.72)	0.339 (2.63)[a]	0.241 (1.65)
4	-0.244 (-1.53)			
Constante	47.255 (1.344)	77.695 (1.57)	-10.200 (-0.539)	118.24 (2.11)[b]
R^2	0.908	0.460	0.500	0.192
Otros indicadores				
Coeficiente de variación (%)	84.2	118.5	-568.4	338.4
R^2 de la tendencia temporal	0.840	0.438	0.148	0.114

[a] Significativo al 1%. Estadístico t entre paréntesis.
[b] Significativo al 5%.

En segundo lugar, calculamos el coeficiente de variación y los R^2 de las tendencias temporales de las mismas cuatro categorías de flujos (también aparecen en el cuadro 3). Los coeficientes de variación son indicadores de la variabilidad de los flujos en torno de su promedio; y $1\text{-}R^2$ es un indicador de la variabilidad de ellos respecto de su tendencia en el tiempo. En ambos aspectos la IED es más estable que el endeudamiento de corto plazo y los flujos de cartera.

3. *Efectos sobre la inversión*

a. *Tendencias de largo plazo en la inversión y el crecimiento*

Al comparar las tasas de inversión previas y posteriores a 1985, cabe tener en mente que las cuentas nacionales fueron objeto de una revisión a fondo en 1992. Los nuevos cálculos se remontaron a 1985 con antecedentes revisados, y a 1974 con la nueva metodología, pero con los datos antiguos. Entre otras cosas, las redefiniciones incluyeron la reclasificación de ciertos bienes, que pasaron de la categoría de insumos intermedios a la de bienes de capital. Ello se tradujo en un notable incremento de la tasa estimada de inversión. Por consiguiente, con el objeto de hacer comparaciones previas y posteriores a 1985, procedimos a empalmar los datos de inversión y de PIB, mediante el expediente de multiplicar las series anteriores a 1985 por el porcentaje de aumento correspondiente a 1985 involucrado en dicha redefinición.

De acuerdo a las nuevas series, la tasa de la inversión bruta fija respecto del PIB sube sostenidamente desde su nivel mínimo a comienzos de los ochenta (cuadro 4 y gráfico 2), alrededor del 15% del PIB en 1983-84, a una cifra por encima de 27% en 1995. Aun si se toman los promedios para el período 1982-89 y 1990-95, se aprecia un abrupto ascenso de la tasa de inversión, desde menos de 19% a 25% del PIB.

El incremento de la tasa nacional de ahorro fue aún más espectacular, pasando de 13% en los años ochenta a 27% en los noventa. Al mismo tiempo, el ahorro externo cae a pique, desde 6,5% a 1,5% del PIB. Se trata de un hallazgo sin duda sorprendente, dado que, según se señalaba en la sección 2, las entradas de capital externo en los años noventa promediaron alrededor de 5% del PIB. Esto sugiere que la austeridad fiscal y las políticas esterilizadoras del impacto monetario de los flujos externos, al evitar una apreciación indebida en el tipo de cambio, determinaron que la economía absorbiera menos capital externo que el que se le estaba ofreciendo. La contrapartida de la brecha entre afluencia de capital y ahorro externo (i.e., el déficit de la cuenta corriente) fue, por supuesto, la acumulación de divisas por parte del Banco Central.

Cuadro 4

CHILE: INVERSION, AHORRO Y CRECIMIENTO, 1960-95

(como % del PIB a precios de 1986)

	Inversión fija bruta	Inversión total bruta	Maquinaria y equipo	Inversión publica [a]	Inversión privada [b]	Ahorro nacional	Ahorro externo	Crecimiento del PIB p.c.
1960-70	23.2	25.1	11.1	6.8	16.5	21.9	3.2	2.2
1971-73	18.4	16.9	8.5	3.2	15.2	13.5	3.4	-1.1
1974-81	18.4	22.2	11.0	3.7	14.6	16.3	5.9	2.0
1982-89	18.7	19.8	8.9	2.7	16.0	13.4	6.4	1.1
1990-95	24.9	28.5	13.7[c]	2.7[c]	22.2[c]	25.5	2.3	4.7

Fuente: Cálculos del autor, en base a información del Banco Central de Chile. Las cifras por año se presentan en el cuadro Anexo 2.

[a] Gastos del gobierno central.

[b] Inversión fija bruta menos gastos de inversión del gobierno central. Incluye inversión de empresas públicas.

[c] Cubre el período 1990-94.

Gráfico 2

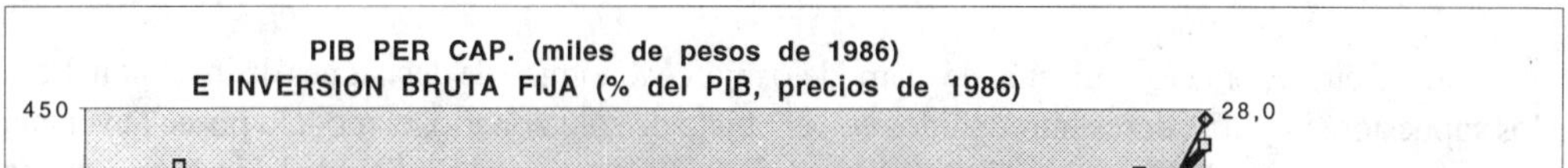

Fuente: Cálculos del autor, en base a información del Banco Central.

El examen de la trayectoria de largo plazo de las tasas de ahorro e inversión muestra incrementos mucho menos espectaculares. Durante los noventa apenas lograron exceder los promedios alcanzados durante la década de los setenta, y sólo a partir de 1993 la tasa de inversión supera el máximo observado en 1963. La diferencia real entre los períodos más recientes y los sesenta estriba en el comportamiento de la inversión privada y pública.[13] En el largo plazo es evidente la tendencia a la baja en la inversión pública, compensada sólo en los noventa por un vigoroso incremento de la de origen privado. El principal culpable del retroceso de la inversión pública fue el deterioro de las inversiones en infraestructura y establecimientos educacionales, hospitales y otros semejantes. Este es probablemente uno de los eslabones más débiles del así llamado modelo chileno: el logro de avances sostenidos en competitividad internacional (la base de la estrategia de crecimiento por más de dos décadas) requiere incrementos, no retrocesos, en la inversión y la infraestructura social y económica.

A la luz de los antecedentes de largo plazo, no es el período más reciente el que constituye una observación atípica, sino los períodos que median entre 1971 y 1989. Ellos exhiben fuertes declinaciones en el ahorro interno y las tasas de inversión. El patrón de desempeño del ritmo de expansión del PIB por habitante es muy distinto, dado que en los noventa se observa un substancial mejoramiento, respecto no sólo del período 1971-89, sino también de la década de los sesenta.

b. Un modelo de inversión para la economía chilena

Diversos esfuerzos se han desplegado en años recientes para modelar el comportamiento de la inversión en Chile (Solimano, 1990; Lehmann, 1991; y Lehmann, 1994). Ninguno de tales estudios aborda de manera explícita el impacto de la entrada de capitales sobre la inversión, aunque el de Solimano sí considera los efectos de modificaciones del tipo de cambio sobre la inversión. El modelo desarrollado más abajo se centra en los efectos de la entrada de capitales, posee fundamentos microeconómicos explícitos y es estimado con técnicas de cointegración.

Comenzamos por la formulación de un modelo microeconómico de decisiones de inversión. Pese a los supuestos simplificadores introducidos con el objeto de solucionarlo, el modelo posee la ventaja de incorporar algunos de los hechos estilizados más importantes para el análisis de la inversión en los escenarios en que se desenvuelven las economías en desarrollo, los cuales, aunque resultan determinantes en el análisis de los efectos de la entrada de capitales sobre la inversión, son habitualmente ignorados en la literatura sobre la inversión. El objetivo apunta a derivar un sólido fundamento teórico para la modelación empírica de la inversión en la economía chilena y la respuesta de esta variable tanto durante períodos en los cuales la economía estuvo constreñida por la escasez de divisas, como en otros en que, como es el caso desde 1989, se observa una abundancia de las mismas.

¿Cuáles son los hechos estilizados de los que habría que dar cuenta? En primer lugar, un abrumador porcentaje de los bienes de capital utilizados en la economía chilena son importados, lo que genera un vínculo directo entre afluencia de capitales e inversión. Segundo, la inversión está constreñida (generalmente) por la insuficiente disponibilidad de divisas y (casi siempre) por restricciones de liquidez provenientes de los mercados financieros nacionales. La afluencia de

[13] Para obtener la inversión privada, la inversión del gobierno central, excluida la de las empresas públicas, fue restada de la formación bruta de capital fijo. En consecuencia, la inversión privada es definida aquí como la formación bruta de capital por parte de las empresas, incluida la inversión de las empresas públicas, más la inversión de los hogares en vivienda.

capital extranjero alivia ambas restricciones y permite a las empresas acercarse a sus niveles deseados (esto es, no restringidos) de inversión. Al mismo tiempo, ella suscita un efecto positivo indirecto sobre la inversión al abaratar el tipo de cambio real y el precio de los bienes de capital importados, lo que hace la inversión más rentable y, adicionalmente, "estira" los escasos recursos crediticios domésticos. En tercer lugar, al inducir un fortalecimiento del tipo de cambio, la entrada de capitales eleva la rentabilidad relativa de los bienes no transables y erosiona la de los transables. Así, el impacto, vía el tipo de cambio, de incrementos en la entrada de capitales tiene efectos positivos sobre la inversión en no transables y negativo sobre la inversión en transables. El modelo incorpora estos efectos diferenciales a su estructura. Agreguemos, en cuarto lugar, que en los países en desarrollo la eficiencia de la inversión depende crucialmente de la disponibilidad de ciertos insumos no transables (en particular, infraestructura). En consecuencia, en las funciones de producción de ambos sectores incluimos una externalidad de capital público.

El modelo no considera algunos rasgos característicos de la inversión, puestos de relieve en alguna literatura reciente. Tienen ellos que ver con la naturaleza irreversible de las decisiones de inversión en un escenario marcado por la incertidumbre, o lo que ha sido denominado la teoría de las opciones aplicada a la inversión (Dixit y Pindick, 1994). Estos nuevos modelos pueden cobrar especial trascendencia en los escenarios correspondientes a los países en desarrollo, donde importantes parámetros que afectan a las decisiones de inversión son a menudo muy inestables. Son aplicables, asimismo, a otros países latinoamericanos que han enfrentado fuertes entradas de capital extranjero, ya que dos componentes de estos flujos (la inversión de cartera y los flujos de corto plazo) son volátiles y sujetos a reversión sin aviso previo, según quedó en evidencia en la crisis mexicana de fines de 1994 (Calvo y Mendoza, 1996; Sachs, Tornell y Velasco, 1996). De hecho, el éxito de Chile, al menos en comparación a otros grandes receptores en la región, en desalentar tales flujos puede haber contribuido a que su volatilidad cambiaria fuese mucho más modesta y probablemente explique algo de su mejor desempeño en materia de inversión. Sin embargo, sería excesivo pedir a un modelo teórico que aborde todo lo que puede resultar de interés. Se optó por desarrollar uno que permite el análisis de los efectos de los flujos de capital sobre la inversión en un escenario que refleja los rasgos de la economía chilena. Otros efectos probables, como la volatilidad de los precios claves que afectan las decisiones de inversión, son examinados de una manera menos formal.

En el modelo, la inversión es la única variable de decisión, dentro de un sistema macroeconómico restringido por la insuficiente disponibilidad de crédito interno y de divisas. Enseguida, derivamos los niveles de inversión de equilibrio de las empresas que producen transables y de las que producen no transables, así como las consecuencias que para tales equilibrios tienen el relajamiento de las restricciones crediticias y de divisas, un incremento en el nivel del producto agregado, una mayor inversión pública y ajustes en la tasa de interés y el tipo de cambio. Se supone que en la economía hay dos empresas, una productora de no transables (j=1) y otra de transables (j=2).[14] Sin ninguna pérdida de generalidad, el capital es el único factor de producción. En esta economía hay una externalidad de la inversión pública sobre las funciones de producción de cada empresa (debido a la productividad de, digamos, la infraestructura) y un sólo bien de

[14] Alternativamente, cabe suponer que la economía está compuesta por dos tipos de empresas. Uno la conforman las productoras de bienes no transables, y el otro, las productoras de transables. Podemos incluso agregar una diferenciación adicional al interior del segundo grupo, distinguiendo entre aquellas empresas que producen importables y aquellas que producen exportables. En el sector de los importables existe ya sea diferenciación de producto o altas tarifas que protegen la producción nacional de bienes que, para los propósitos de este modelo, pueden ser tratados como no transables. Sin embargo, los resultados siguen siendo en sustancia los mismos que en su versión simplificada.

capital, el cual es importado. La inversión es concebida como compras de un bien de capital homogéneo en términos físicos. Con el objeto de mantener el álgebra a niveles simples, se supondrá que todas las inversiones duran un período y que se financian con crédito. El contexto corresponde a una economía pequeña que no puede influir los precios internacionales.

Las dos empresas definen la inversión del período t con vistas a maximizar la tasa neta descontada de las utilidades de sus proyectos:

$$\text{Max } \Pi_j = \frac{p_{j,t+1} {}^* q_{j,t+1}}{(1+i)} - e^* p_k^* {}^* I_{j,t}$$

$$para\ j = 1,2 \quad (1)$$

donde p_j = precio del producto del bien j; q_j = cantidad producida; e = tipo de cambio (unidades de moneda nacional por unidad de moneda extranjera); p_k = precio internacional del bien de capital; i = tasa de interés, I_j = inversión física de la firma j.

Esta función objetivo está sujeta a una serie de restricciones, una de ellas de carácter tecnológico, en tanto que una segunda se relaciona con la naturaleza de los mercados en las cuales las firmas operan. Las otras dicen relación con la disponibilidad de crédito y de divisas para cada empresa. En primer lugar, existe la especificación precisa de la función de producción, que asumiremos es del siguiente tipo:[15]

$$q_{j,t+1} = I^{\alpha}_{j,t} * G^{\beta}_{t}$$

$$\alpha, \beta < 1 \quad (2)$$

donde G = stock de capital público.

La empresa que opera en el sector no transable enfrenta una curva de demanda con pendiente negativa. La que produce el bien transable enfrenta precios internacionales:

$$q_{1,t+1} = p^{-\varepsilon}_{1,t+1} * Y^{\eta}_{t+1} \qquad \varepsilon, \eta > 0$$

$$p_2 = e^* p_2^* \quad (3)$$

La inversión de cada empresa está restringida por la disponibilidad de crédito (C_j), una variable expresada en unidades de moneda nacional; y a niveles macroeconómicos, la inversión agregada del conjunto de las empresas está restringida por la disponibilidad de divisas (F^*), una variable que se define en unidades de moneda extranjera:

$$I_{j,t} * e * p_k^* \leq C_{j,t}, \quad j = 1,2 \quad (4)$$

$$I_{1,t} * p_k^* + I_{2,t} * p_k^* \leq F^*_t \quad (5)$$

15 En aras de la simplicidad, optamos por ignorar los subíndices para los coeficientes de la función de producción.

Con el objeto de derivar los niveles de equilibrio de la inversión, introdujimos dos Lagrangeanos, uno para cada empresa; tomamos derivadas con respecto de I_1 e I_2, respectivamente, y las hicimos iguales a cero. Al sustituir (2) y (3) en las ecuaciones resultantes y ordenar los términos, obtenemos los niveles óptimos de inversión en ambos sectores. Si ignoramos los subíndices que reflejan el tiempo, ellos son:

$$I_1 = [A]^{\varepsilon/\rho} * Y^{-\eta/\rho} * G^{-\phi/\rho} \tag{6}$$

$$I_2 = \left[\frac{(1+i)*p_k^*}{p_2^*\alpha}\right]^{1/(\alpha-1)} * [B]^{1/(\alpha-1)} * G^{-\beta/(\alpha-1)} \tag{7}$$

$$donde\ [A] = \frac{p_k^*}{\alpha}[\varepsilon/(\varepsilon-1)](1+i)[e(1+\lambda_{11})+\lambda_2]$$

$$\rho = -\alpha + \varepsilon(\alpha-1)$$

$$\phi = \beta(\varepsilon-1)$$

$$[B] = 1+\lambda_{12}+e^{-1}*\lambda_2$$

y donde λ_{11} y λ_{12} son los precios sombra del crédito interno para las firmas 1 y 2, respectivamente, y λ_2 es el precio sombra de la divisa extranjera.[16]

Con el objeto de estudiar el efecto de un incremento en la entrada de capitales sobre la inversión, diferenciamos las condiciones de equilibrio (6) y (7) por F* y obtenemos:

$$\frac{\partial I_1}{\partial F^*} = \frac{\varepsilon^2 * I_1 * p_k^* * (1+i)}{\alpha * \rho * [A] * (\varepsilon-1)} * \left[(1+\lambda_{11})\frac{\partial e}{\partial F^*} + e\frac{\partial \lambda_{11}}{\partial F^*} + \frac{\partial \lambda_2}{\partial F^*}\right] \tag{8}$$

$$\frac{\partial I_2}{\partial F^*} = \frac{I_2}{(\alpha-1)[B]} * \left[\frac{\partial \lambda_{12}}{\partial F^*} + e^{-1}\frac{\partial \lambda_2}{\partial F^*} - e^{-2}\frac{\partial e}{\partial F^*}\right] \tag{9}$$

La inspección de los signos de (8) y (9) deja en claro que un aumento en F* incrementa I_1 de manera no ambigüa y genera efectos inciertos sobre I_2. El término asociado con la primera derivada parcial en el lado derecho de (8) representa el impacto de la entrada de capitales sobre la inversión en bienes no transables vía el incremento de su rentabilidad relativa derivado de la apreciación cambiaria. Los términos asociados a las derivadas parciales segunda y tercera reflejan los efectos de la entrada de capital sobre la inversión en el mismo sector que se originan en el

[16] Dado que ρ<0, la existencia del equilibrio requiere que ε>1.

relajamiento del crédito y de las restricciones a la inversión extranjera respectivamente. En (8) tenemos que $\rho < 0$, $\partial e/\partial F^* < 0$, y $\partial \lambda_{11}/\partial F^*$, $\partial \lambda_2/F^* \leqslant 0$.[17] En otras palabras, la entrada de capitales llevará a la apreciación del tipo de cambio real y, o relajará las restricciones de crédito doméstico y de divisas (en cuyo caso los precios sombra del crédito doméstico y de las divisas caerán), o bien no tendrá efectos sobre ellas si las restricciones no son activas (en cuyo caso λ_{11}, λ_2, o ambos, serán iguales a cero). En cualquiera de tales casos, dado que [A] > 0, (8) será positivo. Ello parece razonable: aun en el caso de que la disponibilidad de divisas o el crédito interno no constituyan restricciones activas para la inversión, la entrada de capitales provocará una apreciación del tipo de cambio real, lo que hace subir los precios relativos de los no transables, alentando la inversión en ese sector. Si la disponibilidad de divisas o de crédito interno son restricciones activas, el impacto favorable de la entrada de capitales sobre la inversión en el sector no transable es todavía mayor, dado que el capital foráneo no sólo mejora el precio relativo de los no transables, sino también habilita a las empresas para adquirir, con divisas y crédito interno escasos, bienes de inversión adicionales.

Por otra parte, el efecto sobre los transables es ambigüo. Si se tiene en cuenta que α-1<0 y [B] >0, el signo de (9) dependerá de si la suma de los dos primeros efectos de la entrada de capitales (asociada con el relajamiento de las restricciones sobre el crédito interno y la disponibilidad de divisas, lo que previsiblemente resultará positivo) es mayor que el efecto negativo atribuible al deterioro de la rentabilidad relativa (asociada a la apreciación del tipo de cambio real). Si ni el crédito interno ni las disponibilidad de divisas son restricciones activas (λ_{12}, $\lambda_2 = 0$, y $\partial\lambda_{12}/\partial F^*$, $\partial\lambda_2/\partial F^* = 0$), un incremento en la entrada de capitales presionará a la baja la inversión en transables. Si el crédito interno y las divisas son escasos ($\lambda_{12}, \lambda_2 > 0$, $\partial\lambda_{12}/\partial F^*$, $\partial\lambda_2/\partial F^* < 0$), la incidencia neta de la entrada de capitales sobre la inversión en transables dependerá de si el efecto favorable derivado del alivio de la escasez de divisas y de crédito interno es mayor que el efecto negativo del deterioro de la rentabilidad relativa vía apreciación del tipo de cambio real. Formalmente, la condición para un efecto positivo de la entrada de capitales sobre la inversión en transables es:

$$\left|\frac{\partial \lambda_{12}}{\partial F^*} + e^{-1}\frac{\partial \lambda_2}{\partial F^*}\right| > \left|e^{-2}\frac{\partial e}{\partial F^*}\right|$$

Este análisis es directamente relevante para la experiencia chilena en materia de ingreso de capitales. Salvo en tres períodos breves (1968-70, 1978-81 y a partir de 1989), la economía chilena ha sufrido una severa restricción en lo tocante a la disponibilidad de divisas. En consecuencia, las entradas de capital han tenido tradicionalmente un impacto favorable sobre la inversión, al aliviar la escasez de divisas. De la misma forma, las teorías modernas de información asimétrica sugieren que por lo general los mercados financieros no están en equilibrio y que el racionamiento del crédito es la norma (Stiglitz y Weiss, 1981). Por otro lado, antes de la liberalización financiera de 1975 la represión financiera al estilo McKinnon constituyó un rasgo típico de la economía chilena (McKinnon, 1991, capítulo 4). Así, la afluencia de capitales puede igualmente ser visualizada como generadora de efectos positivos sobre la inversión a través del alivio de la restricción de crédito interno.

17 No es extraño que la mayoría de los modelos econométricos del tipo de cambio real haya detectado que la entrada de capitales se encuentra inversamente relacionada con esta variable. Para el caso de Chile, véase Agosin, Fuentes y Letelier (1994); Elbadawi (1994); Elbadawi y Soto (1994); y Repetto (1994).

Durante los períodos de abundancia de divisas, los efectos favorables de la entrada de capitales sobre la inversión en transables son amortiguados. En casos extremos, la inversión agregada puede incluso declinar. Cuando ni el crédito interno ni la disponibilidad de divisas constituyen restricciones activas, la inversión en transables inequívocamente retrocederá; y en ciertas instancias, la caída de la inversión en transables podría exceder el incremento de la inversión en no transables. Ello explica por qué las autoridades han procurado desalentar ciertos tipos de capital foráneo y han adoptado, adicionalmente, políticas para que la oferta de recursos externos no redundara en forma completa en aumentos en el déficit en cuenta corriente.

Desde 1990 la economía chilena ha estado disfrutando una bonanza de capital extranjero. La disponibilidad de divisas ha dejado de constituir una restricción para la inversión. Bajo esas circunstancias, el modelo nos dice que el impacto principal de la entrada de capitales externos sobre la inversión es ambigüo y que bien podría incluso ser negativo, dependiendo de los valores de los parámetros del modelo. Si la tasa de inversión continúa en alza, se debe al vigor del crecimiento de la economía, la demanda agregada y la productividad, así como al hecho de que las medidas de política examinadas en la sección 3 conjuraron el peligro de una apreciación excesiva del tipo de cambio.

El análisis de las ecuaciones (6) y (7) revela que la inversión de equilibrio de largo plazo depende también del ingreso real (Y), del crédito (C), del capital público (G), del tipo de cambio (e) y de la tasa de interés (i). Los signos de los efectos son derivados formalmente en el apéndice. Aquí la discusión reviste un carácter cualitativo. Incrementos en el ingreso real elevan la inversión en bienes no transables y no suscitan efecto alguno sobre la inversión en transables.[18] A los incrementos en la inversión pública y en la disponibilidad de crédito interno se les atribuye efectos positivos sobre la inversión en ambos sectores. No es seguro que los cambios en las tasas reales de interés hayan tenido algún impacto sobre los niveles de inversión de equilibrio, dado que en el modelo la inversión está restringida por la disponibilidad de crédito. Si la restricción crediticia no es activa, un alza en las tasas de interés redundará en un retroceso en la inversión en ambos sectores. Por otra parte, hay buenas razones para suponer que la restricción crediticia es la mayoría de las veces activa, aun en ausencia de represión financiera. Por consiguiente, sobre una base apriorística, es difícil saber si las tasas de interés entrarán con un coeficiente significativo cuando se las incluya, junto con la disponibilidad de crédito, en la ecuación de inversión.[19] La experiencia chilena es interesante porque con la liberalización financiera de 1975 las tasas reales de interés pasaron desde muy negativas a positivas y muy elevadas, antes de instalarse en niveles más razonables a comienzos de los ochenta (véase el gráfico 3). Es posible, claro está, que tasas de interés desmesuradas desalienten la inversión real; y que las tasas reales negativas, al exigir un generalizado racionamiento crediticio, conduzcan también a débiles tasas de inversión.

Finalmente, no es obvio el signo que fluye del modelo teórico del efecto que las modificacio-

---

[18] Este es un supuesto simplificador. Como ya se ha anotado, algunos importables pueden ser tratados como no transables. En este caso, la demanda agregada tendría efectivamente un efecto sobre un segmento del sector de transables. Esta consideración refuerza la expectativa de encontrar un efecto positivo en el largo plazo entre el nivel de la demanda agregada y la inversión.

[19] La mayoría de los estudios empíricos de inversión en países en desarrollo no detecta un efecto significativo de la tasa de interés sobre la inversión (Rama, 1993).

Gráfico 3

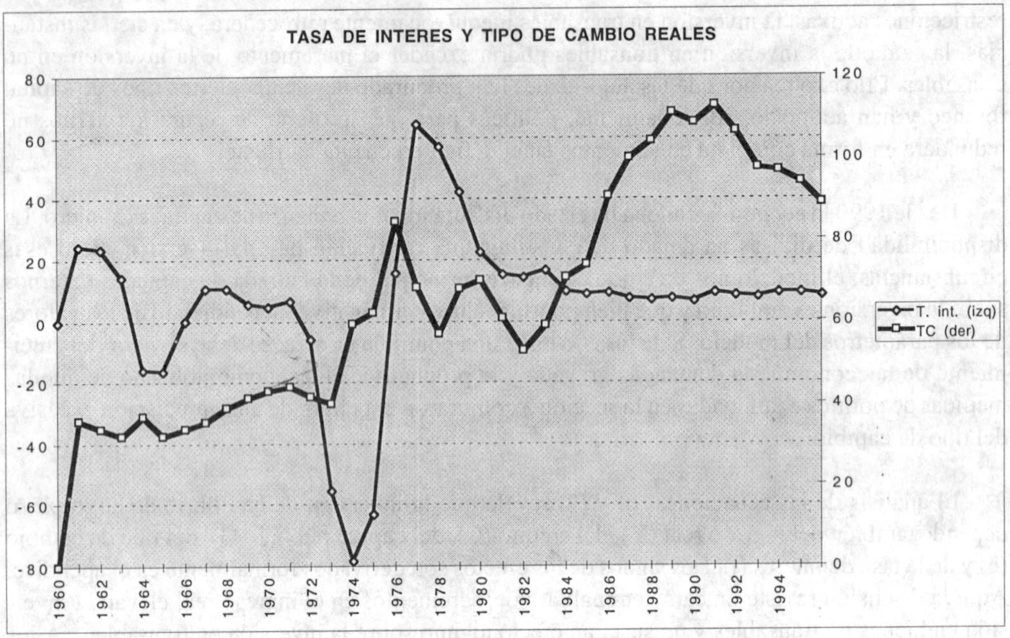

Fuente: Cálculos del autor, en base a información del Banco Central.

nes en el tipo de cambio suscitan sobre la inversión. La apreciación abarata el precio relativo de los bienes de inversión. Por otro lado, altera la rentabilidad relativa de transables y no transables, en favor de los últimos. Bajando desde las alturas del modelo a la cruda realidad, no es difícil especular por qué la distribución sectorial de la inversión puede provocar consecuencias significativas para el crecimiento de largo plazo. La inversión en exportables generalmente no plantea problemas de absorción, en el sentido que los mercados externos de bienes no tradicionales exportados por Chile son en la práctica ilimitados, desde la perspectiva de las empresas chilenas. En otras palabras, ellas encaran una curva de demanda infinitamente elástica por esos productos, de manera que el auge de las inversiones puede proseguir, sin inquietud alguna por el tamaño del mercado.[20] Obviamente, el caso de los no transables es distinto. Los auges de inversión en este sector son de corta duración, según lo comprueba el conspicuo caso de la construcción residencial. El exceso de capacidad y el descenso en las utilidades, o incluso las pérdidas, se precipitan rápidamente. Es probable que el crecimiento de largo plazo resulte mucho más rápido si los incentivos no son prematura e indebidamente sesgados a favor de los no transables.

De esta forma, el vínculo entre tipo de cambio y patrón de inversión podría resultar crucial en la evaluación del impacto que la entrada de capitales provoca sobre el crecimiento y la inver-

20 Esto no es estrictamente válido en todos los casos. Respecto de algunos bienes (básicamente cobre, pero también frutas fuera de estación, celulosa, madera y harina de pescado), las empresas chilenas han conquistado ya significativos participaciones en algunos mercados foráneos. Para un país especializado en exportaciones de nicho como Chile, ello torna imperativo profundizar la diversificación de las ventas al exterior, a fin de sustentar el crecimiento en el largo plazo.

sión en el largo plazo. La experiencia chilena en el período 1978-81, con la liberalización irrestricta de la entrada de capitales extranjeros y una aguda apreciación del tipo de cambio real, suministra un ejemplo elocuente del patrón de crecimiento-depresión que se origina en tales políticas.

Las abruptas apreciaciones cambiarias inducidas por oleadas de capital extranjero reversible, como las que tuvieron lugar en el quinquenio 1977-81, tienden a ser efímeras; luego sobrevienen movimientos de semejante intensidad en el sentido contrario. Este fue ciertamente el caso durante el período 1982-86, cuando la oferta de capitales privados desapareció y el tipo de cambio se depreció sustancialmente en términos reales (véase el gráfico 3). En consecuencia, las apreciaciones abruptas están asociadas también a una mayor volatilidad del tipo de cambio. Ella resulta probablemente perjudicial para la inversión, la cual posee un importante componente de costos hundidos. La volatilidad incrementa la incertidumbre acerca de los retornos futuros, llevando a las empresas a postergar decisiones de inversión.

Evidentemente, según lo atestigüa la experiencia asiática, un sostenido crecimiento económico hacia afuera tiende a la apreciación del tipo de cambio real. De hecho, este último fenómeno es simplemente una manifestación del incremento de la productividad y los ingresos reales en el largo plazo. Se configura así el bien conocido efecto Balassa-Samuelson. Lo que interesa es el ritmo al que los flujos de capital entran a la economía. Si el tamaño es excesivo para la capacidad de corto y de mediano plazo que tiene la economía interna de absorberlos como inversión real, se desencadenará una apreciación prematura, lo que provocará algunas consecuencias no deseadas, del carácter de las que se mencionaban antes.

No cabe duda que el impacto de la entrada de capitales sobre el tipo de cambio es particularmente relevante en la oleada de capital extranjero que está afluyendo a Chile y el resto de América Latina. Según se señalaba antes, la entrada de capitales desde fines de los ochenta ha ido acompañada de una fuerte apreciación cambiaria real (véase Calvo, Leiderman y Reinhardt, 1993). Por otra parte, con excepción de Chile, las tasas de inversión en casi todos los países de América Latina que han recibido grandes entradas de capital apenas se han movido. En Chile, como ya se ha indicado, ha habido un sustancial incremento en la tasa de inversión durante la reciente oleada de capital externo. Sin embargo, es posible que el alza no haya sido suficiente para absorber la entrada de capitales a un tipo de cambio real constante. De allí entonces, según se aprecia en el gráfico 3, que el tipo de cambio también se haya apreciado, aunque de manera más moderada que en otros países latinoamericanos. La apreciación del tipo de cambio real habría sido considerablemente más pronunciada en ausencia de las políticas que se implementaron para desalentar las modalidades más volátiles de entrada de capitales.

c. *Testeo econométrico del modelo*

Estas consideraciones y las derivaciones formales del apéndice sugieren que la función de inversión de equilibrio en el largo plazo para la economía en su conjunto es del tipo siguiente (los signos de los efectos de cambios en las variables explicativas se muestran encima de cada variable):

$$I = I(\overset{+}{Y}, \overset{+}{\Delta G}, \overset{+}{C}, \overset{+}{F^*}, \overset{-}{i}, \overset{?}{e}) \tag{10}$$

Linealizando y expresando la relación en una forma que pueda ser estimada econométricamente, se tiene:

$$I_t = \alpha_0 + \alpha_1 Y_t + \alpha_2 \Delta G_t + \alpha_3 C_t + \alpha_4 F^*_t + \alpha_5 i_t + \alpha_6 e_t + u_t \qquad (11)$$

Enseguida procedimos a estimar la ecuación (11) con observaciones anuales para el período 1960-94, dentro de un contexto de cointegración. Esto es, obtuvimos en primer lugar las relaciones de equilibrio en el largo plazo entre inversión y sus variables explicativas y luego exploramos la dinámica de corto plazo del comportamiento de la inversión.[21] Corrimos dos conjuntos de regresiones, uno para la inversión privada en capital fijo (IPRIV)[22] y otra para la inversión en maquinaria y equipo (IME). Es más probable que la entrada de capitales ejerza influencia sobre la inversión en maquinaria y equipo que sobre la inversión total, en la que la construcción residencial y no residencial, ambas no transables, presentan importantes ponderaciones. Como nuestra variable proxy para la disponibilidad de crédito interno utilizamos M2 real (el promedio geométrico de M2 a comienzos y a fines de cada año, en términos de porcentajes del PIB). La entrada total de capitales fue deflactada por el índice de precios externos (IPE) aplicable a la economía chilena desde 1977 en adelante.[23] Este fue empalmado hacia atrás, hasta 1960, con un índice de precios externos construido por Ffrench-Davis (1984), con el objeto de obtener series de entradas de capital en términos reales para el total del período 1960-94.

Siguiendo la práctica convencional, el tipo de cambio real es definido aquí como el precio nominal de mercado para el dólar norteamericano, deflactado por el índice de precios al consumidor e inflactado por el IPE.[24] Las tasas de interés fueron obtenidas de tres fuentes. Para el período 1960-70 utilizamos los cálculos de los costos reales del endeudamiento efectuados por Ffrench-Davis (1973, pág. 298); para 1971-74, la tasa de máxima legal de colocaciones deflactada por el índice de precios al consumidor; y desde 1975 en adelante, las tasas de colocación reales de 90 a 365 días publicadas por el Banco Central. Comenzando en 1979, año en que las tasas comenzaron a cotizarse en términos reales, las tasas de interés utilizadas representan tasas reales ex ante. Se calculó también un indicador de capacidad ociosa, para utilizarlo en el modelo de corrección de errores. Se lo derivó estimando el producto potencial en cada año que arroja unir linealmente los picos cíclicos del PIB. Durante el período 1960-95 se detectaron máximos cíclicos en 1963, 1966, 1971, 1981, 1989, 1992 y 1995.

---

21 La disponibilidad de información (35 observaciones) y el gran número de variables explicativas que deseamos tomar en cuenta impidieron el uso de un VAR completo utilizando la metodología de Johansen, lo que habría sido deseable con el objeto de considerar las eventuales relaciones causales entre las variables. Sin embargo, sí que llevamos a cabo un ejercicio para estimar un VAR con dos rezagos, que se determinaron como óptimos, para la ecuación de inversión solamente y los resultados fueron prácticamente idénticos a los obtenidos con la ecuación de cointegración.

22 Según se ha señalado antes, estas series, que están a precios de 1986, incluyen la inversión efectuada por corporaciones públicas.

23 El IPE externos es un índice de precios al por mayor en dólares de los principales socios comerciales de Chile, ponderados por la importancia de cada uno de éstos en las cimportaciones chilenas.

24 Para el período que se inicia en 1977 están disponibles las estimaciones del Banco Central respecto del tipo de cambio real. Para cálculos relativos a años anteriores, para precios externos utilizamos el IPE construido por Ffrench-Davis (1984). Para el trienio 1974-76 se detectó que las estadísticas oficiales subestiman el ritmo de incremento en el IPC y por ende sobreestiman la magnitud de la depreciación del tipo de cambio real. En este estudio el índice del tipo de cambio corrige la subestimación del IPC durante aquel período.

De acuerdo al test de Dickey Fuller Aumentado (ADF), todas las variables, incluido el índice de capacidad ociosa, son integrados de orden 1, con excepción de M2 real, que es una variable integrada de orden 2, y la tasa de interés real y las entradas de capital distintas a la inversión extranjera directa, las cuales son estacionarias (véase el cuadro 5). En consecuencia, en las regresiones de largo plazo usamos niveles para todas las variables, salvo para M2, para la cual utilizamos el cambio en M2. Ello parece sensato desde el punto de vista económico: es probable que la restricción crediticia que afecta a la inversión (una variable de flujo) sea el incremento de la oferta monetaria (otra variable de flujo), antes que su nivel absoluto (una variable de stock). En las ecuaciones de cointegración, aun cuando ellas sean variables estacionarias, la tasa de interés real y las entradas de capital distintas de la inversión extranjera directa son agregadas a las ecuaciones junto con las variables I(1). En ausencia de esas dos variables I(0), las ecuaciones cointegran, lo cual nos permite agregar variables estacionarias que tienen sentido económico. Se hace interactuar la tasa de interés real con una variable muda (DUM2) que asume los valores de cero entre 1960 y 1974, período que se caracteriza por una generalizada intervención en los mercados financieros, y de uno para el período que comienza en 1975, cuando se procede a la liberalización de dichos mercados.[25]

Los resultados de las relaciones de equilibrio de largo plazo para IPRIV y para IME aparecen en el cuadro 6. De acuerdo al criterio de MacKinnon, ambas ecuaciones de inversión cointegran. Dado que ni la entrada de capitales (F) ni la inversión pública (IPUB) resultaron ser variables explicativas de significación de IPRIV, se las excluyó del conjunto final de ecuaciones seleccionadas como representaciones adecuadas de las relaciones de largo plazo. En lo tocante a la ecuación para IME, la tasa de interés real no resultó significativa y, por lo tanto, se la excluyó. Las estimaciones de las ecuaciones de inversión son buenas desde el punto de vista de las pruebas convencionales de inferencia estadística.[26]

---

[25] En el cuadro 3 se observa que en la década de los sesenta las tasas reales de colocación fueron positivas la mayoría de los años, lo que sugiere que la represión financiera no era tan severa como a principios de los setenta. Sin embargo, había una considerable intervención en los mercados financieros, lo que justifica el procedimiento utilizado en este trabajo, en el sentido de considerar que la tasa de interés real que afectaba las decisiones de inversión era efectivamente igual a cero en el período 1960 a 1974.

[26] Dado que todas las variables, con excepción de la tasa de interés, son I(1), los estadígrafos t tienen un sesgo hacia arriba y son presentados sólo con fines ilustrativos.

Cuadro 5

TESTS ADF DE RAÍZ UNITARIA

(sin constante y sin tendencia)

	Número de rezagos	Estadístico t
IPRIV	0	2.42
dIPRIV	0	-3.67[a]
IME	0	1.80
dIME	0	-4.00[a]
GDP	0	4.27
dGDP	0	-2.70[a]
IPUB	0	-0.67
dIPUB	0	-6.94[a]
F	0	-1.49
dF	0	-7.58[a]
FDI	0	-0.26
dFDI	0	-3.81[a]
FOTH	0	-2.16[b]
M2	1	1.74
dM2	0	-1.60
ddM2	1	-5.46[a]
RER	0	0.76
dRER	0	-8.87[a]
INTR	1	-5.10[a]
EXPAP	0	-1.38
dEXPAP	0	-4.81[a]

[a] Significativamente diferente de cero al 1%. [b] Significativamente distinto de cero al 5%

Definición de variables:IPRIV=inversión privada bruta fija; IME=inversión en maquinaria y equipo; IPUB=Inversión pública; GDP=PIB; RER=tipo de cambio real; F=flujo de capital real; FDI=inversión extranjera directa; FOTH=otros flujos de capital; INTR=tasa de interés real de colocaciones; EXCAP=indicador de capacidad ociosa (como porcentaje del PIB potencial).d indica cambio anual; dd es el cambio en el cambio anual.

Cuadro 6
ECUACIONES DE COINTEGRACIÓN

	IPRIV			IME	
	(1)	(2)	(3)	(4)	(5)
Constante	17.915 (-0.32)	10.124 (0.18)	5.647 (0.10)	-2.358 (0.52)	18.483 (0.40)
GDP	0.138 (6.39)[a]	0.184 (5.83)[a]	0.189 (6.89)[a]	0.083 (3.99)[a]	0.087 (4.16)[a]
DUM1xGDP	(0.044) (4.41)[a]	0.042 (3.88)[a]	0.040 (4.21)[a]	0.035 (4.83)[a]	0.034 (4.57)[a]
IPUB				0.432 (2.33)[b]	0.397 (2.13)[b]
dM2	60.136 (3.56)[a]	48.074 (2.74)[a]	48.590 (2.84)[a]	43.727 (3.88)[b]	39.839 (3.44)[a]
F				31.814 (4.04)[a]	
FDI		63.909 (1.94)	62.321 (1.95)		58.534 (2.56)[b]
FOTH		3.345 (0.29)			30.344 (3.85)[a]
RER	-1.016 (-1.64)	-1.730 (-2.22)[b]	-1.809 (-2.53)[b]	-948 (-2.12)[b]	-1.316 (-2.48)[b]
DUM2xINTR	-1.822 (-2.89)[b]	-1.630 (-1.94)	-1.570 (-2.56)[b]		
R^2	0.976	0.979	0.979	0.973	0.974
DW	1.70	1.86	1.89	2.17	2.20
Breusch-Godfrey	0.88	0.58	0.55	02.7	0.18
Test de MacKinnon	-5.85[a]	-6.34[a]	-6.35[a]	-5.96[a]	-6.00[a]

[a] Significativamente al 1% Estadístico t entre paréntesis. El test de Breusch-Godfrey en su forma F. [b] Significativo al 5 %

Con un test recursivo de Chow logramos establecer que en los años noventa se había operado un cambio estructural. Por otra parte, el análisis de mínimos cuadrados recursivos reveló que el parámetro cuyo valor se incrementaba sustancialmente después de 1989 era el asociado con el PIB. En otras palabras, la sensibilidad de la inversión al PIB parece haber aumentado significativamente con posterioridad a 1989, lo que cabría atribuir al fortalecimiento de las expectativas de crecimiento. Ello nos permitió agregar una variable muda que asumiera el valor de la unidad para el período 1989-94, lo que se hizo de manera interactiva con el PIB. Esta última variable está muy significativamente relacionada con la inversión. Así, en los años noventa la sensibilidad de la inversión privada y de la inversión en maquinaria y equipo a un incremento en el PIB parece haber dado un salto de alrededor de un cuarto y un tercio, respectivamente.

Si bien las entradas de capital (F) no constituyen una variable predictiva de importancia en la ecuación para IPRIV, son muy significativas en la ecuación que explica IME. Encontramos así una clara indicación del principal canal a través del cual la entrada de capitales influye sobre la inversión: evidentemente relaja la restricción de divisas, habilitando a la economía para importar un mayor flujo de bienes de capital. Es también bastante interesante que en el largo plazo el tipo de cambio real (RER) aparezca negativa (y significativamente) asociado a IME. Ello implica que la apreciación del tipo de cambio real, al abaratar los precios relativos de los bienes de capital, estimula sin ninguna duda la inversión. Así, un efecto positivo adicional de la entrada de capitales en el largo plazo se manifiesta en el impacto de la entrada de capitales sobre el tipo de cambio real: al disminuir éste, bajan los precios relativos de la maquinaria importada.[27]

El análisis de las dos primeras secciones de este trabajo confiere base a la hipótesis de que no es la entrada global de capitales, sino sólo su componente de largo plazo, la variable que afecta el nivel de la inversión. Con el objeto de someter a prueba esta hipótesis, procedimos a desagregar los flujos totales en dos rubros -inversión extranjera directa (FDI) y otros flujos (FOTH)[28]-, introduciéndoles luego como variables predictivas de IPRIV y de IME. Según se ha señalado antes, si bien FDI es una variable I(1), FOTH es estacionaria. Estamos pues habilitados para dar a esta última el trato de una variable que refleja perturbaciones transitorias.

Los resultados se consignan también en el cuadro 6. En tanto que la entrada total de capitales no constituye una variable significativa que afecte IPRIV, FDI resulta ser positiva y significativamente asociada a ella. Por otra parte, según se muestra en la ecuación (2) del cuadro 6, FOTH no es significativa en relación a IPRIV. En lo tocante a IME, las dos, FDI y FOTH entran como variables estadísticamente significativas, pero el coeficiente de FDI más que duplica la magnitud absoluta del coeficiente asociado a FOTH. Un test de Wald lleva a descartar la hipótesis de que ambos coeficientes son iguales. En otras palabras, la IED es, en términos de su impacto sobre los gastos de inversión, una variable mucho más importante que otros tipos de flujos. Este hallazgo podría constituir una explicación parcial de por qué la entrada de capitales ha estado positivamente asociada a la inversión durante el auge reciente de capital externo, el cual ha estado dominado por la IED. En la oleada que tuvo lugar en 1978-81, en cambio, los flujos intermediados por la banca privada fueron mucho más importantes que la IED.

27 Conseguimos incluir RER y F en la ecuación que explica IME, sin tropezar con problemas de mulcolinealidad, debido a que durante el extenso período para el cual disponemos de datos (1960-94) el coeficiente de correlación entre RER y F es muy bajo.

28 Las cifras sobre IED provienen del Banco Central para el período 1970-94. Respecto de 1960-69, los datos sobre IED fueron tomados de Ffrench-Davis (1973, pág. 278).

También los resultados concernientes a la tasa de interés real son interesantes. Como se muestra en el gráfico 3, el comportamiento de esta variable acusa alteraciones importantes a partir de 1960. Durante esa década las tasas reales experimentaron intensas fluctuaciones, pero en su conjunto resultaron positivas. Los inicios de los años setenta están marcados por una severa represión financiera y tasas reales muy negativas. Después de la liberación financiera de 1975, ellas saltan a niveles exorbitantes, lo cual fue, seguramente, una de las causas del pobre desempeño de la inversión en el segundo lustro de esa década. A consecuencia de la depresión de 1982-83 y del fortalecimiento de las regulaciones prudenciales tras la crisis bancaria de ese entonces, hacia mediados de los ochenta las tasas reales se consolidan en niveles elevados pero más razonables y permanecen extremadamente estables desde entonces. Este comportamiento reciente de las tasas de interés ha sido favorable a una expansión de la inversión privada. Esto es en síntesis lo que nos dice la ecuación para IPRIV.

Procedimos luego a estudiar la dinámica de corto plazo de IPRIV y de IME. Exploramos dos opciones para modelar las ecuaciones de corrección de errores. En una de ellas, las fluctuaciones en la inversión son explicadas de una manera bastante convencional por, entre otras variables, el aumento en el PIB. El segundo enfoque consiste en introducir un indicador de exceso de capacidad como variable explicativa.[29] La idea es sencilla: durante períodos de exceso de capacidad, las empresas no incrementan la inversión, aun cuando los incrementos en la demanda parecieran hacer viables mayores inversiones. A la inversa, cuando la economía está próxima a su capacidad instalada, la inversión responde más rápidamente a expansiones en la demanda.

En el gráfico 4 se aprecia que existe una fuerte correlación inversa entre el indicador de excedente de capacidad e inversión privada. Desde fines de los ochenta la economía chilena ha operado cerca de su frontera productiva. Esto puede explicar, al menos en parte, por qué las tasas de inversión han sido vigorosas. Por contraste, con excepción del período 1980-81, existió bastante capacidad ociosa entre 1973 y fines de 1980; por ende, el desempeño de la inversión fue pobre.

[29] En rigor, la variable utilizada es el cambio en el exceso de capacidad, dado que el exceso de capacidad es una variable I(1).

Gráfico 4

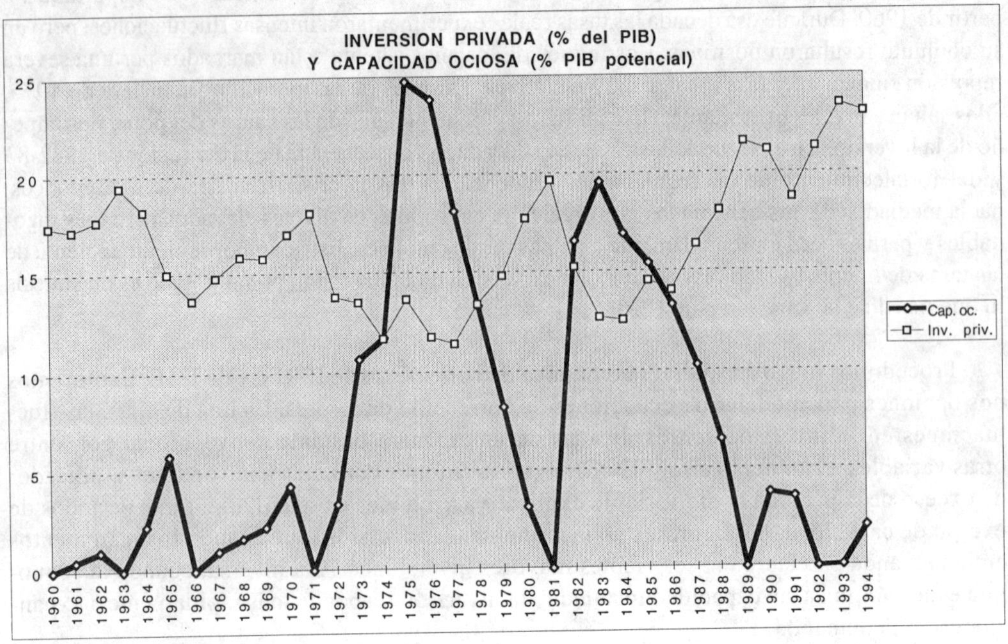

Fuente: Cálculos del autor, en base a información del Banco Central.

Ambas aproximaciones al modelo de corrección de errores funcionan bien desde un punto de vista estadístico (véanse los cuadros 7 y 8). Para ambas ecuaciones estimadas, el ajuste al desequilibrio es rápido y casi de la misma envergadura: entre el 70 y 80% de los desequilibrios se corrigen dentro de un año. De acuerdo a lo previsto, el exceso de capacidad aparece negativa y fuertemente correlacionado a cambios en la inversión. Dado que la ecuación 1, concerniente a cambios en la inversión privada (dIPRIV), subestima el incremento en la inversión privada en 1989 y la sobreestima en 1991, decidimos incorporar dos variables mudas, una para cada año. Respecto de ambas, dIPRIV y el cambio en la inversión en maquinaria y equipo (dIME), un pequeño número de variables explica su dinámica de desequilibrio. En el caso del dIPRIV, se trata de los cambios en la capacidad ociosa (dEXCAP), modificaciones en las condiciones crediticias (ddM2), y cambios en la inversión extranjera directa (dFDI). Para dIME, se trata de dEXCAP y de los cambios los flujos de capital (dFDI y dFOTH). De esta forma, en el caso chileno, la entrada de capitales, y especialmente la IED, aparece positivamente asociada a la inversión, tanto en el corto como en el largo plazo.[30]

30 Cabe señalar que en la especificación de la corrección del error, los cambios en la inversión extranjera directa y los niveles de otros flujos son utilizados como variables predictivas, debido a que, según se señalaba antes, la inversión extranjera directa es una variable I(1) y FOTH es I(0).

Cuadro 7

ECUACIONES DE CORRECCIÓN DE ERROR PARA LA INVERSIÓN PRIVADA

(variable dependiente: dIPVR)

	(1)	(2)	(3)	(4)
Constante	-9.362	-14.199	29.369	28.331
	(-1.09)	(-1.38)	(2.69)[a]	(2.454)[a]
RES_{-1}	-0.743	-0.781	-0.813	-0.796
	(-4.49)[b]	(-3.89)[b]	(3.34)[b]	(-3.07)[b]
dGDP	0.300	0.323		
	(6.64)[b]	(6.56)[b]		
dEXCAP			-9.853	-11.801
			(-4.09)[b]	(-5.56)[b]
ddM2	32.929	28.756	31.931	
	(2.65)[a]	(1.97)	(1.67)	
dFDI		88.711		87.958
		(2.70)[a]		(2.03)[a]
DUM3	1.417 e+05			
	(3.08)[b]			
DUM4	-1.140			
	(-2.72)[a]			
R^2	0.850	0.780	0.612	0.603
DW	1.81	1.74	1.29	1.34
Breusch-Godfrey	0.19	2.29	2.86	2.87

[a] Significativamente al 5% [b]Significativo al 1 %. Test de Breusch-Godfrey en forma F.

Notas: RES-1 = Para ecuaciones (1) y (3), residuos rezagados de ecuación (1) en el cuadro 6; para ecuaciones (2) y (4), residuos rezagados de ecuación (3) en el cuadro 6.

DUM3 = Variable muda con 1989 = 1

DUM4 = Variable muda con 1991 = 1

Cuadro 8

ECUACIONES DE CORRECCIÓN DE ERROR PARA LA INVERSIÓN EN MAQUINARIA Y EQUIPO

(variable dependiente:dIME)

	(1)	(2)	(3)	(4)
Constante	-8.552	-10.728	17.477	16.218
	(-1.16)	(-1.49)	(2.35)[b]	(2.16)[b]
RES_{-1}	-0.702	-0.662	-0.738	-0.676
	(-3.74)[a]	(-3.33)[b]	(-3.01)[a]	(-2.67)[b]
dGDP	0.202	0.207		
	(5.42)[a]	(5.78)[a]		
dEXCAP			-6.609	-6.776
			(-4.11)[b]	(-4.20)[a]
ddM2	13.856	15.189		
	(1.32)	(1.49)		
dF	30.822		35.216	
	(4.57)[a]		(4.23)[a]	
dFDI		75.402		75.981
		(3.34)[a]		(2.61)[b]
FOTH		28.030		32.923
		(4.23)[a]		(3.88)[a]
R^2	0.814	0.836	0.703	0.714
DW	1.62	1.64	1.21	1.20
Breusch-Godfrey	1.79	2.44	2.81	2.99

[a] Significativo al 1% Estadístico t entre paréntesis. Test de Breusch-Godfrey en forma F.
[b] Significativo al 5%.

Notas: Res = Para ecuaciones (1) y (3) , residuos rezagados de ecuación (4) en el cuadro 6; para ecuaciones (2) y (4), residuos rezagados de ecuación (5) en el cuadro 6.

4. Conclusiones

Para resumir, la afluencia de capitales a Chile ha tenido un favorable impacto sobre la inversión, en particular sobre aquella en maquinaria y equipos. ¿Por qué ha sido así? Durante el grueso del período de la posguerra, el crecimiento de la economía chilena estuvo restringido por la escasez de divisas. De esta forma, la abundancia de divisas observada en el último tiempo configura una situación a todas luces atípica. El modelo teórico nos dice que la entrada de capital externo morigera las restricciones de divisas y crediticias, generando un efecto probablemente positivo sobre la inversión. Los resultados econométricos corroboran esta presunción. Por lo tanto, la entrada de capitales en economías como la chilena suscita dos efectos favorables en el largo plazo sobre la inversión: por un lado, alivia la escasez de divisas y las restricciones crediticias; y, por el otro, vía el impacto sobre el valor del tipo de cambio, abarata el precio de los bienes de capital de origen importado.

Por otro lado, los diferentes tipos de flujo de capital foráneo inciden de manera disímil sobre la inversión. La categoría que aparece más directamente asociada a la inversión real es la IED. En el caso de Chile es incuestionable que la inversión extranjera directa se comporta mucho más como una variable "permanente" y exhibe un grado considerablemente mayor de persistencia que la de cartera o que el endeudamiento privado de corto plazo. Estas últimas modalidades son harto más volátiles y acusan una conducta muy semejante a perturbaciones "transitorias".

Cuando la disponibilidad de divisas es abundante, que es lo que ocurre desde fines de los ochenta, el efecto de la entrada de capitales sobre la inversión y el crecimiento de largo plazo depende crucialmente de la mezcla de políticas utilizada para manejar tales flujos. Las políticas que favorecen la IED y desalientan la llegada de capitales transitorios están en mejores condiciones de maximizar los efectos positivos que la entrada de capital tiene sobre la inversión. Ello puede ser mejor comprendido mediante la utilización de un escenario contrafáctico en el que no hay límites a la entrada de recursos externos. La liberalización irrestricta de la cuenta de capital en presencia de incrementos abruptos por el lado de la oferta puede conducir a una oleada de flujos transitorios, con efectos desfavorables sobre la inversión y el crecimiento a largo plazo. Al ocasionar una considerable y, nunca debe olvidarse, reversible apreciación del tipo de cambio real, tales oleadas provocan un efecto negativo sobre la inversión en transables, que puede exceder los efectos benéficos sobre la inversión en no transables y, en términos más generales, erosionar el aliciente para la inversión derivado del abaratamiento de los precios de los bienes de capital. Por otra parte, el tamaño del mercado interno impone límites a la expansión del sector no transable, lo que puede debilitar en unos pocos años el impulso de la inversión y del crecimiento.

Puede que ésa sea una de las razones de por qué el auge de la inversión a fines de la década de los setenta, proceso que se prolongó entre 1977 y 1981 (véase el gráfico 4), fue de tan corta vida.[31] Durante ese lapso, según se ha señalado, tuvo lugar una irrestricta liberalización de la cuenta de capitales de la balanza de pagos, que condujo a un espectacular incremento en los flujos de capital en la forma de créditos y a una abrupta apreciación del tipo de cambio real, lo que se convirtió en un severo desestímulo a la inversión en transables.

31 Para una interpretación similar, véase Solimano (1990).

Por contraste, la actual tendencia ascendente de la inversión se prolonga ya por todo lo que va de la década, pese a la masiva entrada de capitales registrada durante buena parte del período. Pero, de nuevo en contraste con lo que sucedió en las postrimerías de los años setenta, tales entradas han sido dominadas por la IED; y los flujos transitorios se han visto desestimulados por la combinación de políticas utilizada para administrar la llegada de los recursos externos.

Con los resultados obtenidos y los datos recopilados, intentemos una explicación del buen desempeño que desde fines de los ochenta acusa la inversión en Chile y para la positiva asociación, detectada por nuestro estudio, entre ella y la entrada de capitales. En primer lugar, el crecimiento ha sido vigoroso y ha estado asociado a expansiones de la capacidad instalada, en lugar de a disminuciones en la capacidad ociosa. En segundo lugar, las tasas de interés han sido razonables y bastante estables, debido principalmente a una supervisión prudencial muy efectiva de la banca. Tercero, merced a la recuperación del sistema bancario después de la crisis de 1982, el crédito del sector privado ha ido en aumento, fortaleciéndose los niveles de profundización financiera de la economía chilena, lo cual puede haber aliviado las restricciones de liquidez que suelen afectar a la inversión.

Por último, aunque no por eso menos importante, los flujos de capital han relajado las restricciones de disponibilidad de divisas y de crédito interno, pero se los ha manejado de forma de evitar una apreciación excesiva del tipo de cambio. Durante períodos de abundancia de divisas, con el objeto de mantener las tasas de inversión y de crecimiento de largo plazo, y al mismo tiempo de conjurar una apreciación cambiaria "prematura", son necesarias políticas de mayor complejidad respecto de la entrada de capitales que las aplicadas durante las épocas de escasez. Así, las políticas orientadas a desalentar los flujos más volátiles, que tampoco están directamente relacionadas con la inversión, manteniendo un régimen abierto para la IED, pueden haber contribuido al impacto favorable que la entrada de capitales generó sobre la inversión durante el reciente episodio de abundancia.

El comportamiento reciente de la inversión acusa un marcado contraste con el episodio de abundante afluencia de capital observado en el quinquenio 1977-81. En este último caso la entrada de capitales fue completamente liberalizada, el tipo de cambio real experimentó una abrupta apreciación, el consumo aumentó muchísimo, el ahorro interno retrocedió y el auge de la inversión se vio eventualmente abortado. En ese quinquenio se hicieron sentir también otros factores inhibitorios de la inversión: hubo mucha capacidad ociosa y las tasas reales de interés resultaron muy elevadas, en parte debido a que, en un contexto no regulado, los créditos con fines especulativos a tasas desmesuradas de interés tornaron inviable la inversión productiva. Los resultados fueron pobres desde el punto de vista del crecimiento de largo plazo y del desempeño de la inversión. En términos generales, cabe aseverar que las autoridades económicas asimilaron estas lecciones.

Derivación de signos de la ecuación de equilibrio de la inversión en el largo plazo

Al diferenciar la condición de equilibrio (6) por Y, C, G, i, y e, obtenemos los signos de los efectos que cambios en dichas variables provocan sobre la inversión en no transables:

$$\frac{\partial I_1}{\partial Y} = \frac{-\eta^* I_1}{\rho^* Y} > 0$$

$$\frac{\partial I_1}{\partial G} = \frac{-\phi^* I_1}{\rho^* G} > 0$$

$$\frac{\partial I_1}{\partial C} = \frac{\varepsilon^* p_k^{*2} e(1+i) I_1}{\alpha\rho(\varepsilon-1)[A]} * \frac{\partial \lambda_{11}}{\partial C^*} \geq 0$$

$$\frac{\partial I_1}{\partial i} = \frac{\varepsilon^2 p_k^* [e(1+\lambda_{11})+\lambda_2] I_1}{\alpha\rho(\varepsilon-1)[A]} < 0$$

$$\frac{\partial I_1}{\partial e} = \frac{\varepsilon^2 (1+i) p_k^* (1+\lambda_{11}) I_1}{\rho\alpha[A]} < 0$$

Podemos hacer otro tanto respecto de la inversión en transables si diferenciamos la condición de equilibrio (7) por las mismas variables (con excepción de Y, que no aparece en la ecuación):

$$\frac{\partial I_2}{\partial G} = \frac{-\beta^* I_2}{(\alpha-1)^* G} > 0$$

$$\frac{\partial I_2}{\partial C} = \frac{I_2}{(\alpha-1)^* [B]} * \frac{\partial \lambda_{12}}{\partial C} \geq 0$$

$$\frac{\partial I_2}{\partial i} = \frac{I_2}{(\alpha-1)(1+i)} < 0$$

$$\frac{\partial I_2}{\partial e} = \frac{e^{-2} \lambda_2 I_2}{(1-\alpha)[B]} \geq 0$$

Los signos de las derivadas con respecto a Y y G son obvios y dependen sólo de los signos de los parámetros en las respectivas expresiones. Por otra parte, los signos de las derivadas con respecto a C dependen crucialmente de cómo responden los precios sombra del crédito interno a un incremento de la oferta del mismo. Si las restricciones crediticias internas son activas, $\partial\lambda_{1j}/\partial C < 0$, y $\partial I_1/\partial C$, $\partial I_2/C > 0$. Si las restricciones crediticias internas no son activas, $\lambda_{1j}=0$ y $\partial\lambda_{1j}/\partial C=0$. Ello implica que $\partial I_1/\partial C$, $\partial I_2/\partial C = 0$. Los efectos de la tasa de interés son los que postula la teoría convencional: un incremento en i debiera, ceteris paribus, reducir I_1 e I_2. En cuanto a los efectos de ajustes en el tipo de cambio sobre la inversión, el modelo arriba a conclusiones ambigüas. Una apreciación cambiaria debiera estimular I_1 y desalentar I_2, con un incierto efecto neto.

Referencias bibliográficas

Agosin, M.R. (1995), "El retorno de los capitales extranjeros a Chile", *El Trimestre Económico*, N° 248, septiembre-diciembre.

Agosin, M.R. y R. Ffrench-Davis (1997), "Managing Capital Inflows in Chile", WIDER Project on Short-Term Capital Movements and Balance of Payments Crises, World Institute for Development Economics Research, Helsinki, mayo, manuscrito.

Agosin, M.R., L. Letelier, y R. Fuentes (1994), "Los capitales extranjeros en las economías latinoamericanas: Chile", en J.A. Ocampo (ed.), *Los capitales extranjeros en las economías latinoamericanas*, FEDESARROLLO y Banco Interamericano de Desarrollo, Bogotá.

Calvo, G.A., L. Leiderman, y C. Reinhart (1993), "Capital Inflows and Real Exchange Appreciation in Latin America: The Role of External Factors", *IMF Staff Papers*, Vol. 40, N° 1, marzo.

Calvo, G.A. y E.G. Mendoza (1996), "Petty Crime and Cruel Punishment: Lessons from the Mexican Debacle", *American Economic Review*, Vol. 86, N° 2, mayo.

Claessens, S., M.P. Dooley, y A. Warner (1995), "Portfolio Capital Flows: Hot or Cold?", *The World Bank Economic Review*, Vol. 9, N° 1, enero.

Dixit, A.K. y R.S. Pindick (1994), *Investment Under Uncertainty*, Princeton University Press, Princeton, NJ.

Elbadawi, I.A. (1994), "Estimating Long-Run Equilibrium Real Exchange Rates", en J. Williamson (editor), *Estimating Equilibrium Exchange Rates*, Institute for International Economics, Washington, D.C.

Elbadawi, I.A. y R. Soto (1994), "Capital Flows and Long-term Equilibrium Real Exchange Rates in Chile", Banco Mundial, Washington, D.C., manuscrito.

Ffrench-Davis, R. (1973), *Políticas económicas en Chile, 1952-1970*, Ediciones Nueva Universidad, Pontificia Universidad Católica de Chile, Santiago.

Ffrench-Davis, R. (1984), "Indice de precios externos: un indicador para Chile de la inflación internacional, 1950-83", *Colección Estudios CIEPLAN*, N° 13, junio.

Ffrench-Davis, R. (1990), "Debt-equity swaps in Chile", *Cambridge Journal of Economics*, Vol. 14, marzo.

Ffrench-Davis, R., M.R. Agosin, y A. Uthoff (1995), "Movimiento de capitales, estrategia exportadora y estabilidad macroeconómica en Chile", en R. Ffrench-Davis y S. Griffith-Jones (eds.), *Las nuevas corrientes financieras hacia la América Latina: fuentes, efectos y políticas*, Fondo de Cultura Económica, Santiago y México.

Helpman, E., L. Leiderman, y G. Bufman (1994), "A New Breed of Exchange Rate Bands: Chile, Israel and Mexico", *Economic Policy*, N° 19, octubre.

Lehmann, S. (1991), "Determinantes de la inversión productiva privada en Chile (1981-89)", *Colección Estudios CIEPLAN*, N° 33, diciembre.

Lehmann, S. (1994), "Inversión productiva privada bajo incertidumbre: un modelo teórico y un análisis empírico para Chile", *Colección Estudios CIEPLAN*, N° 39, junio.

McKinnon, R.I. (1991), "Instruments of Financial Repression", *The Order of Economic Liberalization - Financial Control in the Transition to a Market Economy*, The Johns Hopkins University Press, Baltimore y Londres.

Rama, M. (1993), "Empirical Investment Equations for Developing Countries", en L. Servén y A. Solimano (eds.), *Striving for Growth after Adjustment - The Role of Capital Formation*, Banco Mundial, Washington, D.C.

Repetto, A. (1994), "Políticas macroeconómicas y tipo de cambio real: Chile, 1980-91", *Colección Estudios CIEPLAN*, N° 39, junio.

Riveros, L, J. Vatter, y M.R. Agosin (1996), "La inversión extranjera directa en Chile, 1987-93: aprovechamiento de ventajas comparativas y conversión de deuda", en M.R. Agosin (ed.), *Inversión extranjera directa en América Latina: su contribución al desarrollo*, Fondo de Cultura Económica, Santiago.

Sachs, J., A. Tornell, y A. Velasco (1996), "The Collapse of the Mexican Peso: What Have We Learned'", *Economic Policy*, N° 22.

Solimano, A. (1990), "Inversión privada y ajuste macroeconómico. la experiencia chilena en la década de los 80", *Colección Estudios CIEPLAN*, N° 28, marzo.

Stiglitz, J. y A. Weiss (1981), "Credit Rationing in Markets with Imperfect Information", *The American Economic Review*, Vol. 71, junio.

Valdés-Prieto, S. y M. Soto (1996), "New Selective Capital Controls in Chile: Are They Effective?", Pontificia Universidad Católica de Chile, Santiago, manuscrito.

Williamson, J. (1996a), *The Crawling Band as an Exchange Rate Régime: Lessons form Israel, Chile and Colombia*, Institute for International Economics, Washington, D.C.

Williamson, J.(1997), "Prospects for Avoiding Crises with Liberalized Capital Flows", *Estudios de Economía*, diciembre, en prensa.

VI

Flujos de capital, ahorro e inversión en Colombia, 1990-96

José Antonio Ocampo
*Camilo Tovar**

Síntesis

Este documento analiza la naturaleza de los flujos de capital, los efectos de las políticas macroeconómicas adoptadas para alterar su tamaño y su composición, y su relación con el comportamiento del ahorro y la inversión en Colombia en la década de los noventa. El trabajo muestra que la liberalización parcial de la cuenta de capitales, en especial la de septiembre de 1993, provocó un auge en el financiamiento externo. Este proceso se vio también favorecido por los diferenciales entre las tasas de interés internas y externas generados por la política monetaria y cambiaria. Colombia mantuvo, sin embargo, importantes controles de capital basados en un sistema de encajes, los cuales fueron efectivos en reducir el monto del financiamiento externo y en mantener un perfil favorable de la deuda. La evidencia sugiere que el financiamiento externo sustituyó el ahorro de los hogares y estimuló la inversión de las empresas privadas. Igualmente, los mayores flujos de capital y la mayor carga tributaria se reflejaron en una disminución del ahorro privado y en un fuerte deterioro del déficit privado. Sin embargo, a nivel agregado, los mayores impuestos tuvieron un efecto positivo sobre el ahorro, a través de sus efectos favorables sobre el ahorro del sector público. No existe evidencia de efectos directos de la liberación comercial sobre el ahorro y la inversión. No obstante, la liberalización comercial y la revaluación redujeron el precio relativo de la maquinaria y equipo, estimulando la inversión de las empresas privadas. Finalmente, se concluye que las políticas macroeconómicas que acompañaron el auge del financiamiento externo y de la inversión eran insostenibles. Por ello, se llama la atención sobre la necesidad de adoptar una política macroeconómica que incluya los controles sobre los flujos de capital, basados en el sistema de encajes, como uno de sus instrumentos.

* Ministro de Hacienda y Crédito Público y Asesor del Ministro, respectivamente. Agradecemos especialmente los comentarios de Ricardo Ffrench-Davis, Helmut Reisen, Barbara Stallings, Roberto Steiner y Leonardo Villar. El trabajo paralelo de Mauricio Cárdenas y Felipe Barrera (1997) sirvió para aclarar algunas ideas desarrolladas en la segunda sección. Queremos agradecer también la colaboración de María Mercedes Botero, Olga Lucia Jaramillo y Guillermo Murcia.

Introducción

El desempeño macroeconómico colombiano ha estado determinado en la década de los noventa por la compleja interacción entre reformas estructurales, cambios en la política macroeconómica y presiones provenientes del mercado internacional de capitales. En este proceso, los flujos externos de capital han jugado un papel fundamental. El presente trabajo analiza la naturaleza de los flujos de capital, los efectos de las políticas macroeconómicas dirigidas a alterar su tamaño y composición y su relación con la evolución del ahorro y la inversión. Está dividido en cuatro secciones. La primera hace un recuento de los eventos macroeconómicos. La segunda analiza la evolución y los determinantes de los flujos externos de capital. La tercera considera la relación entre estos flujos, el ahorro y la inversión. El trabajo termina con una breve sección de conclusiones.

1. Los eventos macroeconómicos de los noventa

El inicio de la década de los noventa se caracterizó por cambios importantes en el patrón de crecimiento que Colombia había venido experimentando durante el segundo lustro de los años ochenta. Los elementos más importantes de la política macroeconómica adoptada desde mediados de la década pasada fueron una política activa de devaluación, el regreso a una política fiscal ortodoxa y una disminución en el financiamiento externo (cuadro 1). De este modo, los déficit fiscal y en cuenta corriente que caracterizaron la primera mitad de la década se redujeron notablemente y, de hecho, la economía comenzó a experimentar, en algunos años, superávit en la cuenta corriente de la balanza de pagos. Por otra parte, la mini-bonanza cafetera de 1986 inició una nueva fase de crecimiento económico, liderado por los sectores productores de bienes comercializables internacionalmente. Los altos aranceles y los elevados niveles de la protección no arancelaria, no impidieron un crecimiento espectacular de las exportaciones, tanto no tradicionales como mineras (petróleo, carbón y níquel). En 1991, al final de esta bonanza exportadora, las exportaciones de bienes y servicios, alcanzaron el 22.7% del PIB, contra un promedio del 14.4% en 1980-85 (cuadro 2 y gráfico 1). Igualmente, entre 1985 y 1991, las exportaciones de bienes experimentaron una notable diversificación, que se reflejó en una caída de la participación del café en las exportaciones totales, del 49.3 al 18.4%, y en un aumento paralelo de las exportaciones no tradicionales y mineras, las cuales aumentaron su participación del 32.1 al 49.1%, y del 18.6 al 32.6%, respectivamente.

El lunar de esta fase de crecimiento fue el comportamiento de la inflación. Por otra parte, el ritmo de crecimiento económico, después de acelerarse en 1986-1987, tendió a disminuir. El descontento con el desempeño macroeconómico y los efectos demostración de políticas similares adoptadas en otros países, llevaron al país a poner en marcha una serie de reformas estructurales. Estas se pusieron en marcha a fines de la Administración Barco (agosto 1986-agosto de 1990) y durante los primeros años de la Administración Gaviria (agosto de 1990-agosto de 1994). Por otra parte, algunos eventos paralelos impulsaron la adopción de reformas importantes en el ámbito político, en especial la expedición de la nueva Constitución de 1991.

En el frente externo, el proceso incluyó una importante liberación comercial y del régimen de inversión extranjera directa, al igual que del régimen cambiario. En el frente interno, la reforma se complementó con la creación de un banco central independiente y una reforma del sector financiero, esta última orientada a aumentar la competencia entre intermediarios financieros. Por otra parte, se dio paso a una rápida descentralización fiscal, acelerando con ello un proceso que había iniciado la Administración Betancur a mediados de los ochenta. Igualmente, se adoptó un proceso moderado de privatizaciones y un programa más ambicioso orientado a diseñar nuevas reglas para la participación privada en los servicios sociales y de infraestructura. Por último, el proceso incluyó una reforma moderada del régimen laboral y una más ambiciosa del sistema de Seguridad Social.

En contraposición con los patrones internacionales, este proceso estuvo acompañado por un crecimiento significativo del gasto público, financiado en gran medida con mayores ingresos fiscales. La expansión del gasto público tuvo como fundamento las nuevas responsabilidades del Estado en el frente social y de justicia, y el rápido incremento de las transferencias a las regiones para inversión social, decretados por la Constitución de 1991 y las leyes que la desarrollaron. Un elemento adicional importante fue el aumento de los recursos para las fuerzas armadas.

Este patrón de reformas se ha mantenido desde agosto de 1994 bajo la Administración Samper, y se ha acelerado en áreas tales como el de la participación privada en infraestructura. No obstante, el aumento del déficit fiscal ha generado, desde mediados de 1995, esfuerzos para reducir el gasto público.

A lo largo del periodo analizado han habido importantes cambios en la política macroeconómica. Su comportamiento se muestra en los cuadros 1 y 2 y en los gráficos 1 a 3. En ellos se pueden diferenciar, durante el período de análisis, cinco fases principales en la evolución de la política económica:

Fase I: Desde mediados de 1989, la devaluación nominal se aceleró como respuesta al colapso del acuerdo internacional del café y como antesala a la liberación comercial, emprendida por la Administración Barco en febrero de 1990. En noviembre de 1990, bajo la Administración Gaviria, se eliminaron las barreras no arancelarias y se anunció un cronograma de desgravación arancelaria a tres años. Un crecimiento económico moderado (4.3% en 1990) coincidió con una nueva aceleración de la inflación, la cual llegó al 32% al finalizar 1990. Para entonces, existía un consenso general de que el factor crítico detrás del comportamiento de la inflación era la subvaluación de la tasa de cambio.

Fase II: Como respuesta al aumento de la inflación, en diciembre de 1990/enero de 1991 se puso en marcha una drástica política de estabilización. Sus elementos básicos fueron operaciones masivas de mercado abierto, un encaje marginal del 100% para la mayoría de los depósitos del sistema financiero y una reducción de la tasa de devaluación del peso. El resultado fue el aumento de las tasas de interés reales, lideradas por las tasas de los títulos del Banco de la República, y la caída del crédito real interno. Por su parte, la política fiscal del gobierno central tuvo un comportamiento moderadamente contraccionista, facilitado por la reforma tributaria de 1990, que incrementó la tasa básica del IVA del 10 al 12%. Las políticas monetaria y crediticia contraccionistas generaron un estancamiento de la demanda interna, que provocó una "recesión a la colombiana". Con un rezago, la inflación cedió igualmente.

El drástico control monetario adoptado durante esta fase tenía elementos auto-destructivos. En particular, las elevadas tasas de interés internas, junto con la disminución de la tasa de deva-

Cuadro 1

COLOMBIA : VARIABLES DE POLITICA MACROECONOMICA

	1975 - 79	1980 - 85	1986 - 90	1991 - 96	1990	1991	1992	1993	1994	1995	1996
TASA DE CAMBIO REAL (1986 = 100)	78.6	70.8	100.1	101.7	111.5	108.3	102.8	103.4	95.6	96.5	94.1
TASAS DE INTERES REAL											
OPERACIONES DE MERCADO ABIERTO			4.5	4.1	6.7	8.4	-3.3	2.1	4.1	9.0	6.7
CDT (90 DIAS)		10.3	6.4	4.3	4.9	4.5	-0.4	2.5	5.4	9.4	8.4
TASA PROMEDIO DE COLOCACION			14.1	12.8	12.6	12.8	8.1	10.9	14.3	17.9	17.2
CRECIMIENTO REAL DE LA OFERTA MONETARIA											
M1	4.1	0.2	2.7	1.9	-15.4	-1.2	9.9	8.5	6.7	-11.2	-1.7
M2	9.0	8.1	3.6	8.8	0.8	-2.0	13.3	11.9	14.2	6.5	0.5
M3		10.3	4.0	9.6	1.1	-2.0	11.3	13.3	15.2	10.9	0.7
OPERACIONES DE MERCADO ABIERTO											
(PASIVOS A FIN DE AÑO COMO % DEL PIB)			1.6	3.7	2.3	6.3	6.1	3.9	1.9	0.3	0.7
CRECIMIENTO REAL DEL CREDITO INTERNO		5.6	8.5	10.0	10.5	-7.6	1.0	22.5	20.8	17.0	7.2
GASTO TOTAL DEL SECTOR PUBLICO NO FINANCIERO(% DEL PIB)											
DANE (CAUSACION)	19.8	27.2	27.7	29.6	28.2	28.1	30.0	30.6			
DNP(OPERACIONES EFECTIVAS DE CAJA. NETAS DE TRANSFERENCIAS INTRAGUBERNAMENTALES)				28.2	24.3	25.1	27.0	28.4	28.1	32.7	36.9
SUPERAVIT O DEFICIT FISCAL CONSOLIDADO	-1.5	-5.3	-1.5	0.1	-0.5	0.0	-0.1	0.1	2.7	-0.1	-1.1
GOBIERNO CENTRAL	-0.2	-3.3	-0.9	-0.7	-0.7	0.4	0.2	-0.3	1.0	-2.4	-3.2
RESTO DEL SECTOR PUBLICO	-1.3	-2.0	-0.6	0.9	0.2	-0.4	-0.3	0.4	1.7	2.3	2.1

Fuentes: Variables monetarias: Banco de la República.

Variables fiscales: Ministerio de Hacienda. DANE y DNP.

Cuadro 2

COLOMBIA : INDICADORES DE DESEMPEÑO MACROECONOMICO.

	1975 - 79	1980 - 85	1986 - 90	1991 - 96	1990	1991	1992	1993	1994	1995	1996
CRECIMIENTO DEL PIB	5.0	2.6	4.6	4.1	4.3	2.0	4.0	5.4	5.7	5.4	2.1
VALOR AGREGADO BIENES COMERCIALIZABLES	4.9	1.8	5.7	3.2	5.4	2.0	2.7	5.4	4.1	4.9	0.0
VALOR AGREGADO BIENES SERVICIOS NO COMERCIALIZABLES	5.1	3.2	3.7	5.2	2.8	2.3	4.9	5.8	8.2	5.7	4.4
CRECIMIENTO DE LA DEMANDA AGREGADA INTERNA	4.8	2.4	3.4	6.8	2.3	0.1	10.0	12.1	9.9	7.1	1.9
TASA DE OCUPACION (% DE LA POBLACION EN EDAD DE TRABAJAR)	45.8	48.2	50.9	54.4	52.2	53.5	54.6	55.0	54.6	54.5	52.9
DESEMPLEO URBANO(% DE LA POBLACION ECONOMICAMENTE ACTIVA)	9.4	11.1	11.4	9.3	10.5	10.2	10.2	8.6	8.9	8.8	11.3
INFLACION (IPC FIN DE AÑO)											
PROMEDIO	23.9	26.7	22.3	23.0	32.4	26.8	25.1	22.6	22.6	19.5	21.6
ULTIMO AÑO DEL PERIODO	28.8	22.4	32.4	21.6							
EXPORTACIONES (% DEL PIB A PRECIOS DE 1975)	15.0	14.4	18.5	22.9	20.7	22.7	23.1	23.3	22.0	22.6	23.1
SALDOS DE LA BALANZA DE PAGOS											
(% PIB A TASA DE CAMBIO DE PARIDAD DE 1994)											
COMERCIAL	3.5	-3.1	3.9	0.5	4.2	6.1	2.3	-2.7	-3.3	-3.3	-2.5
CUENTA CORRIENTE	1.3	-8.1	0.3	-1.3	1.2	4.9	1.7	-3.7	-4.7	-5.4	-5.6

Fuente: DANE y Banco de la República.

Gráfico 1

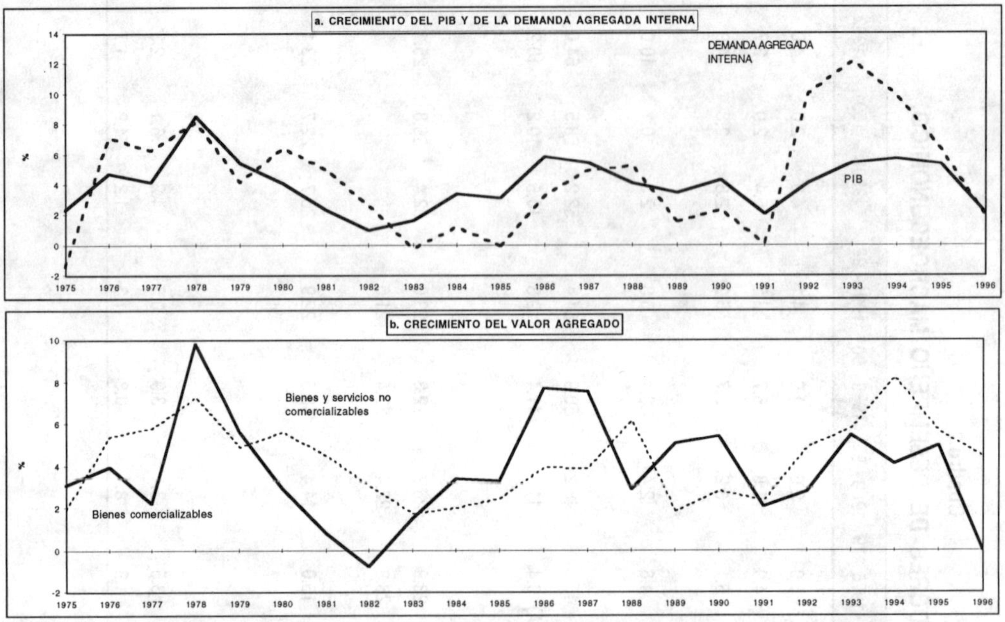

Definiciones: Transables: Agricultura, minería e industria. No transables: servicios y construcción.

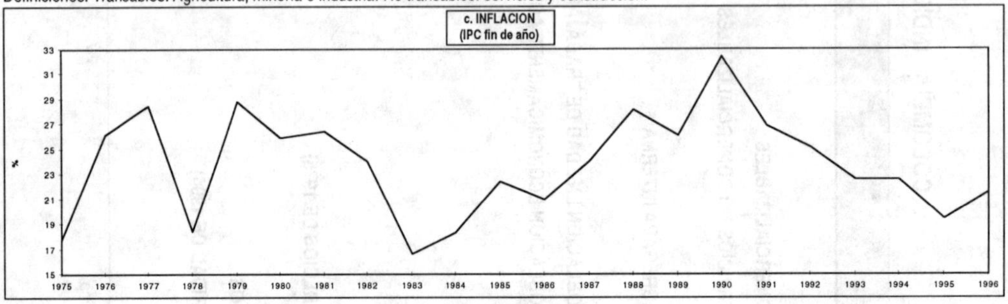

Fuente: DANE.

Gráfico 2

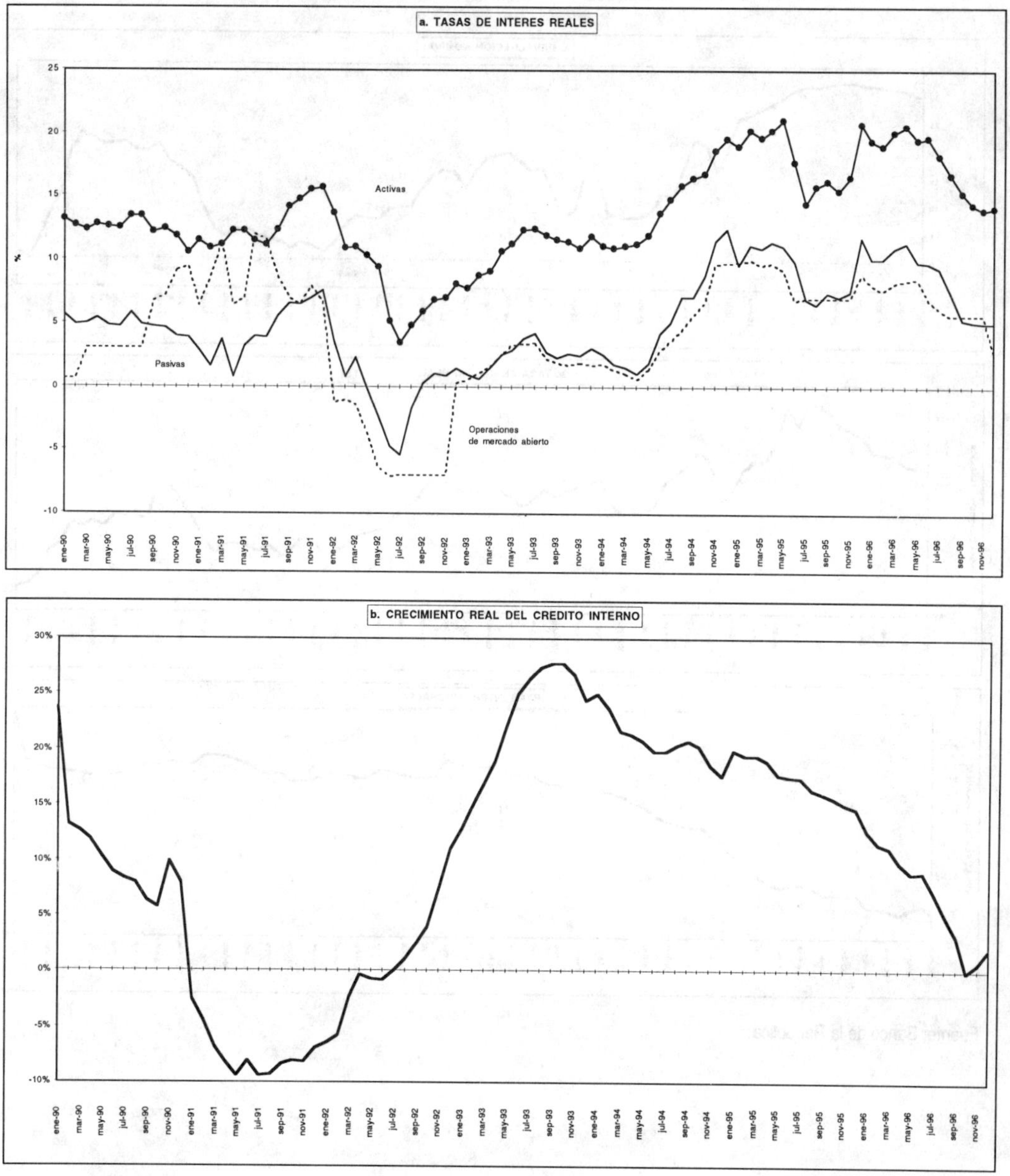

Fuente: Banco de la República.

Gráfico 3

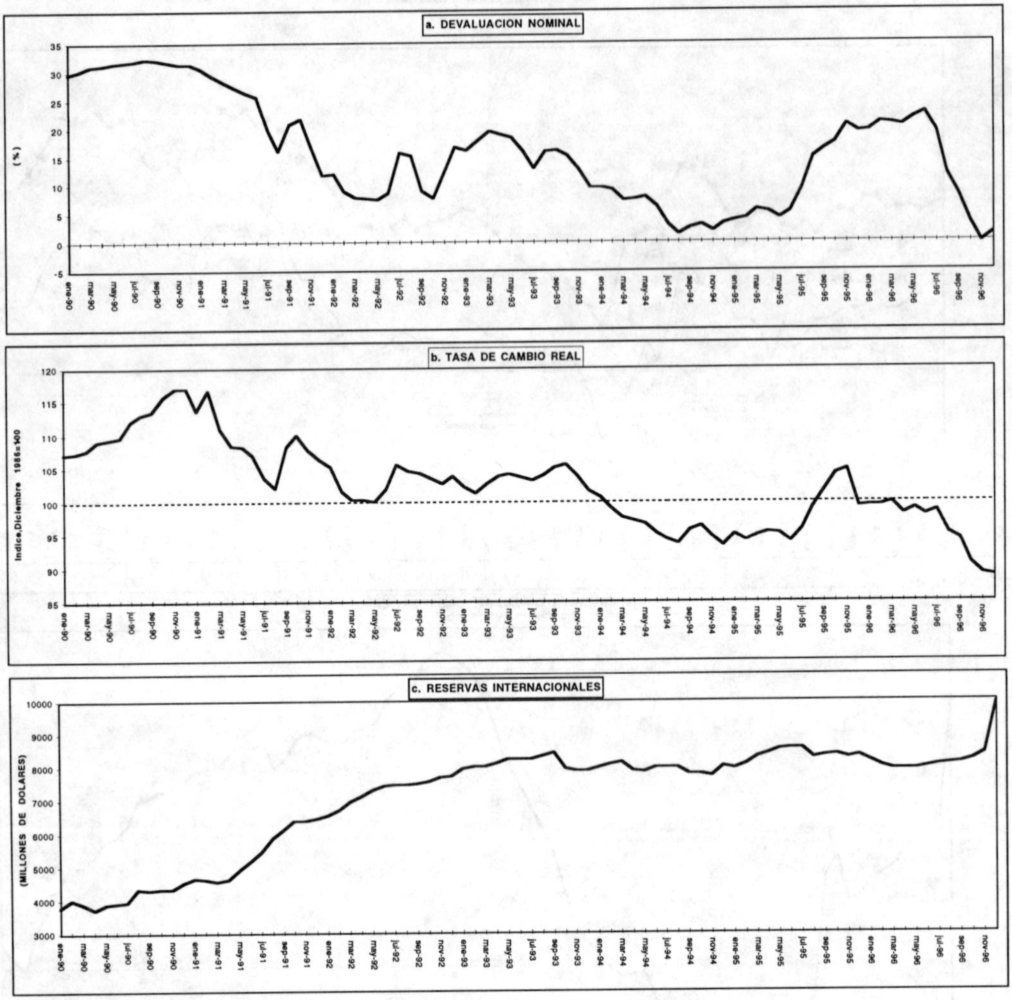

Fuente: Banco de la República.

luación, generó incentivos importantes a la entrada de capitales, los cuales se filtraron pese a los controles cambiarios. La amnistía a la repatriación de capitales nacionales en el exterior, decretada por la reforma tributaria en 1990, facilitó este proceso. Por su parte, la lentitud con la cual se corrigió la subvaluación de la tasa de cambio y la caída en la demanda de importaciones, como resultado de la recesión doméstica, facilitaron un fuerte incremento del superávit de la cuenta corriente de la balanza de pagos, que alcanzó el 3.0% del PIB en 1991 (probablemente sobredimensionado, como resultado de los flujos de capital que se filtraron a través de las balanzas comercial y de servicios). En estas condiciones, el gobierno decidió acelerar la reducción arancelaria, adoptando en agosto de 1991 los niveles de protección previstos para 1994, al final del período de desgravación[1]. En cualquier caso, la acumulación de reservas se aceleró y el control monetario sólo se pudo realizar a costa de una masiva esterilización monetaria. Esta se elevó a niveles sin precedentes, tal como lo indica la acumulación de pasivos no monetarios del Banco de la República (6.3% del PIB al finalizar 1991 vs. 2.3% el año inmediatamente anterior). Como consecuencia del pago de intereses sobre dichos pasivos, el déficit cuasifiscal se incrementó igualmente.

Para enfrentar las crecientes dificultades del programa de ajuste, las autoridades recurrieron, en junio de 1991, a un mecanismo que había sido empleado en bonanzas cambiarias anteriores. La Junta Monetaria determinó que los certificados de cambio solo podrían redimirse tres meses después de expedidos; el Banco de la República podría comprarlos, en cualquier caso, con un descuento del 10%. La ampliación del período de redención tuvo dos efectos: primero, redujo inmediatamente el precio de los certificados, esto es, generó una revaluación efectiva de la tasa de cambio; en segundo lugar, forzó a los agentes domésticos a mantener un saldo de certificados no redimidos, lo que era equivalente a una operación de mercado abierto. Así pues, el sistema generó tanto flexibilidad en la tasa de cambio como esterilización monetaria (monetización rezagada de la acumulación de reservas internacionales). Por otra parte, para reducir las deudas comerciales externas de corto plazo, se decretó que los bienes intermedios y de consumo tendrían que ser pagados en el exterior dentro de los seis meses siguientes a su entrada al país.

<u>Fase III:</u> Durante la Fase II se generó un consenso sobre los efectos de "bola de nieve" que estaba produciendo la esterilización masiva de reservas internacionales. De acuerdo con algunos autores, la combinación de políticas de este período era precisamente aquella que <u>maximizaba</u> la acumulación de reservas internacionales (Lora, 1991). En septiembre de 1991, al comenzar sus actividades la nueva Junta Directiva del Banco de la República, bajo el nuevo esquema de autonomía establecido en la Constitución del mismo año, se adoptaron cambios significativos en la política monetaria y cambiaria. En octubre, el período de redención de los certificados de cambio se incrementó a un año, al igual que el descuento para su redención inmediata, que se elevó al 12.5%. Como el descuento mínimo durante los meses siguientes fue del 5.5%, se ha planteado que el sistema era equivalente a una banda cambiaria, con el centro de la banda a una tasa de descuento del 9% sobre el precio de certificados de cambio vencidos y una fluctuación máxima del 3.5% a cada lado de la banda. No obstante, como se verá más adelante, había importantes diferencias entre este esquema y el sistema explícito de bandas cambiarias adoptado en 1994, por lo cual el símil no es apropiado.

[1] En el momento de adoptar esta decisión, se señaló que el cronograma de desgravación anunciado estaba generando incentivos para posponer las importaciones. En contraposición a esta explicación, Ocampo (1993) argumentó que la recesión doméstica estaba afectando la demanda de importaciones mucho más que este factor.

En septiembre de 1991, se eliminó el encaje marginal de 100%. Simultáneamente, la Junta redujo drásticamente las tasas de interés sobre las operaciones de mercado abierto y se fijó un techo temporal sobre las tasas de colocación domésticas. Como resultado de ello, a comienzos de 1992 las tasas de interés reales de las operaciones de mercado abierto se tornaron negativas, arrastrando las tasas de interés del mercado. Por otra parte, entre 1992 y 1993, se redujeron los requerimientos de encaje sobre los depósitos a término. Como resultado de todo lo anterior, se produjo un gran auge de todos los agregados monetarios y crediticios. Se argumentó inicialmente que la endogeneidad de la oferta monetaria y el aumento en la demanda doméstica de activos monetarios y financieros habían hecho que las tasas de interés se convirtieran en el objetivo principal de la política monetaria en lugar de los agregados monetarios. No obstante, la elevación gradual de las tasas de interés desde fines de 1992 reflejó el desplazamiento gradual hacia una política monetaria menos expansionista. En cualquier caso, los agregados monetarios y crediticios siguieron creciendo rápidamente, alcanzando en el tercer trimestre de 1993 el pico de crecimiento del crédito real interno, 27% en términos anuales. Por otra parte, las normas de endeudamiento externo se relajaron simultáneamente, en especial en septiembre de 1993 (véase más adelante).

Simultáneamente, el rápido crecimiento de los ingresos gubernamentales, obtenidos con la nueva reforma tributaria de 1992, se reflejó en uno de los períodos de más rápido crecimiento del gasto público en la historia de Colombia. El déficit fiscal permaneció, sin embargo, bajo control. La combinación de políticas expansionistas —fiscal, monetaria y de endeudamiento externo— se reflejó rápidamente en un crecimiento sin precedentes de la demanda agregada interna. Esta, creció en términos reales un 10% en 1992 y un 12% en 1993. Impulsado por los sectores productores de bienes y servicios no comercializables, el PIB recobró su dinamismo, alcanzando en 1993 un crecimiento del 5.4%. Sin embargo, en un régimen de apertura, el aumento de la demanda agregada interna se reflejó en un crecimiento aún más rápido de las importaciones. Simultáneamente, como consecuencia de la apreciación de la tasa de cambio, y pese a los efectos favorables de los nuevos acuerdos de integración suscritos durante estos años, la bonanza exportadora iniciada a mediados de la década de los ochenta terminó en 1991. Así lo muestra la evolución de la relación de las exportaciones al PIB (cuadro 2). Ambos factores provocaron un deterioro acelerado de la cuenta corriente de la balanza de pagos. Ello facilitó, sin duda, la menor acumulación de reservas internacionales. Los efectos de la apreciación de la tasa de cambio real sobre los precios de los bienes comercializables —particularmente los precios agrícolas en 1993— se reflejó también en una reducción gradual de la inflación. No obstante, la inflación sin alimentos tendió a acelerarse en 1993.

Fase IV: A finales de 1993, el Banco de la República comenzó a preocuparse por el rápido crecimiento de los agregados monetarios, de la demanda interna y de la inflación. Ello sentó las bases para el retorno a una política monetaria más restrictiva. La preocupación inicial de las autoridades fue cómo recobrar el control monetario en una economía mucho más abierta de lo que había sido en el pasado. Esta situación condujo, en enero de 1994, a la decisión de establecer el sistema de bandas cambiarias. La flexibilidad dentro de la banda fue considerada como esencial para recobrar el control en los agregados monetarios (Urrutia, 1995). El centro de la banda se determinó de acuerdo con la tasa de descuento que tenían los certificados en el momento (11.6%) y los márgenes de fluctuación se fijaron en un 7% a cada lado de la banda, esto es, el doble de lo que había prevalecido bajo el sistema "implícito" de bandas que se puede decir que existía en el régimen previo de certificados de cambio.

Sin embargo, existen dos diferencias importantes entre uno y otro régimen cambiario. En primer lugar, el Banco de la República ha intervenido dentro de la banda para estabilizar la tasa de cambio cuando el mercado experimenta fuertes fluctuaciones de corto plazo. Estas intervenciones, que han sido comunes desde la introducción de la banda cambiaria, no existían en el esquema anterior, por lo cual el sistema de bandas ha sido uno de flotación sucia[2]. En segundo lugar, a pesar de que se ha afirmado que la banda sólo se preanuncia por 10 días, las declaraciones del Banco de la República y del gobierno sobre las metas macroeconómicas del año han sido interpretadas generalmente por el público, a partir de 1994, como un preanuncio de la tasa de devaluación. Esto representó también un cambio radical en la política cambiaria, puesto que la tasa de devaluación nunca había sido preanunciada desde cuando se estableció en Colombia en 1967 el régimen de minidevaluaciones. Como se mencionó, el centro de la banda se revaluó cerca del 3%, pero bajo las presiones generadas por un aumento en las tasas de interés (véase más adelante), la tasa de cambio pronto alcanzó y permaneció cerca del piso de la banda. En diciembre de 1994, el Banco revaluó explícitamente la banda en un 7%.

La revaluación y la flexibilidad de la tasa de cambio estuvieron acompañadas por un manejo monetario y crediticio más activo. Entre marzo y julio de 1994, se establecieron topes al crecimiento del crédito, pero este ensayo no tuvo buenos resultados. En el segundo trimestre del año, las tasas de interés empezaron a elevarse fuertemente, y al finalizar el año excedían por un margen considerable a aquellas típicas en 1991, durante el período anterior de restricción monetaria. El crecimiento de los agregados monetarios y crediticios comenzó a experimentar una desaceleración, que al principio fue lenta, sin duda reflejando una demanda todavía pujante. En marzo de 1994, el Banco aumentó las restricciones al endeudamiento externo. Estas medidas se hicieron más severas en agosto de 1994, cuando la nueva Administración presionó al Banco de la República para que tomara estas medidas como elemento central de un paquete de políticas que buscaban poner fin a la revaluación real del peso.

La política fiscal continuó siendo expansionista. Pese a que la combinación de una política fiscal expansionista y una política monetaria contraccionista terminó reflejándose en una caída de la demanda agregada, ésta continuó creciendo durante 1994 a tasas excesivamente elevadas (cerca del 10% en términos reales). Esto condujo a una bonanza de los sectores productores de bienes y servicios no comercializables, los cuales impulsaron el crecimiento del PIB del 5.7% en dicho año. Sin embargo, el aumento de la demanda agregada y la apreciación de la tasa de cambio real se volvieron a reflejar en un deterioro de la cuenta corriente de la balanza de pagos. La inflación sin alimentos recobró su tendencia a la baja, pero el aumento de los precios agrícolas impidió que la inflación global descendiera. Para combatir los elementos inerciales de la inflación colombiana, la Administración Samper negoció, en diciembre de 1994, un acuerdo tripartito de ingresos y salarios (Pacto Social de Productividad, Precios y Salarios).

<u>Fase V:</u> En el segundo trimestre de 1995, era evidente que las elevadas tasas de interés habían empezado a afectar la demanda agregada. En particular, la prolongada bonanza de la construcción, iniciada en 1992, se interrumpió. Otros componentes de la demanda interna privada también se vieron afectados, lo cual obligó al gobierno a negociar con el Banco de la República una mezcla de políticas fiscal y monetaria más balanceada. Como resultado del acuerdo, se fijaron, en julio y

[2] Las intervenciones se realizan cuando la tasa de cambio toca el límite superior o inferior de una "mini-banda" fluctuante. Las reglas de intervención, incluyendo el diseño de la "mini-banda", las fija la Junta Directiva del Banco de la República, pero no son de conocimiento público.

agosto de 1995, controles temporales sobre las tasas de interés. Los encajes de los depósitos a la vista se redujeron marginalmente en julio, pero se incrementaron para los depósitos a término en diciembre, cuando se redujeron los de los depósitos del sector público. Las tasas de interés reales disminuyeron durante la mayor parte del segundo semestre, pero se incrementaron de nuevo en diciembre y permanecieron elevadas a lo largo del primer semestre de 1996.

Una nueva oleada de controversias caracterizó los primeros meses de 1996. Las altas tasas de interés generaron una caída notoria del crecimiento del crédito y de la demanda agregada doméstica. Estas controversias se vieron acrecentadas por las discusiones que surgieron en torno a los efectos que la crisis política podía estar teniendo sobre la actividad económica. Nuevos acuerdos entre el gobierno y el Banco Central condujeron, en febrero y marzo, a cierta liberalización del endeudamiento externo y, a lo largo del año, a importantes reducciones en los encajes, en particular para los depósitos a la vista. Por otra parte, el crecimiento del gasto público propio del gobierno central se redujo aún más. Sin embargo, las transferencias legales a las regiones y al sistema de seguridad social, el aumento en los pagos de intereses domésticos y la reducción en los ingresos tributarios, como consecuencia de la desaceleración del crecimiento del PIB, generaron un deterioro significativo del déficit del gobierno central en 1996. Esta situación desembocó en el diseño de un programa más severo de austeridad fiscal para 1997 (Ministerio de Hacienda y Crédito Público, 1996).

En su conjunto, la demanda agregada se desaceleró en 1995, pero especialmente en 1996. Esto tuvo efectos marginales sobre el crecimiento económico en 1995, cuando el crecimiento del PIB alcanzó 5.2%, pero tuvo consecuencias importantes en 1996, cuando se redujo al 2.1%, reflejando el estancamiento o la recesión de los sectores sensibles a la demanda. Este desempeño fue opuesto al de la evolución de la inflación, que cayó en 1995 pero, a pesar de la debilidad de la demanda interna, se aceleró en 1996 [3]. Por otra parte, la disminución en el crecimiento de la demanda agregada se reflejó en un giro en la tendencia de la balanza de pagos. En 1996 el déficit comercial cayó como proporción al PIB. La mejoría de las cuentas externas reflejó tanto el aumento en las exportaciones (exportaciones no tradicionales y de café en 1995, y de minerales en ambos años) como el final de la bonanza de importaciones que caracterizó el período de apertura comercial.

La creciente brecha entre el crecimiento de la demanda y la oferta agregadas, y sus efectos sobre las cuentas externas, que caracterizaron la expansión de 1992-94, desaparecieron, así, en 1995-96. Esto, junto con los mayores ingresos petroleros y la reconstrucción gradual (sin duda difícil) de un consenso entre el gobierno y el Banco de la República sobre la combinación adecuada de políticas fiscal y monetaria, debería permitir, en 1997 y 1998, el retorno a un crecimiento económico más acelerado.

[3] La evolución de la inflación en 1996 reflejó una fuerte inercia, así como el comportamiento de los precios de la educación y de los servicios públicos, asociados a los incrementos salariales, en el primer caso, y a una reducción gradual de los subsidios, en el segundo.

En su conjunto, la década del noventa ha sido un período de ciclos agudos de "pare y siga", asociados, en particular, a los giros de la política monetaria. Es paradójico que la autonomía del Banco de la República se haya reflejado en un manejo monetario más procíclico que aquel que caracterizó al país en el pasado y, en particular, que facilitara una de las expansiones más espectaculares de la demanda agregada de la historia económica de Colombia. Obviamente, el crecimiento del gasto público alimentó esta expansión de la demanda y, de acuerdo con los patrones internacionales, fue un apéndice paradójico de las reformas estructurales en marcha. Por su parte, la balanza de pagos experimentó un deterioro marcado, como consecuencia de los efectos conjuntos de la revaluación real y del crecimiento adicional de las importaciones inducido por la liberación comercial. La tendencia de la balanza de pagos cambió de signo recientemente como resultado de las políticas contraccionistas. Por su parte, el rápido crecimiento de las exportaciones como proporción del PIB, que caracterizó el segundo lustro de la década de los ochenta, bajo un régimen comercial que mantenía elevados niveles de protección, fue sucedido por un estancamiento de dicho coeficiente en 1991-95 (cuadro 2). Este comportamiento es el opuesto al que predicen los análisis simplistas que relacionan la liberación comercial con la dinámica exportadora y permite concluir con certeza que la tasa de cambio real ha sido un determinante mucho más importante de las exportaciones colombianas que el sesgo o neutralidad del régimen comercial.

2. Tendencias y determinantes de los flujos de capital

a) Controversias

El papel de los flujos de capital ha cambiado notoriamente a lo largo de los años noventa. A comienzos de la década, las controversias giraban en torno a la subvaluación de la tasa de cambio y al superávit de la cuenta corriente. En estas condiciones, los flujos de capital eran considerados un factor distorsionante, ya que, bajo estas condiciones, toda entrada de capitales se reflejaba necesariamente en una acumulación adicional de reservas internacionales. El problema central de la política económica era el de la sostenibilidad de los diferenciales entre las tasas de interés internas y externas y la esterilización masiva de reservas internacionales, bajo fuertes expectativas de revaluación de la tasa de cambio. Un elemento adicional de la discusión era el de la efectividad de los controles como mecanismo para contrarrestar los incentivos a los flujos de capital.

Con el transcurso de la década, estas discusiones no desaparecieron. La nueva administración planteó, en agosto de 1994, que los controles a los flujos de capital eran fundamentales para contrarrestar las expectativas de revaluación. La crisis mexicana y los eventos políticos domésticos contribuyeron igualmente, durante 1995 y el primer semestre de 1996, a cambiar las expectativas. Gradualmente se restableció un consenso sobre la necesidad de corregir las tendencias adversas de la tasa de cambio y de la cuenta corriente de la balanza de pagos, problemas que la nueva administración había intentado reintroducir en la discusión interna, en contra de las visiones más ortodoxas de algunos analistas. Esta discusión estaba estrechamente relacionada con otra, que también estuvo ausente de los debates internos hasta mediados de 1994, que resaltaba la tendencia adversa del ahorro privado a lo largo de la fase de expansión de la demanda de 1992-94, como una de las causas del deterioro de la balanza de pagos.

A lo largo de 1995, y durante la mayor parte de 1996, la discusión se reorientó hacia la sostenibilidad de los déficit existentes en la cuenta corriente y, por tanto, sobre la relación entre el déficit y el financiamiento externo disponible. En este sentido, existe un consenso general de que los controles de capital han tenido efectos favorables sobre la <u>estructura</u> del financiamiento externo (la alta proporción de financiamiento a largo plazo), que permite a Colombia evitar ataques especulativos como los que enfrentaron México y Argentina en 1994 y 1995. También, existe un consenso similar en que los déficit en la cuenta corriente son sostenibles, pero que es conveniente utilizar los mayores ingresos petroleros esperados para reducirlos gradualmente en el futuro. Las nuevas tendencias revaluacionistas del segundo semestre de 1996, asociadas de nuevo a los flujos de capital, volvieron a poner en primera plana de las discusiones internas el temor a que estos flujos, respaldados por los mayores ingresos petroleros, puedan generar síntomas de "enfermedad holandesa", que afectarían a los sectores comercializables y que contrarrestarían las expectativas de recuperación de la cuenta corriente de la balanza de pagos.

Otra controversia paralela, que ha estado presente desde 1992, ha estado relacionada con la posibilidad de emplear los flujos de capital como mecanismo para generar mayor competencia en el mercado financiero, forzando caídas en los elevados márgenes que tienen los intermediarios financieros nacionales[4]. En este trabajo no se aborda este tema, concentrándose más bien en las relaciones entre los diferenciales de intereses, los controles y los flujos de capital. En la sección 3 analizaremos el papel que juega el endeudamiento externo en el proceso de ahorro-inversión.

b) Regulaciones

A lo largo de los noventa ha habido en Colombia una importante liberación de las transacciones en moneda extranjera y una liberación virtualmente completa de la inversión extranjera directa [5], pero se han mantenido importantes controles a los flujos de capital de corto plazo.

La liberación de las regulaciones cambiarias se dio en dos etapas. La primera estuvo asociada a la Ley 9 de 1991 y a la Resolución 57 de junio de 1991 de la Junta Monetaria, que la desarrolló. Las dos introdujeron importantes modificaciones al sistema de control de cambios establecido por el Decreto 444 de 1967, que reguló las transacciones externas en Colombia por un cuarto de siglo. La principal innovación fue la descentralización de las transacciones cambiarias, que permite a los intermediarios financieros realizar dichas transacciones sin control previo del Banco de la República. Igualmente, se permitió la apertura de cuentas bancarias en el exterior para manejar los ingresos y los gastos en moneda extranjera. No obstante, la mayoría de las transacciones continuaron siendo reguladas, incluyendo la obligación, con muy pocas excepciones, de canalizarlas a través de intermediarios legalmente constituidos. Con respecto a las transacciones de capital, se estableció un vencimiento de un año para los préstamos externos, con la excepción de algunos créditos comerciales. También se mantuvieron importantes regulaciones sobre el uso final de los préstamos externos (inversión, exportaciones e importaciones) y algunas exenciones sectoriales. En todos estos aspectos hubo en realidad una gran continuidad entre las

[4] Ejercicios preliminares indican que hay una correlación estadística positiva entre los flujos de capital y los márgenes financieros para todos los grupos de intermediarios, aun si los flujos se rezagan varios meses. Esto es cierto incluso para las corporaciones financieras que sirven al sector corporativo, es decir, a aquellas empresas que tienen mayor acceso al mercado internacional de capitales.

[5] Desde 1991 sólo se requiere autorización previa para la inversión extranjera directa en los servicios públicos, las grandes inversiones mineras, los fondos de inversión y el sector bancario ; en este último caso también se exige para inversionistas nacionales. No existen restricciones a las remesas de utilidades de las compañías extranjeras. En 1994 se introdujeron algunas restricciones sobre las compras directas de finca raíz por parte de residentes en el exterior, aunque no para empresas extranjeras establecidas en Colombia.

regulaciones de 1991 y aquellas existentes desde 1967. Probablemente la principal innovación fue la Resolución 7, de febrero de 1992, expedida por la nueva Junta Directiva del Banco de la República, que permitió por primera vez obtener créditos de corto plazo en el exterior para financiar capital de trabajo.

La segunda etapa estuvo asociada a la Resolución 21 de septiembre de 1993, expedida por la Junta del Banco de la República, la cual introdujo un cambio mucho más importante en lo referente a las transacciones de capital. Transformó el sistema de regulaciones sobre los flujos de capital basado en el uso final de los créditos, prevaleciente desde 1967, por un sistema basado en su vencimiento. Aún más importante, permitió por primera vez a los intermediarios financieros domésticos realizar préstamos en moneda extranjera a las empresas nacionales y a los residentes, sin importar el uso final de dichos créditos. Estas reformas estuvieron acompañadas, sin embargo, por requisitos de registro más estrictos que en el pasado. En particular, se exigió que toda deuda en moneda extranjera fuese registrada en el Banco de la República, obligación que no existía antes de dicha fecha para las deudas comerciales de corto plazo. En mayo de 1997 se eliminó el requisito de registro, ya que el encaje comenzó a operar sobre los desembolsos y no sobre los registros de los créditos en moneda extranjera. La Resolución 21 autorizó también a los intermediarios financieros domésticos a realizar préstamos en divisas a extranjeros y a invertir en el exterior en activos líquidos.

En general, las restricciones a los flujos de capital que han existido a lo largo de los noventa han sido de cuatro clases diferentes :

i. Restricciones directas al endeudamiento en moneda extranjera. Como se señaló, hasta septiembre de 1993 se regularon tanto el uso de los préstamos extranjeros como su vencimiento mínimo (un año). Desde entonces, se introdujo un sistema de control basado en el mecanismo de encajes, que impuso unos depósitos obligatorios para todo préstamo en moneda extranjera con menos de cierto término de vencimiento, al cual denominamos "plazo de vencimiento mínimo". Este depósito puede interpretarse como un encaje, como un impuesto de igualación de intereses o como un impuesto Tobin. Esta última interpretación es posiblemente la más correcta, ya que el depósito se puede redimir inmediatamente a una tasa de descuento preestablecida. El plazo de vencimiento mínimo varió a lo largo del tiempo: se hizo más restrictivo en marzo y agosto de 1994, menos restrictivo en febrero y marzo de 1996 y nuevamente más restrictivo en marzo de 1997. Según veremos, el esquema de plazos mínimos fue eliminado en mayo de 1997.

En septiembre de 1993, se estableció un depósito del 47% a un año, en dólares, sobre los préstamos con un término de vencimiento inferior a 18 meses[6]. En marzo de 1994, se incrementó el plazo de vencimiento mínimo a tres años y se establecieron tres alternativas de depósito para los préstamos con plazos inferiores: un depósito del 93% para los de un año, 64% para los de dos años o 50% para los de tres años. En agosto de 1994 el plazo de vencimiento mínimo se incrementó a cinco años y el del depósito se igualó al del préstamo. La tasa del depósito se fijó de acuerdo con

[6] Esto significa que por cada US$100 efectivamente prestados, había que depositar US$47 en el Banco de la República durante el plazo señalado.

una tabla compleja, que tenía en cuenta el plazo de vencimiento de los préstamos: un máximo del 140% para aquellos a 30 días y un mínimo de 42.8% para préstamos con vencimiento a cinco años. En febrero de 1996 el plazo de vencimiento mínimo se redujo a cuatro años y se estableció una nueva versión de la tabla. En marzo de 1996, el plazo mínimo se redujo a tres años y se fijó un depósito único del 50% a 18 meses. En marzo de 1997 se aumentó a cinco años el plazo mínimo pero se mantuvieron inalterados los depósitos. Finalmente, en mayo de 1997 se eliminó el plazo mínimo y se estableció un depósito del 30%, en pesos, sobre los desembolsos de créditos externos, independientemente de su vencimiento; este depósito debe mantenerse en el Banco de la República durante 18 meses.

Gráfico 4

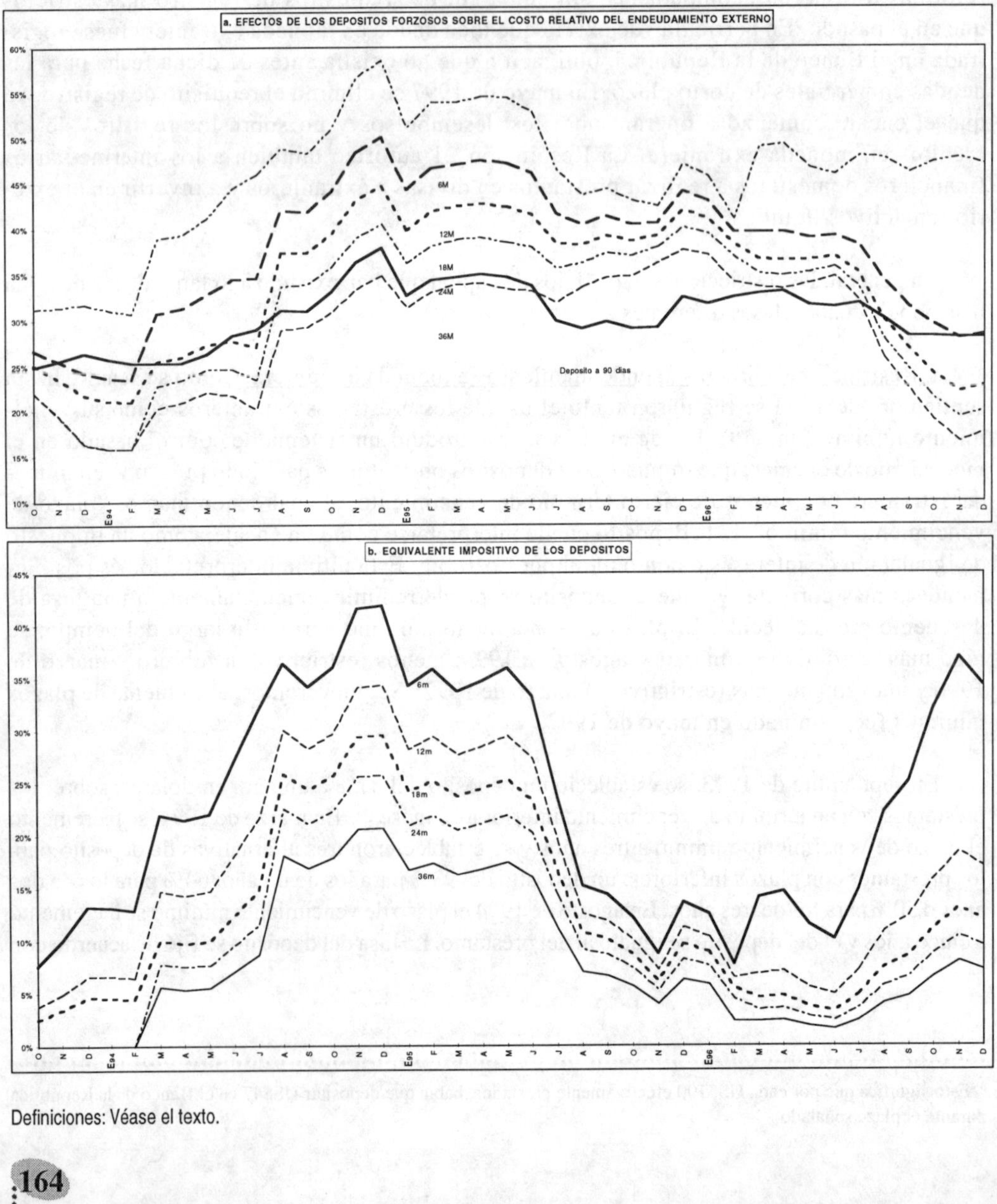

Definiciones: Véase el texto.

Como se puede apreciar, bajo el sistema de depósitos, los incentivos para prestar en moneda extranjera dependen tanto del diferencial de intereses, como de la devaluación y el costo de oportunidad de los depósitos. Como se señala en el apéndice, el impuesto equivalente de los depósitos depende de tres factores: (a) de la tasa del depósito; (b) de la relación entre el plazo de vencimiento del préstamo y del depósito; y (c) como entre septiembre de 1993 y mayo de 1997 los depósitos estaban denominados en dólares, su costo de oportunidad aumentaba (disminuía) si las tasas de interés subían (bajaban) o si la tasa de devaluación bajaba (subía). Hay que resaltar que este último efecto era contrario al impacto directo de la devaluación sobre el costo del préstamo en moneda extranjera: aumentaba cuando los costos directos del préstamo se reducían como consecuencia de la disminución en el ritmo de devaluación, pero tenían el efecto contrario cuando la devaluación se aceleraba.

El gráfico 4.a muestra el costo total de los préstamos a 6, 12, 18, 24 y 36 meses de plazo, comparado con la tasa típica de los depósitos a 90 días. El gráfico 4.b muestra, para los mismos plazos, el impuesto equivalente de los depósitos. Como se observa, las regulaciones no fueron muy restrictivas antes de agosto de 1994, excepto para las deudas a corto plazo (6 y 12 meses). Desde entonces, y hasta febrero de 1996, se incrementó significativamente, para todos los plazos, el costo relativo de los préstamos en moneda extranjera, lo cual se vio reforzado por la aceleración de la devaluación durante el segundo semestre de 1995. En cualquier caso, como se señaló, el impuesto equivalente de los depósitos disminuía cuando se aceleraba la devaluación. Las normas de febrero y marzo de 1996 redujeron el costo relativo del endeudamiento externo, pero lo mantuvieron elevado para los de corto plazo.

ii. Restricciones sobre el endeudamiento comercial. Estas regulaciones están asociadas a las normas sobre pagos de importaciones y prefinanciación de exportaciones. En diciembre de 1990, se estableció que las importaciones tenían que ser pagadas dentro de los tres meses siguientes al plazo de vencimiento del crédito, según lo establecido en el registro de importaciones. Esto equivalía a prohibir la rotación de las deudas comerciales. En junio de 1991, se estableció un período máximo de seis meses para el pago de importaciones de bienes intermedios y de consumo, estableciendo así, un período de vencimiento máximo para las deudas comerciales relacionadas. Este período se redujo a cuatro meses en agosto de 1994 y se incrementó de nuevo a seis meses en febrero de 1996.

Con respecto a las exportaciones, la Resolución 57 de 1991 permitió la prefinanciación a tres meses para la mayoría de las exportaciones (un año para los bienes de capital). La Resolución 21 de 1993, por su parte, estableció que todas las exportaciones debían estar sujetas a la reglamentación general sobre endeudamiento externo, con una excepción: una cuota especial de $350 millones para los préstamos con un vencimiento máximo de seis meses otorgados por el Banco de Comercio Exterior de Colombia —BANCOLDEX—, los cuales no estaban sujetos a depósitos. Esta cuota se incrementó a $450 millones en septiembre de 1994 y el término de vencimiento de los préstamos relacionados se extendió a un año ; se extendió adicionalmente, a US$500 millones, en abril de 1995 y a US$550 millones en septiembre de 1995. Aún más, en febrero y marzo de 1996 se otorgaron a los exportadores preferencias especiales para otros préstamos en moneda extranjera, ya que sólo se les exige un depósito de 15% frente al 50% para los demás agentes económicos.

A lo largo de la década han existido, finalmente, regulaciones especiales para el café. En 1991 se establecieron cuotas especiales para la prefinanciación de exportaciones, US$100 millones para la Federación Nacional de Cafeteros y US$100 millones para los exportadores privados.

En 1993, cuando se establecieron los depósitos para los préstamos en el exterior, se eximieron de este requisito aquellos créditos contratados bajo estas cuotas. En julio de 1994, se estableció que los exportadores privados podrían utilizar la cuota de la Federación si ésta no hacia uso de ella. En diciembre de 1995, se elevó temporalmente a US$150 millones la cuota de la Federación.

iii. Controles sobre la posición propia de los intermediarios financieros. Al prohibir a los intermediarios financieros tener una posición propia negativa en moneda extranjera, se les ha prohibido, en efecto, utilizar los fondos externos para prestamos en pesos. Por otra parte, al obligarlos a tener una posición propia positiva en períodos de revaluación del peso, se han elevado los costos de intermediación sobre los préstamos externos y se ha incrementado la demanda de divisas. Este instrumento ha sido utilizado frecuentemente en los años noventa. Así, en octubre de 1991, se estableció que los intermediarios financieros nacionales tendrían que tener una posición propia mínima equivalente al 30% de sus pasivos en moneda extranjera. Este requisito aumentó al 45% en marzo de 1992, pero se redujo al 40% en junio de 1993. En octubre de 1995 cayó nuevamente al 30% y se eliminó en noviembre de 1995. Por otra parte, en septiembre de 1994 se estableció un encaje marginal del 5% sobre los pasivos externos de los intermediarios financieros[7], que buscaba aumentar los costos de la intermediación de las líneas de crédito externo.

Hay que resaltar que forzar a los intermediarios a tener activos netos en moneda extranjera es una buena idea en períodos de exceso de oferta de divisas, pero puede ser una fuente de presiones especulativas bajo otras condiciones, según se hizo evidente durante la breve ola especulativa de agosto de 1995 [8]. Esto llevó a eliminar al poco tiempo el requisito de tener una posición neta de activos en moneda extranjera, a la vez que se establecieron, en septiembre de 1995, restricciones sobre las variaciones diarias de dichos activos. Las restricciones sobre los activos máximos en moneda extranjera que un establecimiento financiero puede mantener, podrían emplearse con dicho propósito (aunque no se ha hecho hasta ahora). Estas restricciones se establecen como proporción del patrimonio técnico (es decir, del patrimonio ponderado por el riesgo de los activos).

iv. Regulaciones complementarias que pueden afectar los flujos de capital. Las más importantes han sido las regulaciones sobre los activos internos de los fondos de inversión extranjera, los cuales operan en Colombia desde 1992. Por otra parte, para controlar el arbitraje de las tasas de interés que se puede filtrar a través de las transacciones de servicios y los flujos ilegales de fondos, se han adoptado diferentes políticas en distintos momentos. En abril de 1991 se establecieron descuentos sobre las ventas en efectivo al Banco de la República. Asimismo, se fijó una retención del impuesto a la renta del 3% sobre los ingresos por servicios, el cual se incrementó al 10% en julio de 1992 y se redujo al 3% en enero de 1996. Finalmente, en 1992, se establecieron controles temporales sobre los ingresos de turismo.

[7] Este requisito fue adicional al depósito que el prestamista tenía que hacer para los depósitos a un término inferior al de la maduración mínima.

[8] Durante esta ola especulativa, algunos intermediarios financieros aumentaron sus activos en moneda extranjera empleando sus recursos en pesos.

c) La magnitud y los determinantes de los flujos de capital

El gráfico 5 y el cuadro 3 resumen la evolución del financiamiento externo y de la deuda externa colombiana. Hay cuatro aspectos sobresalientes en el gráfico 5. En primer término, las necesidades de financiación en los años noventa, medidos por el déficit en la cuenta corriente de la balanza de pagos como proporción del PIB (estimado a precios de paridad de 1994) han sido menores a los de comienzos de los años ochenta. En segundo lugar, la inversión extranjera directa se ha convertido en la fuente de financiación más importante y estable, cubriendo en los últimos años casi todas las necesidades de financiación. El auge de las inversiones petroleras es una parte de esta historia, pero también lo es el de la inversión extranjera directa en los sectores de servicios, principalmente aquellos que se liberaron a comienzos de los años noventa (comercio, servicios públicos, sector financiero, etc.). En tercer lugar, los flujos de capital de corto plazo han jugado un papel secundario, siendo negativos en los últimos años. Así, pues, y para efectos prácticos, los déficit en cuenta corriente se han financiado básicamente con capitales de largo plazo, especialmente con inversión extranjera directa.

Según se muestra en el cuadro 3, la caída de los coeficientes de endeudamiento externo, que eran ya moderados en Colombia en la segunda mitad de los ochenta, continuó en los primeros años de los noventa. Desde 1992 han tendido a estabilizarse. En cualquier caso, existe una importante diferencia en la evolución de la deuda externa pública y privada. El aumento nominal de la deuda externa de Colombia a lo largo de la década, y en particular en 1992-94, estuvo asociada a préstamos al sector privado. Mientras que el coeficiente de endeudamiento del sector público ha disminuido a lo largo de la década, el del sector privado ha aumentado y supera hoy los niveles alcanzados en 1986, cuando terminó la fase de aumento acelerado de endeudamiento externo que había empezado a finales de los setenta. Ha habido también cambios importantes en la composición de la deuda, tanto pública como privada. En el caso del sector privado, los pasivos externos de largo plazo han crecido mas rápidamente. No obstante, ha habido también un importante crecimiento de la deuda de corto plazo, especialmente en 1993. En el caso del sector público, han predominado, a lo largo de la década, los pasivos de largo plazo. El principal cambio ha sido el aumento de la financiación a través de bonos y la caída relativa de la deuda bilateral. Por otra parte, el Banco Interamericano de Desarrollo ha desplazado al Banco Mundial como la principal fuente multilateral de financiación.

Dada la importancia de los flujos de capital privados, la atención se ha centrado sobre ellos en los años noventa. Por otra parte, debido a que la mayor parte de la literatura cubre períodos en los cuales prevaleció el control de cambios, la discusión se ha centrado en analizar hasta qué punto el arbitraje de intereses se ha filtrado a través de las balanzas comercial y de servicios. Varios autores han diseñado métodos para estimar indirectamente los flujos de capital privado, que pueden estar sujetos a discusión. Alternativamente, han diseñado pruebas estadísticas de la relación entre las tasas de interés internas y externas, incluida la devaluación esperada.

Por lo general, todos los autores han encontrado evidencia de arbitraje de intereses y de sensibilidad de los flujos de capital a los diferenciales de interés. Como lo sugieren Steiner *et al.* (1993), la relación entre las tasas de interés internas y las externas *más* devaluación podría tener su explicación en el hecho de que las autoridades económicas han seguido esa regla de política. En algunos ejercicios, se ha encontrado que el principal determinante de los flujos de capital son las ganancias potenciales de capital asociadas a las desviaciones de la tasa de cambio (tanto por sub- como por sobrevaluación), incluso más que los diferenciales de las tasa de interés (véanse Herrera, 1993; y Steiner *et al.*, 1993). O'Byrne y Reina (1993) han argumentado, por el contrario, que la relación causal va de los flujos de

Cuadro 3

COLOMBIA: DEUDA EXTERNA

(Millones de US$)

	1978	1986	1990	1991	1992	1993	1994	1995	1996
DEUDA PRIVADA	1584	3318	3027	2532	3256	5056	7589	9927	11940
CORTO PLAZO	1221	1711	1914	1551	2006	3009	3684	4374	4525
LARGO PLAZO	363	1607	1113	981	1250	2046	3905	5553	7416
DEUDA DEL SECTOR PUBLICO	2896	12463	14586	14464	13487	13259	13568	13952	15554
MULTILATERAL	1108	4596	6021	6174	5886	5728	5519	5649	5399
BILATERAL	992	2357	2707	2571	2165	1803	1654	1747	1801
BANCOS COMERCIALES	523	4865	4719	4536	4304	4293	4689	4307	4397
BONOS	45	46	275	359	419	776	1083	1733	3450
PROVEEDORES	228	599	864	824	713	659	623	516	507
TOTAL	4480	15781	17613	16996	16743	18315	21157	23879	27494
DEUDA COMO % DE LAS EXPORTACIONES DE BIENES Y SERVICIOS	139,2	296,0	248,8	226,4	230,5	246,6	253,9	233,5	254,4
PRIVADA	49,2	62,2	42,8	33,7	44,8	68,1	91,1	97,1	110,5
PUBLICA	90,0	233,8	206,0	192,6	185,7	178,5	162,8	136,4	143,9
DEUDA COMO % DEL PIB A TASA DE CAMBIO DE PARIDAD DE 1994	24,7	45,7	37,7	35,5	31,8	30,7	31,0	29,8	31,6
PRIVADA	8,7	9,6	6,5	5,3	6,2	8,5	11,1	12,4	13,7
PUBLICA	16,0	36,1	31,2	30,2	25,6	22,2	19,9	17,4	1a7,9

Fuente: Banco de la República.

Gráfico 5

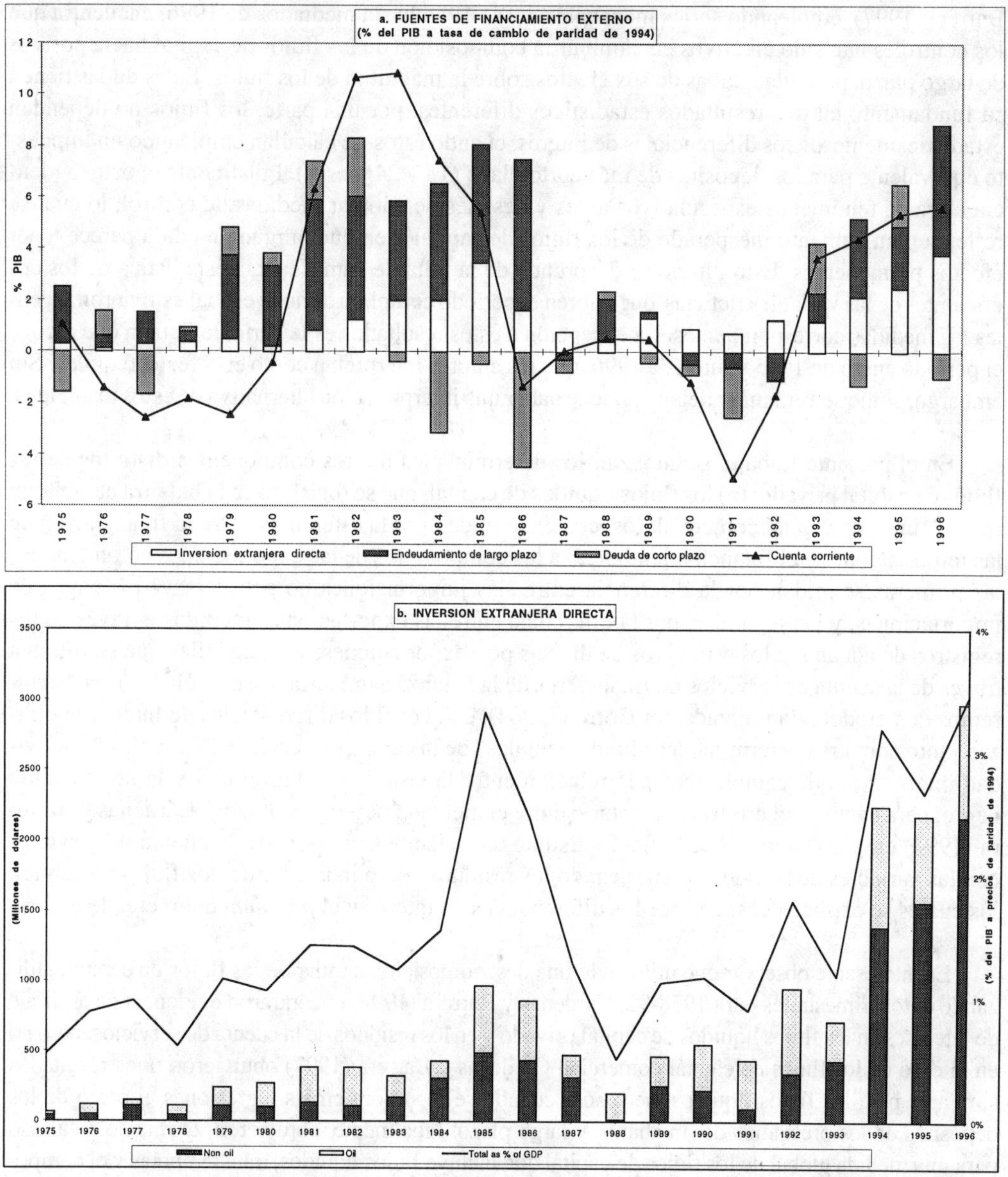

Fuente: Banco de la República y DANE.

capital a diferenciales de las tasas de interés (incluyendo devaluación) y no al revés. La relación entre los flujos de capital y los dineros del narcotráfico también han estado sujetos a controversia (para planteamientos opuestos véanse O'Byrne y Reina, 1993; y Urrutia y Pontón, 1993).

Un análisis reciente de los controles de capital basados en el sistema de encajes (Cárdenas y Barrera, 1997), empleando series mensuales desde 1985 hasta mediados de 1996, encuentra que los controles han sido efectivos en cambiar la composición de los flujos de capital hacia pasivos de largo plazo, pero deja dudas de sus efectos sobre la magnitud de los flujos. Estas dudas tienen su fundamento en tres resultados estadísticos diferentes: por una parte, los flujos no dependen estadísticamente de los diferenciales de interés, cuando éstos se calculan empleando un impuesto equivalente para los depósitos de más corto plazo (18 y 24 meses). Igualmente, existe evidencia clara de fenómenos especulativos antes y después de adoptar medidas de control, lo cual se refleja en un aumento inesperado de los flujos de capital y en que ninguna medida parece tener efectos permanentes. Esto último se desprende de la falta de significancia estadística de los coeficientes de las variables ficticias que cubren el período completo durante el cual estuvieron vigentes las medidas correspondientes. La excepción a estos resultados es la variable ficticia que recoge el período enero de 1995 y junio de 1996, que los autores interpretan como el "efecto Tequila". Sin embargo, como se verá más adelante, puede haber una interpretación alternativa de estos resultados.

En el presente trabajo, se analizan los determinantes de tres componentes distintos de los flujos de capital privado: (a) los flujos líquidos de capital, que se registran en la balanza cambiaria; (b) los flujos de capital comercial, los cuales se miden por la diferencia entre la financiación de las importaciones y el financiamiento neto a los compradores de las exportaciones colombianas ; las primeras se miden por la diferencia entre las importaciones no petroleras y los pagos de importaciones, y las segundas, por la diferencia entre las exportaciones, medidas a través de los registros de aduana, y los reintegros de divisas por exportaciones; y (c) aquellas que se filtran a través de la cuenta de servicios no financieros de la balanza cambiaria. En este último caso seguiremos la metodología utilizada por Correa (1984), en la cual los diferenciales de interés se utilizan junto con otros determinantes "fundamentales" de la cuenta de servicios (variables de actividad interna, tasa de cambio real y la relación entre la tasa de cambio oficial y la del mercado negro, para capturar el arbitraje cambiario entre el mercado negro y el oficial). Cárdenas y Barrera (1994) emplearon un procedimiento distinto, correlacionando primero la cuenta de servicios con las variables de actividad y empleando los residuos como indicador de los flujos de capital, los cuales se explican después por los diferenciales de interés y el *premium* del mercado negro.

Es interesante observar que utilizando una descomposición similar de los flujos de capital, utilizando datos trimestrales para 1978-92, Cárdenas y Barrera (1994) encontraron evidencia de arbitraje de intereses en los flujos líquidos de capital privado y en los residuos de la cuenta de servicios, pero no en el caso de los flujos de capital comercial. Cárdenas y Barrera (1997) obtuvieron unos resultados similares para los flujos líquidos, pero sólo cuando se incorpora en las regresiones el costo de los depósitos de los préstamos de mediano y largo plazo. Igualmente, obtuvieron el mismo resultado para una medida global de los flujos de capital que incluye flujos líquidos, transferencias y el componente temporal de la balanza de servicios no financieros. Por el contrario, empleando la metodología alterna sugerida aquí para analizar la cuenta de servicios, Correa (1984) no encontró evidencia de arbitraje de intereses para ninguno de los componentes de las cuentas de servicios entre 1974 y 1983, lo que estaría indicando que no hay sustento para la hipótesis según la cual durante el período clásico de los controles de capital estas cuentas se utilizaron para filtrar flujos de capital.

Para analizar los determinantes de los flujos privados de capital estimamos las siguientes relaciones:

$$K1 = K1(MK,dif)$$
$$K2 = K2(MK,dif)$$
$$SNF = SNF(y,e,prem,dif)$$

Donde K1 y K2 son los flujos líquidos y comerciales privados, respectivamente, y SNF es el saldo de los servicios no financieros de la balanza cambiaria. Se supone que la principal variable de actividad económica que determina K1 y K2 son las importaciones de bienes de capital (MK) [9] ; la producción industrial desestacionalizada, excluyendo café, y, es la variable de actividad que se utiliza en la ecuación que determina la cuenta de servicios; e es la tasa de cambio real, según el índice tradicional del Banco de la República que utiliza precios al por mayor; prem es la relación de la tasa de cambio oficial con respecto a la del mercado negro.

Finalmente, dif es el diferencial de intereses. Cuando no hay depósitos:

$$dif = \{(1+i)/[(1+i^*)(1+de)]\}-1$$

Donde i es la tasa de interés de captación interna, i* es la tasa de captación de los Estados Unidos y de es la devaluación esperada; para simplificar, se supone que la devaluación esperada es igual a la tasa de devaluación anualizada de los últimos doce meses (cuando se utilizó la devaluación trimestral en las estimaciones, los resultados fueron similares pero no tan sólidos, mientras que con la devaluación mensual los resultados no fueron consistentes). En los períodos en que rigen los depósitos, el diferencial de intereses incluye el costo de los depósitos (z):

$$dif(z) =\{(1+i)/(1+z)\}-1$$

La expresión exacta para z se deriva en el Apéndice. En las regresiones se utilizó el valor de z estimado para los créditos con vencimientos de 18 y 36 meses. Debido a que los depósitos siempre son relevantes para K1, se utilizó dif(z) para el período posterior a septiembre de 1993 como determinante de este tipo de flujos. Por el contrario, esta variable no es relevante para SNF, los cuales se supone dependen del diferencial de intereses simple, dif. Los flujos de capital comercial se encuentran en un punto intermedio, debido a que algunos créditos de importaciones y de exportaciones no están sujetos a depósitos; por lo tanto, se probó tanto con dif como con dif(z) como determinantes de K2.

Para probar los efectos de los cambios en la regulación sobre los flujos de capital, se supuso, en primer lugar, que los efectos de los diferenciales de interés sobre cualquier tipo de flujo de capital fueron distintos antes y después de septiembre de 1993, mes en el cual la Resolución 21 introdujo los controles de capital basados en el sistema de encajes. En segundo lugar, siguiendo a

[9] Como ha habido una importante regulación sobre los pagos de importaciones de bienes intermedios y de consumo, que ha restringido a lo largo del período de análisis el financiamiento de las importaciones a 4 y 6 meses, es de esperar que las importaciones de bienes capital sea la variable principal que determine el endeudamiento externo. Las estimaciones no corroboraron la significancia estadística del coeficiente estimado para las importaciones totales cuando se empleó esta variable (en vez de las importaciones de bienes de capital) en las regresiones.

Cárdenas y Barrera (1997), se hará un intento para evaluar los efectos temporales de las decisiones de política relevantes. Para ello se utilizan variables ficticias que suponen que el impacto de una decisión de política se extiende por cuatro meses. La interpretación de este efecto depende de sí las decisiones liberan la cuenta de capitales (febrero de 1992, septiembre de 1993 y febrero-marzo de 1996) o si aumenta los controles (marzo y agosto de 1994). En el primer caso, un coeficiente positivo debe ser interpretado como un ajuste en el acervo inducido por la liberación, mientras que en el segundo se debe entender como una especulación contra los controles. Cabe señalar que los intentos por medir los efectos de largo plazo de la Resolución 7 de febrero de 1992 o de la Resolución 21 de 1993 no fructificaron.

Finalmente, se agregó una variable ficticia adicional para capturar los efectos de las medidas restrictivas del período agosto de 1994 - febrero de 1996. Cabe señalar, que en las semanas previas a la introducción de las regulaciones de agosto de 1994, hubo gran cantidad de registros de deuda (Banco de la República, 1995), asociados fundamentalmente a expectativas de que la nueva Administración presentaría propuestas al Banco de la República para aumentar los controles a los flujos de capital. Estos registros especulativos pospusieron los efectos de los controles de las nuevas regulaciones por unos cuatro meses. Como se mencionó en el párrafo anterior, para capturar este efecto especulativo, se introdujo una variable ficticia temporal. De este modo, la variable que se emplea para capturar los efectos de las regulaciones de agosto de 1994 sólo empieza en enero de 1995 y se extiende hasta enero de 1996, siendo similar a la empleada por Cárdenas y Barrera (1997) para capturar el "efecto Tequila". De acuerdo con los resultados de estos autores, esta última variable tiene un efecto negativo sobre los flujos de capital. Sin embargo, evidencia alternativa (premiums de los bonos colombianos en los mercados internacionales) sugiere que el "efecto Tequila" fue débil en Colombia, lo cual sugiere una interpretación diferente, de acuerdo con la cual esta variable recoge los efectos de los controles de capital.

El gráfico 6 presenta la información básica de los diferenciales de interés y de los flujos líquidos de capital privado. En el gráfico 6.a se muestra que los mayores incentivos para el arbitraje de intereses se presentaron entre el segundo trimestre de 1991 y mediados de 1992, entre el tercer trimestre de 1993 y el segundo trimestre de 1995, y durante el segundo semestre de 1996. El sistema de encajes fue efectivo, puesto que redujo, desde marzo de 1994, los incentivos al financiamiento externo en moneda extranjera, y los eliminó por completo después de introducidas las medidas de agosto de 1994. Por otra parte, se observa que los incentivos globales para endeudarse en el exterior se volvieron negativos con la aceleración de la devaluación en el tercer trimestre de 1995. De este modo, el efecto conjunto de las medidas, junto con una mayor devaluación (y posiblemente, en parte, por el "efecto Tequila") explica la súbita interrupción de los flujos de capital en 1995. La liberación de los controles en febrero-marzo de 1996, junto con la revaluación, generó una nueva ola de flujos de capital desde el segundo trimestre de 1996. Cabe señalar, que los flujos de capital comercial y el balance de la cuenta de servicios no financieros (los cuales no se presentan en los gráficos) tienen un comportamiento muy distinto y aparentemente no relacionado con los diferenciales de interés.

Gráfico 6

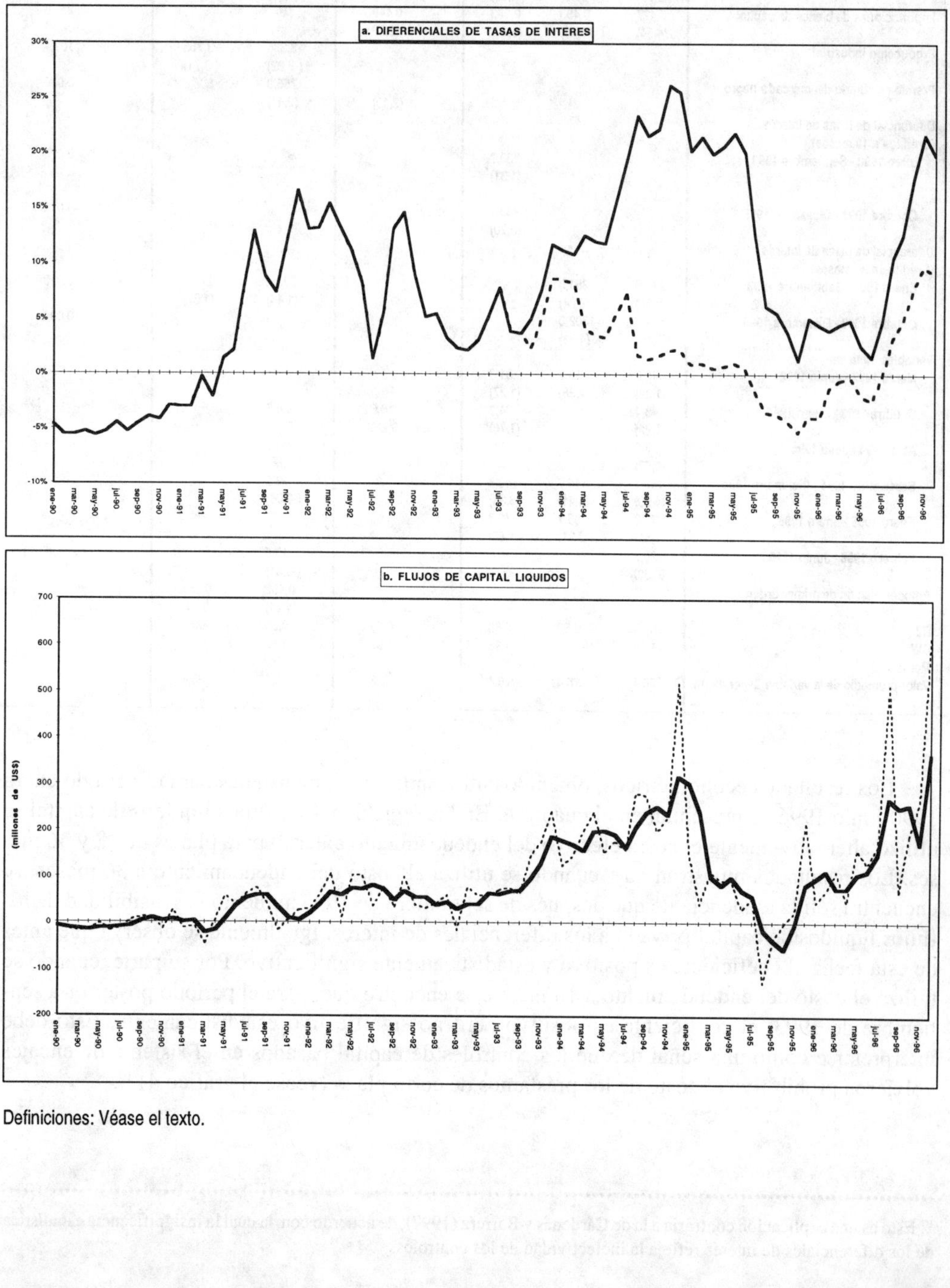

Definiciones: Véase el texto.

Cuadro 4
DETERMINANTES DE CORTO PLAZO DE LOS FLUJOS DE CAPITAL, ENERO 1990 - JUNIO 1996
(t-estadístico entre parentesis)

ESTIMACIONES POR M.C.O	FLUJOS LIQUIDOS DE CAPITAL			FLUJOS DE CAPITAL COMERCIAL	BALANZA DE SERVICIOS NO FINANCIEROS		VALOR PROMEDIO DE LA VARIABLE INDEPENDIENTE
Constante	-50,7 (-2,75)	-67,0 (-3,42)	-81,3 (-2,90)	-39,8 (-0,77)	428,0 (3,32)	464,1 (4,23)	
Importaciones de bienes de capital	0,427 (4,54)	0,483 (6,31)	0,583 (5,31)	0,448 (2,77			271,8
Producción industrial					-3,366 (-2,82)	-3,755 (-3,71)	109,4
Premio cambiario del mercado negro				(2,19)	756,9 (2,41)	808,8	0,030
Diferencial de tasas de interés (Créditos a 18 meses)							
Enero 1990 - Septiembre 1993			233,7 (1,31)				0,020
Octubre 1993 - Diciembre 1995			463,1 (0,70)				-0,013
Diferencial de tasas de interés (Créditos a 36 meses)							
Enero 1990 - Septiembre 1993	276,0 (2,13)	261,3 (2,04)			223,4 (1,44)	247,2 (1,67)	0,020
Octubre 1993 - Diciembre 1995	1131,9 (3,16)	1302,3 (4,51)					0,004
Variables ficticias							
Marzo 1992 - Junio 1992	42,0 (1,32)	43,5 (1,38)	51,3 (1,27)				
Octubre 1993 - Enero 1994	46,4 (1,22)		74,0 (1,70)	18,5 (0,23)	-28,2 (-0,88)		
Abril 1994 - Julio 1994	33,6 (0,97)				-55,9 (-1,88)		
Septiembre 1994 - Diciembre 1994	159,7 (4,50)	140,7 (4,41)	150,8 (3,36)		-2,5 (-0,08)		
Enero 1995 - Enero 1996	-43,3 (-1,54)	-55,1 (2,31)	-76,5 (1,86)				
Febrero 1996 - Junio 1996	20,7 (0,59)				-10,5 (-0,31)		
Autocorrelación de primer orden					0,452 (4,01)	0,387 (3,54)	
R2	0,69	0,69	0,66	0,29	0,58	0,56	
DW	1,78	1,73	1,98	1,97	1,98	1,97	
Memo:							
Valor promedio de la variable dependiente	76,4	76,4	76,4	90,3	83,1	83,1	

Los resultados econométricos, obtenidos utilizando series mensuales para el período enero 1990-junio 1996 se presentan en el cuadro 4. En las regresiones de flujos líquidos de capital se utilizó alternativamente el costo efectivo del endeudamiento externo para plazos de 18 y 36 meses. Los resultados muestran que, cuando se utiliza el costo del endeudamiento a 36 meses, se encuentra sólida evidencia de que después de septiembre de 1993 aumentó la sensibilidad de los flujos líquidos de capital privado a los diferenciales de interés. Igualmente se observa que antes de esta fecha el coeficiente es positivo y estadísticamente significativo. Por su parte, cuando se utiliza el costo del endeudamiento a 18 meses, se encontró que, para el período posterior a septiembre de 1993, el coeficiente es positivo pero no significativo estadísticamente. Esto debe interpretarse como una señal de que los controles de capital basados en el sistema de encajes volvieron prohibitivo el costo de los préstamos de corto plazo (véase el gráfico 4) [10].

[10] Esto es una explicación contraria a la de Cárdenas y Barrera (1997), de acuerdo con la cual la insignificancia estadística de los diferenciales de interés refleja la inefectividad de los controles.

No existe, por el contrario, evidencia de la significancia estadística del arbitraje de intereses para los flujos de capital comercial ni para la cuenta de servicios no financieros. De hecho, en este último caso y utilizando indistintamente cualquiera de las dos definiciones de los diferenciales de interés, se obtuvo, para el período posterior a septiembre de 1993, un signo contrario en las estimaciones. Estos coeficientes negativos no se presentan en el cuadro 4. Solo se encontró evidencia de un coeficiente positivo para los diferenciales de interés en el caso de los servicios no financieros, y concretamente para el período anterior a septiembre de 1993.

Cuadro 5

IMPACTO ESTIMADO DE LOS DIFERENCIALES DE INTERES SOBRE LOS FLUJOS LIQUIDOS DE CAPITAL

(Promedios mensuales)

	Ene.1990-Feb.1992	Mar. 1992-Sept.1993	Oct.1993-Mar.1994	Abr.1994-Ago.1994	Sept.1994-Ene.1996	Feb.1996-Jun. 1996
Diferenciales de las tasas de interés						
Excluyendo depósitos	1.1%	7.0%	9.8%	16.4%	15.2%	3.5%
Incluyendo depósitos			6.1%	4.2%	-0.8%	-1.3%
Efecto neto de los depósitos			3.7%	12.2%	16.0%	4.8%
Impacto estimado de los diferenciales de las tasas de interés (millones de dólares)						
Excluyendo depósitos	2.9	18.3	127.2	213.5	197.9	45.6
Incluyendo depósitos			79.4	55.3	-10.6	-16.8
Efecto neto de los depósitos			47.8	158.2	208.5	62.5

El cuadro 5 presenta, para fases significativas de la historia de los flujos de capital del período analizado, los efectos estimados de los diferenciales de interés sobre los flujos de capital y el efecto neto de la reducción de dichos diferenciales generado por el sistema de depósitos. En su ausencia, los flujos líquidos de capital habrían aumentado espectacularmente: a US$127 millones mensuales entre octubre de 1993 y marzo de 1994 y a más de US$200 millones por mes después de marzo de 1994. Los costos de los depósitos redujeron estos flujos a US$79 millones entre octubre de 1993 y marzo de 1994 y a US$55 millones entre abril de 1994 y agosto de 1994, para luego volverse ligeramente negativos en el período que siguió a las drásticas regulaciones de agosto de 1994.

Las estimaciones sobre los efectos temporales de las distintas decisiones de política indican que después de las liberaciones de febrero de 1992 y septiembre de 1993 hubo importantes ajustes en los acervos. Los ejercicios también muestran que hubo una importante ola especulativa después de agosto de 1994 (ingresos adicionales de US$151 por mes), asociados a un récord de registros presentados en los meses previos a su adopción. En cualquier caso, la medida de agosto de 1994 tuvo un efecto directo rezagado, que se reflejó en una reducción de los flujos de capital de US$77 millones por mes. Como este efecto tuvo alcances más duraderos a los de la ola especulativa inicial, el resultado neto fue una reducción de los flujos de capital de US$391 millones a lo largo de los 17 meses durante los cuales estuvo vigente.

Los efectos de las variables ficticias no son significativos para los flujos de capital comercial ni para los servicios no financieros. En este último caso, el signo esperado era el contrario al de los flujos líquidos, ya que se supuso que esta cuenta se utiliza para ocultar los flujos de capital. Por lo tanto, no se encontró evidencia de que la liberación de septiembre de 1993 redujera las transacciones ocultas, ni que los controles de agosto de 1994 incrementaran estos flujos.

Finalmente, se encontró que las principales variables determinantes de los flujos de capital comercial y de la cuenta de servicios no financieros son las variables de actividad. También se encontró que el arbitraje de cambios es un determinante fundamental de la cuenta de servicios no financieros. Por el contrario, esta cuenta no es sensible a la tasa de cambio real (de hecho, en las estimaciones obtuvimos el signo contrario, y por ello se excluyó del cuadro 4).

De este modo, los resultados confirman que la Resolución 21 de 1993 fue una medida efectiva para liberar la cuenta de capitales. En este sentido, su efecto principal fue aumentar la sensibilidad de los flujos líquidos de capital a los diferenciales de interés. También se confirma que los controles de capital basados en el sistema de encajes fueron efectivos en reducir el monto de los flujos de capital, tanto por hacer prohibitivo el endeudamiento de corto plazo como por aumentar los costos del endeudamiento de largo plazo, y que la estricta medida de agosto de 1994 tuvo con un rezago, efectos adicionales. Este comportamiento probablemente refleja el hecho de que la oferta de préstamos disminuyó a medida que las regulaciones sobre plazos mínimos de los créditos se hicieron más estrictas, al tiempo que la demanda caía como consecuencia de los mayores riesgos cambiarios involucrados en los préstamos de largo plazo. Estos resultados probablemente indican también que hubo ajustes temporales en los acervos después de las liberaciones de febrero de 1992 y septiembre de 1993, y de un comportamiento especulativo con antelación a las restricciones de agosto de 1994.

Existe evidencia paralela en torno a que los controles han sido efectivos en determinar la estructura de plazos de las deudas privadas. El cuadro 6 presenta, en este sentido, la información sobre los registros de nuevas deudas contratadas con instituciones financieras externas en 1994-96. El plazo aumentó como resultado de las medidas de marzo y agosto de 1994, las cuales incrementaron —de 18 meses a 3 años, y de tres a cinco años, respectivamente— el plazo mínimo de los préstamos exentos del depósito. La adopción de un plazo mínimo de tres años en marzo de 1996 tuvo el efecto opuesto. Finalmente, cabe resaltar que la mayoría de los préstamos de corto plazo (menos de 6 meses y cierto financiamiento de exportaciones en el rango de 7-18 meses) están asociados al financiamiento de exportaciones e importaciones, los cuales también estaban exentos de los requisitos de depósito, o tenían requisitos más bajos desde marzo de 1996.

Cuadro 6

REGISTROS DE DEUDA EXTERNA CON ENTIDADES FINANCIERAS DEL EXTERIOR SEGUN PLAZOS DE VENCIMIENTOS DE LOS CREDITOS

(Millones de dólares y % de los registros totales)

	0 - 6 meses	7 - 18 meses	19 - 36 meses	37 - 60 meses	Más de	Total
VALOR (Registros mensuales promedios en millones de dólares)						
1994						
Enero - Marzo	3.1	1.2	345.6	83.9	8.6	442.4
Abril - Agosto	12.6	22.2	52.2	170.7	33.9	291.6
Septiembre - Diciembre	13.0	12.2	9.3	13.7	179.5	227.6
1995						
Enero - Diciembre	48.2	27.3	9.2	8.5	277.6	370.7
1996						
Enero - Marzo	13.6	15.9	8.4	9.6	219.2	266.7
Abril - Junio	59.4	18.3	6.4	113.6	120.3	318.0
% DEL TOTAL						
1994						
Enero - Marzo	0.7	0.3	78.1	19.0	2.0	100.0
Abril - Agosto	4.3	7.6	17.9	58.5	11.6	100.0
Septiembre - Diciembre	5.7	5.3	4.1	6.0	78.9	100.0
1995						
Enero - Diciembre	13.0	7.4	2.5	2.3	74.9	100.0
1996						
Enero - Marzo	5.1	6.0	3.1	3.6	82.2	100.0
Abril - Junio	18.7	5.8	2.0	35.7	37.8	100.0

Fuente: Banco de la República.

3. *Flujos de capital, ahorro e inversión*

a) Un breve recuento de la literatura

La literatura y el análisis econométrico sobre los determinantes del ahorro y la inversión en Colombia han sido reseñados extensamente por uno de los autores en varios artículos previos (Ocampo, 1989; Ocampo *et al.*, 1985 y 1990). Estos trabajos se emplearán para referirse a los estudios sobre ahorro e inversión en Colombia que se realizaron antes de la década de los noventa, complementándolos con citas a estudios más recientes sobre la materia.

En los distintos trabajos, se ha encontrado evidencia de una fuerte relación entre el ahorro y la distribución del ingreso. En particular, se ha mostrado que el gobierno y las empresas, tanto públicas como privadas tienen una alta propensión a ahorrar, mientras que, por el contrario, hay una baja propensión a ahorrar ingresos laborales. Estos resultados se reflejan en los análisis de series de tiempo, en la relación positiva que existe entre ahorro privado y las rentas de capital. Existe, también, evidencia amplia de correlaciones significativas entre las variables externas y el ahorro interno. Así, por ejemplo, los términos de intercambio y el coeficiente de exportaciones se correlacionan positivamente con el ahorro, mientras que el ahorro externo lo hace negativamente. Un análisis detallado de esta última relación indica que existe una alta sustitución entre el ahorro interno, tanto público como privado, y el financiamiento externo. Esto se puede interpretar como una señal de las restricciones de liquidez que enfrentan los agentes económicos domésticos. Sin embargo, para las empresas privadas existe evidencia de que en los años setenta y los ochenta hubo cierta complementariedad entre el ahorro y el financiamiento externo (Ocampo, 1988 y 1989; Ocampo *et al.*, 1990).

Por otra parte, mientras que algunos autores han encontrado evidencia en favor de la hipótesis del ingreso permanente, otros han argumentado que existe una tendencia del sector privado a sobreconsumir sus ingresos transitorios. Tampoco existe certeza de la sensibilidad del ahorro privado a la tasa de interés, pero sí del "ahorro forzoso" generado por la inflación. En lo referente a la tributación, algunos resultados sugieren un impacto negativo de los impuestos sobre el ahorro privado, pero positivo sobre el ahorro total. Esto último es una consecuencia de la elevada propensión marginal a ahorrar ingresos tributarios. Finalmente, cabe señalar que la literatura no ha encontrado relaciones que sugieran un efecto "Ricardiano" de los déficit fiscales sobre el ahorro privado.

Algunas contribuciones recientes confirman la elevada concentración del ahorro privado de los hogares en los deciles superiores de la distribución del ingreso (Ramírez, 1992). López (1994) ha presentado unos sólidos resultados en contra de la hipótesis del ingreso permanente con expectativas racionales, que interpreta como una confirmación de las restricciones de liquidez que enfrentan los consumidores. Por otra parte, Ramírez (1992) confirmó la ausencia de cualquier relación positiva entre el ahorro privado y las tasas de interés. En otro estudio, López *et al.* (1996b) obtuvieron algunas relaciones entre el ahorro de los hogares y las tasas de interés reales, que sugieren una correlación positiva en el largo, aunque no en el corto plazo. Estos mismos autores encontraron indicios de la existencia de un ahorro precautelativo de los hogares, asociado a la inestabilidad del ingreso laboral. Igualmente, mostraron que existe una complementariedad, algo débil, entre consumo público y privado, y un efecto positivo de las menores tasas de dependencia demográficas sobre el ahorro de los hogares. Finalmente, los resultados de estos autores señalan que no existe evidencia directa del impacto de la liberación financiera (medida por la relación del crédito interno al PIB) sobre el ahorro de los hogares, pero sí algunos efectos de la mayor liquidez de la riqueza generada por la disponibilidad de crédito interno.

Los resultados de Sánchez *et al.* (1996) muestran una alta sustitución del ahorro de las empresas privadas y el financiamiento interno y externo (algo más fuerte en este último caso). Estos autores encontraron, así, una fuerte evidencia de que el auge del financiamiento interno y externo de la primera mitad de los noventa fue responsable en gran medida de la caída del ahorro de las empresas privadas, especialmente de aquellas, que hasta 1991, estuvieron racionadas en el mercado crediticio. En su conjunto, los resultados de estos autores señalan que la mayor facilidad de acceso al crédito interno y externo fue, de lejos, la causa más importante de la caída en la tasa de ahorro de las empresas privadas como proporción de las ganancias, la cual pasó del 50% en los ochenta al 20% en 1994. La Misión de Estudios del Mercado de Capitales (1996) confirmó la sustitución de ahorro externo por ahorro privado interno entre 1970 y 1994, y encontró evidencia de la sustitución entre el ahorro del sector público y del sector privado, y un efecto positivo de la inflación sobre el ahorro privado.

López (1996) y López *et al.*(1996a) han estimado nuevas series de ahorro, en las cuales corrigen las series de la Cuentas Nacionales por las ganancias de capital. Estos estudios muestran que las series tradicionales subestiman el ahorro en los noventa, debido a las elevadas ganancias de capital asociadas a la revaluación de la tasa de cambio real. En cualquier caso, estas series confirman la significativa caída en el ahorro entre 1988 y 1993, que los autores mencionados asocian a tres factores: (a) la caída del ingreso disponible por el aumento en los niveles de tributación; (b) la caída significativa del ahorro de las empresas a comienzos de los noventa (hasta 1993), en parte debido a la disminución de las ganancias como consecuencia de la liberación comercial; y (c) secundariamente, a una mayor propensión al consumo de los hogares.

En otro estudio, Carrasquilla y Rincón (1990) mostraron que no existe evidencia en favor de la versión fuerte de la equivalencia Ricardiana, aunque sí de una versión más débil. Sin embargo, este trabajo ha sido criticado severamente por López (1994). Finalmente, Gaviria (1993) ha confirmado la relación positiva de los términos de intercambio y el ahorro, y Echeverry (1996) entre las exportaciones y esta última variable.

Con respecto a la inversión privada, existe una evidencia contundente sobre la hipótesis del acelerador [11]. Entre los distintos componentes de los costos de uso del capital, existe una sólida evidencia sobre los efectos de los precios relativos de los bienes de capital sobre la inversión privada, con indicios de que la elasticidad respectiva ha aumentado a lo largo del tiempo. No hay, por el contrario, resultados que sustenten la sensibilidad de la inversión a la tasa de interés. Existe también un apoyo débil a la hipótesis según la cual el aumento de los salarios reales afecta negativamente la inversión. Por otra parte, algunos autores han mostrado la relación existente entre las fuentes internas de financiamiento de las firmas y su capacidad de inversión [12], y de la disponibilidad de financiamiento sobre la construcción, aunque ha habido una gran controversia sobre la validez de esta última relación. Se ha encontrado también una fuerte correlación negativa

[11] Una notable excepción es Fainboim (1990).

[12] Esta asociación puede interpretarse en el sentido de que las oportunidades de inversión aumentan las utilidades retenidas.

entre la inversión pública y privada, que algunos han interpretado como una señal de un efecto de desplazamiento ("*crowding-out*") de la primera sobre la segunda. Una interpretación más acertada de esta última relación es aquella que señala que la inversión privada es procíclica, debido al mecanismo acelerador, mientras que la inversión del sector público ha sido manejada históricamente de manera contracíclica en Colombia (Cárdenas, 1991; Ocampo, 1989).

Con respecto a las variables externas, existe una sólida evidencia de la relación entre la tasa de cambio real y el precio relativo de los bienes de capital (maquinaria y equipo, en particular). Esto implica, que las fases de aumento de la tasa de inversión tienden a coincidir con períodos de apreciación de la tasa de cambio real. Por otra parte, existe evidencia de que en el pasado los controles a las importaciones afectaron negativamente la inversión en maquinaria y equipo. Varios trabajos muestran que entre los cincuenta y los setenta el financiamiento externo tuvo efectos positivos sobre las inversiones del sector público. En cualquier caso, esta relación desaparece cuando se incluye en el análisis datos más recientes. Por el contrario, existe evidencia de que, tanto en los setenta como en los ochenta, el financiamiento externo tuvo efectos positivos sobre la inversión privada.

Entre las contribuciones recientes, Cárdenas y Olivera (1995) y la Misión de Estudios del Mercado de Capitales (1996) confirmaron la relación existente entre la inversión, la actividad económica y los precios relativos de los bienes de capital. También mostraron alguna evidencia de la sensibilidad de la inversión privada a las tasas de interés, pero no de los impuestos sobre esta última variable. El primero de estos estudios muestra, además, que la sensibilidad de la inversión a los precios ha tendido a aumentar en la década de los noventa, un resultado que los autores interpretan como evidencia de los efectos de la apertura económica[13]. El segundo de los trabajos mencionados, al igual que Partow (1996), indica que la inestabilidad del PIB [14], de la inflación y de las tasas de cambio real ha tenido efectos contraproducentes sobre la inversión privada. Por su parte, Sánchez (1994) ha mostrado que existen efectos positivos de la infraestructura sobre la rentabilidad del capital privado y, por lo tanto, sobre la inversión privada. Sánchez *et al.* (1996) encontraron, por otra parte, que el financiamiento interno y, en particular, el financiamiento externo tienen efectos positivos sobre la inversión de las empresas privadas.

b) Ahorro e inversión en los noventa

La evolución del ahorro y la inversión en los noventa se reseña en el cuadro 7 y el gráfico 7. Se pueden apreciar tres características sobresalientes. La primera es un fuerte ciclo de la inversión, en especial de la inversión privada. El coeficiente de inversión real (con relación al PIB) alcanzó su punto más bajo en tres décadas en 1991, pero luego creció rápidamente hasta ubicarse en 1995 en el nivel más alto de las tres últimas décadas.

En segundo lugar, el ciclo ha sido más acentuado para la inversión real que para la nominal, lo que sugiere que se han presentado fuertes fluctuaciones en los precios relativos de los bienes de

[13] Una de las mayores debilidades de estos resultados es que los elevados niveles de acumulación de inventarios implícitos en los datos a precios constantes posteriores a 1992 pueden deberse a deficiencias en los deflactores utilizados para calcularlos.

[14] Esta variable es responsable, de acuerdo con Partow (1996), de la inestabilidad de la productividad marginal del capital, que ella incluye como determinante de la inversión privada.

capital. En particular, la revaluación del peso y la reducción de los aranceles a los bienes de capital provocó, a partir de 1992, una fuerte caída de los precios relativos de la maquinaria y equipo. De este modo, el coeficiente de inversión a precios corrientes —que puede interpretarse como el esfuerzo de ahorro necesario para financiar la inversión— no ha sido particularmente elevado en los últimos años. De hecho, el coeficiente de inversión privada, estimado a precios corrientes, ha alcanzado niveles similares a los de finales de los setenta y ochenta, y ha sido inferior a los picos de comienzos de los setenta. Esto demuestra que los elevados niveles de inversión a precios constantes están asociados básicamente a la reducción de los precios relativos de los bienes de capital o, lo que es igual, que ha habido una transferencia masiva de recursos hacia la acumulación de capital del sector privado como consecuencia de la revaluación y de los menores aranceles.

En tercer lugar, a pesar de que ha habido un deterioro reciente del ahorro del sector público, éste permanece en un nivel históricamente elevado [15] y los déficit del sector público consolidado continúan siendo moderados. Por el contrario, el aumento de la inversión privada ha coincidido con una caída notoria del ahorro privado. Como resultado de ello, mientras el sector privado tuvo consistentemente excedentes de ahorro desde mediados de los setenta, que alcanzaron su punto máximo en 1991, cuando llegaron a representar el 4% del PIB, en los años siguientes comenzó a experimentar déficit sustanciales, que alcanzaron un 6% del PIB en 1994. De acuerdo con los datos preliminares este déficit ha mejorado en 1995 y 1996. En toda la historia de Colombia, no existe un deterioro comparable del balance del sector privado como el que éste experimentó entre 1991 y 1994. Este proceso estuvo asociado a un deterioro tanto del ahorro de los hogares como de las empresas. La continua tendencia a la baja que ha mostrado el ahorro de los hogares desde mediados de los ochenta condujo a la desaparición de los superávit estructurales que estos agentes habían mostrado en las últimas décadas. Por otra parte, la tendencia ascendente de la tasa de ahorro de las empresas privadas, que había sido muy marcada en la segunda mitad de los ochenta, fue sucedida por una caída notoria a comienzos de los noventa, de la cual no se ha recuperado todavía.

Esto indica, en contraposición con el patrón de comienzos de los años ochenta (y, sin duda, de ciclos económicos previos), que el desequilibrio entre el ahorro y la inversión no ha estado asociado en la década actual a las finanzas públicas sino a las de los agentes privados, en especial a las de las empresas. Este proceso ha estado acompañado por una de las expansiones financieras más espectaculares de la historia de Colombia, estrechamente vinculada tanto al auge del financiamiento interno y externo.

Las cuentas financieras de los hogares y de las empresas (públicas y privadas) se resumen en el cuadro 8. El financiamiento neto de los hogares (que incluye a las empresas más pequeñas) alcanzó un mínimo histórico en 1993-94. Este patrón es también evidente en la adquisición de acciones y otros derechos de propiedad por parte de los hogares. Al mismo tiempo, los créditos netos a estos agentes (en particular los de largo plazo) han aumentado a tasas muy elevadas, lo cual se refleja, al otro lado del balance, en elevadas inversiones en activos líquidos rentables, que exceden por amplio margen aquellas que se realizaron durante la bonanza financiera de 1980-82. La tendencia a la baja del ahorro ha coincidido entonces, en los años noventa, con un auge de las inversiones financieras de los hogares, financiado con endeudamiento. Este proceso puede caracterizarse, así, como una profundización financiera en ambos lados del balance.

[15] Esto es aún más claro si el ahorro del sector público se estima incluyendo las ganancias de capital por la apreciación de la tasa de cambio. Véanse López (1996) y López *et al.* (1996a).

Cuadro 7

AHORRO E INVERSION

(% del PIB a precios corrientes)

	1970 - 74	1975 - 79	1980 - 82	1983 - 86	1987 - 90	1991- 94	1990	1991	1992	1993	1994
SECTOR PRIVADO											
AHORRO	12,99	13,47	14,10	13,27	14,22	10,14	14,14	12,95	9,98	10,73	8,60
INVERSION	14,59	12,02	11,99	9,75	12,06	11,81	11,41	8,71	9,70	13,24	14,68
SALDO	-1,60	1,45	2,11	3,52	2,16	-1,67	2,73	4,23	0,29	-2,51	-6,08
HOGARES											
AHORRO	8,09	8,83	8,39	8,00	6,95	6,58	6,56	9,13	6,54	5,98	6,12
INVERSION	5,21	5,12	4,94	6,27	5,27	5,03	4,57	4,04	5,26	5,20	5,40
SALDO	2,88	3,71	3,45	1,73	1,68	1,97	1,99	5,09	1,28	0,78	0,72
EMPRESAS PRIVADAS											
AHORRO	4,90	4,64	5,71	5,27	7,27	3,56	7,58	3,82	3,44	4,75	2,48
INVERSION	9,39	6,90	7,05	3,72	6,79	6,78	6,84	4,68	4,43	8,04	9,28
SALDO	-4,49	-2,26	-1,34	1,55	0,48	-3,22	0,75	-0,86	-0,99	-3,29	-6,80
SECTOR PUBLICO											
AHORRO	3,60	6,11	3,09	4,04	7,22	8,86	7,22	9,73	9,02	8,82	10,35
INVERSION	4,91	5,93	8,07	8,99	8,07	7,48	7,14	7,24	7,50	7,94	7,70
SALDO	-1,31	0,18	-4,98	-4,95	-0,85	1,38	0,08	2,49	1,52	0,87	2,65

Fuente: DANE Cuentas Nacionales.

Gráfico 7

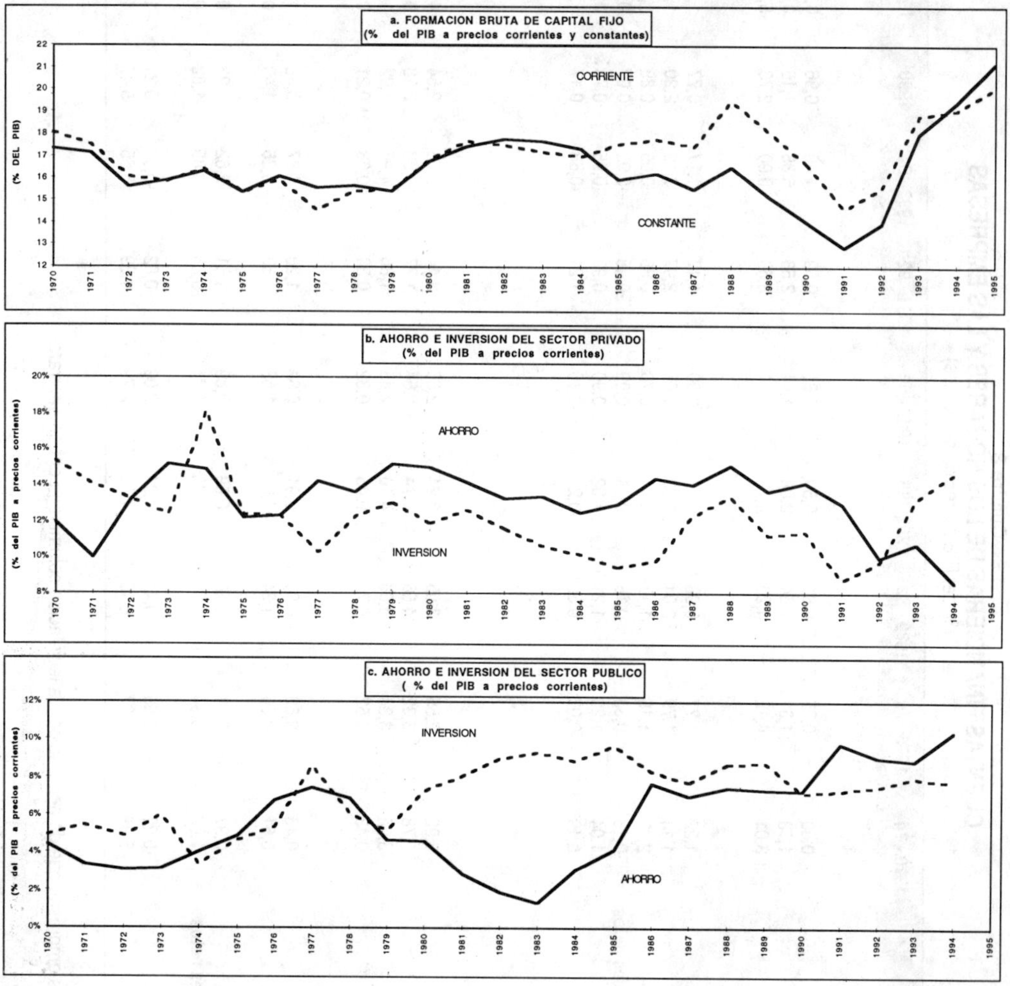

Fuente: DANE.

Cuadro 8

CUENTAS FINANCIERAS DE LOS HOGARES Y LAS EMPRESAS

(% del PIB a precios corrientes)

	1970 - 74	1975 - 79	1980 - 82	1983 - 86	1987 - 90	1991 - 92	1993 - 94	1990	1991	1992	1993	1994
HOGARES												
Fuentes												
Préstamos de corto plazo	0,80	0,75	0,81	0,59	0,81	0,59	1,40	0,96	0,36	0,82	0,95	1,85
Préstamos de largo plazo	1,78	1,31	1,54	2,08	1,44	2,58	5,35	1,16	0,91	4,24	4,64	6,06
Préstamo neto otorgado	3,01	4,12	4,20	2,72	1,94	3,59	0,90	2,73	5,50	1,67	1,40	0,40
Usos												
Medios de pago	1,32	1,77	0,98	1,12	0,90	1,17	1,17	0,77	1,06	1,28	1,23	1,11
Activos líquidos	1,14	1,79	3,04	2,33	1,67	2,97	7,10	2,20	1,80	4,14	5,95	8,24
Derechos de propiedad	2,08	1,16	1,17	0,94	0,79	0,86	0,05	0,89	1,48	0,24	0,05	0,05
Préstamos y créditos comerciales netos	-0,18	0,33	-0,18	0,14	0,09	-0,48	-0,92	0,07	0,11	-1,07	-1,04	0,80
Activos laborales [a]	1,04	1,20	1,21	1,02	0,90	0,93	0,95	0,74	0,77	1,09	0,99	0,91
Otros (neto)	0,19	-0,07	0,36	-0,21	-0,16	1,21	-0,68	0,17	1,53	0,89	-0,18	-1,19
EMPRESAS												
Fuentes												
Derechos de propiedad	3,92	2,55	3,05	3,24	2,56	3,44	2,78	2,54	4,24	2,63	1,94	3,62
Préstamos de corto plazo	1,78	3,32	4,56	1,74	2,54	1,27	3,58	2,28	0,72	1,82	4,08	3,09
Préstamos de largo plazo	3,02	3,34	3,06	4,10	2,45	1,86	4,96	1,92	1,01	2,70	5,00	4,93
Activos laborales [a]	0,43	0,62	0,71	0,45	0,32	0,30	0,38	0,21	0,09	0,52	0,43	0,34
Usos												
Medios de pago	0,46	0,66	0,91	0,91	0,84	1,20	1,07	0,88	1,07	1,34	0,98	1,15
Activos líquidos	0,51	0,66	1,34	1,01	1,53	1,59	3,25	1,40	0,89	2,29	2,37	4,14
Derechos de propiedad	0,37	0,51	0,56	0,69	0,89	1,51	2,62	1,23	0,96	2,07	2,09	3,18
Préstamos y créditos comerciales netos	1,62	3,34	2,01	1,08	1,71	-0,15	-0,85	-1,82	-0,17	-0,14	1,21	2,91
Otro	0,20	0,59	0,41	1,01	0,09	0,82	-0,03	-0,21	1,50	0,14	-0,08	0,02
Disponible para inversión	5,99	4,07	6,15	4,82	2,79	1,89	5,65	5,47	1,81	1,97	4,88	6,41

Fuente: Banco de la República.

[a] Obligaciones laborales de las empresas que de acuerdo con la legislación colombiana deben ahorrarse.

Las empresas han visto aumentar sus fuentes de financiamiento sobre la base del endeudamiento de corto y largo plazo. Los fondos obtenidos con la emisión de acciones y otros derechos de propiedad (básicamente adquiridos por el gobierno y las empresas extranjeras y no por los hogares, según hemos visto) no han aumentado y han sido utilizados, con mayor frecuencia, para comprar derechos de propiedad de otras empresas. Así, los mayores fondos disponibles para inversión, que alcanzaron en 1993-94 un máximo similar al de 1980-82, fueron financiados básicamente con préstamos. Aunque la inversión financiera también ha aumentado, ésta ha sido más que compensada por una caída en el financiamiento comercial. Esto es un indicio claro de que el financiamiento comercial directo entre empresas no financieras ha sido sustituido por créditos a través del sistema financiero.

En su conjunto, la caída significativa del ahorro privado de comienzos de los noventa ha sido consistente con una expansión de la inversión (que ha sido más impresionante a precios constantes que a precios corrientes) gracias al mayor financiamiento disponible para los hogares y las empresas, el cual, para el sector privado en su conjunto, ha provenido del exterior. Por lo tanto, el aumento del financiamiento externo al sector privado ha venido a financiar el desbalance, creciente hasta 1994, entre el ahorro y la inversión privadas. Por otra parte, el crecimiento del crédito al sector privado ha tenido como contrapartida un aumento en la demanda de activos líquidos, en especial por parte de los hogares.

c) *Determinantes del ahorro y la inversión*

¿Qué ha determinado esta evolución tan disímil del ahorro y la inversión privada? Para responder a esta pregunta, se realizó una serie de ejercicios econométricos, para el período 1970-94, sobre los determinantes, por tipo de agente económico, de las tasas de ahorro e inversión (calculadas como porcentaje del PIB a precios corrientes). Siguiendo trabajos previos, las funciones estimadas para la tasa de ahorro de los hogares (h) y las empresas (f) son:

$$Sh = Sh(Yk,g,i,dp,Th,Kp)$$
$$Sf = Sf(Rp,g,i,Tf,Kp)$$

Los determinantes comunes de estas dos funciones de ahorro son: el crecimiento del PIB, g, para capturar un patrón procíclico del ahorro asociado a tasas elevadas de ahorro de los ingresos transitorios; la tasa de interés real, i; y los flujos de capital, Kp, para capturar los efectos del financiamiento externo sobre el ahorro. El ahorro también depende de las rentas de capital de los hogares, Yk, debido a que la propensión marginal a ahorrar dichos ingresos es mayor, y de las utilidades de las empresas privadas, Rp. También dependen de los impuestos, que en el caso de los hogares incluye los impuestos directos e indirectos, Th, y en el caso de las empresas privadas depende sólo de los impuestos directos, Tf. Finalmente, la inflación interna, dp, se incluye como determinante del ahorro de los hogares, para establecer la magnitud del "ahorro forzoso" generado por la inflación.

La inclusión del crecimiento del crédito doméstico en las regresiones no tuvo resultados estadísticos satisfactorios. También se intentó, aunque infructuosamente, dilucidar los efectos de las distintas fuentes de financiamiento externo privado (corto y largo plazo, e inversión extranjera directa) sobre el ahorro y la inversión. Por otra parte, se utilizó como determinante del ahorro de los hogares un indicador de la liberación comercial, L, que incluye los aranceles y el equivalente arancelario de las restricciones cuantitativas. Con esta variable se pretendía capturar los efectos de la liberación comercial sobre el ahorro, pero no se encontró ningún efecto significativo. Sin embargo, existe posiblemente un efecto de la liberación comercial sobre el ahorro, en la medida en que la participación de las utilidades en el PIB esté positivamente asociada al nivel de protección de las actividades económicas internas.

El cuadro 9 resume los resultados de las estimaciones de estas funciones. Se encontró que tanto las rentas de capital de los hogares como las ganancias de las empresas son determinantes importantes del ahorro privado. También se halló una fuerte sustitución del ahorro de los hogares por financiamiento externo, pero no del ahorro de las empresas privadas. Por otra parte, se encontró evidencia de que los impuestos afectan adversamente el ahorro privado. En este sentido, la influencia es más pequeña y estadísticamente más débil en el caso de los hogares, mientras que para las empresas privadas el coeficiente no es estadísticamente diferente de –1, lo que indica una sustitución total de los impuestos por ahorro; en una ecuación se forzó a que el coeficiente tuviera este valor. Los resultados muestran que las tasas de interés tienen efectos positivos sobre el ahorro de los hogares ; si esta variable se incluye entre los determinantes del ahorro de las empresas privadas, su efecto es negativo, razón por la cual se excluyó en este caso de los resultados que se reproducen en el cuadro 9. Lo mismo ocurrió al estimar las funciones de ahorro del sector privado como un todo. También se encontró que el ahorro, tanto de los hogares como de las empresas privadas, tiene un débil patrón procíclico, y que hay evidencia de ahorro forzoso generado por la inflación.

Cuadro 9

DETERMINANTES DEL AHORRO, 1970 - 94
(t-estadístico entre paréntesis)

ESTIMACIONES POR M.C.O.	HOGARES			EMPRESAS DEL SECTOR PRIVADO		SECTOR PUBLICO	
Constante	**-0.0700**	**-0.0790**	**-0.0187**	**-0.0098**	**-0.0007**	**-0.1171**	**-0.1043**
	(-0.97)	(-1.59)	(-1.40)	(-0.95)	(-0.73)	(-5.85)	(-5.14)
Rentas de capital [a]	**0.3109**	**0.3102**	**0.3935**	**0.4881**	**0.3670**	**0.2947**	**0.4326**
	(3.41)	(3.30)	(4.14)	(6.66)	(5.88)	(2.27)	(2.38)
Crecimiento del PIB	**0.2816**		**0.0994**				
	(1.71)		(1.10)				
Tasa de interés real	**0.2081**	**0.1293**					
	(3.00)	(2.35)					
Inflación	**0.1626**	**0.1009**					
	(2.78)	(2.07)					
Impuestos [b]	**-0.3412**		**-1.1622**	**-1.2520**	**-1.0000**	**1.1534**	**1.0107**
	(-1.52)		(-5.49)	(-6.73)		(8.05)	(6.62)
Flujos externos de capital	**-0.3938**	**-0.3905**	**0.0792**			**-0.1630**	
	(-3.02)	(-2.94)	(0.73)			(-1.33)	
AR1							**0.4076**
							(1.67)
Variable dependiente rezagada			**0.3590**		**0.2768**		
			(1.88)		(1.92)		
R2	0.66	0.59	0.76	0.74	0.73	0.89	0.89
DW	1.67	1.44	1.80	1.67	1.76	1.54	2.08

[a] Hogares: ingresos no salariales. Empresas del sector privado: utilidades. Sector público: utilidades de las empresas del sector público.

[b] Hogares: impuestos directos e indirectos. Empresas del sector privado: impuestos directos. Sector público: impuestos totales.

Para el sector público (g), se estimó una función de ahorro sencilla:

$$Sg = Sg(T,Rg,Kg)$$

El ahorro del sector público depende entonces de los impuestos totales, T, de las utilidades de las empresas del sector público, Rg, y del financiamiento externo neto del sector público, Kg. Como se muestra en el Cuadro 9, existe una evidencia débil de sustitución de endeudamiento externo por ahorro publico, y una muy elevada propensión marginal a ahorrar impuestos (no significativamente diferente de 1) y utilidades de las empresas del sector público. Así las cosas, existe una sólida evidencia de la elevada propensión marginal a ahorrar impuestos, utilidades, tanto del sector público como del sector privado, y rentas de capital de los hogares, confirmando los efectos de la distribución del ingreso sobre el ahorro.

Las estimaciones de las funciones de la inversión privada incluyen el tradicional mecanismo del acelerador y componentes del costo de uso de capital, junto con variables de financiamiento:

$$Ih = Ih(g,i,ph,Kp,Cd)$$
$$If = If(g,i,pf,kp,cd,Sf)$$

Como las variables independientes son tasas de inversión, las estimaciones suponen un mecanismo simple de acelerador, en el cual, la inversión y el PIB están relacionados con una elasticidad unitaria. Los efectos procíclicos del crecimiento del PIB sobre la inversión puede denominarse, así, como la hipótesis fuerte del acelerador. Las variables del costo del uso del capital incluyen la tasa de interés real y el precio relativo del capital adquirido por los hogares, ph (vivienda), y las empresas, pf (maquinaria y equipo). Los determinantes del financiamiento incluyen flujos externos de capital en ambas funciones y el ahorro de las empresas privadas en el caso de la inversión de estos agentes.

Las estimaciones que se presentan en el cuadro 10 muestran fuertes efectos de los precios relativos sobre la inversión. Como la variable dependiente es la tasa de inversión nominal [16], el coeficiente negativo indica que la inversión, tanto de los hogares como de las empresas, es elástica a los precios relativos. Por el contrario, el otro componente básico del costo de uso del capital, la tasa de interés, no ejerce influencia significativa alguna sobre la inversión. El crecimiento económico tiene también efectos positivos sobre la inversión en ambas funciones, aunque estadísticamente débiles. Por lo tanto, no se confirma la hipótesis fuerte del acelerador[17]. El financiamiento externo ha tenido efectos marcados sobre la inversión de las empresas privadas y más débiles sobre la de los hogares. Por su parte, el ahorro de las empresas privadas ha tenido también un efecto importante sobre la inversión de estos agentes. Es interesante observar que, a través de los efectos sobre el ahorro de las empresas privadas, los impuestos pueden tener un efecto negativo sobre su inversión [18]. Finalmente, no se encontró un efecto significativo del financiamiento interno sobre la inversión privada.

[16] En las regresiones se empleó la inversión nominal y no la real, debido a que no existen cuentas de inversión a precios constantes por tipo de agente (ph y pf se estiman indirectamente de las series originales, las cuales se refieren a vivienda y maquinaria) y debido a que los deflactores tienden a sobrestimar las tasas de inversión reales de los últimos años (véase la nota de pie 13).

[17] Un intento por incluir en las estimaciones la utilización de la capacidad instalada en vez del PIB dio resultados poco satisfactorios. Ambos resultados pueden asociarse a la estabilidad del crecimiento económico en Colombia.

[18] El uso de los ingresos tributarios por parte del gobierno puede tener efectos importantes. Si se utilizan para aumentar la disponibilidad de infraestructura, sus impactos indirectos pueden ser positivos, como lo señalan los resultados de Sánchez (1994). Lo mismo puede ser cierto en relación con las inversiones en educación, aunque probablemente con un rezago significativo.

Cuadro 10

DETERMINANTES DE LA INVERSION, 1970-94

(t-estadístico entre paréntesis)

ESTIMACIONES POR M.C.O.	HOGARES		EMPRESAS DEL SECTOR PRIVADO		SECTOR PUBLICO	
Constante	**0.1264**	**0.1242**	**0.1735**	**0.1957**	**0.0411**	**0.0231**
	(3.50)	(3.49)	(2.06)	(2.33)	(3.66)	(1.81)
Crecimiento del PIB	**0.0720**		**0.2319**		**-0.4440**	
	(0.72)		(1.00)		(-3.62)	
Tasa de interés real			**-0.0211**			
			(-0.22)			
Precios relativos [a]	**-0.0756**	**-0.0703**	**-0.1462**	**-0.1644**		
	(-2.11)	(-2.02)	(-1.69)	(-1.92)		
Flujos externos de capital	**0.2165**	**0.2057**	**0.6483**	**0.7357**	**0.2167**	**0.0386**
	(1.58)	(1.52)	(2.38)	(2.89)	(1.36)	(0.20)
Ahorro			**0.5446**	**0.6416**	**0.1449**	**0.0049**
			(1.32)	(1.77)	(1.33)	(0.03)
AR1			**0.5603**	**0.6463**		
			(2.35)	(3.63)		
Variable dependiente rezagada					**0.5369**	**0.6739**
					(4.00)	(4.13)
R2	0.19	0.17	0.51	0.49	0.70	0.49
DW	1.72	1.66	1.68	1.79	1.93	2.19

[a] **Hogares: precio relativo de la vivienda. Empresas privadas: precio relativo de la maquinaria y equipo.**

Para el sector público se estimó una función simple de inversión:

$$Ig = Ig(Kg,Sg)$$

Como lo muestra el cuadro 10, no hay evidencia de efectos de los flujos de capital ni del ahorro sobre la inversión del sector público, la cual tiene básicamente un patrón inercial. Es interesante señalar que cuando se incluye el crecimiento del PIB en las estimaciones, esta variable tiene un coeficiente negativo, estadísticamente significativo. Esto confirma el manejo anticíclico de la inversión pública en Colombia.

El cuadro 11 utiliza las regresiones estimadas para explicar la evolución del ahorro y la inversión en los noventa. Estos resultados indican que los flujos externos de capital fueron fundamentales en la evolución del ahorro y la inversión privados en el primer lustro de la década. El auge de financiamiento externo aumentó el déficit del sector privado a través de la sustitución de ahorro de los hogares y de los efectos positivos sobre la inversión de las empresas privadas. Este último efecto compensó ampliamente los efectos negativos del menor ahorro de las empresas privadas sobre la inversión.

Cuadro 11
IMPACTO ESTIMADO DE LA VARIABLE EXPLICATIVA SOBRE EL AHORRO Y LA INVERSION EN LA DECADA DE LOS NOVENTA

	1990 - 94				1991- 94			
	CAMBIO EN LA VARIABLE EXPLICATIVA	HOGARES	EMPRESAS PRIVADAS	SECTOR PUBLICO	CAMBIO EN LA VARIABLE EXPLICATIVA	HOGARES	EMPRESAS PRIVADAS	SECTOR PUBLICO
AHORRO								
Cambio de la variable dependiente		-0,44	-5,10	3,12		-3,01	-1,34	
Rentas de capital								
Ingresos no salariales	1,56	0,48			-2,11	-0,66		
Utilidades de las empresas privadas	-2,83		-1,38		-2,10		-1,02	
Utilidades de las empresas públicas	-1,26			-0,37	-0,72			-0,21
Crecimiento del PIB	1,26	0,36			3,54	1,00		
Tasa de interés real	8,57	1,78			4,92	1,02		
Inflación	-9,78	-1,59			-4,23	-0,69		
Impuestos								
Directos e indirectos	2,89	-0,99			2,92	-1,00		
Directos	1,13		-1,41		-0,82		1,03	
Total	4,12			4,75	2,18			2,51
Flujos externos de capital								
Privados	5,39	-2,12			6,03	-2,38		
Públicos	-0,61			0,10	3,37			-0,55
Variación no explicada		1,63	-2,31	-1,36		3,37	-0,66	-2,77
INVERSION								
Cambio de la variable dependiente		0,83	2,44			1,36	4,60	
Crecimiento del PIB	1,26	0,09	0,29		3,54	0,25	0,82	
Tasa de interés real			-0,18		4,92		-0,10	
Precios relativos								
Construcción de vivienda	12,79	-0,97			16,77	-1,27		
Maquinaria y equipo			3,02		-15,17		2,22	
Flujos externos de capital								
Privados	5,39	1,17	3,49		6,03	1,31	3,91	
Ahorro de las empresas privadas			-2,78		-1,34		-0,73	
Variación no explicada		0,54	-1,40			-0,29	-1,51	

Por otra parte, el aumento de los niveles de tributación redujo el ahorro privado, especialmente el de las empresas, pero aumentó el ahorro del sector público. En el caso de las empresas privadas, el efecto sólo se observa para el período 1990-94 como un todo, en la medida que los impuestos directos pagados por estos agentes aumentaron en 1991, como resultado de la reforma tributaria de 1990, para luego descender. En su conjunto, el efecto neto de una mayor tributación sobre el ahorro fue positivo, aunque tuvo efectos distributivos internos significativos.

La disminución de las utilidades del sector privado y, en menor medida, de las rentas de capital de los hogares (en 1991 únicamente), probablemente asociados al aumento de la competencia inducida por la liberación comercial, jugaron también un papel determinante en la disminución del ahorro privado. La disminución de los ritmos de inflación tuvo también un efecto negativo sobre el ahorro de los hogares, pero estuvo compensada por las mayores tasas de interés. Por otra parte, la reducción en los precios relativos de la maquinaria y equipo, asociada a la revaluación real y a la reducción de los aranceles, estimuló fuertemente la inversión de las empresas. Este efecto sería más notorio si se hubiese utilizado como variable dependiente la inversión real en vez de la nominal. El aumento en el precio relativo de la construcción de vivienda tuvo un efecto contrario sobre la inversión de los hogares. Otras variables (crecimiento del PIB, tasas de interés en las funciones de inversión y financiamiento externo del sector público) jugaron un papel secundario.

4. Conclusiones

La evidencia presentada en este trabajo indica que el financiamiento externo jugó un papel fundamental sobre la evolución del ahorro y la inversión de Colombia en el primer lustro de los años noventa. La política económica fue un determinante fundamental de los flujos de capital privado. La liberación parcial de la cuenta de capitales, especialmente la de septiembre de 1993, generó un auge de financiamiento externo. Los diferenciales de interés, asociados al efecto conjunto de la política monetaria y cambiaria, jugaron también un papel importante en diferentes momentos. En cualquier caso, Colombia mantuvo importantes controles, basados en el sistema de encajes, especialmente sobre los flujos de capital de corto plazo, que permitieron reducir la magnitud del financiamiento externo y mejorar el perfil de la deuda externa.

Los mayores flujos externos de capital sustituyeron ahorro de los hogares y estimularon la inversión de las empresas privadas. Estos efectos, junto con el de la mayor tributación sobre el ahorro privado, explica el fuerte aumento en el déficit privado en el primer lustro de los noventa. Sin embargo, a nivel agregado, los impuestos tuvieron un efecto positivo sobre el ahorro a través de su influencia sobre el ahorro público. La liberación comercial pudo haber causado un impacto negativo sobre el ahorro privado, a través de la reducción de las utilidades de las empresas privadas, cuya propensión marginal a ahorrar es elevada. Por otra parte, la revaluación y la liberación comercial redujeron el precio relativo de la maquinaria y equipo, lo cual generó un impacto positivo sobre la inversión de las empresas privadas.

El *boom* de inversión privada fue insostenible, debido al gran déficit privado que se acumuló entre 1991 y 1994 y que se reflejó en el déficit en cuenta corriente de la balanza de pagos. Las políticas de ajuste que se adoptaron desde 1994 eran, por tanto, necesarias. Hubo, en cualquier caso un sobreajuste macroeconómico, tal como se refleja en el comportamiento de la economía colombiana en 1996. La clave del crecimiento económico en el futuro cercano es, por tanto, una combinación de políticas fiscal y monetaria más balanceada, acompañadas de controles moderados a los flujos de capital. Esta es la combinación de políticas que ha caracterizado el manejo macroeconómico en 1997.

Apéndice

Costo del endeudamiento externo incluyendo los depósitos

Como los depósitos están denominados en dólares, el valor presente de su costo por dólar prestado (Cd), es:

$$Cd = d \{1-[(1+de)/(1+i)]\}^{\wedge}td \quad (1)$$

Donde d es la tasa del depósito, td el plazo del mismo, de la tasa de devaluación esperada e i la tasa de interés interna.

Como el plazo del depósito y del crédito no coinciden necesariamente, es más fácil estimar el valor futuro del préstamo (Lf), incluyendo el valor futuro del depósito:

$$Lf = [(1+i^*)(1+de)]^{\wedge}tc + Cd(1+i)^{\wedge}tc \quad (2)$$

Donde i* es la tasa de interés externa y tc el plazo del crédito. A partir de (2), podemos obtener el costo total anual del préstamo (z):

$$z=Lf^{\wedge}(1/tc)-1 \quad (3)$$

La expresión exacta para z puede obtenerse de las ecuaciones (1) y (3).

Finalmente, el impuesto equivalente del depósito (TD) se puede definir como:

$$TD = \{(1+z)/[(1+i^*)(1+de)]\} - 1 \quad (4)$$

Banco de la República (1995), "Endeudamiento externo privado", Nota Editorial, *Revista del Banco de la República*, mayo.

Cárdenas, M. (1991), *Coffee exports, endogenous State policies and the business cycle*, Tesis doctoral, University of California, Berkeley.

Cárdenas, M. y F. Barrera (1994), "Efectos macroeconómicos de los capitales extranjeros: el caso colombiano", en J.A. Ocampo (ed.), *Los capitales extranjeros en las economías latinoa mericanas*, Fedesarrollo-Banco Interamericano de Desarrollo, Bogotá.

___ (1997), "On the effectiveness of capital controls: the experience of Colombia during the ___ 1990s", *Journal of Development Economics*, en prensa.

Cárdenas, M. y M. Olivera (1995), "La crítica de Lucas y la inversión en Colombia: nueva evidencia", *Ensayos sobre política económica*, Nº. 27, junio.

Carrasquilla, A. y H. Rincón (1990), "Relaciones entre déficit público y ahorro privado: aproximaciones al caso colombiano", *Ensayos sobre política económica*, Nº. 18, diciembre.

Correa, P. (1984), "Determinantes de la cuenta de servicios de la balanza cambiaria", *Ensayos sobre política económica*, Nº. 6, diciembre.

Echeverry, J. C. (1996), "Short run savings fluctuations and export shocks: theory and evidence for Latin America", *Borradores Semanales de Economía*, Nº. 48, Banco de la República, marzo.

Fainboim, I. (1990), "Inversión, tributación y costo de uso del capital en Colombia, 1950-87", *Ensayos sobre política económica*, Nº. 18, diciembre.

Gaviria, A. (1993), "El ahorro privado y los términos de intercambio: el caso colombiano", *Ensayos sobre política económica*, Nº. 23, junio.

Herrera, S. (1993), "Movilidad de capitales en la economía colombiana", en M. Cárdenas y L.J. Garay (eds.), *Macroeconomía de los flujos de capital en Colombia y América Latina*, Tercer Mundo-Fedesarrollo-Fescol, Bogotá.

López, A. (1994), "La teoría del ingreso permanente y las restricciones de liquidez en Colombia", en R. Steiner (ed.), *Estabilización y Crecimiento: Nuevas lecturas de macroeconomía colombiana*, Tercer Mundo-Fedesarrollo, Bogotá.

___ (1996), "Why did Colombian private savings decline in the early 1990s?", Banco Mundial, julio, mimeo.

López, A., C. Gómez y N. Rodríguez (1996a), "La caída de la tasa de ahorro en Colombia durante los años noventa: evidencia a partir de una base de datos para el período 1950-93", *Borradores Semanales de Economía*, Nº. 57, Banco de la República.

López, A., M. Misas y H. Oliveros (1996), "Understanding consumption in Colombia", *Borradores Semanales de Economía*, Nº. 58, Banco de la República.

Lora E. (1991), "Reservas internacionales y política monetaria en Colombia", *Coyuntura Económica*, diciembre.

Ministerio de Hacienda y Crédito Público (1996), *La coyuntura y la política económicas*, julio.

Misión de Estudios del Mercado de Capitales (1996), *Informe Final*, Ministerio de Hacienda-Banco Mundial-Fedesarrollo, Bogotá, mayo.

O'Byrne A. y. M. Reina (1993), "Flujos de capital y diferencial de intereses en Colombia. ¿Cuál es la causalidad? en M. Cárdenas y L.J. Garay (eds.), *Macroeconomía de los flujos de capital en Colombia y América Latina*, Tercer Mundo-Fedesarrollo-Fescol, Bogotá.

Ocampo, J. A (1988), "Una nota sobre la relación entre financiamiento externo, ahorro e inversión", *Ensayos sobre política económica*, Nº. 13, junio.

___ (1989), "El proceso ahorro-inversión y sus determinantes en Colombia", en C. Caballero (ed.), *Macroeconomía, mercado de capitales y negocio financiero*, Asociación Bancaria, Bogotá.

___ (1993), "La internacionalización de la economía colombiana", en M. Urrutia (ed), *Colombia ante la economía mundial*, Tercer Mundo-Fedesarrollo, Bogotá.

Ocampo, J.A., J.L. Londoño y L. Villar (1985), "Ahorro e inversión en Colombia", *Coyuntura Económica*, junio.

Ocampo, J.A., C. Crane y S. Farné (1990), "Determinantes del ahorro en Colombia, 1970-87", en G. Held y R. Szalachman (eds.), *Ahorro y asignación de recursos financieros: experiencias latinoamericanas*, Grupo Editor Latinoamericano, Buenos Aires.

Partow, Z. (1996), "Incertidumbre económica e inversión privada en Colombia", *Borradores Semanales de Economía*, Nº. 56.

Ramírez, M. (1992), "El ahorro en Colombia", en E. Sarmiento et al., *Cambios estructurales y crecimiento: 20 años de experiencia colombiana*, Tercer Mundo-Ediciones Uniandes, Bogotá.

Sánchez, F. (1994), "El papel del capital público en la producción, la inversión y el crecimiento económico en Colombia", en R. Steiner (ed.), *Estabilización y crecimiento: nuevas lecturas de macroeconomía colombiana*, Tercer Mundo-Fedesarrollo, Bogotá.

Sánchez, F., G. Murcia y C. Oliva (1996), "Auge y colapso del ahorro empresarial en Colombia, 1983-1994», *Planeación y Desarrollo*, enero-marzo.

Steiner, R., R. Suescún y F. Melo (1993), "Flujos de capital y expectativas de devaluación", en

M. Cárdenas y L.J. Garay (eds.), *Macroeconomía de los flujos de capital en Colombia y América Latina*, Tercer Mundo-Fedesarrollo-Fescol, Bogotá.

Urrutia, M. (1995), "La estrategia de estabilización de la Junta del Banco de la República 1991-1994", *Revista del Banco de la República*, marzo.

Urrutia, M. y A. Pontón (1993), "Entradas de capitales, diferenciales de interés y narcotráfico", en M. Cárdenas y L.J. Garay (eds.), *Macroeconomía de los flujos de capital en Colombia y América Latina*, Tercer Mundo-Fedesarrollo-Fescol, Bogotá.

VII

Flujos de capital y desempeño de la inversión: México

*Ignacio Trigueros**
CAIE-ITAM

Síntesis

El presente trabajo analiza algunos aspectos de la relación entre los flujos de capital y la asignación de recursos en México durante el período 1990-94. El análisis parte de una caracterización de la composición de los flujos de capital que México recibió en aquel entonces. Esta caracterización es útil para identificar los riesgos que la economía mexicana enfrentaba como resultado del nivel y composición de los flujos. Asimismo, la identificación de los riegos resalta algunas debilidades en la política económica que prevaleció en ese período. El trabajo continúa con una evaluación de la forma en que los flujos de capital afectaron el proceso de asignación de recursos, enfatizando los papeles que la reforma estructural y el mecanismo de intermediación financiera jugaron en ese proceso.

* Se agradecen los múltiples comentarios de los editores del libro. El autor también manifiesta su agradecimiento a Gabriela Basuarto, Valeria Martínez, Felipe Meza y Guillermo Peredo por el gran apoyo brindado como asistentes de investigación.

Introducción

Entre 1990 y 1994 la economía mexicana recibió un monto considerable de capital del exterior. Ese episodio de flujos de capital hacia México coincidió con un período de crecimiento económico moderado en el país, tras ocho años de estancamiento asociados a la crisis de la deuda. Sin embargo, el episodio también precedió a la contracción económica más pronunciada que haya sufrido México desde 1932. Por ende, es difícil ignorar la relación entre la dinámica de los flujos de capital y el desempeño tan contrastante de la economía mexicana. No obstante, es conveniente explorar los aspectos específicos de los influjos de capital que eventualmente llevaron a un resultado tan desafortunado. En este sentido, el propósito del presente trabajo es caracterizar la forma en la que la interacción entre los flujos de capital y varios aspectos de la política económica, vigente en el período en cuestión, incidieron sobre los procesos de asignación intratemporal e intertemporal de recursos.

El trabajo está dividido en cinco secciones. En la primera sección se analiza la estructura de los pasivos de la cuenta de capital. El propósito de este análisis es caracterizar los flujos de capital de acuerdo a su plazo y a la forma en que estuvieron ligados a proyectos de inversión. Es esa sección también se discuten las clases y el grado de riesgo que los flujos de capital iban imponiendo sobre el desempeño de la economía mexicana. La sección dos contiene una discusión del marco de política económica que prevaleció en el período de afluencia de capital. El principal objetivo de esa sección es identificar un conjunto de factores que fueron importantes para atraer capital hacia México. A su vez, del análisis del marco de política económica también se derivan elementos pertinentes para entender la naturaleza de los flujos, su relación con el desempeño de la inversión y el tipo de problemas resultantes de su gran volumen. La tercera sección analiza los efectos de los flujos de capital sobre la asignación de recursos, evaluando la forma en la que aquéllos afectaron la estructura de la demanda agregada y la asignación de los factores productivos entre la producción de bienes transables y no transables. El análisis se concentra principalmente en identificar los factores que subyacen a lo que aparentemente fue una reacción débil del gasto en inversión y de un pobre desempeño en la producción de bienes transables. La cuestión de hasta qué punto esos factores pudieron haber afectado la sustentabilidad de los flujos también se aborda en esa sección. La sección cuatro trata sobre la forma en que una proporción importante de los flujos de capital fue intermediada hasta sus usuarios finales, y una sección final resume un conjunto de resultados que se derivan del análisis de la experiencia de México respecto a la relación entre los flujos de capital y el desempeño de la inversión.

1. Naturaleza de los flujos de capital

En esta sección se revisa la estructura de los pasivos de la cuenta de capital de México para el período comprendido entre 1989 y 1995. El cuadro 1 presenta las cifras pertinentes, tal como las reporta el Banco de México. Esas cifras ilustran claramente el fuerte repunte en los flujos de capital hacia México que tuvo lugar en 1990. El hecho que entre 1990 y 1994 la mayoría de los flujos de capital fueron un asunto del sector privado también está claramente respaldado por los datos. No obstante, una proporción significativa de los flujos de capital de ese mismo período se captó a través de inversión de cartera en títulos en moneda doméstica emitidos por el sector público.[1] Este rubro,

[1] El aumento en las tenencias de extranjeros de títulos emitidos por el sector público denominados en moneda doméstica no estuvo relacionado con el financiamiento del déficit fiscal en el período de análisis. De hecho, de 1990 a 1994 el promedio anual de los requerimientos totales de financiamiento del sector público, incluyendo los ingresos por privatizaciones de entidades públicas, fue de -1.2% del PIB. De esta forma, los flujos de capital documentados a través de estos títulos corresponden, ya sea a operaciones de esterilización llevadas a cabo por el Banco Central, o a reasignaciones de cartera por parte de inversionistas domésticos de título gubernamentales a otro tipo de activos.

junto con la inversión extranjera directa, la inversión de cartera en acciones de empresas mexicanas y los créditos y depósitos de los bancos comerciales, explica contablemente el 75% de los flujos de capital registrados de 1990 a 1994. Cabe señalar que la participación de los créditos y depósitos de los bancos comerciales en los flujos de capital pudo haber sido mayor, de no ser por la introducción de ciertas restricciones -instrumentadas durante 1992- sobre este tipo de operaciones.[2] Sin embargo, durante el período en consideración no se impuso ninguna otra restricción sobre los flujos de capital de corto plazo.

Cuadro 1
ESTRUCTURA DE LOS FLUJOS DE CAPITAL HACIA MEXICO
(millones de dólares)

	1989	1990	1991	1992	1993	1994	1995
Sector Público	847.2	6489.0	4930.0	5831.4	8501.3	473.3	13563.4
Créditos y depósitos	996.2	6212.0	-140.5	-3990.4	-3383.4	-1564.2	24784.7
Banca de Desarrollo	-299.3	4809.9	1650.5	1174.8	193.6	1329.3	958.6
Banco de México	1676.6	-365.1	-220.0	-460.0	-1174.9	-1203.2	13332.9
Otros	-381	1767.2	-571.0	-4705.2	-2402.1	-1690.3	10493.2
Inversión de cartera	-149.0	277.0	5070.5	9821.8	11884.7	2037.5	-11221.3
Títulos moneda extranjera	-149.0	277.0	1674.8	1552.1	4872.0	3979.8	2569.3
Títulos moneda doméstica	.0	.0	3395.7	8269.7	7012.7	-1942.3	-13790.6
Sector privado	3499.0	10374.2	21009.6	15312.1	27509.0	19780.9	6505.5
Créditos y depósitos	-176.9	4647.5	8576.1	2577.2	6085.6	2663.7	-1541.0
Banca comercial	980.0	4250.4	6195.1	448.7	3253.5	1470.7	-4982.0
Otros	1156.9	397.1	2381.0	2128.5	2832.1	1193.0	3441.0
Inversión de cartera	500.3	3093.4	7672.0	8342.1	17034.6	6144.7	1082.2
Banca comercial	.0	.0	.0	.0	1345.0	100.0	874.0
Otros títulos mda. ext.	7.0	1099.0	1340.0	3559.0	4580.0	2244.0	-242.0
Títulos mda. doméstica	.0	.0	.0	.0	393.0	-283.0	-69.0
Acciones	493.3	1994.4	6332.0	4783.1	10716.6	4083.7	519.2
Inversión Extranjera Directa	3175.6	2633.3	4761.5	4392.8	4388.8	10972.5	6964.3
Total	**4346.2**	**16863.2**	**25939.6**	**21143.5**	**36010.3**	**20254.2**	**20068.9**
Memorandum:							
Activos netos	-1170.2	-8699.5	-999.6	5551.9	-3602.5	-5670.0	-5956.8
Errores y omisiones	3040.9	2520.4	-2166.8	-960.7	-3142.4	-3313.6	-3805.2
Flujos netos	6216.9	10684.1	22773.2	25734.7	29265.4	11270.6	10306.9

Fuente: Banco de México.

La prominencia de la inversión de cartera en títulos denominados en moneda doméstica y de los créditos y depósitos de los bancos comerciales sugiere que los diferenciales de tasas de interés, ajustados por riesgo, pudieron haber jugado un papel importante en la atracción de capital del exterior. Sin embargo, los elevados montos de inversión extranjera directa y las inversiones en acciones de empresas mexicanas apuntan a que otro tipo de factores -como las perspectivas de crecimiento de México- también jugaron un papel importante a ese respecto.

2 Se impuso un límite de 10% de pasivos externos sobre los pasivos totales y la obligación de mantener al menos el 15% de los pasivos en moneda extranjera en activos financieros de bajo riesgo con la misma denominación.

El cuadro 2 muestra los estadísticos básicos de las series trimestrales de flujos de capital reportadas en el cuadro 1. Los cálculos del cuadro cubren el período de fuertes flujos de capital y una muestra más amplia que incluye los cuatro trimestres que siguieron a la crisis cambiaria de diciembre de 1994. La comparación de los resultados de las dos muestras resulta útil para evaluar la volatilidad de los diferentes rubros de la cuenta de capital. Las cifras en el cuadro confirman la importancia de los cuatro rubros mencionados anteriormente dentro de los flujos de capital en el período 1990-94. Nótese, sin embargo, que cuando se considera la muestra más amplia, la participación de la inversión de cartera en títulos en moneda nacional emitidos por el sector público dentro del total de flujos de capital, se reduce a un nivel poco significativo. Esto evidencia la fuerza y la rapidez con que estos flujos de capital se revirtieron después de la crisis cambiaria. Algo similar, aunque de manera menos dramática, ocurre con los créditos y depósitos de los bancos comerciales, resaltando también la alta volatilidad de este rubro.

Cuadro 2
ESTADISTICOS BASICOS DE LAS SERIES TRIMESTRALES DE FLUJOS DE CAPITAL

	1990-I a 1994 -III			1990-I a 1994 -III		
	Media (Mill. de dólares)	Participación en los flujos totales (%)	Coeficiente de variación (%)	Media (Mill. de dólares)	Participación en los flujos totales (%)	Coeficiente de variación (%)
Sector Público						
Créditos y Depósitos						
Banca de Desarrollo	408.61	6.33	209.04	421.53	7.21	197.85
Banco de México	-170.49	-2.64	-205.88	412.90	7.06	514.06
Otros	-435.08	-6.74	-261.96	78.83	1.35	2 083.71
Inversión de cartera						
Títulos moneda extranjera	680.29	10.54	93.40	621.88	10.64	156.80
Títulos moneda doméstica	1 424.21	22.07	81.54	147.26	2.52	1 718.95
Sector privado						
Créditos y Depósitos						
Bancos Comerciales	783.38	12.14	128.63	443.18	7.58	282.26
Otros	481.72	7.46	95.83	515.53	8.82	94.81
Inversión de cartera						
Bancos Comerciales	257.50	3.99	140.58	210.82	3.61	146.16
Otros títulos mda. ext.	663.63	10.28	89.63	524.17	8.97	128.50
Títulos mda. doméstica	33.60	0.52	509.45	4.10	0.07	2 906.27
Acciones	1 488.57	23.07	97.55	1 184.54	20.27	120.31
Inversión Extranjera Directa	1 338.19	20.74	63.43.	1 421.38	24.32	55.57

Es posible obtener resultados adicionales sobre el problema de la volatilidad a través de los valores del coeficiente de variación para las diferentes categorías de los flujos de capital.[3] De acuerdo a este estadístico, como era de esperarse, la inversión extranjera directa permaneció sobresalientemente estable, aun tomando en cuenta el período después de la crisis. Algo similar ocurrió tanto con las inversiones de cartera en acciones de empresas mexicanas -la cual incluye nuevas emisiones y compras de títulos en circulación- y en títulos denominados en moneda extranjera emitidos por empresas privadas no bancarias (ENB), como con los créditos y depósitos para este tipo de empresas. No obstante, la volatilidad de estos flujos parece mayor a la que

[3] A este respecto, también llevamos a cabo las pruebas de persistencia, impulso respuesta y habilidad predictiva sugeridos por Classens et al. (1995) para medir la temperatura de los diferentes tipos de flujos de capital. Sin embargo, los resultados fueron bastante decepcionantes en la medida que los grados de volatilidad que sugieren estas pruebas son casi exactamente los opuestos a los que se identifican a raíz de la crisis cambiaria de 1994.

registró la inversión extranjera directa. La inversión extranjera directa y los créditos y depósitos para las ENB también jugaron un papel importante como fuentes marginales de fondos, medida -tal como sugieren Classens et al. (1995)- por los coeficientes de regresiones simples entre el cambio en los flujos totales y los diferentes rubros de los flujos de capital.

La estabilidad de la inversión en títulos emitidos por las ENB y de los créditos externos que éstas recibieron puede atribuirse en parte a la naturaleza de largo plazo de las transacciones involucradas. En el caso de los primeros, la proporción de títulos de largo plazo -esto es, aquellos títulos con un plazo de vencimiento mayor a cinco años- con respecto a la emisión total de este tipo de títulos fue de 65.8% en 1992, de 77% en 1993 y de 101.3% en 1994. En relación a la inversiones en acciones de compañías mexicanas, la estabilidad puede racionalizarse argumentando que si bien la posibilidad de liquidar este tipo de inversiones de manera prácticamente inmediata sugeriría volatilidad, las pérdidas de capital asociadas a esta forma de proceder inducirían lo contrario. Esta línea de razonamiento también implicaría que, hasta cierto punto, la vulnerabilidad de una economía ante los flujos de capital de corto plazo estaría asociada a su régimen cambiario. La presencia de un compromiso en relación a la estabilidad del tipo de cambio nominal puede atraer inversiones del exterior en activos monetarios de corto plazo, las cuales, debido a su naturaleza, estarían listas para abandonar el país ante el menor indicio de que dicho compromiso se debilitara. Por el contrario, bajo un régimen de paridad flexible, la posibilidad de incurrir en lo que serían grandes pérdidas de capital para una inversión de corto plazo en cualquier momento podría desalentar este tipo de inversiones.

El coeficiente de variación de algunos de los rubros reportados en el cuadro 2 muestra un incremento muy marcado cuando uno pasa de la muestra más pequeña a la muestra ampliada, lo cual indica alta volatilidad para este tipo de flujos de capital. Tal es el caso de las inversiones de cartera en títulos denominados en moneda nacional y de los créditos y depósitos de los bancos comerciales. Antes de la crisis cambiaria, México recibió alrededor de 47 000 millones de dólares, el 38% de los flujos de capital totales a través de estas fuentes.

Otros flujos de capital del sector público también muestran una inestabilidad considerable. No obstante, para estos flujos la inestabilidad puede atribuirse a aspectos específicos del manejo de política económica en el período bajo estudio (que se describen más adelante con mayor detalle). Las amplias fluctuaciones en el flujo de caja del sector público como resultado de las privatizaciones y el préstamo de emergencia negociado con el Tesoro de Estados Unidos y el Fondo Monetario Internacional durante 1995, son especialmente importantes a este respecto.

A pesar de la gran volatilidad que muestran algunos de los rubros reportados en el cuadro 2, los flujos de capital totales mantuvieron un perfil relativamente estable durante el período 1990-95 (el coeficiente de variación para el total de flujos fue de sólo 60%).[4] Estos dos factores sugieren la existencia de cierta sustituibilidad entre diferentes categorías de flujos de capital. Sin embargo, con una prueba simple a este respecto -basada en el signo y la magnitud del coeficiente

[4] Un valor tan bajo para este coeficiente de variación se explica en buena medida por el préstamo de emergencia mencionado anteriormente. Como resultado del mismo, México registró salidas de capital sólo en el último trimestre de 1994, por un monto de 2500 millones de dólares. Este monto es inferior al 50% de la media de los flujos de capital totales, por trimestre, de 1990 a 1995.

de correlación entre diferentes tipos de flujos de capital- no fue posible identificar algún patrón de sustituibilidad que pareciera razonable.[5]

De acuerdo a las características de los flujos de capital revisadas, cerca del 60% de los capitales que ingresaron a México durante el período 1990-94 no parecen haber sido fácilmente revertibles. Sin embargo, la no despreciable fracción de flujos de capital volátiles dio lugar a problemas complejos, especialmente en la medida en que este tipo de capital no estaba totalmente respaldado por reservas internacionales.[6] De hecho, de principios de 1990 al tercer trimestre de 1994 el flujo acumulado de capital de corto plazo alcanzó un monto ligeramente mayor a los 40 000 millones de dólares mientras que, en ese mismo período, el aumento en las reservas internacionales fue sólo cercano a los 10 000 millones de dólares.[7] De esta forma, para el último trimestre de 1994 el equivalente al 6% del PIB había sido invertido en títulos de corto plazo no respaldados por reservas internacionales. Por lo tanto, la situación de pagos internacionales de la economía mexicana, antes de la crisis de 1994, fue similar a lo que se describe en la literatura sobre corridas bancarias: la economía mexicana estaba acumulando montos crecientes de obligaciones de corto plazo que sería prácticamente imposible liquidar en forma inmediata. Como resultado de esto, ante la ausencia de alguna garantía explícita o implícita sobre las obligaciones financieras del país, la posibilidad de una corrida contra activos financieros emitidos en México se iba haciendo cada vez más inminente. Algunos signos de este tipo de reacción se hicieron aparentes durante la primera mitad de 1994, cuando la turbulencia de origen político resultó en una marcada contracción de la inversión extranjera en títulos de mercado de dinero. De hecho, esa reacción podría haberse convertido fácilmente en una corrida de grandes proporciones, de no ser por la respuesta de las autoridades financieras mexicanas. El riesgo cambiario -que de otra manera hubiesen asumido los inversionistas extranjeros- fue cubierto con la emisión de títulos gubernamentales de mercado de dinero redimibles en dólares, denominados Tesobonos. Sin embargo, la duración de este esquema resultó ser relativamente corta, de manera que hacia finales de 1994 una corrida de proporciones mayores se hizo plenamente manifiesta.

Antes de la emisión de los Tesobonos, uno de los principales riesgos derivados de los flujos de capital de corto plazo tenía que ver con la posibilidad de mantener una paridad nominal estable. Considerando que la mayoría de los flujos de capital de corto plazo estaban invertidos en títulos denominados en pesos, una corrida contra esos títulos hubiese inducido claramente una devaluación del peso mexicano. La posibilidad de un evento de este tipo se reflejó en el comportamiento de las tasas de interés domésticas. En varios momentos antes de la crisis

[5] Por ejemplo, encontramos un coeficiente de correlación negativo y relativamente elevado entre los créditos y depósitos del Banco de México y los de los bancos comerciales. Existe de hecho una clara relación negativa entre estos dos tipos de flujos de capital en el primer trimestre de 1995, cuando una parte del préstamo de emergencia fue efectivamente utilizado para financiar la liquidación de pasivos externos de corto plazo a cargo de los bancos comerciales. Sin embargo, fuera de este episodio, los créditos y depósitos del Banco de México aparentemente siguen su propia dinámica, que por cierto no muestra un papel claro como fuente marginal de fondos. Por lo tanto, es difícil relacionar cualquier tipo de relación sistemática entre los dos rubros de flujos de capital antes mencionados.

[6] La importancia de este factor en cuanto a la gestación de la crisis cambiaria de México de diciembre de 1994 ha sido intensamente mencionada en la literatura. Ver por ejemplo Calvo y Mendoza (1995) o Sachs, Tornell y Velasco (1995).

[7] A lo largo del período de fuertes flujos de capital, en algún momento la acumulación de reservas internacionales fue de hecho mayor, alcanzando un máximo de 22000 millones de dólares en febrero de 1994. Sin embargo, un conjunto de eventos de carácter político dieron lugar a salidas de capital y con esto a la cifra de acumulación de reservas mencionada.

éstas excedieron los niveles congruentes con la paridad descubierta de tasas de interés y la banda cambiaria que estaba en operación en aquel entonces (Feliz y Welch, 1994; Hernández, 1995). Por su parte, las altas tasas de interés domésticas se contraponían, hasta cierto punto, con una asignación de recursos apropiada para generar el servicio de mayores flujos de capital. En presencia de altas tasas de interés,[8] una regulación deficiente sobre los intermediarios financieros puede fácilmente inducir a una toma excesiva de riesgo por parte de éstos, con lo cual los flujos de divisas necesarios para servir un monto creciente de obligaciones con el exterior difícilmente se materializarían.

Otro riesgo tenía que ver con la posibilidad de incurrir en un patrón errático de absorción interna y actividad económica. Aun si un ajuste en el tipo de cambio pudiese prevenir una salida neta de capitales ante la eventualidad de una corrida, una reducción de los flujos de capital hacia el país induciría una contracción rápida en el gasto doméstico y, por lo tanto, en la actividad económica. Corridas contra títulos financieros denominados en pesos se hicieron presentes en marzo, junio y noviembre de 1994 (ver Banco de México 1995a). Sin embargo, aquellas corridas fueron enfrentadas desacumulando reservas internacionales y cubriendo el riesgo cambiario de los inversionistas con la emisión de Tesobonos. Estas medidas evitaron contracciones repentinas y pronunciadas en el gasto doméstico, pero resultaron en una situación de pagos con el exterior todavía más vulnerable. De hecho, con la emisión de Tesobonos, un alto grado de riesgo de insolvencia se sumó al riesgo cambiario. La presencia de un acervo muy cuantioso de títulos de corto plazo pagaderos en dólares implicaba que ante la eventualidad de una corrida, la economía mexicana hubiese quedado expuesta no sólo a una interrupción repentina en los flujos de capital, sino también a una reversión en los mismos, lo que fácilmente generaría una situación de insolvencia. Bajo este marco, el país quedó extremadamente vulnerable en relación al tipo de eventos políticos que de hecho precedieron la crisis cambiaria de diciembre de 1994.[9]

Una parte de los flujos de capital que recibió México entre 1990 y 1994 estuvieron directamente ligados a la adquisición de activos reales cuyo rendimiento eventualmente generaría los recursos para servirlos. Lo anterior fue claramente el caso de la inversión extranjera directa y, aunque probablemente en un menor grado, de las transacciones en títulos y créditos de largo plazo llevadas a cabo por empresas privadas. No obstante, también hubo una fracción no despreciable -cerca del 60% de los flujos de capital totales- cuyo destino final fue determinado por el proceso de intermediación financiera doméstica. Estos fondos incluyeron no sólo la captación directa de los bancos en el exterior, sino también, por ejemplo, parte de los recursos financieros invertidos en compras de acciones en el mercado secundario, los cuales típicamente liberaban

[8] Las tasa reales de interés anuales ex-post en títulos bancarios del mercado de dinero llegaron a alcanzar niveles superiores al 15% en algunos períodos durante 1993 y 1994.

[9] En la literatura sobre la crisis cambiaria de México, frecuentemente se encuentra el argumento de que la esterilización de las salidas de capital también contribuyó al debilitamiento de la posición de pagos con el exterior de México (ver, por ejemplo, Sachs, Tornell y Velasco, 1995; o Calvo y Mendoza, 1995). Nuestro punto de vista es que este argumento no es totalmente correcto. La esterilización de las salidas de capital debe entenderse como una medida necesaria para evitar trastornos de consideración en el mercado financiero doméstico, que hubiesen resultado de una contracción drástica en la oferta monetaria como consecuencia de tales salidas. Esos trastornos se materializarían ante la muy escasa posibilidad de que en cuestión de unos cuantos días, la demanda de base monetaria -que en aquel entonces consistía casi en su totalidad en efectivo en poder del público fuera del sistema bancario- pudiese mostrar una reacción significativa ante un aumento en las tasas de interés. De esta forma, la esterilización de las salidas de capital parece justificable, y en la medida en que esta política se extendió solo a acomodar los requerimientos de efectivo de la economía, su contribución al debilitamiento de la situación de pagos con el exterior seguramente fue muy pequeña.

montos significativos de fondos líquidos. A este respecto, vale la pena mencionar que, por sí sola, la presencia de un proceso deficiente de intermediación financiera podría haber generado problemas ante el marcado repunte en los flujos de capital de cartera de principios de los noventa.

2. El marco de política económica

El aumento en los flujos de capital hacia México puede racionalizarse en términos de una combinación de factores internos y externos. En el frente externo, como muestran Calvo, Leiderman y Reinhart (1993), el comportamiento de las tasas de interés internacionales, especialmente los bajos niveles que alcanzaron durante 1992 y 1993 jugó un papel prominente. Algunos cambios en la regulación de los mercados de capitales en Estados Unidos también favorecieron dicho aumento.[10] En relación a los factores internos, hay varios aspectos de la política económica en el período 1988-94 que pudieron haber influido tanto en el monto y la estructura de los flujos de capital, como en los efectos de dichos flujos sobre la asignación de recursos. Las características más importantes de la política económica a este respecto fueron: i) una restructuración significativa de la deuda externa de México bajo el plan Brady; ii) la instrumentación de un ambicioso programa de privatización; iii) la adopción de una política cambiaria con un fuerte compromiso hacia la estabilidad del tipo de cambio nominal; y iv) la puesta en marcha de una reforma estructural profunda que abarcó principalmente la apertura comercial, la desregulación de un gran número de aspectos de la economía mexicana y el acuerdo de libre comercio con Canadá y Estados Unidos. A continuación comentamos brevemente sobre los aspectos más sobresalientes de estas políticas y la forma en que pudieron estar relacionadas con el episodio de elevados influjos de capital.

a) El acuerdo de la deuda

En julio de 1989 el Gobierno de México llegó a un importante acuerdo con sus principales acreedores externos bajo el plan Brady. El acuerdo contemplaba un arreglo de largo plazo con los acreedores y una reducción en las transferencias al exterior relacionadas con la deuda pública externa por un monto de alrededor de 1% del PIB. La operación tuvo un efecto prácticamente inmediato y significativo sobre la evaluación de riesgo país asignada a México. Por lo tanto, con él se amplió el acceso a los recursos financieros externos tanto para el sector público como para el privado. De acuerdo a las cifras comentadas en la sección anterior, resulta claro que la fecha del acuerdo de la deuda coincidió en forma muy cercana con el inicio del episodio de altos flujos de capital hacia México.

b) El programa de privatización

Entre 1988 y 1994 cerca de 400 entidades públicas fueron privatizadas, liquidadas o fusionadas con otras entidades. Los recursos para el Fisco, generados por la privatización de activos públicos durante ese período, fue de aproximadamente 25 000 millones de dólares. El programa de privatización incidió sobre el proceso de flujos de capital principalmente a través de tres canales: primero, atrayendo recursos -ya sea externos o que residentes mexicanos mantenían en el exterior- que serían utilizados en la adquisición de los activos privatizados; segundo, al abrir una amplia gama de oportunidades de inversión en áreas previamente reservadas al sector público; y

[10] Entre estos, la introducción de la regla 144a fue posiblemente el más importante.

tercero, a través de la amortización de una proporción importante de la deuda pública interna -ésta se redujo de 19.5% del PIB al final de 1989 a sólo 5.4% del PIB al cierre de 1994- con los recursos obtenidos de las privatizaciones. Esto último jugó un papel importante en la expansión del crédito bancario al sector privado durante el período 1989-94, y por lo tanto en la forma en que una fracción del ahorro externo captado en ese período se asignó entre diferentes actividades.

c) La política cambiaria

Desde principios de 1988, las autoridades financieras mexicanas siguieron diferentes esquemas que de una u otra manera incorporaban un fuerte compromiso hacia la estabilidad del tipo de cambio nominal. Durante 1988, como parte central de un programa de estabilización, el tipo de cambio permaneció fijo con respecto al dólar de Estados Unidos. El esquema de paridad fija fue seguido por un período de depreciación pre-anunciada, que eventualmente (en noviembre de 1991) fue sustituido por una banda que acotaba las fluctuaciones del tipo de cambio. Esta banda se iba ampliando gradualmente hasta alcanzar una diferencia cercana al 15% entre el piso y el techo, antes del colapso del régimen cambiario en diciembre de 1994. Sin embargo, hasta febrero de 1994, el Banco Central siguió una política activa de intervenciones intramarginales en relación a una banda mucho más estrecha. Con esta política el tipo de cambio permaneció prácticamente fijo en un valor promedio de 3.1 pesos por dólar.

La estabilidad cambiaria, junto con una política fiscal restrictiva -bajo la cual las expansiones del gasto público estaban limitadas por los recursos que se iban liberando del servicio de la deuda pública- fueron la columna vertebral de un ambicioso programa de estabilización. Bajo este programa, en un período de seis años la tasa de inflación se redujo de niveles de tres dígitos a un solo dígito, logro que pronto se convirtió en signo distintivo de las autoridades financieras mexicanas de aquel entonces. Por lo tanto, la estabilidad cambiaria era percibida como casi garantizada, lo cual contribuía a atraer elevados montos de fondos externos hacia títulos de corto plazo denominados en pesos.

Sin embargo, una vez que el monto de títulos de corto plazo en poder de extranjeros alcanzó cierto nivel crítico, el manejo del tipo de cambio empezó a estar restringido por consideraciones que rebasaban el objetivo de la estabilidad de precios. Como se mencionó anteriormente, una vez que ese nivel fue alcanzado, aun ajustes marginales en el tipo de cambio se volvieron sumamente problemáticos. Esto es, cualquier señal de flexibilidad en el manejo cambiario podía desatar una corrida contra los títulos en moneda nacional en poder de extranjeros, y por lo tanto, a un ajuste significativo en el tipo de cambio para evitar un problema de insolvencia. De hecho, una situación de este tipo se hizo casi inminente cuando se inició la emisión agresiva de Tesobonos. Antes de que esa acción fuera llevada a cabo, el peso se había depreciado alrededor de 8% dentro de la banda. Esta depreciación estuvo relacionada a los incrementos en las tasas de interés en Estados Unidos y, de manera más importante (ver Leiderman y Thorne, 1996), a la situación de gran turbulencia política asociada al asesinato del candidato presidencial del partido en el poder. La intranquilidad de los inversionistas externos ante este escenario provocó una sustitución gradual de títulos en moneda nacional por Tesobonos en sus carteras. Como se mencionó anteriormente, una vez que esta sustitución alcanzó cierta profundidad, la situación de pagos internacionales de la economía mexicana se volvió extremadamente vulnerable, dando eventualmente lugar a una crisis cambiaria. El efecto devastador de esta crisis sobre el nivel de actividad económica pone claramente en duda el uso indiscriminado del tipo de cambio como instrumento para promover la estabilidad de precios.

d) Cambio estructural

La amplia y profunda apertura comercial iniciada en 1988 -que incluyó una reducción en el arancel promedio de importación de 22.7% a 11% y una disminución en la proporción de la producción de bienes transables cubierta por licencias de importación de 35.8% a 23.2%- y el esfuerzo continuo de desregulación a partir de 1989 pudieron haber afectado la dinámica de los flujos de capital de varias maneras. Tal vez la más importante de ellas tuvo que ver con la idea de que estas medidas de cambio estructural tienden a inducir una caída en la producción corriente -en tanto los sectores que gozaban de protección se contraen- junto con perspectivas de mayor crecimiento económico -derivado de aumentos en la productividad. La combinación de estos factores da lugar a una situación en la que el gasto deseado excede el nivel del producto, aumentando así la demanda de fondos externos. Esta tendencia típicamente se ve acentuada por el surgimiento de nuevas oportunidades de inversión. Adicionalmente, el compromiso gubernamental hacia el cambio estructural suele afectar favorablemente la percepción de riego país, incrementando la oferta de capital del exterior. La presencia de altos niveles de inversión extranjera directa y en acciones de empresas mexicanas a partir de 1991, y un marcado incremento en la primera durante 1994 y 1995 -aun ante un entorno no recesivo en la economía de Estados Unidos- subraya la importancia de los factores internos durante el episodio reciente de altos flujos de capital hacia México. La puesta en marcha del acuerdo de libre comercio con Estados Unidos y Canadá fue especialmente importante a este respecto, en la medida en que está claramente relacionada con el incremento de la inversión extranjera directa después de 1993.

3. Flujos de capital y asignación de recursos

En esta sección se reseñan las principales tendencias en relación a los efectos de los flujos de capital sobre la asignación de recursos en el período 1990-95. El problema de la asignación de recursos se aborda considerando cómo se asignaron los flujos de capital entre consumo interno y formación de capital y, cómo afectó la presencia de los flujos a la asignación de los recursos productivos de la economía mexicana. En relación a esto último, el énfasis se ubica en la asignación de recursos entre actividades productoras de bienes transables y no transables. Estos aspectos del proceso de asignación de recursos pueden arrojar luz sobre varios problemas de interés, como son la sustentabilidad de los déficit en cuenta corriente que acompañaron a los flujos de capital durante el período de análisis y la contribución del ahorro externo al crecimiento económico.

a) La dinámica de la formación de capital

El cuadro 3 presenta los datos pertinentes en relación al efecto del incremento del ahorro externo sobre la estructura de la absorción doméstica entre 1990 y 1994. Con el propósito de destacar los efectos del incremento en los flujos de capital, en la información para los 10 años que precedieron a 1990 se reportan por separado los años antes y los años después de la crisis de la deuda. Durante el primero de estos períodos los flujos de capital hacia México fueron obviamente elevados.

Las cifras indican que, aproximadamente, sólo una tercera parte del incremento en el coeficiente de absorción a PIB, asociado a un nivel elevado de ahorro externo durante el período 1990-94, fue asignado a gasto en inversión. Sin embargo, esa fracción se vuelve prácticamente imper-

Cuadro 3
ESTRUCTURA DE LA ABSORCION INTERNA
(Promedios de % del PIB a precios corrientes)[a]

	Consumo privado	Consumo del gobierno	Formación buta de capital fijo	Formación bruta de capital total
1980-81	64.73	10.40	25.57	27.27
	(0.35)	(0.37)	(0.81)	(0.11)
1982-89	65.51	9.09	19.11	20.54
	(3.37)	(0.58)	(1.58)	(1.27)
1990-94	70.63	9.89	19.74	23.28
	(0.40)	(1.15)	(0.71)	(0.81)

Fuente: INEGI.
[a] Las cifras entre paréntesis representan desviaciones estándar.

ceptible si se excluye la acumulación de inventarios de la formación de capital. El bajo incremento en el gasto en inversión puede explicarse, en parte, por una caída en el precio relativo de los bienes de capital en el período de referencia. Esto es, en términos de volumen, medido con los datos de cuentas nacionales expresados a precios constantes, la contribución de la formación bruta de capital al incremento en la absorción doméstica es un poco mayor que la del consumo privado (ver cuadro 4). Este último contraste revela que el proceso de apreciación real registrado durante el período de fuertes entradas de capital estuvo acompañado por un incremento en el precio relativo de los bienes de consumo, lo cual se podría explicar por un mayor contenido de bienes no transables en el gasto en consumo final.

Cuadro 4
ESTRUCTURA DE LA ABSORCION INTERNA
(Promedios de % del PIB a precios de 1980)[a]

	Consumo privado	Consumo del gobierno	Formación bruta de capital fijo			Formación bruta de capital total
			Total	Pública	Privada	
1980-81	64.62	10.10	25.60	11.32	14.27	27.95
	(0.45)	(0.06)	(0.84)	(0.66)	(0.17)	(0.79)
1982-89	62.71	11.30	17.53	6.19	11.34	17.54
	(0.76)	(0.42)	(1.82)	(1.56)	(0.88)	(1.86)
1990-94	66.35	10.80	20.35	4.52	15.83	20.72
	(0.54)	(0.05)	(1.06)	(0.33)	(1.35)	(1.21)
1995	62.45	11.11	16.06			14.30

Fuente: INEGI.
[a] Las cifras entre paréntesis representan desviaciones estándar.

De cualquier forma, como se explica más adelante, el incremento en el ahorro externo durante el período 1990-94 desplazó de manera importante al ahorro interno. Considerando que durante ese período la tasa de ahorro público mostró un pequeño incremento, este desplazamiento fue especialmente fuerte sobre el ahorro privado (ver cuadro 5).

Cuadro 5
AHORRO BRUTO
(Promedios de % del PIB a precios corrientes)[a]

	Interno total	Interno privado	Interno público	Externo
1980-81	24.87	n.a.	n.a.	2.4
	(0.03)	n.a.	n.a.	(0.18)
1982-89	25.4	22,05	2.99	-4.86
	(3.27)	(2.79)	(2.88)	(3.16)
1990-94	19.47	16.28	3.19	3.81
	(0.98)	(1.58)	(2.224)	(1.72)

Fuente: INEGI.
[a] Las cifras entre paréntesis representan desviaciones estándar.

Aun con las cifras a precios contantes, la reacción del gasto en inversión frente al incremento en los flujos de capital parece baja, considerando que durante el período de ajuste que siguió a la crisis de la deuda, la formación de capital explica alrededor de dos tercios de la contracción del coeficiente absorción-PIB. Sin embargo, debe tenerse presente que una de las formas que tomó la falta de disciplina fiscal antes de la crisis de la deuda fue la de asignar una gran cantidad de fondos a los proyectos de inversión pública. De esta forma, la adopción de medidas de austeridad con miras a enfrentar la crisis podría explicar la fuerte contracción en la formación de capital después de 1981. Este aspecto se confirma con el hecho de que, medido ya sea a precios corrientes o a precios constantes, el coeficiente inversión privada-PIB fue mayor durante el episodio de altos influjos de capital de principios de los noventa que en los años anteriores a la crisis de la deuda (ver cuadros 3 y 4).

La composición del gasto de inversión arroja más luz sobre el efecto de los flujos de capital en la formación de capital. Las cifras pertinentes se presentan en el cuadro 6. Los datos muestran que la mayor parte de la contracción en la formación de capital fijo, entre el período antes de la crisis de la deuda y el principio de los noventa, está asociado a una caída en la inversión pública en construcción. Para la inversión en maquinaria y equipo la caída fue moderada, dándose además una reacción positiva en este rubro durante el período reciente de altos influjos de capital. Esta reacción fue mucho más pronunciada en la inversión privada, lo cual expresa los esfuerzos de modernización de las empresas domésticas como respuesta a las profundas reformas estructurales de ese período. [11]

[11] Esta evidencia contradice lo planteado en Dornbusch y Werner (1994) donde, con el propósito de fortalecer el argumento de que el bajo crecimiento económico en México después de las reformas estuvo asociado con el desalineamiento del tipo de cambio real, mencionan, sin proporcionar los datos pertinentes, que la mayoría del gasto en inversión durante principios de los noventa fue en construcción tanto residencial como no residencial.

Cuadro 6
COMPOSICION DE LA FORMACION DE CAPITAL FIJO
(Promedios de % del PIB a precios corrientes)[a]

	Total			Privado	
	Construcción	Maquinaria y equipo	Equipos de transporte	Construcción	Maquinaria y equipo
1980-81	14.21	7.86	3.53	6.34	7.93
	(0.44)	(0.34)	(0.40)	(0.09)	(0.33)
1982-89	11.06	4.24	2.23	6.18	5.17
	(1.13)	(0.72)	(0.28)	(0.25)	(0.75)
1990-94	10.89	6.51	2.94	7.17	8.66
	(0.44)	(0.83)	(0.26)	(0.68)	(0.89)

Fuente: INEGI.
[a] Las cifras entre paréntesis representan desviaciones estándar.

En base a esta evidencia, se podría argumentar que a pesar de que la reacción de la inversión frente al incremento en los flujos de capital fue débil, la mayor disponibilidad de fondos externos de todos modos contribuyó al mejoramiento del acervo de capital del país. El incremento de la inversión privada en maquinaria y equipo sugiere la introducción de nuevas técnicas de producción, mientras que con la contracción de la inversión pública se suspendió la realización de proyectos con bajo rendimiento social. No obstante, la fuerte reacción del consumo privado plantea interrogantes acerca de la sustentabilidad de los déficit en cuenta corriente asociados al incremento en los flujos de capital, y acerca del efecto de estos flujos sobre el crecimiento económico.

El marcado crecimiento del consumo entre 1990 y 1994 ha sido realizado en términos de: i) un efecto riqueza derivado de las políticas de cambio estructural; ii) la presencia de racionamiento de crédito en el período previo a los influjos de capital elevados; iii) las prácticas de asignación del crédito adoptadas por los bancos comerciales; y iv) la presencia de una respuesta similar a la de la equivalencia ricardiana ante el fortalecimiento de las finanzas públicas (ver, por ejemplo, Banco de México, 1995b).

Nuestra discusión sobre estos puntos se centra en un intento por cuantificar la magnitud del efecto riqueza. Esta magnitud constituiría una referencia para evaluar la importancia de los desarrollos en el mercado de crédito y de otros factores en la explicación del incremento del consumo privado. En relación al mecanismo de equivalencia ricardiana, nuestra percepción es que este factor debió haber jugado un papel poco importante, considerando que la mayor parte del ajuste fiscal se llevó a cabo inmediatamente después de la crisis de la deuda. Más adelante, como se mencionó anteriormente, casi la totalidad de la reducción en el servicio de la deuda pública -derivada del programa de privatizaciones- se utilizó para incrementar el consumo del gobierno. De esta forma, parece razonable argumentar que de nuestra evaluación del efecto riqueza se derivaría, como residuo, una medida de los efectos de las prácticas de asignación del crédito de los bancos comerciales, la presencia de restricciones de liquidez y posiblemente otros factores en la expansión del consumo privado.

La naturaleza del efecto riqueza puede entenderse considerando que durante el período 1982 -88 el PIB per-cápita de México permaneció prácticamente constante, mientras que de 1989 a 1994 registró un crecimiento anual promedio de 1.1%. Adicionalmente, de 1987 a 1993 los salarios reales en el sector formal de la economía se incrementaron en 30%, después de una reducción de aproximadamente 40% durante los años de la crisis de la deuda. Estos indicadores sugieren que, desde el punto de vista de los consumidores mexicanos, el programa de política económica instrumentado desde 1988 estaba funcionando a su favor, implicando mayores niveles de ingreso corriente y futuro, y por lo tanto mayor gasto en consumo. Además, como se discute con mayor detalle más adelante, la incidencia de las políticas de cambio estructural sobre diferentes actividades productivas pudo haber dado lugar a un arranque lento en el crecimiento de la economía, de modo que una suavización del consumo podría racionalizar un aumento marcado en el coeficiente consumo-PIB durante el principio de la década de los noventa.

Para evaluar las magnitudes involucradas en este razonamiento, corrimos varias simulaciones de un modelo de ingreso permanente y cuenta corriente (ver, por ejemplo, Blanchard, 1983; o Sachs, 1982), calibrado para replicar la estructura de la demanda agregada de México durante el período previo al episodio de fuertes influjos de capital.[12] El objetivo de las simulaciones es obtener cifras sobre la trayectoria del consumo privado una vez que las condiciones de la economía cambian de una situación de estancamiento a una situación de crecimiento. Considerando la baja tasa de crecimiento que mostró la economía mexicana entre 1989 y 1994, la situación de crecimiento se caracteriza por tasas de crecimiento anual del PIB per-cápita moderadas de 1.5% y 2%.

Las cifras para la trayectoria del consumo privado obtenidas a través de las simulaciones dependen en forma crítica de los supuestos utilizados en relación a la dinámica de la formación de capital y al grado de suavización del consumo. En relación al primero, supusimos que la economía se encuentra en una trayectoria de crecimiento balanceado en el cual el coeficiente capital-producto permanece constante. Este supuesto implica que para el modelo calibrado la formación bruta de capital es 24.3% ó 25.5% del PIB, según si el PIB per-cápita crece a 1.5% ó a 2% por año, respectivamente. En relación a la suavización del consumo, experimentamos con diferentes formulaciones que se detallan a continuación.

Un resultado teórico bien conocido afirma que la suavización del consumo extrema (introducida a través del supuesto de que el consumo per-cápita es constante a través del tiempo) puede dar lugar a un incremento muy fuerte en el consumo corriente, una vez que la economía se mueve de una situación de estancamiento a una de crecimiento (ver, por ejemplo, Blanchard,1983). Niveles considerablemente mayores de ingreso futuro permiten este tipo de resultado sin que se viole la restricción presupuestaria intertemporal del agente representativo. Sin embargo, este supuesto da lugar a déficit en cuenta corriente extremadamente grandes y, por lo tanto, a niveles de deuda externa que desafían los límites de la imaginación. De esta forma, algún crecimiento en el consumo per-cápita es necesario para generar predicciones razonables en relación al endeudamiento externo.

[12] Los supuestos específicos implícitos en el ejercicio son que el rendimiento bruto anual del capital es de 14%, con una tasa de depreciación de 6%. Estas cifras, junto con las de la estructura de la demanda agregada y el supuesto de que el ingreso per-cápita no crece (consistente con la situación que prevaleció en el período 1982-88) implican un coeficiente capital-producto anual de 2.5.

La tasa de crecimiento del consumo per-cápita puede, por su parte, obtenerse a través de ecuaciones de Euler de un modelo agregado de equilibrio general para una economía pequeña y abierta más o menos detallado. Sin embargo, limitándose a modelos de crecimiento relativamente simples, esta tarea resulta ser sumamente intrincada. Por ejemplo, suponiendo una tasa de preferencia temporal constante en un modelo en el que el crecimiento se explica por aumentos exógenos en la productividad de la mano de obra, la única forma de obtener crecimiento en el consumo per-cápita para el tipo de ejercicio en el que estamos interesados, es suponiendo una caída absurda en el coeficiente capital-producto o aceptando una respuesta poco realista en la oferta de trabajo. Por otra parte, si el crecimiento en el consumo per-cápita se determina en forma exógena, es difícil elegir el valor que esa tasa de crecimiento debe adoptar. Un valor suficientemente bajo para este parámetro puede fácilmente explicar el incremento observado en el coeficiente consumo-PIB que registró la economía mexicana durante el episodio de altas entradas. Sin embargo, este valor también produce un fuerte aumento en el coeficiente deuda externa-producto, lo cual es difícil justificar en base a la experiencia de endeudamiento externo de México.

Introduciendo una tasa preferencial temporal que varía a través del tiempo de acuerdo al proceso de crecimiento -como sugiere Blanchard (1983)- se obtienen patrones razonables para la relación deuda externa-PIB, pero el aumento en el coeficiente consumo-PIB capta sólo la caída en el producto atribuible a un lento arranque en el crecimiento después de las reformas estructurales. Este aumento explica sólo entre el 11% y el 15% de la expansión mostrada por dicho coeficiente durante el período de elevados influjos de capital.

Con estas cifras, es difícil racionalizar la totalidad del aumento en el coeficiente consumo PIB en base sólo al efecto riqueza que resultó de mejores perspectivas en cuanto al crecimiento económico. Esto es especialmente cierto si se considera que las predicciones de las simulaciones pueden sobreestimar la respuesta del gasto en consumo ante las perspectivas de mayor crecimiento, dado que la incertidumbre sobre éstas debió resultar en un incremento más moderado de aquél.

Por lo tanto, de este ejercicio concluimos que factores distintos a un ingreso permanente más alto resultado de las reformas estructurales deben explicar una fracción importante del incremento en el gasto en consumo en el período 1990-94. Entre estos factores, las restricciones de liquidez pueden haber jugado un papel importante. Sin embargo, el impulso de los bancos comerciales para concretar los altos márgenes de interés asociados al crédito al consumo seguramente tuvo también su rol.

b) El problema de la apreciación real

Otro aspecto importante del proceso de asignación de recursos tiene que ver con el hecho de que durante el período bajo estudio el peso se apreció 22% en términos reales en relación al dólar de Estados Unidos. De esta forma, como se muestra en el cuadro 7, una distinción gruesa entre actividades que producen bienes transables y no transables -en la que los sectores construcción y servicios integran la segunda categoría- sugiere que la apreciación real desalentó la producción de bienes transables. Sin embargo, al igual que en el caso de la asignación del gasto entre consumo e inversión, esto requiere una aclaración adicional.

Cuadro 7
PIB POR SECTOR
(proporciones del PIB en %, a precios de 1980)

	1980-81	1982-89	1990-94
1. Agricultura, ganadería, silvicultura y pesca	8.29	8.35	8.27
2. Minería	2.81	4.40	1.97
3. Industria manufacturera	21.87	23.65	21.14
4. Construcción	6.69	4.50	4.57
5. Servicios públicos	0.95	1.08	1.47
6. Comercio, restoranes y hoteles	27.79	27.78	23.00
7. Transportes y comunicaciones	6.42	6.94	9.42
8. Servicios financieros	8.67	8.05	13.53
9. Otros servicios	17.59	16.34	18.93
Bienes transables = (1)+(2)+(3)	**32.97**	**36.40**	**31.38**

Fuente: INEGI.

Considérese, por ejemplo, el problema de la sustentabilidad de los déficit en cuenta corriente. A este respecto, debe mencionarse que la mayor parte del incremento en la participación de los bienes no transables en el PIB se explica por la expansión del sector de servicios financieros. Por lo tanto, dado que presumiblemente estos servicios tienen un impacto favorable sobre la asignación de recursos, no es claro, por lo menos en principio, que la expansión del sector servicios comprometiera la situación de pagos internacionales de la economía. Tal como finalmente se desenvolvieron las cosas, la intermediación financiera no tuvo un efecto favorable claro sobre la asignación de los recursos domésticos. Sin embargo, este resultado parece estar sólo tangencialmente relacionado con la apreciación real.

Otro aspecto del proceso de asignación de recursos que podría estar relacionado con el problema de la sustentabilidad, es el hecho de que durante el período 1990-94 el cambio en la estructura productiva al interior del sector manufacturero fue probablemente más fuerte que el que se registró entre bienes transables y no transables. De esta forma, la caída en la participación de las manufacturas en el PIB probablemente se pueda atribuir a la contracción gradual de varias actividades productivas que resultó de la apertura comercial, y no a un debilitamiento duradero en la producción de bienes transables.

Cierta información relacionada con este punto se presenta en el cuadro 8, donde comparamos las tasas de crecimiento de algunas actividades específicas del sector manufacturero para el período 1990-93. Las cifras del cuadro muestran claramente que, a pesar de la apreciación real, algunas actividades vinculadas al sector transable alcanzaron una expansión significativa en ese período. Simultáneamente, la fuerte contracción experimentada por otras actividades pone de manifiesto la dramática transformación que registró el sector manufacturero en México. Esta situación podría ser útil para racionalizar la ausencia de una relación entre flujos de capital y crecimiento económico que han identificado algunos analistas para el caso de México (Gruben y McLeod, 1996), siguiendo una línea de argumentación diferente a la de precios rígidos y apreciación real sugerida por Dornbusch y Werner (1994).

Cuadro 8
CRECIMIENTO ANUAL EN ACTIVIDADES MANUFACTURERAS SELECCIONADAS, 1990-93
(Pomedios del periodo en %)

Ganadores		Perdedores	
Máquinas para oficina	19.8	Productos textiles	-2.8
Automóviles	25.0	Piel y calzado	-2.6
Leche y derivados	8.7	Productos de henequén	-31.3
Petroquímicos	9.2	Aserraderos	-2.3
Motores y autopartes	9.4	Equipo para ferrocarriles	-16.9

Fuente: INEGI.

En base a la información presentada en el cuadro 8, también estimamos el monto del capital absorbido por el sector manufacturero entre 1990 y 1993. Utilizando cifras sobre la relación capital-producto para el nivel de desagregación que se muestra en el cuadro 8,[13] una estimación de la formación bruta de capital fijo en los sectores en expansión puede ser obtenida de las cifras de crecimiento del PIB de los mismos. Tomando una tasa de depreciación anual de 6%, nuestra estimación muestra que cerca del 50% de la formación bruta de capital fijo durante el período 1990-93 tuvo como destino a las actividades en expansión dentro del sector manufacturero. Estas cifras sugieren que el problema de la apreciación real no fue terriblemente adverso en términos del desempeño del sector manufacturero. Claramente, la apreciación real del peso actuó como catalizador para eliminar a las empresas más rezagadas que todavía operaban antes del período de altos influjos de capital, aunque posiblemente también perjudicó a otras empresas que hubiesen sobrevivido y posiblemente crecido con un tipo de cambio real más elevado. De esta forma, se encuentra un difícil dilema en términos de que, mientras algunas empresas hubiesen sobrevivido con flujos de capital menores, otros sectores no hubiesen podido expandirse sin el aumento en los recursos provenientes del exterior. La solución a este dilema rebasa la cobertura de este trabajo. Sin embargo, la presencia de ciertos factores especiales durante el período de influjos de capital sugiere que los trastornos de la economía mexicana asociados a este episodio están más allá de una asociación mecánica entre apreciación real y desempeño de la economía. Por sí solos, la vulnerabilidad impuesta por la presencia de flujos de corto plazo mencionada anteriormente y el pobre desempeño de la intermediación financiera-a ser discutida más adelante- fueron lo suficientemente problematicos como para despertar alguna inquietud adicional en relación a la apreciación real.

4. La intermediación del ahorro externo

Como se mencionó en la sección 1, la misma naturaleza de los flujos de capital hacia México durante el período 1990-94 sugiere que el destino final de una proporción importante de esos flujos quedó en manos de la intermediación financiera doméstica. Esto es, cuando los residentes del país sustituyeron sus tenencias de activos financieros adquiridos por extranjeros por otros pasivos bancarios, la intermediación de una parte no depreciable de los flujos quedó en manos del sistema financiero mexicano. Durante ese mismo período el sector público amortizó un monto

13 Las cifras sobre relaciones capital-producto corresponden a 1989 y fueron tomadas de Hernández-Laos (1993).

importante de su deuda interna, generando así las condiciones para una expansión extraordinaria del crédito bancario al sector privado. De hecho, entre diciembre de 1989 y diciembre de 1994 el crédito de la banca comercial al sector privado no financiero se expandió por un factor de 3.5 en términos reales. Así, de una u otra manera, una fracción importante de los recursos financieros provenientes del exterior encontraron su camino hacia el sistema bancario.

Es hasta cierto punto natural esperar que un aumento tan rápido del crédito bancario vaya de la mano de una evaluación deficiente de la capacidad de pago de los deudores de los bancos. Sin embargo, hay otros tres factores que hacen este resultado mucho más probable. Uno de ellos tiene que ver con la idea de que antes del período de masiva afluencia de capital, una fracción importante del crédito bancario se destinaba al sector público. Por lo tanto, la habilidad para evaluar créditos para clientes del sector privado era más bien escasa. Otro factor está relacionado con el proceso de privatización de los bancos comerciales que comenzó en junio de 1991. Antes de esa fecha los bancos comerciales eran operados por el sector público, de acuerdo al decreto de nacionalización emitido en septiembre de 1982. Hacia el último trimestre de 1992, todos los bancos comerciales en poder del sector público habían sido privatizados. Tanto el largo período durante el cual los bancos fueron administrados por el sector público, como el cambio de mando que siguió al proceso de privatización, implican que la base de información de los bancos podría no haber sido la más apropiada para embarcarse en una fuerte expansión del crédito. Un último factor tiene que ver con la regulación de los bancos comerciales. A este respecto, la presencia de un seguro de depósito implícito prácticamente ilimitado puede haber inducido a la toma excesiva de riesgo por parte de los bancos.

De esta forma, es altamente probable que una alta proporción de los recursos financieros intermediados a través del sistema bancario se hayan asignado de una manera deficiente. Este problema, por sí solo, podría ser de gran importancia en términos de la evaluación de la sustentabilidad de los déficit en cuenta corriente de México y los efectos sobre el crecimiento derivado de los cuantiosos influjos de capital.[14]

Para estimar las magnitudes involucradas en este problema, considérese por ejemplo que el flujo real (esto es, el cambio en el acervo real) de crédito de la banca comercial al sector privado durante el período 1990-94 fue equivalente a 6.3% del PIB, un tercio de la formación bruta de capital de ese período. Una proporción importante de dicho crédito se destinó a los segmentos de mercado en los que el margen de intermediación era más amplio, esto es, pequeñas y medianas empresas y crédito a las familias. De esta forma, la proporción del crédito a las familias dentro del crédito total se incrementó de 9.6% en diciembre de 1989 a 26.7% en noviembre de 1994. Mientras tanto, las elevadas tasas de interés domésticas sumadas a márgenes de intermediación también altos empujaron a los proyectos con bajo riesgo -asociados a las grandes empresas- a buscar fondos en los mercados internacionales.

La idea de que la asignación del crédito no siempre fue la más apropiada puede confirmarse en base al extraordinario incremento que registró el gasto en consumo en ese período, o bien al hecho de que en esos cuatro años la cartera vencida de los bancos comerciales pasó de un monto prácticamente inexistente a 15 000 millones de dólares, una proporción cercana al 9% del total de créditos bancarios. Además, estas cifras pueden subestimar el valor verdadero de la cartera vencida en la medida en que, de acuerdo a las prácticas contables vigentes en aquel entonces, sólo los

[14] McKinnon y Pill (1995) enfatizan el papel de la intermediación financiera como causa del colapso del peso mexicano de diciembte de 1994

retrasos en los pagos, y no el valor total de los créditos que incurrían en esa situación, eran clasificados como cartera vencida.

Con estas magnitudes, no es difícil racionalizar la importante contribución de la intermediación financiera al pobre desempeño en términos de crecimiento mostrado por la economía mexicana durante ese período y a la persistencia de los déficit en cuenta corriente. Como se argumentó en la sección 3, es probable que la marcada expansión del crédito al sector privado explique la prominencia del gasto en consumo dentro de la expansión de la demanda agregada. La toma excesiva de riesgo por parte de los bancos comerciales le da mayor fuerza a este argumento. De esta forma, para cierta proporción de los influjos de capital, las fuentes de generación de divisas necesarias para darles servicio no estaban siendo creadas, produciendo tanto un déficit persistente en la cuenta corriente cada vez más difícil de financiar, como un crecimiento económico modesto.

También es probable que la debilidad del sistema bancario pudiese haber obstruido algunos aspectos del manejo macroeconómico. Es común observar situaciones en las que, cuando existe un seguro de depósito implícito sobre los depósitos bancarios -como el que prevalecía en México a principios de los noventa- y la cartera vencida va en ascenso, la política monetaria resulte demasiado floja. De hecho, de acuerdo a algunos analistas, este factor jugó un papel crucial en la configuración del colapso del peso de diciembre de 1994 (Sachs, Tornell y Velasco, 1995).

5. *Comentarios finales*

Tomando en cuenta la fuerte contracción de la economía mexicana registrada durante los dos primeros trimestres de 1995[15], el episodio reciente de elevados flujos de capital hacia México resultó problemático. De acuerdo a los hechos reseñados en este trabajo, parece ser que: i) el registro de una proporción considerable de flujos de capital volátiles; ii) la presencia de un fuerte compromiso hacia la estabilidad del tipo cambio nominal; y iii) un esquema deficiente de regulación sobre los intermediarios financieros, interactuaron entre sí para producir ese desafortunado resultado.

Los influjos de capital volátiles expusieron a la economía a niveles considerables de riesgo cambiario y de insolvencia, los cuales se reflejaron en el comportamiento de las tasas de interés domésticas desalentando una reacción más fuerte del gasto en inversión. Por su parte, el régimen cambiario contribuyó a atraer un monto considerable de capital volátil, que eventualmente impuso importantes restricciones en el manejo macroeconómico. Finalmente, una regulación deficiente sobre los intermediarios financieros locales, en la presencia de altas tasas de interés domésticas, dio lugar a una asignación inapropiada de una parte de los influjos de capital, lo cual introdujo persistencia en los déficit en cuenta corriente y limitó los efectos sobre el crecimiento económico de dichos flujos.

El trabajo también identifica aspectos positivos e importantes asociados a los flujos de capital que podrían pasarse por alto cuando se evalúa el desempeño de la economía mexicana a un nivel muy agregado. A este respecto podría mencionarse que, si bien la reacción del gasto en inversión ante los flujos de capital fue moderada, la estructura de la inversión -en lo que se refiere

15 Con cifras desestacionalizadas, el PIB real se redujo a una tasa anualizada de 8.2% durante ese período.

a inversión pública y privada, o bien a inversión en maquinaria e inversión en construcción-sugiere que hubo una mejoría en relación a la calidad de la formación de capital. Una proporción importante de la inversión se destinó a actividades productoras de bienes transables, las cuales mostraron un fuerte crecimiento a pesar de la considerable apreciación real. Estas inversiones también podrían explicar el extraordinario desempeño de las exportaciones manufactureras mexicanas después de la crisis cambiaria, que alcanzaron una tasa de crecimiento anual de 26% en dólares corrientes. Por otra parte, un crecimiento económico moderado durante el período de elevados influjos de capital se explica parcialmente por la recomposición dentro del sector manufacturero, derivada de las medidas de apertura comercial y de la apreciación real.

En términos de política económica, la experiencia reciente de México sugiere que el uso prolongado del tipo de cambio como ancla nominal no constituye una herramienta apropiada para un país que busca una integración irrestricta con el mercado internacional de capitales. También muestra que la regulación y supervisión de los intermediarios financieros es un elemento clave para aprovechar plenamente ese tipo de integración. La experiencia de México apunta en la dirección de que en ciertas ocasiones los influjos de capital pueden efectivamente contribuir a fortalecer la capacidad productiva de un país. Si la regulación y supervisión de los intermediarios financieros hubiese sido más apropiada, ello hubiera sucedido.

Referencias bibliográficas

Banco de México (1995a), *Informe Anual 1994*, México, D.F.

___ (1995b), *The Mexican Economy 1995*, México, D.F.

Blanchard, O.J. (1983), "Debt and the current account deficit in Brazil", en P. Aspe Armella et al., *Financial policies and the world capital market: the problem of Latin American countries*, University of Chicago Press, Chicago.

Calvo, G.A., L. Leiderman y C. Reinhart (1993), "Capital inflows and real exchange rate appreciation in Latin America", *IMF Staff Papers*, pp 158 - 151, marzo.

Calvo, G.A., y E.G. Mendoza (1995), "Reflections on Mexico's balance of payments crisis: a chronicle of a death foretold", *Documento de trabajo*, Universidad de Maryland.

Classens, S., M. P. Dooley, y A. Warner (1995), "Portfolio capital flows: hot or cold?", *The World Bank Economic Review 9*, pp. 153-174, enero.

Dornbusch, R. y A. Werner (1994), "Mexico: stabilization, reform, and no growth", *Brookings Papers on Economic Activity*, 1, pp 253-297.

Feliz, R.A. y J.H. Welch (1994), "Un análisis de la credibilidad y del comportamiento de las bandas unilaterales de los tipo de cambio en México y Chile", *Economía Méxicana 1*, pp. 5-30, enero-junio.

Gruben, W.C. y D. McLeod (1996), "Capital flows, savings, and growth in the 1990s", Mimeo.

Hernández-Laos, E. (1993), *Evolución de la productividad total de los factores en la economía mexicana*, Secretaría del Trabajo y Previsión Social, México, D.F.

Hernández, R. (1995), "Expectativas de devaluación durante el régimen de bandas cambiarias en México", Tesis, ITAM.

Leiderman, L. y A. Thorne (1996), "The Mexican crisis and its aftermath: what are the main lessons?", Mimeo.

McKinnon, R.I. y H. Pill (1995), "Credible liberalizations and international capital flows: the overborrowing syndrome", *Documento de trabajo*, Departamento de Economía, Universidad de Stanford, junio.

Sachs, J. (1982), " The current account in the macroeconomic adjustment process", *Scandinavian Journal of Economics 84*, pp 147-159.

Sachs, J., A. Tornell y A. Velasco (1995), "The collapse of the Mexican peso: what have we learned", *NBER Working Paper* 5142, julio.

VIII

Flujos de capital y comportamiento de la inversión: El caso de Perú

*Stephany Griffith-Jones con Ana Marr **
Instituto de Estudios del Desarrollo (IDS), Universidad de Sussex

Síntesis

Este documento analiza los flujos de capital hacia el Perú desde principios de los años 90 en el contexto de los programas de estabilización y de reforma radicales efectuados por el gobierno del Presidente Fujimori. La necesidad de reducir la inflación, combinada con los influjos de capital, llevaron a una acelerada sobrevaluación de la moneda. Esto condujo a un inmenso incremento en el déficit de la cuenta corriente, lo cual implicó una importante fuente de vulnerabilidad en la balanza de pagos, debido especialmente a la relativa volatilidad de los flujos de capital. Después de la crisis del peso mexicano, los ajustes se hicieron enfatizando políticas de reducción del gasto, lo cual implicó un significativo decremento en el crecimiento. La alternativa de apoyo -por lo menos parcial- en una devaluación cambiaria, la cual podría haber sido menos costosa en términos de crecimiento, no fue utilizada. Un aspecto positivo en las tendencias recientes en Perú ha sido que la inversión (en términos absolutos y como proporción del PIB) se ha incrementado significativamente. Sin embargo, la mayor parte de ésta ha sido en construcción, con un menor incremento de la inversión en maquinaria y equipo.

* Se agradecen los comentarios de los participantes en la conferencia de Santiago, en particular aquellos de Ricardo Ffrench-Davis y Helmut Reisen, quienes además aportaron valiosos comentarios en la versión original del presente documento. Un selecto número de personas contribuyeron con sus observaciones, información y contactos. Dentro de los cuales se incluye la participación de : Sally Bowen, John Crabtree, Oscar Dancourt, Norberto García, Javier Iguíñiz, Roberto Machado, Graciela Moguillansky, Alfredo Núñez, Carlos Paredes, Fátima Ponce, Iván Rivera, Renzo Rossini, Guillermo Runciman, Gilbert Terrier, Rosemary Thorp, Iván Valenzuela, Víctor Tokman y Oscar Ugarteche.

Introducción

Desde mediados de los años setenta hasta 1990, la economía peruana tuvo una evolución muy pobre en muchos aspectos. Desde 1990, el gobierno de Fujimori se embarcó en un programa radical de estabilización y reformas de mercado. Este programa ha contribuido a mejoras significativas en muchos aspectos, particularmente en la reducción de la inflación, la elevación de la tasa de inversión y el incremento del crecimiento. Sin embargo, el rápido aumento del déficit en cuenta corriente se convirtió en un potencial 'talón de Aquiles', particularmente debido a que gran parte de éste fue financiado por flujos de capital de corto plazo. Los ajustes efectuados por las autoridades económicas para reducir el déficit en cuenta corriente han sido relativamente exitosos, pero han significado una reducción en el crecimiento de la producción. En realidad, el éxito ha sido parcial, ya que el énfasis se puso en políticas de reducción del gasto (vía la restricción en las políticas fiscal y monetaria), y no utilizando políticas de cambio en la composición del mismo, tales como alentar la depreciación de la moneda, lo cual pudo haber reducido el déficit en cuenta corriente con menos decremento de la producción. Estas medidas cambiarias pudieron haber sido particularmente efectivas en la economía peruana, dado que el gran déficit en cuenta corriente surgió en un contexto donde la economía seguía operando aún por debajo de su frontera de producción.

En la sección 1 se analiza el contexto general de la economía peruana, con particular énfasis en las políticas macroeconómicas. También se enfatiza el reciente crecimiento en los niveles de inversión. La sección 2 examina el origen y composición de los influjos de capital extranjeros entre 1990 y 1995; la inversión extranjera directa es analizada cuidadosamente, evaluando el grado en que ésta ha contribuido al incremento en la producción de bienes transables; también se destaca el hecho de que los flujos de portafolio han significado una proporción mucho más pequeña del total en comparación con varios países de América Latina, así como el rápido crecimiento de los flujos de capital de corto plazo. La importancia del viejo problema de los atrasos en el pago de la deuda externa es también discutido, resaltando nuevamente las características específicas del caso peruano dentro del contexto de América Latina. La sección 3 analiza con profundidad la asignación de los influjos de capital, enfatizando el incremento en la tasa de inversión, y el hecho de que el déficit en cuenta corriente es explicado por la brecha entre la inversión privada y el ahorro privado. La sección 4 presenta las conclusiones y las recomendaciones de política.

1. Contexto general

Durante el período 1970-90, el comportamiento general de la economía peruana ha sido deficiente en términos de crecimiento. El PIB per cápita se mantuvo muy por debajo de los niveles alcanzados en 1970. De hecho, a pesar del importante crecimiento del PIB a partir de 1993, su nivel de 1995 aún estaba por debajo del alcanzado en 1970.

Los años ochenta también se caracterizaron por serios problemas macroeconómicos, que condujeron a una hiperinflación al final de la década. Como resultado de éstos problemas, la inversión, (particularmente la privada) disminuyó. De acuerdo a Paredes (1995), la inversión privada (como proporción del PIB) disminuyó de un promedio de 20.2% durante el período 1960-65, a 16.3% durante el período 1976-89.

En relación al desempeño de las inversiones, el ICOR creció de niveles de alrededor de tres en el período 1950-75 a niveles más altos que ocho durante 1975-89, lo cual implica que la eficiencia de las inversiones disminuyó significativamente durante este período. Esto está relacionado en gran medida al bajo nivel de utilización de la capacidad en esos años. Esta baja eficiencia de las inversiones fue acompañada por una fuerte disminución en la productividad total de factores, particularmente en el sector industrial, y especialmente afectó de manera negativa a las exportaciones.

Según el Informe de Desarrollo Mundial 1993, publicado por el Banco Mundial, durante el período 1980-91 el crecimiento de las exportaciones peruanas alcanzó sólo una quinta parte del crecimiento promedio de las exportaciones de los países de ingresos medio-bajos (categoría a la cual Perú pertenece). Adicionalmente, las exportaciones peruanas (per cápita) en 1989, fueron un 30% menor a los niveles alcanzados en la primera mitad de los años setenta.

La deficiente actuación de la economía peruana contribuyó a deteriorar aún más la difícil situación de pobreza. Hacia 1990, más de una tercera parte de la población vivía en situación de extrema pobreza.

Si consideramos una perspectiva más amplia, observando el período 1950-95, desde el punto de vista del crecimiento la economía peruana tuvo dos diferentes etapas . Perú creció con una tasa estable de 5.4% anual entre 1950 y mediados de los setenta, y con una inflación de 9.5% por año. Durante la segunda etapa, de 1976 a 1995, el PIB tuvo un crecimiento anual de apenas 0.8%, lo cual se traduce en una disminución del PIB per cápita en un 1.4% anual; aumentando la inflación a niveles altísimos, alcanzando un promedio de 705% a lo largo de todo el período.

Cuadro 1
PERÚ: EVOLUCIÓN ECONÓMICA
(tasas de variación promedio anual, %)

	PIB	Ahorro	Inversión	Inflación
1950-95	3.4	5.8	6.0	309.5
1950-75	5.4	7.8	8.8	9.5
1976-95	0.8	3.1	2.3	704.9

Fuente: INEI, *Compendio Estadístico*, varios años; González, Levano y Llontop (1996).

Esta evolución en parte puede ser explicada por las diferentes tendencias en el crecimiento del ahorro y la inversión, las cuales estuvieron en niveles altos (obteniendo tasas de crecimiento anuales de 7.8 y 8.8%, respectivamente) durante la etapa en donde la economía peruana creció aceleradamente, y disminuyeron en la etapa en que el PIB per cápita cayó (1976-95). Como González et al. (1996) enfatizan, la tasa de variabilidad del PIB, del ahorro y de la inversión aumentó significativamente entre el período 1950-75 y 1976-95.

La elección del Presidente Fujimori en 1990, implicó cambios radicales en materia de política económica, implementándose un riguroso programa de estabilización, seguido por la instrumentación de una estrategia para restablecer las relaciones con la comunidad financiera internacional, y además adoptando un programa radical y simultáneo de reformas estructurales. Este último incluyó prácticamente de manera simultánea la liberalización del comercio exterior, (lo cual redujo rápidamente las barreras tarifarias y no-tarifarias), de la cuenta de capital, de los mercados nacionales de capital, un ambicioso programa de privatización, y el establecimiento de una clara normatividad para las inversiones tanto nacionales como extranjeras, además de la desregulación en el mercado laboral, entre otras medidas.

Desde el comienzo, el programa de Fujimori se preocupó por asegurar el regreso de Perú a la comunidad financiera internacional. Ello resultó en importantes créditos otorgados por el Banco Mundial y el BID. Adicionalmente, Perú logró terminar satisfactoriamente su Programa de Derechos Acumulados (1991-92) con el FMI (lo cual requirió ponerse al corriente en los pagos atrasados al BID, al Banco Mundial y al FMI, siguiendo los criterios de desempeño trimestral del FMI), seguido por dos Servicios Ampliados del FMI (Extended Fund Facilities), en 1993-95 y 1996-98. También es importante destacar los dos acuerdos que Perú logró concretar, uno con el Club de París, y otro con los bancos comerciales (Brady). Más adelante en la sección 2, se verá con más detalle las implicaciones de esto en la Balanza de Pagos.

El programa de estabilización trajo como resultado una tremenda disminución en la tasa de inflación, la cual llegó a alcanzar un nivel mensual de 60% en julio de 1990 (durante el primer mes del programa ésta alcanzó un nivel mensual de 400%). Los niveles de inflación disminuyeron drásticamente; la tasa de inflación anual para 1995 fue apenas superior a 10% (véase el cuadro 2).

Cuadro 2
PERÚ: INDICADORES ECONÓMICOS SELECCIONADOS

	1990	1991	1992	1993	1994	1995	ene-marzo 1996
Tasas de variación anual							
PIB real	-3.8	2.9	-1.8	5.6	13.0	6.9	-1.6
Precios al consumidor (final del período)	7.650	139.0	57.0	40.0	15.0	10.0	5.0
% del PIB							
Ahorro interno	13.4	14.7	12.5	14.5	17.2	17.5	

Fuente: Banco Central de Reserva del Perú, *Nota Semanal*, varios números.

La reducción del déficit del sector público -el cual según cálculos del FMI tuvo una reducción significativa de 7.6% del PIB en 1990 a 2.7% en 1993- fue considerado como un elemento clave en la estrategia para abatir la inflación. Durante la primera mitad de 1994, las finanzas públicas se mantuvieron restringidas, pero se relajaron desde entonces hasta finales de 1995, reflejando un incremento en el gasto social y de infraestructura así como un incremento en los salarios. Parte de este deterioro está ligado al ciclo político.

También se adoptó una política monetaria restrictiva. Esta política, junto con el gran incremento en la entrada de flujos de capital, causaron el fortalecimiento del tipo de cambio. Estudios realizados por Machado (1997), utilizando una simulación basada en los resultados de regresiones de cointegración, muestra que los flujos de capital fueron la causa principal de la apreciación cambiaria. Las estimaciones de Machado (1997) muestran que, si se considera como sostenible un déficit en cuenta corriente de 3 % del PIB (en lugar del déficit observado de 5.2% en 1990-95), el tipo de cambio se hubiera apreciado sólo la mitad de lo que se apreció. Esta apreciación adicional es explicada en su totalidad por flujos de corto plazo (incluyendo errores y omisiones) en 1990-95.

La política cambiaria llevada a cabo por las autoridades económicas a través del período ha sido una de tipo de cambio flotante, con intervenciones del Banco Central. El fortalecimiento de la moneda fue considerado por las autoridades peruanas como un instrumento importante para ayudar a reducir la inflación. Sin embargo, las autoridades del Banco Central intervinieron activamente en los períodos donde hubo una fuerte presión por una sobrevaluación adicional debido a la gran entrada de capitales (primer trimestre de 1992, segunda mitad de 1993 parte de 1994). Cabe mencionar que la intervención de las autoridades no fue del todo eficiente en evitar el fortalecimiento del nuevo sol, dando como resultado que éste se apreciara en un 19% entre diciembre de 1991 y marzo de 1992. Los cálculos del grado de sobrevaluación en la moneda dependen crucialmente del período base tomado. Parece razonable que el promedio de 1990 (año en el cual se dio inicio al programa de estabilización) sirva como período base. Con un tipo de cambio real promedio de 100 para 1990, éste se redujo a 67.6 en 1991, a 65.6 en 1992, recuperándose algo en 1993 cuando promedió 72.2, pero decreciendo de nuevo en 1994 cuando promedió 66.5 y en 1995, cuando su promedio fue de 64.8 (cálculos propios, basados en los datos del tipo de cambio real multilateral del Banco Central).Como consecuencia, hacia 1995 el tipo de cambio real promedio era 35% menor que el promedio que había alcanzado en 1990.

En adición a lo anterior, un estudio reciente sobre el tipo de cambio real de equilibrio en Perú (Moguillansky, 1995) concluye que hacia 1994, la moneda tuvo una sobrevaluación de 30% en relación a su punto de equilibrio; este estudio sirve como punto de partida, ya que está basado en el modelo de "equilibrio intertemporal" desarrollado por Edwards (1988), pero incorporando el impacto causado por los flujos de capital externos y la liberalización comercial. Este alto nivel de sobrevaluación del sol puede ser en gran medida atribuido a los grandes flujos de capital (para mayor referencia dirigirse a la sección 2 más adelante).

En efecto, la gran entrada de capitales entre finales de 1990 y 1992, dio como resultado una apreciación en el nuevo sol, que como ya se mencionó anteriormente, estuvo en 1992 35% más fuerte que lo que había estado en 1990; además, especialmente durante este período, las autoridades del gobierno peruano dieron una mayor prioridad a reducir la inflación que a defender un tipo de cambio competitivo, lo cual contribuyó a la revaluación de la moneda. Este patrón de política es algo común a otros programas de estabilización, donde el objetivo inicial es la rápida reducción de la inflación dentro de un contexto hiperinflacionario (Cardoso, 1996). Como Agosin y Ffrench-Davis (1995) han señalado, la apreciación del tipo de cambio perjudica uno de los objetivos principales de la liberalización de las importaciones, esto es, la eliminación del sesgo antiexportador ligado a la protección. Simultáneamente, esto debilita la competitividad de los productores domésticos de cara a los productos foráneos, los cuales serán de menor precio debido tanto a las reducciones arancelarias como a la sobrevaluación cambiaria. De esta forma, un tipo de cambio sobrevaluado -el cual es dañino bajo cualquier circunstancia- es particularmente perjudicial si ocurre durante o inmediatamente después de liberalizar las importaciones, como fue en el caso de Perú en los noventa. En este sentido, las autoridades económicas peruanas, similarmente al caso argentino y brasileño, se han enfrentado a desafíos particularmente difíciles en estos años, cuando la liberalización de su comercio ocurrió al mismo tiempo que la gran entrada de flujos de capital. Contrario es el caso de Chile (Agosin, 1997, en este volumen) donde las autoridades económicas en los noventa no tuvieron que efectuar reformas y manejar grandes flujos de capitales al mismo tiempo; sin embargo, Chile tuvo -y manejó mal- reformas rápidas y una gran entrada de flujos de capital al final de los setenta y principios de los ochenta.

Durante 1993-95, el Banco Central incrementó su intervención en el mercado cambiario en un intento por reducir la presión hacia la apreciación de la moneda causada por los grandes flujos de capital; además redobló sus esfuerzos en medidas como la esterilización, para compensar los efectos monetarios de la intervención vía operaciones de mercado abierto. El monto de los Certificados de Depósito del Banco Central aumentó de US$12 millones en diciembre de 1993 (0.7% de la base monetaria) a US$1,086 millones en septiembre de 1995 (35% de la base monetaria). Las autoridades del Banco Central en noviembre de 1993 establecieron también un 9% de reservas no remuneradas tanto en depósitos en moneda nacional como en moneda extranjera.

A pesar de los diferentes cálculos sobre el nivel exacto de sobrevaluación del nuevo sol, el hecho de que el déficit de la cuenta corriente creció tan rápido hasta 1995 y fue tan grande en ese año, es un indicador evidente de que el tipo de cambio se encontraba sobrevaluado.

Es correcto afirmar que los acelerados crecimientos del déficit en cuenta corriente, donde alcanzó niveles entre un 7.5 y 9.5% del PIB en 1995 (dependiendo del criterio utilizado en la medición del PIB, donde actualmente existen discrepancias entre los economistas peruanos, particularmente ligados a la revisión de las Cuentas Nacionales), indican claramente que el tipo de cambio está sobrevaluado y/o que los niveles corrientes de absorción de la economía peruana son inconsistentes con la restricción de la balanza de pagos. El alto nivel de déficit en la cuenta corriente, así como su creciente tendencia hasta finales de 1995, fueron ampliamente reconocidos por el Gobierno de Perú como el posible "talón de Aquiles" de un programa económico que había sido bastante exitoso, ya que disminuyó substancialmente la inflación y en el trienio 1993-95 obtuvo un crecimiento económico sostenido, aunque a partir de niveles muy deprimidos.

Ante este creciente déficit en cuenta corriente, el gobierno peruano respondió principalmente tratando de desacelerar la economía mediante recortes en el gasto gubernamental, y contrayendo la política monetaria, dentro del contexto de los programas del FMI. Esto condujo a una reducción del déficit en cuenta corriente. Según cifras del Banco Central de Reserva, el déficit en cuenta corriente en Perú cayó de US$4 300 millones en 1995 a US$3 600 millones en 1996. No obstante, esta última cifra es aún bastante mayor que los US$2 700 millones de déficit en cuenta corriente registrado en 1994 y que los US$2 000 millones registrados en promedio en el cuatrienio 1991-94.

Sin embargo, las autoridades económicas no han tomado medidas para regular los flujos de capital de corto plazo, las mismas que pudieron haber reducido la presión hacia la sobrevaluación del tipo de cambio.

En este contexto, parece ser inconsistente que el Banco Central haya establecido correctamente requerimientos de reservas de 45% sobre los depósitos en moneda extranjera, tanto por razones prudenciales como de otro tipo, y no haya utilizado el mismo criterio para los créditos de corto plazo en moneda extranjera; creando así espacio para maniobras financieras (*round-tripping*) a fin de eludir los requerimientos de reserva de los depósitos en dólares.

Las razón más importante detrás de estos requerimientos de reserva para los depósitos en dólares es la creciente dolarización de la economía peruana (principalmente como efecto de la hiperinflación anterior, a pesar que la inflación en 1995 sólo fue de 10%). Como resultado, más de dos terceras partes tanto de los depósitos como de los préstamos del sector bancario son en dólares.

Esta dolarización hace que en la economía peruana se limite más que en otros países la efectividad de la política monetaria para reducir el déficit en cuenta corriente. La restricción en la política monetaria conduce a restringir el crecimiento del crédito doméstico. Sin embargo, los bancos responden incrementando sus deudas en moneda extranjera, lo cual les permite, a su vez, colocar préstamos en moneda extranjera al sector privado; como se verá más adelante, eso es exactamente lo que pasó particularmente en 1995, cuando el crédito externo se disparó. Más aún (según opinan Dancourt y Mendoza, 1996), es muy probable que debido al incremento de las tasas de interés en moneda nacional, se incremente considerablemente la demanda de los depósitos en soles, ya que los depósitos en soles se hacen relativamente más atractivos que los depósitos en dólares, lo que empuja hacia una revaluación mayor del tipo de cambio.

Por lo tanto, el efecto neto de la restricción monetaria parece ser una tendencia hacia un mayor fortalecimiento de la moneda y una substitución del crédito interno por una expansión del crédito externo, lo cual permite continuar financiando las importaciones.

De esa forma, dada la política de apertura con respecto a los flujos financieros, la restricción monetaria no es particularmente efectiva en la reducción del déficit en la cuenta corriente dentro del contexto peruano. Si la intención es reducir el déficit en cuenta corriente reduciendo la demanda agregada, un medio mucho más efectivo es la restricción en la política fiscal. Efectivamente, en el nuevo Servicio Ampliado que el gobierno acordó con el FMI, éste se comprometió a reducir el déficit del sector público consolidado de un 2.6% del PIB en 1995 a cero en 1998. No obstante que un cierto grado de restricción de la política fiscal puede jugar un papel positivo, una restricción excesiva puede tener efectos problemáticos lo cual, por un lado, puede implicar una reducción en el gasto publico esencial (esto es, en educación) y, por el otro, puede desacelerar significativamente el crecimiento.

En relación al crecimiento, entre 1991 y 1995 la evolución ha sido muy favorable, y muy superior a los 15 años anteriores (sin embargo, como ya se mencionó anteriormente, el PIB per cápita no alcanzó los niveles de 1970). El crecimiento fue particularmente alto en el período 1993-95; alcanzando niveles máximos en 1994 cuando alcanzó hasta un 13%. Sin embargo, como resultado de las políticas fiscal y monetaria restrictivas aplicadas por las autoridades económicas para frenar la demanda agregada durante 1995 con el objetivo de reducir el déficit en cuenta corriente, el crecimiento no sólo disminuyó sino que inclusive fue negativo en diciembre de 1995 (cuando el PIB cayó 1.9%) y de enero a marzo de 1996, cuando cayó en un 1.6% (véase nuevamente el cuadro 2).

Un elemento crucial para el entendimiento del impacto de los flujos de capital en la economía receptora a mediano plazo, es evaluar hasta qué punto éstos han resultado en un incremento de la inversión, qué tan eficiente ha sido ésta y, especialmente, en qué proporción esta inversión adicional ha sido dirigida a bienes transables (Griffith-Jones, et al., 1992). Dentro de este contexto, es particularmente notable el aumento de la inversión, la cual en 1991 creció 12.9%, disminuyendo en 1992 (en 2.6%), incrementándose 11.8% en 1993, 29.2% en 1994, y 20.1% en 1995.

Como resultado, la participación de la inversión en el PIB (a precios corrientes), que en el período 1976-89 sólo promedió 16.3%, creció sistemáticamente de un 16.7% en 1991 a 22% del PIB en 1994 y 24.2% en 1995 (véase el cuadro 3). La mayor parte del crecimiento de la inversión ha sido en el sector privado, creciendo de un 12.2% en 1990 a 19.3% del PIB en 1995 (véase nuevamente el cuadro 3). Este rápido incremento en la inversión privada puede entenderse por el rápido crecimiento de la economía y una mayor credibilidad en las políticas del gobierno, así también como por el éxito del proceso de neutralizar a Sendero Luminoso. El gasto público creció también durante este período, alcanzando 4.1% del PIB en 1995. A pesar de la gran cantidad de inversión privada que ha habido, la mayor parte de ésta ha sido destinada al sector de la construcción, la cual creció aceleradamente de 9.2% en 1991 a 15.4% del PIB en 1995.

Cuadro 3

PIB POR TIPO DE GASTO, 1989-95

(precios corrientes)

	1989	1990	1991	1992	1993	1994	1995
Consumo privado	72.1	76.7	79.3	79.0	77.7	73.6	72.4
Consumo público	7.0	6.1	5.8	6.6	6.6	7.3	8.3
Gobierno	5.7	4.9	3.8	4.6	4.4	5.1	5.9
Otros	1.9	1.2	2.0	2.1	2.2	2.3	2.4
Ahorro doméstico bruto	17.8	15.7	16.7	16.5	18.5	22.0	24.2
Inversión fija	16.8	14.9	14.5	15.2	16.8	21.0	23.4
Pública	3.6	2.7	2.7	3.1	3.4	3.9	4.1
Gobierno central	1.9	1.3	1.3	1.6	1.7	2.3	2.5
Otros[a]	1.9	1.4	1.4	1.5	1.7	1.7	1.6
Privada	13.2	12.2	11.7	12.0	13.4	17.1	19.3
Construcción	10.7	9.5	9.2	9.4	10.7	13.9	15.4
Equipo y maquinaria	2.5	2.7	2.5	2.6	2.7	3.2	3.9
Variación de existencias	1.0	0.8	2.3	1.3	1.8	1.0	0.8
Exportaciones	14.4	13.2	10.0	10.8	10.7	11.4	11.6
Importaciones	11.3	11.7	11.8	13.0	13.5	14.3	16.5
PIB	100.0	100.0	100.0	100.0	100.0	100.0	100.0

Fuente: Banco Central de Reserva del Perú.

[a] Incluye las empresas públicas.

Como se ve en el cuadro 3, el incremento en la proporción del PIB destinada a inversión privada en maquinaria y equipo ha sido algo más pequeña, creciendo de 2.7% en 1990 a 3.9% en 1995; todo el crecimiento de la inversión privada en maquinaria y equipo tiene lugar en 1994 y 1995. De estas cifras podemos concluir que: a) la inversión interna bruta ha crecido a un ritmo sostenido durante 1990, de un 16.7% del PIB en 1991 a 24.2% del PIB en 1995, esto es un 7.5% del PIB. Esta es la principal razón del rápido crecimiento del déficit en cuenta corriente ya que el ahorro interno entre 1991 y 1995, no obstante que creció en un 2.8%, (véase nuevamente el cuadro 2) -creció significativamente menos que la inversión bruta interna; b) el crecimiento de la inversión ha sido en su mayoría inversión privada; c) la mayor parte del crecimiento de la inversión privada ha sido en la construcción, la cual creció en un estimado de 6.2% del PIB entre 1991 y 1995. A pesar de que durante este período la tasa de crecimiento de la inversión en maquinaria y equipo ha sido alta, como los niveles a los cuales empezó eran tan bajos, el incremento entre 1991 y 1995 sólo corresponde a un estimado de 1.4% del PIB (véase nuevamente el cuadro 3). Las conclusiones que se pueden sacar de estas tendencias indicarían que ha habido un desarrollo positivo (el aumento de la inversión) explicando el creciente y amplio déficit en la cuenta corriente; esto es mucho más positivo que la experiencia mexicana al principio de los noventa, donde el acelerado crecimiento en el consumo causó un creciente déficit en la cuenta corriente; sin embargo, el hecho de que una muy alta proporción del incremento de la inversión privada en Perú sea en construcción parecería indicar que la producción que ésta generaría sería mayoritariamente de bienes no transables, lo cual implicaría una tendencia preocupante (véase Griffith-Jones et al, 1992; y Devlin, Ffrench-Davis y Griffith-Jones, 1995). Un problema relacionado con lo anterior es que la inversión en construcción, principalmente en moneda nacional, tiende a llevar a una apreciación en el tipo de cambio real más que la inversión en maquinaria y equipo (esta última contiene un mucho más alto componente importado). Más aún, existe clara evidencia empírica (De Long y Summers, 1991) de que el crecimiento esta más fuertemente relacionado con la inversión en maquinaria y equipo, que con otros componentes de la inversión, como construcción; de esta forma, esto implicaría que el incremento en la productividad generado por la inversión en maquinaria es más alto que en la construcción. En relación al impacto causado en el empleo, la construcción es bastante intensiva durante la primera etapa, pero genera poco empleo después de que la construcción ha sido terminada (lo opuesto del caso de la inversión destinada a maquinaria y equipo).

El análisis de las tendencias de la primera parte de los noventa es algo más positivo si se concentra en la evolución y el desempeño de las importaciones. Esta información sobre importaciones es algo más confiable que la información de las Cuentas Nacionales referida previamente.[1] Como se puede observar claramente en el cuadro 4, las importaciones de bienes de capital han aumentado a tasas considerables, alcanzando un promedio anual de 23% para el período de 1990-95. Particularmente, en 1994 y 1995 ha habido un acelerado aumento en las importaciones de bienes de capital, con tasas de crecimiento de 50% en 1994 y 40% en 1995. Esto parecería indicar un incremento relativamente importante en la inversión en maquinaria y equipo (aunque ésta, como anteriormente se discutió, sigue aún bastante baja como proporción del PIB); una parte bastante importante de la inversión en maquinaria y equipo podría ser destinada a bienes transables (regresaremos a este último punto cuando examinemos la inversión extranjera directa en minería en la siguiente sección). Es interesante, no obstante, que las tasas más altas de crecimiento de las importaciones de bienes de capital son las que se relacionan con el sector construcción (véase nuevamente el cuadro 4). Adicionalmente, es importante observar que la mayor tasa de crecimiento anual de las importaciones para el período 1990-95 fue en los bienes de consumo, que en promedio crecieron en un 44.6%; y en donde una parte muy importante estuvo concentrada en 1991 cuando las importaciones en este rubro crecieron en 123%; sin embargo, éstas también registraron un aumento significativo en 1994 (50%) y en 1995 (33%). Podemos concluir que a pesar de la pequeña disminución del consumo en proporción al PIB, hubo un incremento de la participación de las importaciones de bienes de consumo en el consumo total. Más aún, las importaciones de bienes de consumo crecieron significativamente más rápido que las importaciones de bienes de capital.

[1] Material de entrevista.

Cuadro 4

IMPORTACIONES FOB SEGÚN USO Y DESTINO ECONÓMICO

(millones de US$)

		1990	1991	1992	1993	1994	1995	Tasa promedio de crecimiento anual 1990-95
I	**BIENES DE CONSUMO**	338.3	754.6	903.8	879.3	1 315.5	1 755.0	44.6%
	Bienes de consumo no duradero	300.1	454.4	492.1	498.8	653.8	910.6	
	Bienes de consumo duradero	38.2	300.2	411.7	380.5	661.7	844.4	
II	**INSUMOS**	1 333.4	1 514.1	1 781.0	1 846.7	2 331.2	3 225.6	19.9%
	Combustibles, lubricantes y conexos	305.0	367.9	395.7	321.4	321.4	593.7	
	Materias primas para la agricultura	83.9	78.9	107.0	114.2	134.1	162.2	
	Materias primas para la industria	944.5	1 067.3	1 278.3	1 411.1	1 875.7	2 469.7	
III	**BIENES DE CAPITAL**	885.8	934.8	1 062.7	1 130.5	1 691.8	2 363.2	23.0%
	Materiales de construcción	36.2	46.0	59.3	68.1	113.7	205.9	
	Bienes de capital para la agricultura	40.1	10.8	13.5	37.2	31.5	35.7	
	Bienes de capita para la industria	567.8	560.8	569.9	695.8	1 005.9	1 466.4	
	Equipos de transporte	241.7	317.2	420.0	329.4	540.7	655.2	
IV	**OTROS BIENES[a]**	364.3	392.0	253.9	193.1	236.8	344.4	3.3%
V	**TOTAL IMPORTACIONES (FOB)**	2 921.8	3 595.5	4 001.4	4 049.6	5 575.3	7 688.2	22.2%

Fuente: BCRP; cálculos propios. Se agradece a Teresa Lamas y Renzo Rossini, quienes amablemente aportaron nueva y desagregada información.

[a] Comprende la donación de bienes, el ingreso de bienes bajo arrendamiento financiero y demás bienes no considerados según el clasificador utilizado.

Finalmente, en relación al total de las importaciones, es importante resaltar su muy rápido crecimiento en el período 1990-95, cuando su tasa de crecimiento promedio fue de 22%; más aún, en 1994 y 1995, el total de las importaciones subió en 38% por año , implicando un aumento desde US$4 000 millones en 1993 a US$5 600 millones en 1994, y a US$7 700 millones en 1995 (véase el cuadro 4). Este es el resultado, como se discutió anteriormente, de una acelerada apreciación en el tipo de cambio real, así como de una importante liberalización en el comercio.

2. Origen y composición de los flujos de capital, 1990-95

En el cuadro 5 se reflejan las principales características de la evolución de la Balanza de Pagos, basadas en cálculos recientes del Banco Central.

Podemos destacar las siguientes características:

a) Ha habido un acelerado crecimiento del déficit en cuenta corriente, aumentando de US$1 200 millones en 1991 a US$ 4 300 millones en 1995. A pesar del inmenso incremento de las exportaciones de bienes y servicios, como se discutió anteriormente, el crecimiento de las importaciones fue aún mucho mayor.

b) Debido a que los flujos de capital han sido mayores que el déficit en cuenta corriente, las reservas internacionales netas han continuado aumentando a lo largo del período, creciendo de US$-105 millones en julio de 1990 a US$ 2 000 millones en diciembre de 1992, y a US$6 600 millones en diciembre de 1995. Esto equivale aproximadamente a diez meses del total de las importaciones. Es importante mencionar que aproximadamente una tercera parte de estas reservas corresponde a los requerimientos de reserva de 45% sobre los depósitos en dólares. [2]

[2] Material de entrevista.

c) Un elemento crucial para entender la sustentabilidad potencial del déficit en la cuenta corriente está relacionado con la naturaleza de los flujos de capital.

Muchas de las características de los flujos de capitales en Perú son diferentes a las de los flujos de capital que entraron al resto de América Latina durante la primera mitad de los noventa.

Cuadro 5
RESUMEN DE LA BALANZA DE PAGOS[a]
(millones de US$)

	CONCEPTO	1991	1992	1993	1994	1995
I	**BALANZA EN CUENTA CORRIENTE**	-1,215	-2,038	-2,128	-2,698	-4,348
	A. Bienes (Balanza comercial)	-139	-556	-570	-1,107	-2,117
	1 Exportaciones fob.	3,391	3,534	3,515	4,555	5,482
	2 Importaciones fob.	-3,529	-4,090	-4,084	-5,661	-7,600
	B. Servicios	-314	-598	-586	-519	-813
	3 Exportaciones	870	868	895	1,125	1,284
	4 Importaciones	-1,184	-1,466	-1,481	-1,644	-2,097
	C. Renta de factores	-1,208	-1,366	-1,455	-1,575	-1,853
	5 Público	-1,152	-1,244	-1,301	-1,337	-1,410
	6 Privado	-56	-122	-154	-238	-443
	D. Transferencias corrientes	446	482	484	502	435
II	**CUENTA FINANCIERA Y DE CAPITAL**	836	1,347	2,325	4,166	4,175
II.1	CUENTA FINANCIERA	888	1,377	2,403	4,183	4,139
	E. Sector público	-154	-404	546	-379	-75
	7 Préstamos de largo plazo	-154	-404	546	-379	-75
	• Desembolsos	872	387	1,509	630	780
	• Amortización	-1,026	-791	-963	-1,009	-855
	8 Bonos	0	0	0	0	0
	F. Sector privado	108	253	639	3,205	2,398
	9 Préstamos de largo plazo	115	108	46	329	177
	10 Inversión directa	-7	945	371	2,326	1,617
	11 Inversión de cartera	0	0	222	550	604
	G. Capitales de corto plazo	20	1,130	202	364	683
II.2	CUENTA DE CAPITAL[b]	-52	-30	-79	-17	36
III	**ERRORES Y OMISIONES NETOS**	1,028	411	579	321	1,014
IV	**SALDO DE BALANZA DE PAGOS**	-379	-691	197	1,468	-173
	FINANCIAMIENTO	379	691	-197	-1,468	173
	H. Flujo de reservas netas del BCRP (12-13)[c]	-837	-695	-747	-3,037	-1,209
	12 Variación del saldo de reservas netas[c]	-773	-697	-741	-2,975	-1,141
	13 Efecto precio y monetización de oro	64	-2	6	62	68
	I. Financiamiento excepcional	1,216	1,386	550	1,569	1,382
	14 Refinanciación	5,529	672	1,313	705	679
	15 Condonación de deuda externa	12	53	7	138	20
	16 Atrasos netos	-4,325	661	-770	726	683
	MEMORANDUM					
	Financiamiento externo neto del sector público	1,062	982	1,096	1,190	1,307
	Atrasos netos de deuda pública de largo plazo	-4,325	661	-770	726	683
	Ingresos por privatización (inversión directa)	0	6	160	2,086	691

Fuente: BCRP, MEF, ADUANAS y empresas.

[a] Incluye el costo financiero del servicio impagado de la deuda pública.
[b] Comprende las donaciones de bienes de capital y las transferencias de emigrantes.
[c] El signo negativo indica ganancia de reservas netas.

Uno de los rasgos aparentemente positivos de los flujos de capital en Perú, es la alta proporción de Inversión Extranjera Directa (IED). Como se puede observar en el cuadro 5, una parte muy alta del total de los flujos en 1994 y 1995 (pero no en el período 1991-93) entraron en esta forma. Dado que la IED es motivada por consideraciones de largo plazo, esta es tradicionalmente reconocida como más estable, y como fuente de financiamiento de menos volatilidad. Efectivamente, por ejemplo Turner (1991) llevó a cabo estudios empíricos sobre la volatilidad de los flujos de capital en países industrializados en el período 1975-89. Sus resultados le permitieron establecer una clara 'jerarquía en el grado de volatilidad' de los diferentes tipos de flujos de capital, empezando con los más estables y terminando con los más volátiles. El orden es el siguiente: 1) flujos bancarios de largo plazo; 2) inversión directa; 3) inversión en bonos; 4) inversión en valores; 5) préstamos bancarios de corto plazo. Es importante destacar que Claessens, Dooley y Warner (1995) han encontrado, sorprendentemente, evidencia de que los períodos de permanencia de los inversionistas directos no son mayores que los de los inversionistas de capital de corto plazo; sin embargo, su trabajo aparentemente presenta problemas metodológicos (ver Reisen, 1996). Además, Chuhan, Pérez y Popper (1996) proporcionan evidencia econométrica de que los flujos de capital de corto plazo responden más que la inversión extranjera directa a las alteraciones en otros flujos de capital y en otros países, proveyendo así soporte empírico sobre que la inversión directa es menos volátil que otros flujos. Otro estudio reciente (Frankel y Rose, 1995) proporciona evidencia de que mientras más alta sea la participación de la inversión directa en el total de los flujos de capital, más baja será la probabilidad de una crisis cambiaria en un país en desarrollo. Por consiguiente, la evidencia internacional ofrece algo de tranquilidad por el hecho de que una proporción alta de los flujos de capital hacia Perú es vía IED. No obstante, se debe hacer hincapié de que los problemas políticos nacionales también pueden afectar a la IED.

Además, una proporción muy alta de la IED en Perú (particularmente en 1994, y en menor grado en 1995) fue capital utilizado para adquisiciones de compañías en proceso de privatización (véase nuevamente el cuadro 5, particularmente el último renglón). Por lo tanto, en 1994 tenemos que de US$ 2 300 millones de IED, US$2 100 millones fueron por concepto de privatización; para 1995 de los US$1 600 millones de IED, US$700 millones fueron por este concepto. Esto se traduce en una fuente de preocupación en el futuro debido a que hay un importante "efecto de una sola vez", ya que el masivo programa de privatización vaya probablemente a concluir en unos pocos años más. Otra característica un tanto problemática es que esta forma de ingreso de capitales por sí solo no conduce al incremento de la capacidad instalada, no obstante que algunas de las negociaciones de las privatizaciones en Perú han implicado importantes compromisos de expansión de la capacidad productiva a futuro; en efecto, el gobierno estima que estos compromisos adicionales alcanzan US$4 000 millones, mucho de lo cual ya se ha realizado. También el proceso de privatización probablemente implique mejoras de la productividad y aumentos en la producción, aunque no se lleve a cabo nueva inversión. Otra fuente de preocupación sobre estos flujos destinados a la privatización y a su posible impacto en la cuenta corriente de la balanza de pagos en el futuro es que una gran parte de las compañías privatizadas pertenecen al sector de bienes no transables. Así, de la gran cantidad de inversiones provenientes del extranjero destinadas a la privatización en 1994 (US$ 2 100 millones), la mayor parte fue utilizada en la privatización de la compañía de teléfonos, la cual fue vendida por US$ 1 400 millones (CONITE, 1995), y con un compromiso adicional de inversión de US$ 1 800 millones, los cuales en su mayoría ya fueron realizados. A pesar de que parte del impacto que estas transacciones relacionadas con la telecomunicación vayan a generar, ya sea directa o indirectamente, ingresos en moneda extranjera vía una mayor producción en bienes transables, el principal efecto de estas operaciones será el aumento en la escala y productividad de los servicios no transables.

Sin embargo, se debe destacar que en 1995, la IED (excluyendo privatización) se incrementó a un poco más de US$ 1 000 millones, desde aproximadamente US$ 200 millones en 1993 y 1994 (véase nuevamente el cuadro 5).

La descomposición detallada del stock de la IED (incluyendo privatizaciones) puede ser observada en el cuadro 6. Como anteriormente se mencionó, el aumento más grande es en las telecomunicaciones. Existe también un rápido incremento del volumen de IED en el sector minero, donde más que se duplicó, pasando de US$ 420 millones en 1990 a US$ 960 millones en 1995; en el rubro de energía existe también un significativo incremento que va de US$ 564 mil en 1990 a US$ 850 millones en 1995; en las inversiones destinadas a la industria, el aumento fue de US$ 440 millones a US$ 640 millones entre esos mismos años y en el sector financiero, de US$ 110 millones a US$ 470 millones en igual período.

Cuadro 6
STOCK DE INVERSION EXTRANJERA REGISTRADA SEGUN SECTOR DE DESTINO, 1988-95
(en millones de US$)

SECTOR	1988	1989	1990	1991	1992	1993	1994	1995
Agricultura	3.2	3.2	4.2	4.2	4.8	4.8	4.8	4.8
Comercio	187.2	190.6	192.4	193.6	196.9	206.9	227.7	241.3
Comunicaciones	0.0	0.0	0.0	0.0	0.0	0.1	2,002.3	2,002.3
Construcción	1.9	1.9	2.1	1.6	1.9	3.4	3.5	7.0
Energía	0.6	0.6	0.6	0.6	0.5	0.6	361.9	850.5
Finanzas	82.9	87.2	110.5	115.5	143.5	200.3	244.3	470.3
Industria	419.9	423.3	439.6	454.7	468.1	499.7	548.3	639.1
Minería	413.9	422.5	419.8	427.8	547.2	556.0	867.3	960.9
Pesca	0.5	0.5	0.5	0.5	0.5	0.5	0.5	0.5
Petróleo	58.5	58.6	58.8	58.8	58.8	58.8	58.8	59.1
Servicios	35.9	37.0	37.7	38.8	38.7	41.2	42.0	43.3
Silvicultura	0.0	1.2	1.2	1.2	1.2	1.2	1.2	1.2
Transporte	4.5	4.5	5.2	5.4	4.8	30.6	30.9	30.9
Turismo	10.3	10.3	10.3	10.3	12.4	12.4	17.5	19.5
Vivienda	15.4	15.9	17.7	18.7	19.7	19.8	20.1	20.1
TOTAL	1,234.7	1,257.3	1,300.6	1,331.7	1,499.0	1,636.3	4,431.1	5,350.8

Fuente: CONITE (1995).

De estos sectores, el producto adicional generado por la inversión en el sector minero será principalmente dedicado a las exportaciones; el mayor producto generado por las inversiones en energía e industria será dedicado a aumentar la absorción doméstica y/o a la substitución de importaciones; el producto adicional generado por las telecomunicaciones y el sector financiero será principalmente dedicado a la producción de servicios no transables, aunque podrían tener algo de impacto -principalmente indirecto- en la producción de bienes transables. Es por esta razón que podemos concluir que aproximadamente la mitad de la IED que entró a Perú en 1990-95 sería inversión en productos transables.

El sector minero es el sector donde la mayor parte de su producción será destinada a las exportaciones. También en éste existen ambiciosos planes donde si los proyectos se llegan a realizar, tendrán un gran impacto en el PIB así también como en las futuras exportaciones. Como consecuencia de esto, examinaremos en detalle los planes de inversión en el sector minero y el probable impacto que tendrá, tanto en la producción como en las exportaciones. Esta metodología parece ser la adecuada dada la predominancia de los grandes proyectos en materia de minería, siendo más útil analizar estos proyectos que utilizar cálculos econométricos u otras proyecciones, basadas en tendencias pasadas.

Como punto de partida, empezaremos con el Plan Referencial de Minería 1994-2003 de diciembre de 1994, el cual fue preparado conjuntamente por el Ministerio de Energía y Minas y el Banco Mundial. Como se puede observar en el cuadro 7, esta información proyecta inversiones por US$ 4 300 millones en el sector minero en el período 1997-2000, y US$ 6 100 millones para el período 1997-2003. Esto incluye grandes proyectos de inversión como Quellaueco, Toromocho, La Granja y Michiquillay, así como otros que son minas en proceso de expansión como Cerro Verde, Centromin, SPCC, Yanacocha, entre otras.

Cuadro 7
EVOLUCION PROBABLE DE LAS INVERSIONES EN LA MINERIA PERUANA
(millones de US$)

	TOTAL 1994-96	1997	1998	1999	2000	2001	2002	2003	TOTAL 1994-2003
PROSPECCION-EXPLORACION	700	300	200	150	150	100	100	100	1,800
AMPLIACIONES DE LA CAPACIDAD EXISTENTE	1161	457	161	131	60	60	60	60	2,150
PROYECTOS Y PROSPECTOS	692	722	717	755	546	650	350	300	4,732
TOTAL	2553	1,479	1,078	1,036	756	810	510	460	8,682

Fuente: Ministerio de Energía y Minas (1994).

Según estimaciones de producción basadas en estos proyectos de inversión y en proyecciones realistas de la evolución de precios, el "Plan Referencial" estima un importante aumento en las exportaciones mineras a niveles de US$ 4 800 millones en el año 2000.

Sin embargo, algunas inversiones proyectadas parecen ser demasiado optimistas, tomando en cuenta que se está dando por hecho que la mayoría de los proyectos se realizarán en los años 1996-2000, y quizá pueda existir retrasos que afecten directamente las metas de estas proyecciones como lo podrían ser la falta de suficientes estudios de factibilidad, dificultades en las condiciones geológicas, y otras características que inclusive pueden hacer que los proyectos no sean atractivos. De hecho, actualmente ya hay retrasos en la iniciación de varios proyectos, en parte asociadas al debate y negociación en curso entre las autoridades y los representantes de los empresarios. Sin embargo, pese al retraso, es muy probable que la mayor parte de los estudios proyectados lleguen a realizarse, especialmente si el ambiente de las inversiones en Perú sigue tan favorable como hasta ahora (esto asume que no habrá mayores cambios políticos ó económicos). Según cálculos realizados por expertos, un escenario más realista en las inversiones del sector minero para el período 1996-2003, sería de alrededor de US$ 5 600 millones, cifras que reflejan un 25% menos que las proyectadas por el "Plan Referencial". De esta proyección, una gran proporción (US$ 1 200 millones) está considerada como inversión que irá directamente a las exploraciones, y US$ 4 400 millones se destinarán para la expansión de proyectos ya existentes así como para el desarrollo de otros nuevos, donde se estima que estos últimos consuman la mayor parte de los fondos. Sin embargo, el optimismo a largo plazo en las exportaciones mineras peruanas está basado en el elevado precio de compra ofrecido por un consorcio canadiense por el inmenso depósito de cobre de Antamina. Si se realiza ese proyecto, ésta sería por mucho la inversión minera más grande hecha en Perú hasta ahora. Por otro lado, cabe mencionar que el desarrollo en el sector del oro, una de las experiencias más exitosas en los últimos tres años de historia peruana, estimula también parte del optimismo de las proyecciones de la minería. La continua expansión de la mina de Yanacocha, en particular, se espera que siga estimulando la producción y las exportaciones.

De acuerdo con el Plan Referencial, y manteniendo las mismas proyecciones de precios, esto implicaría una expansión en las exportaciones mineras de alrededor de US$ 3 700 millones en el año 2000. Este es un incremento bastante significativo, dado el nivel actual de las exportaciones peruanas, y podría ayudar a reducir el déficit en cuenta corriente y compensar por disminuciones en las entradas de flujos de capital debido al término de las privatizaciones y un proyectado aumento del servicio de deuda (véase más adelante).

En relación a la IED en el sector energía, será también un factor muy significativo la inversión estimada de US$ 2 500 millones para el desarrollo de los depósitos de gas natural e hidrocarburos en Camisea, proveniente del acuerdo entre el gobierno peruano y el consorcio Shell/Mobil. Según la proyección oficial, el desarrollo del proyecto Camisea permitirá que Perú a partir del año 2001 sea un exportador neto de petróleo e hidrocarburos; actualmente el país importa en términos netos alrededor de US$350 millones de combustible anuales. Una vez más, esto contribuirá a la reducción del déficit en cuenta corriente y al mismo tiempo ayudará a compensar la disminución que tendrán los flujos de capital destinados a las privatizaciones, así como el aumento de las obligaciones del servicio de la deuda.

d) Dentro de los flujos de capital, una parte relativamente pequeña corresponde a flujos de cartera (véase el cuadro 5). Esto es opuesto a la experiencia de otros países de América Latina donde los flujos de cartera han sido la mayor parte del total de los flujos de capital en los noventa (Ffrench-Davis y Griffith-Jones, 1995).

Es también interesante observar que estos flujos de cartera son compras secundarias por extranjeros de acciones previamente emitidas en la Bolsa de Valores de Lima. No existen valores de emisiones primarias adquiridos por extranjeros; inclusive, los *American Depositary Receipts* (ADRs) primarios son muy limitados, como lo son los bonos colocados en los mercados internacionales.

Los empresarios peruanos normalmente no suelen hacer aumentos de capital en sus firmas mediante emisiones de acciones primarias.[3] Un obstáculo para las emisiones primarias, y especialmente en los mercados internacionales, es el esfuerzo insuficiente por tener una rigurosa contabilidad, así como otro tipo de requerimientos necesarios para emitir, por ejemplo, ADRs. Se dice también (De la Puente, 1995) que el nivel de análisis de las empresas peruanas, realizadas no sólo por los bancos y *brokers* locales, sino también por instituciones extranjeras, es bastante pobre, especialmente si se compara con los grandes mercados de América Latina, como México, Argentina o Brasil.

Sin embargo, en la bolsa de valores peruana el papel que juegan los inversionistas extranjeros en compras secundarias es de gran importancia. De hecho, en diciembre de 1995, el 60% de los valores registrados en CAVAL (el servicio de la Bolsa de Valores de Lima para depositar títulos) fueron valores en posesión de extranjeros. El valor de las acciones en manos de extranjeros alcanzó US$ 1 600 millones en diciembre de 1995, lo cual es muy superior a los US$ 27 millones colocados en diciembre de 1992; los inversionistas más representativos en diciembre de 1995, fueron lejos los de Estados Unidos (US$ 880 millones) y los del Reino Unido (US$ 330 millones), y en mucho menos importancia los demás, como los de Luxemburgo y Panamá (Bolsa de Valores de Lima, 1995; y Piazzon, 1995).[4]

---

[3] Material de entrevista.

[4] Las cifras están a precios de mercado.

El elevado stock -y flujos- de compras extranjeras dentro del total de las acciones peruanas es un factor importante (aunque claramente no el único, ni posiblemente el principal), para explicar el acelerado incremento en el precio de las acciones peruanas. Así, en términos nominales, el índice general de la Bolsa de Valores de Lima se incrementó 1 300 puntos porcentuales entre diciembre de 1991 y diciembre de 1994 (Banco Central de Reserva del Perú, 1995). Si se deflacta por el índice de precios al consumidor, el incremento del índice de la bolsa de valores en el mismo período es de un 460%; en términos de dólares, el incremento fue mayor debido a la apreciación cambiaria.

Podemos concluir que en el caso peruano los flujos de cartera son dirigidos prácticamente en su totalidad al mercado secundario, y no tienen el efecto positivo de contribuir al financiamiento del aumento de la capacidad productiva y disminuir el costo del capital (lo cual es un gran efecto benéfico asociado a las emisiones primarias). Su principal efecto es estimular los precios de las acciones; esto tiene un efecto riqueza positivo, el cual tiende a aumentar el consumo y disminuir el ahorro; como consecuencia, la inversión productiva podría inclusive disminuir. Además, las grandes inversiones para la compra de acciones secundarias podrían agravar la volatilidad en el precio de éstas. Esto fue ilustrado por el impacto causado en los precios de la Bolsa de Valores de Lima por la crisis del peso mexicano.

Así como en otros países de América Latina, los índices de precios de la Bolsa de Valores de Lima cayeron después de la crisis del peso mexicano. Sin embargo, se debe resaltar que las acciones peruanas no empezaron a caer sino hasta un poco después que en otros mercados de América Latina. Esto se podría explicar porque en aquel tiempo existía una percepción muy positiva de la economía peruana por parte de los inversionistas extranjeros, por el hecho de que Perú empezaba a surgir como uno de los «nuevos mercados emergentes», donde la recuperación de los precios era más reciente por el hecho de que el mercado peruano es poco profundo y poco líquido, lo cual hacía difícil para los inversionistas extranjeros vender allí, así como la existencia de menores ratios precio/ganancias que en otros países de América Latina. [5]

e) Los flujos de capital de corto plazo y los errores y omisiones, representan importantes y crecientes categorías dentro del total de flujos. De acuerdo a las cifras mostradas en el cuadro 5, estas categorías alcanzaron US$ 1 800 millones en 1995, y han promediado alrededor de US$ 1 150 millones en el período 1991-95.

Desafortunadamente, sólo recientemente los flujos de capital de corto plazo y los errores y omisiones han sido separados en las estadísticas publicadas por el Banco Central, lo que hace que sea complicado basarse en estas cifras para el análisis y la elaboración de políticas. En este sentido, es muy positivo que el Banco Central haya empezado a separar las dos categorías en su publicación semanal, la *Nota Semanal*. Sin embargo, las cifras estimadas para el total de flujos de capital de corto plazo(US$ 228 millones en 1994 y US$ 690 millones en 1995) parecen un tanto bajas y algo inconsistentes con otros datos del Banco Central, así como con cálculos recientes del FMI, los cuales dan cifras mayores.

[5] Material de entrevista.

En las estadísticas anteriores (véase el cuadro 5), dentro de la categoría errores y omisiones se incluye elementos como ingresos ilegales provenientes de las exportaciones de cocaína y amapola (estimados en alrededor de US$ 500 millones en 1995, aunque quizá fueron mayores en años anteriores). También dentro de esta categoría se incluye parte de las remesas de trabajadores desde el extranjero.

Una fuente de imprecisión es que para varias categorías de flujos de capital en Perú no existe un registro cuando el capital cruza la frontera. Como resultado, el Banco Central y otras autoridades dependen de métodos como encuestas semestrales y registros de acuerdos de custodia en la Bolsa de Valores de Lima. Aún en el caso de la IED no existe ninguna obligación ni fecha límite para declarar los flujos que entran. La información recabada es por lo tanto imprecisa, y tiene que ser complementada por información de los periódicos. Esto contrasta con países como Chile, donde todos los flujos que entran y salen son sistemáticamente registrados. Es interesante mencionar que las autoridades peruanas ven esta falta de información como una ràzón de por qué sería más difícil aplicar requerimientos de reserva a los flujos de capital a corto plazo como se lleva a cabo en Chile y Colombia.

Sin embargo, aún descontando las exportaciones de coca y las remesas de trabajadores en el extranjero, los flujos de capital de corto plazo representan una parte importante en el total de flujos. Esto implica una importante fuente de vulnerabilidad en la balanza de pagos peruana. El hecho de que una parte significativa de estos flujos de corto plazo estén orientados hacia el financiamiento del comercio probablemente los haga potencialmente menos volátiles. No obstante, la crisis del peso mexicano (Griffith-Jones, 1996) demuestra que las líneas de crédito de corto plazo, particularmente a los bancos, son bastante difíciles de renovar si la situación de la balanza de pagos se vuelve crítica. En este contexto, es importante recalcar que en la crisis mexicana no sólo los Tesobonos (bonos del Tesoro) fueron difíciles de colocar, sino también que los créditos de corto plazo (en especial a bancos) fueron muy difíciles de renovar, lo cuál acentuó la crisis significativamente.

El hecho de que en años recientes los créditos de corto plazo hayan aumentado relativamente rápido, ha implicado que la participación de la deuda de corto plazo en el total de deuda haya aumentado. Por lo tanto, el crédito de corto plazo (privado y público) ha aumentado de US$ 1 600 millones en 1990 (Ugarteche 1996, basado en informes del Banco Central de Reserva del Perú), lo cual correspondía a menos del 10% del total de la deuda externa, a US$ 4 700 millones en septiembre de 1995, lo cual corresponde a más del 20% del total de la deuda externa.[6] Esto fue visto como una tendencia preocupante. De esta deuda de corto plazo, US$ 1 800 millones en 1995 corresponden a créditos interbancarios de corto plazo los cuales han aumentado de sólo US$ 69 millones en 1990. Otra parte, que corresponde al incremento de los créditos para financiar el comercio, son muy bienvenidos.

f) Un punto que no se debe perder de vista al analizar la balanza de pagos de Perú es que este país, en contraste con otros países de América Latina, aún no ha podido regularizar completamente la situación del servicio de la deuda, aunque en gran medida la administración de Fujimori ha logrado un progreso importante en regularizar las relaciones con los acreedores. Primero hubo avance con acreedores multilaterales, seguido por varios acuerdos con el Club de París.

[6] *Nota Semanal*, Banco Central de Reserva del Perú.

En relación a la deuda comercial bancaria, existe un acuerdo Brady. Las diferentes alternativas dentro del paquete Brady estiman que como resultado del acuerdo, el flujo de caja adicional para el servicio de la deuda alcanzaría anualmente alrededor de US$ 400 millones en el período 1997-2001, más un aumento adicional en el período 2002-2007 de US$ 640 millones aproximadamente.[7]

En lo que respecta al servicio de la deuda bilateral oficial, ésta también representa un monto considerable (alcanzando US$ 9 600 millones a mediados de 1995), debido a la acumulación de significativos atrasos de pagos en años anteriores. Los niveles futuros en el servicio de la deuda con el Club de París sufrirán también algo de incremento. Tanto esto como el aumento en el servicio de la deuda de los bancos comerciales pondrán una presión adicional en la balanza de pagos en el futuro.

Los aumentos en el servicio de la deuda también pondrán presión adicional en las cuentas fiscales ya que el gobierno tendrá que encontrar soles adicionales para satisfacer el aumento del servicio de la deuda en dólares. Esto es especialmente importante debido a que una gran parte de la deuda externa en Perú es pública; en efecto, más del 90% de la deuda de largo y corto plazo en Perú es deuda pública, o deuda garantizada por el sector público.

En relación a la deuda con el Club de París, Perú ha logrado acuerdos interesantes (particularmente con Suiza, Canadá y Alemania, y en similares condiciones con Finlandia y Holanda, entre otros) de deuda para el desarrollo y deuda para cuestiones ambientales, los cuales han implicado algo de reducción de la deuda (pero no demasiada). Sería muy productivo continuar la implementación de este tipo de esquemas, principalmente con grandes acreedores como los Estados Unidos. En la medida en que esto sea factible, proveería al gobierno una valiosísima condonación de deuda, la cual le permitiría incrementar el gasto social y/o el gasto en programas del medio ambiente, dos sectores que necesitan urgentemente un aumento en sus presupuestos.

El peso total de la deuda de Perú se considera alto según los estándares internacionales debido particularmente al gran endeudamiento del pasado y al prolongado atraso en los pagos, pero también debido a los nuevos préstamos de años recientes (véase el cuadro 5). Por lo mismo, de acuerdo a cálculos del FMI, en 1995 la deuda de Perú como proporción del PIB fue de 55%, nivel superior al 40% internacionalmente considerado como el máximo porcentaje prudente (Williamson, 1995); también la proporción de la deuda en relación a las exportaciones en Perú se encuentra muy por arriba del 200% considerado como prudente. Se debe mencionar que Perú tiene también un alto nivel de pasivos no-deuda potencialmente volátiles, lo cual hace al país aún más vulnerable.

3. *Uso de los flujos de capital*

Tanto el nivel del PIB como su composición son cifras debatidas en Perú. Actualmente, se están revisando y recalculando las cuentas nacionales peruanas.

[7] Material de entrevista.

En años recientes, las cifras disponibles muestran un importante incremento de la participación de la inversión en el PIB, con niveles estimados de alrededor de 21.5% en 1994, y 23.7% en 1995 (desde un 16.4% en 1992). La tasa de ahorro doméstico también aumentó de un 11.6% en 1992, a un nivel estimado de 16.3% en 1995, lo cual muestra un incremento importante aunque menor que el de la inversión.

Cuadro 8
INVERSIONES Y AHORRO[a]
(precios corrientes, en % del PIB)

		1992	1993	1994	1995
1	Ahorro	16.4	18.6	21.5	23.7
2	Ahorro domestico	11.6	13.3	16.2	16.3
3	Ahorro externo	4.8	5.2	5.2	7.5
4	Inversión privada	13.3	15.2	18.1	20.1
5	Ahorro doméstico privado	10.3	11.5	13.6	14.0
6	Ahorro en déficit del sector privado	3.0	3.7	4.5	6.1

Fuente: Banco Central de Reserva del Perú, varias publicaciones; material de entrevistas. Cálculos propios. (Agradecemos a Renzo Rossini quien aportó la información para las líneas 1, 2 y 3.)

[a] Algunas de estas cifras presentan una pequeña variación debido a diferencias metodológicas.

Como se puede observar en el cuadro 8, la creciente diferencia que existe entre los niveles de inversión y de ahorro en el período 1992-95 (la cual es igual al ahorro externo), puede ser explicada por el creciente aumento del déficit en el ahorro del sector privado. En 1995 la diferencia entre la inversión y el ahorro doméstico alcanzó un nivel de 7.5% del PIB, del cual 6.1% (es decir, más del 80%) fue debido a la brecha entre la inversión y el ahorro privados.

Debe recalcarse que en los años noventa algunas de las tendencias experimentadas en Perú son bastante diferentes que en muchos países del resto de América Latina, y especialmente que las de México a principios de la década. En efecto, el creciente déficit en el ahorro privado fue causado en Perú por un fuerte incremento en la inversión privada, no cubierto suficientemente por un aumento en el ahorro privado. Por el contrario, en México y en muchos otros países de América Latina (con la excepción de Chile), el ahorro privado de hecho disminuyó a principio de los noventa , lo cual representó una parte importante de los crecientes déficit en cuenta corriente (Uthoff y Titelman, 1997, en este volumen).

En el caso peruano (como se discutió anteriormente, véase el cuadro 3), la inversión privada según las cifras de las cuentas nacionales, aparentemente fue destinada al sector construcción en lugar de al rubro maquinaria y equipo. Como hay evidencia de que la inversión en maquinaria y equipo contribuye más a la expansión de la producción (y particularmente al aumento de la producción de bienes transables) esto es una fuente de preocupación. Sin embargo, el análisis de las cifras de importación, como ya se mencionó, indica un incremento de la inversión en maquinaria algo mayor que el que reportan las cifras de cuentas nacionales.

Adicionalmente a esto, el hecho de que una gran parte del creciente déficit de la cuenta corriente esté asociado al déficit en el ahorro del sector privado establece una relación un tanto preocupante similar a la situación mexicana de principios de los noventa, cuando el inmenso déficit en cuenta corriente se debió al desahorro del sector privado. Una de las lecciones aprendidas (o más bien reaprendidas) de la crisis del peso mexicano, es que lo que realmente importa es el nivel que presenta el déficit de la cuenta corriente y la forma en que éste se financia (capitales de corto plazo versus capitales de largo plazo), y no lo que muchos erróneamente han pensado -en lo que ahora se conoce como "Doctrina Lawson"- de si el déficit en cuenta corriente se origina en el sector público o en el sector privado (Begg y Griffith-Jones, 1996).

4. Conclusiones

Si miramos hacia el futuro, una pregunta que no se debe omitir es en qué medida y qué tan rápido los niveles de inversión previamente descritos generarán un aumento en la producción de bienes transables de modo de ayudar a disminuir los déficit en cuenta corriente, y compensar los mayores niveles en el servicio de la deuda cuando el paquete Brady finalice, al igual que las caídas en la IED una vez finiquitado el proceso de privatización.

Como se comentó anteriormente con bastante detalle, el análisis de las tendencias recientes y el probable futuro de las inversiones destinadas al sector minero brindan un escenario bastante optimista en relación a la factibilidad de incrementar las exportaciones como resultado de estas inversiones (por cierto, en contraste con países como Chile, los empresarios locales en Perú también juegan un papel relativamente importante en las inversiones del sector minero; esto es en parte debido al hecho de que las condiciones geológicas permiten la existencia de proyectos más, pequeños en la industria minera).

No obstante que hay base para ser bastante optimistas en relación al aumento de la producción y de las exportaciones mineras, acompañado también por posibles proyectos de gran envergadura en sectores como el de energía -donde puede operarse una importante sustitución de importaciones una vez puesta en marcha la explotación de Camisea- debe existir gran preocupación por el factor tiempo. El punto no sólo es el nivel de exportaciones o de sustitución de importaciones que se pueda lograr, sino también qué tan pronto puede ocurrir esto. Esto es particularmente cierto debido a que las inversiones en sectores como el de la industria minera no son normalmente inversiones donde los proyectos se puedan finalizar en un plazo corto (lo cual incluye etapas previas a la inversión, tales como los estudios de factibilidad, las cuales consumen largos períodos de tiempo), y donde suelen aparecer atrasos inesperados (derivados de las condiciones geológicas y otros factores), como de hecho ya está ocurriendo en la actualidad, como ya se mencionó. De tal forma que las proyecciones de las exportaciones deben ser tomadas con mucha precaución, tomando en cuenta no solo sus niveles sino también el factor tiempo.

Por supuesto que el tema más apremiante es la necesidad de resolver el dilema de "cuánto" y "cómo" se debe reducir los altos niveles del déficit en cuenta corriente que se presentaron en los últimos años. El asunto es algo complejo en relación a la magnitud en que se debe reducir el déficit en cuenta corriente. El objetivo es evitar llegar a niveles no manejables, es decir, mantener un déficit financiable externamente, en particular, es esencial evitar cualquier crisis en la balanza de pagos, la cual perjudicaría el crecimiento y la credibilidad, y dañaría también el empleo, los salarios reales, etc.

Si definiéramos, por ejemplo, que el ratio deuda externa/PIB deseado de un país es de 40% -y sabemos que en la actualidad Perú está bastante arriba de esta cifra- suponiendo un crecimiento promedio de 5%, un déficit en cuenta corriente sostenible en la economía peruana sería no mayor de 3% del PIB.[8] No obstante, tomando en cuenta que las exportaciones peruanas tienen grandes posibilidades de crecer, un déficit en cuenta corriente de 4% del PIB parecería "seguro". Esta cifra es muy cercana a la calculada por Reisen (1996) de 3.8% del PIB como el déficit en cuenta corriente que puede ser sostenido por Perú en el largo plazo si el ratio deuda/PIB se mantiene constante y las reservas deseadas se incrementan en proporción al crecimiento de las importaciones; si se desease que el ratio deuda externa/PIB disminuyera a 40%, según Reisen (1996) el déficit en cuenta corriente debería ser inferior a 4% del producto. Es necesario destacar que esta cifra no difiere en mucho del objetivo acordado con el FMI en el programa de Servicio Ampliado para 1996-98, de un déficit en cuenta corriente de menos de 5% del PIB para 1998. Es una fuente de preocupación que este nivel "seguro" del déficit en cuenta corriente, sea alcanzado sólo en 1998, haciendo a la economía más vulnerable durante la transición, aunque debería dar tranquilidad el hecho de que las autoridades se preocupen por aplicar sistemáticamente políticas para reducir el déficit.

Parecería necesario un esfuerzo mayor al que las autoridades actualmente están haciendo para reducir el déficit en cuenta corriente, implementando políticas que debiliten la moneda sobrevaluada, y no sólo que reduzcan la demanda agregada (aunque esto debe también jugar un rol). Esta estrategia podría permitir disminuir el déficit en cuenta corriente sin afectar tanto los niveles de crecimiento, mientras que una estrategia basada sólo en la reducción de la demanda agregada tendría un mayor impacto negativo. Es esencial mantener niveles de crecimiento relativamente altos, no sólo para mantener e incrementar la confianza y el compromiso de los inversionistas (nacionales y extranjeros), sino también para mantener el apoyo popular a los programas de reforma estructural en ejecución por el gobierno. Al margen de la naturaleza y calidad de las reformas, la experiencia histórica muestra (como por ejemplo en Chile en los ochenta) que el fruto de las reformas económicas sólo puede obtenerse cuando las variables macroeconómicas fundamentales (y particularmente el tipo de cambio) no están demasiado lejos de sus niveles del equilibrio de mediano plazo.

El desincentivo a la entrada de flujos de capital de corto plazo es probablemente una de las políticas más útiles para depreciar el tipo de cambio utilizando medidas como requerimientos de reservas -las cuales fueron implementadas en Chile y Colombia- o la aplicación de impuestos, como en el caso de Brasil. De hecho este tipo de medidas parecerían ser las apropiadas para el caso de Perú, ya que implicaría simetría con el existente 45% de requerimiento de reserva para los depósitos en moneda extranjera, el cual se implementó por consideraciones de prudencia, pero que pueden ser burlados por los peruanos tomando préstamos del exterior en contra de sus propios activos.[9] Así como en otros países (incluyendo a las exitosas economías del Este de Asia), el desincentivar las entradas de capital de corto plazo tiene también la virtud de disminuir el stock de inversiones de corto plazo en el país, reduciendo así el peligro de grandes salidas de capital en caso que se deteriore la percepción sobre la sustentabilidad de la balanza de pagos. Las

[8] El cálculo de un déficit en cuenta corriente sostenible está basado en el artículo de Williamson (1995), donde se requiere que el déficit en cuenta corriente (como porcentaje del PIB) no exceda la tasa de crecimiento del ingreso nominal en moneda extranjera multiplicada por la relación deuda/ingreso máxima considerada segura. Esta última es normalmente definida en alrededor de 40%. Cline (1995) justifica la elección de 40% para el ratio deuda externa/PIB dado que los países que superan este nivel tienen una tendencia a sufrir serios problemas con su deuda externa.

[9] Material de entrevista.

autoridades económicas peruanas se muestran un tanto renuentes a adoptar este tipo de medidas, e inclusive han resistido las sugerencias emanadas del FMI en la aplicación de este tipo de políticas, principalmente por dos razones. La primera, de índole práctico, es que en el caso de Perú sería difícil su implementación debido a que no se registran todos los flujos de capital que entran al país. No obstante, sería muy útil -debido a otro tipo de razones importantes, como un monitoreo más preciso en las tendencias de estos flujos como base para el diseño de la política macroeconómica global- el registrar adecuadamente las transacciones de capital. Por lo tanto, parecería adecuada la aplicación de este tipo de registro inclusive si no se aplica ningún tipo de requerimientos de reserva. En este sentido, es interesante observar que dentro de la Unión Europea, y ante el requisito emanado del nuevo Banco Central Europeo (el Instituto Monetario Europeo), se ha discutido la necesidad de un registro más riguroso de las entradas de capital en varios países -como en el caso del Reino Unido- para estar en línea con otros países como Francia y Alemania. La segunda razón del por qué las autoridades del gobierno peruano no están dispuestas a aplicar requerimientos de reservas para desincentivar las inversiones de corto plazo, es debido al temor, particularmente de los empresarios privados, de que este tipo de políticas impliquen el regreso a políticas intervencionistas como solía ser en el pasado. Sin embargo, esto no es correcto ya que este tipo de medidas son un instrumento clásico de los bancos centrales; su extensión a cierto tipo de flujos de capital básicamente implica un pequeño impuesto sobre estos flujos. Por supuesto que la política tributaria es una parte integral del paquete de instrumentos de política que normalmente son utilizados en las economías de mercado.

En Perú, como en otras economías, la interacción entre las grandes entradas de capital (parte importante de las cuales son intermediadas por el sistema bancario) y la fragilidad potencial del sistema bancario, es definitivamente otra fuente de preocupación, particularmente si la dirección de estos flujos cambian bruscamente y/o provocan una fuerte depreciación. En el caso del sistema bancario de Perú, la solvencia de los bancos aparentemente se ha fortalecido en los últimos años, y la Superintendencia de Banca y Seguros tiene un programa continuo que asegura que las instituciones financieras tengan niveles adecuados de previsión, y que el riesgo sea evaluado adecuadamente. Es particularmente positivo que la participación de los préstamos vencidos en los préstamos totales disminuyó de 11.7% en 1993 a 6.1% hacia mediados de 1995; simultáneamente, la proporción de las provisiones bancarias sobre el total de préstamos vencidos aumentó de 60% a finales de 1993 a cerca de 80% a mediados de 1995.[10] No obstante, también es preocupante el alto nivel de dolarización de los créditos otorgados por el sistema bancario. En efecto, si ocurriera una fuerte depreciación, habría grandes dificultades en el servicio de los créditos otorgados por los bancos peruanos en moneda extranjera. Esto no es estrictamente riesgo cambiario, sino riesgo crediticio, el cual no siempre es totalmente considerado en la evaluación del riesgo (por ejemplo, esto fue un problema bastante serio en el caso de México). Por lo tanto, es de suma importancia que tanto los bancos como las autoridades regulatorias tomen en consideración apropiadamente este tipo de riesgo potencial en el diseño de su evaluación de riesgo y sistemas regulatorios.

---

[10] Material de entrevista.

Una pregunta final se relaciona con los niveles y la sostenibilidad de la inversión a medida que el déficit en cuenta corriente disminuye, particularmente si esto se consigue principalmente con políticas restrictivas. Existe el riesgo de que la balanza de pagos restrinja el crecimiento de la inversión, la cual se convierte en algo crucial para sostener un crecimiento acelerado en la producción, especialmente si la capacidad instalada se agota. Este riesgo no parecía de gran importancia sino hasta 1995, cuando la capacidad utilizada promedio en la industria no era aún muy alta (66.6%), con una tasa de utilización de 66% en bienes de consumo, 73% en bienes intermedios, y sólo 34% en bienes de capital (Banco Central de Reserva del Perú, febrero de 1996). Esto indicaba que definitivamente Perú seguía aún debajo de su frontera de producción en la mitad de los noventa, aunque mucho más cerca de lo que se encontraba a principios de 1990 (Pontificia Universidad Católica del Perú, 1995). En la medida en que la IED represente una afluencia importante después de que termine el proceso de privatización, es posible que contribuya a superar el riesgo de que se agote la capacidad instalada. Sin embargo, la inversión extranjera directa también exigirá aumentar los niveles de inversión complementaria en infraestructura física, capacitación, educación, etc., las cuales en gran medida necesitan ser proveídas por el sector público.

El caso peruano difiere de la experiencia mexicana y chilena de inicios de los noventa, debido a la poca capacidad instalada ociosa de esos países, y a la necesidad de reducir el déficit en cuenta corriente en gran medida vía la reducción de la demanda agregada. Por el contrario, en Perú -con un alto nivel de capacidad ociosa- ha habido un margen de maniobra más amplio (que el utilizado) para políticas de cambio en la composición del gasto y particularmente para la política cambiaria. Como consecuencia, el resultado podría haber implicado un cambio en la estructura de la demanda agregada, y una menor disminución de la misma, con la misma reducción en el déficit de la cuenta corriente. Como resultado, el crecimiento podría haber sido mayor.

Referencias bibliográficas

Agosin, M. (1997), "Entrada de capitales y desempeño de la inversión: Chile en los años noventa", en este libro.

Agosin, M. y R. Ffrench-Davis, (1995), "Trade liberalization and growth: recent experiences in Latin America", *Journal of Interamerican Studies and World Affairs* 37, 3, otoño.

Banco Central de Reserva del Perú, *Nota Semanal*, varios números, Lima.

Banco Mundial (1993), *World Development Report*, Washington D.C.

Begg, D. y S. Griffith-Jones (1996), "Swinging since the sixties: fluctuations in U.K. savings and lessons for Latin America", Trabajo presentado al Taller sobre Ahorro en América Latina, BID, junio.

Bolsa de Valores de Lima (1995), *Informe Mensual*,diciembre; e *Informativo Anual*, Lima.

Calderon, C. (1995), "Sostenibilidad de la cuenta corriente", Banco Central de Reserva del Perú, Lima.

Cardoso, E. (1996), "Brazil's macroeconomic policies and capital flows in the 1990's", Trabajo presentado a la Conferencia de WIDER sobre 'Flujos de Capital en los noventa', junio.

CEPAL (1996), *Balance preliminar de la economía de América Latina y el Caribe, 1996*, Santiago.

Chuhan, P., G. Perez, y H Popper (1996), "International capital flows: do short-term investment and direct investment differ?", *World Bank Research Working Paper* 1669, Washington, D.C.

Claessens, S., H. Dooley y A. Warner (1995), "Portfolio flows: hot or cool?", *World Bank Economic Review* 9 (1), Washington, D.C.

Cline, W. (1995), "Capital markets after the peso crisis", IIE, Washington, D.C., mimeo.

CONITE (1995), *Estadísticas de Inversión Extranjera*, Lima, diciembre.

Dancourt, O. y W. Mendoza (1996), "Flujos de capital, política monetaria y equilibrio externo", Pontificia Universidad Católica del Perú, *Documento de Trabajo* 124, Lima.

De la Puente, S. (1995), "Comentario", *en Análisis de la crisis mexicana y su impacto en América Latina*, ESAN, Lima.

De Long, J.B., J. Bradford. y L. Summers (1991), "Equipment investment and economic growth", *Quarterly Journal of Economics*, Vol. 106, No. 2, Cambridge, Mass.

Devlin, R., Ffrench-Davis, R. y S. Griffith-Jones (1995), "Repunte de las corrientes de capital y el desarrollo: implicaciones para las políticas económicas", en R. Ffrench-Davis y S. Griffith-Jones (ed.), *Las nuevas corrientes financieras hacia la América Latina*, Fondo de Cultura Económica, México, D.F.

Financial Times (1996), "Latin American mining", 22 de abril, Londres.

Frankel, J. y A. Rose (1995), "Exchange rate crashes in emerging markets: an empirical treatment", *Working Paper*, University of California, Berkeley.

González, E., C. Levano. y P. Llontop (1996), "Ahorro interno y ajuste estructural en el Peru, 1950-1995", trabajo presentado al Taller sobre Ahorro en América Latina, BID, junio.

Griffith-Jones, S. (1996), "The Mexico peso crisis", *CEPAL Review*, Santiago, diciembre.

Griffith-Jones, S., A. Marr. y A. Rodriguez (1992), "The return of private capital to Latin America: the facts, an analytical framework and some policy issues", en J.J. Teunissen (ed.), *Fragile finance. Rethinking the international monetary system*, FONDAD, La Haya.

INEI, *Compendio Estadístico*, varios números, Lima.

Jiménez, F. (1995), "Perú 1990-95: algunos efectos del proceso de ajuste en la balanza de pagos y el crecimiento", *Socialismo y Participación* 70, Lima.

Machado, R. (1997), "Flujos de capital y apreciación cambiaria en el Perú 1990-95", Tesis para obtener el grado de Magister en Economía, Universidad de Chile, Santiago.

Ministerio de Energía y Minas (1994), "Plan Referencial de Minería, 1994- 2003", Lima, diciembre.

Moguillansky, G. (1995), "Determinantes del tipo de cambio real de equilibrio en Perú, 1980-94", *Documento de Trabajo* 41, CEPAL, Santiago.

Paredes, C. (1995), "Reforma económica en el Perú", mimeo, Lima.

Piazzón, L. (1995), "El Efecto Tequila sobre las bolsas latinoamericanas, con énfasis en el caso peruano", en *Análisis de la crisis mexicana y su impacto en América Latina*, ESAN, Lima.

Pontificia Universidad Católica del Perú, Departamento de Economía, *Informe de Coyuntura*, varios números, Lima.

Reisen, H. (1996), "'The limits of foreign savings", trabajo presentado en la Conferencia de la OCDE/BID sobre Ahorro en América Latina, París, junio.

Turner, P. (1991), "Capital flows in the 1980's: a survey of major trends", *BIS Economic Papers*, Nº 30, Basilea.

Ugarteche, O. (1996), "La deuda peruana a fines de siglo", Lima, mimeo.

Uthoff, A. y D. Titelman (1997), "La relación entre el ahorro externo y el ahorro nacional en contextos de liberalización financiera", en este libro.

Williamson, J. (1995), "Managing capital flows", IIE, Washington, D.C., mimeo.

....

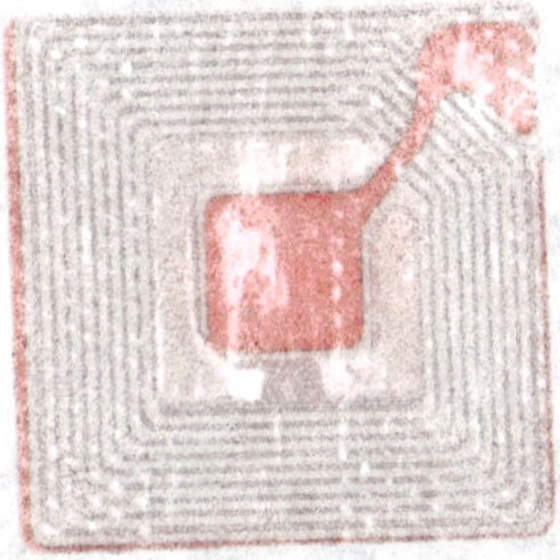

60984 8180